시험문제 확 풀리는 핵심 한국사

시험대비 확 풀리는 핵심 한국사

1판 1쇄 발행일 2014년 1월 18일

지은이 | 윤병욱
펴낸이 | 김재희
펴낸곳 | 화담 출판사

주　소 | 주소 경기도 파주시 청암로 28
전　화 | (031) 923-3549
팩　스 | (031) 923-3358
E-mail hwadambooks@hanmail.net
출판등록 | 제 406-2013-000060호
I S B N | 978-89-87835-72-3 13910

잘못 만들어진 책은 바꾸어 드립니다.

시험에 나는 확 풀리는 핵심 한국사

윤병욱 지음

화담출판사

책머리에

　우리는 지나간 역사적 사실을 통해 현재를 판단하며 미래를 대비·계획하는 지혜를 가질 수 있다고 생각하여 역사를 중요시한다. 그러나 실용적인 가치로만 역사를 본다면 사건의 결과에 치중하여 그 이면에 숨겨진 진실이나 인간적인 면을 지나쳐 버리는 어리석음을 저지를 수가 있다. 실제로 우리는 한쪽 면에 치우쳐서 역사를 배우고 판단하는 오류를 범해 왔으며 현재도 범하고 있다.
　그래서 한국사를 공부 할 때는 시간 순으로 일어난 사건과 배경을 정확하게 아는 것이 중요하다. 그래야 흐름을 쉽게 이해할 수 있는 개념과 개념의 연결고리를 알고 핵심을 터득하기 쉽기 때문이다. 공부할 양이 많을수록 핵심을 파악하여 체계적으로 정리하는 것이 중요하다. 그렇지 않으면 내용이 뒤죽박죽 섞여 힘써 공부한 내용을 잊어버리기 쉽다.
　핵심 한국사는 개념을 체계적으로 이해하고 오래 기억할 수 있도록 완벽하게 구성되어져 있다.

① 정리되어진 핵심 내용을 보며 그 동안 공부했던 내용을 떠 올려 보며 스스로 체계를 잡을 수 있다.
② 아무리 기본개념이 잡혔다하더라도 실전에 강해지기 위해서는 문제를 점검해야 되며 출제 경향에 맞는 문제를 통해 자신감을 길러 스스로 학습하는 습관을 만들어 간다.

무엇보다도 자기 스스로 한국사 공부할 시간을 정해 놓고 계획을 세우고 시간을 체크하며 실천해 한국사를 정복할 수 있길 바란다.

부디 '핵심 한국사'를 통하여 목표에 한층 가까워질 것으로 믿으며 마지막 까지 용기 잃지 않으시길 기원한다.

여러분들의 목표가 달성되어 기쁨을 누리시길 바란다.

윤 병 욱

차례

책머리에	4
선사시대	9
고조선의 건국	11
고대사회 정리 문제	13
우리 역사에 나타난 여러 국가의 성장	18
삼국시대	20
발해의 건국	57
후삼국의 성립과 고려	63
고대국가 정리 문제	68
문벌귀족사회의 성립과 발전	79
고려 지배체제 정비	84
고려 귀족지배체제의 동요와 무신정권	117
고려시대 정리 문제	142
조선시대	148
근세(조선) 문화 발달	182
조선 중기 사림정치와 대외항쟁	198
세도정치와 통치 질서의 와해	265
조선시대 정리 문제	284

구미(歐美)제국과의 수교	299
일제의 국권침탈	334
 대한제국 정리 문제	355
일제 침략하의 민족 수난	369
대한민국임시정부	386
일제 문화정치의 실상	391
민족말살정책과 민족문화수호운동	425
대한민국 정부 수립	438
6.25 전쟁	445
4.19 혁명과 민주주의 진전	451
민주주의 발전	463
통일정책 추진	467
종합문제 1	496
종합문제 2	503
종합문제 3	509

선사시대

- 우리나라 최초의 구석기 유적 : 동관진(강안리)
  남한 최초의 구석기 유적 : 공주 석장리
- 우리나라 최초의 인골화석 : 덕천 승리산 동굴(덕천인, 승리산인)
  남한 최초의 인골화석 : 상시동굴

- 동굴이 아닌 바위 그늘 야외유적 : 단양 수양개
- 구석기 주거지 : 동굴
  신석기 주거지 : 봉산 지탑리, 서울 암사동, 온천 궁산리, 양양 지경리
  청동기 주거지 : 봉산 지탑리, 웅기 굴포리, 청원 내수리

1. 시대별 토기의 특징

구석기	신석기	청동기	철기
뗀석기 사용 (주먹도끼 등)	빗살무늬 토기	덧띠새김무늬토기 (돌대문, 각목돌대문)¹⁾	덧띠토기(검토대토기)
수렵, 어로 채집	덧무늬토기	민무늬토기, 마송리식 토기	검은 간토기(흑도)

무리사회 평등사회	농경의 시작	붉은 간토기(홍도, 채도)	유문토기(와질, 도질토기) 가지무늬토기(채문토기)
신석기시대	청동기시대	철기시대	삼국시대	통일신라
조몬(승문)토기	야요이(미생)토기	스에키(토기) 가야토기(수레토기)	아스카문화	하쿠호(백봉)문화

2. 중국과 한국 토기의 특징

	중국(은나라, 주나라)	한국(북방 스키토시베리언 계통 영향)
성분	구리+주석	구리+아연
청동기 대표 도구	중국에서는 발견되지 않음	비파형 동검, 거친무늬거울(다뉴조문경)
	중국 영향	세형동검, 잔무늬거울(다뉴세문경)

3. 시대별 분묘의 특징

청동기 분묘	철기 분묘
돌널무덤(석관묘, 돌상자무덤)	돌방무덤(석실묘) 널무덤(토광묘): 청동기+철기 문화 복합

4. 시대별 농사의 특징

신석기	청동기	철기
기원전 8,000년경	BC 20세기~BC 15세기 무렵	기원전 5세기 경
조, 피, 수수	조, 피, 수수, 보리, 기장, 콩, 팥, 귀리, 벼농사 확산, 5곡 재배	벼농사 일반화

---

01 신석기, 철기시대와는 다른 새로운 양식의 토기. 기존의 토기는 북방 스키타이 지방으로부터 유입되었는데 비해 덧띠새김무늬토기(일본에서는 돌대문토기)는 연해주 아무르 강 유역으로부터 유입.

1. 고조선의 건국과 발전

고조선	위만조선
B.C. 4-3C 부왕, 준왕 관료(상, 대부, 장군)	B.C. 2C초(194년) 위만 관료(경, 대신, 비왕(지방군장: 왕권버금세력)) 초기 철기시대 진번, 임둔 복속 한무제 침략(B.C. 109년): 1년간 대항, 멸망(B.C. 108년: 2C말)

고조선	부여
8조법금(한서지리지) 살인, 절도(노비, 용서(50만전)), 상해	4조문(삼국지위지동이전) 살인(가족 노비), 절도(12배), 간음, 투기

건국	발전	위만의 집권	멸망
기원전 2333년 단군왕검이 건국	요령자병(라오닝성일대)을 중심으로 성장→한반도로 발전 부왕·준왕 등이 등장해 왕위 세습, 관직설치, 연과 대립	이주민 세력을 기반으로 왕위 찬탈(기원전 194년) 본격적인 철기문화의 수용. 예·진과 한을 연결하는 중계무역 번성	한무제의 침략으로 멸망 (기원전 108년) 한군현 설치

2. 고조선의 건국 이야기
청동기 문화를 배경으로 한 고조선 성립의 역사적 사실 반영

3. 고조선의 사회
팔조법 : 노동력을 중시, 사유재산 보호, 형벌과 노비의 발생. 가부장적 사회

한군현 설치 이후 : 엄한 율령 시행 → 법 조항이 60개로 늘어남.

고대사회 정리 문제

1. 다음의 시기를 연결하시오.

| ㉠ 구석기 | ㉡ 중석기 | ㉢ 신석기 | ㉣ 청동기 | ㉤ 철기 |

① 우리 민족의 기틀이 형성된 시기
② 우리 민족의 근간(根幹)은 선사시대부터 시작
③ 정착 생활의 시작
④ 계급 발생 시기
⑤ 혈연(血緣) 사회에서 지연(地緣)사회로의 변화 시기
⑥ 문자의 발명
⑦ 이음도구(복합도구)의 사용
⑧ 기후의 변동으로 인한 사냥의 대상이 변화하여 활이 출현한 시기

정답
① - 신석기에서 청동기를 거치는 과정
② - ㉢ 신석기인(빗살무늬토기 제작인)
③ - ㉢ 신석기 말기
④ - ㉣ 청동기 시대
⑤ - ㉢ 씨족공동체에서 부족사회의 출현 시기 = 신석기(아직은 평등 사회)
⑥ - ㉣ 청동기(역사시대의 시작 = 문자의 기록)
⑦ - ㉡ 중석기의 잔석기(세석기, 細石器)
⑧ - ㉡중석기

☞ 신석기 혁명 : 이동 생활에서 정착 생활로의 변화
B.C. 8000년 경 서남아시아에서 '농경과 목축'을 시작하므로써 우리 인류는 자연을 단순히 이용하는 단계에서 계발하는 단계로 발전하며 인류의 생활형태에 혁명적 변화를 가져왔다. (또 하나는 산업혁명 = 공장제 기계화)

2. 다음은 정착 생활의 결과 출현한 것들이다. 상대적으로 볼 때 가장 관계가 먼 하나는?

① 토기　　　② 매장 풍속　　　③ 조개더미　　　④ 움집

정답 ② 우리 최초의 매장 풍속은 구덩무덤(신석기, 관이 없다)이다. 이동생활을 하던 구석기인도 매장을 했을 가능성은 있으나 그 흔적이 없다.

3. 다음 토기의 출현 순서가 바르게 연결된 것은?

㉠ 빗살무늬토기	㉡ 민무늬토기	㉢ 덧무늬토기	㉣ 덧띠토기

① ㉠ - ㉢ - ㉡ - ㉣
② ㉠ - ㉡ - ㉢ - ㉣
③ ㉢ - ㉠ - ㉡ - ㉣
④ ㉢ - ㉣ - ㉠ - ㉡

정답 ③ ☞ ㉠ 밑이 뾰족(V자) → 〈해안, 강가〉출토 → 어로나 수렵 생활, 회색(色)
㉡ 밑이 평평 → 〈구릉지대〉출토 → 농사의 본격화, 적갈색
㉢ 해안이나 강가에 살던 빗살무늬토기 제작인들이 점차 내륙으로 이동하여 농경을 본격화하며 민무늬토기 제작인으로 발전하였다.(X)

4. 신석기 시대 직조 생활을 보여주는 유물은?

① 반달돌칼　　　② 바퀴날도끼　　　③ 홈자귀　　　④ 가락바퀴

정답 ④ 나머지는 청동기 시대 농기구(간석기)

5. 다음은 씨족 공동체의 생활상을 서술한 것이다. 이를 토대로 그 생활의 전통이라고 추론 될 수 없는 것은?

이 시기는 생산 수단이 발달되지 않아 사냥이나 농사를 하더라도 한 개인의 힘만으로는 할 수 없어서 집단적으로 행할 수밖에는 없었다.

① 두레　　　② 책화　　　③ 화백회의　　　④ 골품제도

정답 ④ 신분제도

6. 청동기 시대에 계급이 발생하는 근본적인 배경으로 볼 수 없는 하나는?
   ① 하느님 사상의 출현과 선민(選民)의식의 발생
   ② 농기구 등 생산수단이 발달하여 잉여물의 출현
   ③ 금속 무기의 사용으로 활발한 정복 사업의 전개
   ④ 생산 수단의 발달로 인한 집단의 세분화(細分化)

   정답 ① 배경이 아닌 결과이다

7. 청동기 시대의 설명으로 잘못된 것은?
   ① 아연이 주로 합금된 것으로 볼 때 중국과는 계통이 다르다.
   ② 동물양식의 장식품은 스키토 시베리안 계통임을 보여준다.
   ③ 기원전 1000년경이 우리나라 청동기의 상한선(上限線)이다
   ④ 청동제 농기구의 사용은 생산성 향상에 결정적 기여를 하였다.

   정답 ④ 청동제 농기구는 없다.(간석기를 사용함)

8. 다음은 고조선의 8조법금이다. 이를 보고 추론한 그 시대의 사회상이 아닌 것은?

   · 살인자는 사형에 처한다.
   · 상해자(傷害者)는 곡물로 배상한다.
   · 도둑질한 자는 노비로 삼고, 속죄할 자는 50만전을 낸다.

   ① 인간의 존엄성을 중시한 사회임을 알 수 있다.
   ② 신분제도가 존재하였음을 우리들에게 보여준다
   ③ 노동력을 중시하는 농경사회임을 보여주고 있다.
   ④ 화폐를 사용하였다는 부분은 비판의 여지가 있다.
   ⑤ 성문법이라기 보다는 관습법으로 보아야 한다.

   정답 ① 노비제도의 존재에서는 인간의 존엄성은 아니고, 인명 존중했다고 볼 수 있다

9. 단군신화가 전하지 않는 서적은?
    ① 응제시주   ② 동국 문헌 비고   ③ 세종 실록 지리지   ④ 동국여지승람

    정답 ② 합리적 유교사관에 입각한 사서(史書)

10. 고조선의 세력권을 보여주는 유물끼리 묶인 것은?

㉠ 미송리식토기	㉡ 비파형동검	㉢ 잔무늬거울	㉣ 거푸집

    ① ㉠   ② ㉠㉡   ③ ㉠㉡㉢   ④ ㉠㉡㉢㉣

    정답 ② ㉢㉣은 우리의 독자적 청동기를 보여준다
    ☞ 밑이 평평, 손잡이, 집선(集線)무늬가 특징은 미송리식토기이다.(O)

11. 중국으로부터 철기가 전래하였음을 보여주는 것은?
    ① 명도전, 널무덤   ② 비파형 동검, 거친무늬거울
    ③ 토기, 간석기   ④ 세형동검, 잔무늬거울

    정답 ① ② 북방계통 청동기 ③ 신석기 대표 유물 ④ 독자적 청동기

12. 고조선에 관한 기록이 처음보이는 중국측 사서(史書)는?
    ① 사기   ② 한서   ③ 상서대전   ④ 관자(管子)

    정답 ④

13. 기자동래설(箕子東來說)에 대한 비판으로 잘못된 것은?
    ① 기자에 관한 기록이 전하는 대부분의 책은 한군현 설치 이후의 작품이다.
    ② 한군현 설치 이전의 기록에는 기자가 은(殷)의 멸망이후 노예가 되었다는 기록도 있다.
    ③ 사마천의 사기 중 고조선의 기록이 전하는 '조선열전'에 수록되어 있다.
    ④ 후한 때 작품인 '잠부론'에는 한후(韓侯)가 위만에게 망했다는 기록이 있다.

    정답 ③ 조선열전에 있어야 되지만 그곳에는 없고, '송미자세가' 부분에 있다.

14. 다음 글에서 위만조선을 우리 민족으로 보는 근거로 볼 수 없는 하나는?

> 위만의 국적(國籍)에 관한 중국측의 모든 사서(史書)(사기, 한서, 위략 등)에는 전국(戰國) 7웅(雄) 중 연(燕)나라 사람으로 기록되어 있으나 일제시대 활동했던 진단학회에서는 우리 민족으로 보고 있다.

① 이동할 때 상투와 한복을 입고 왔다.
② 준왕의 신임을 받아 서쪽 변방을 지키는 책임을 맡았다.
③ 준왕을 축출한 후에도 '조선'이라는 나라 이름을 계속 사용하였다.
④ 한군현이 설치된 이후 많은 이주민이 남하하여 삼한의 기틀이 되었다.

정답 ④ 고조선이 완전히 망한 이후
☞ 준왕이 남하하여 마한 왕이 되었다고 중국측 사서에 기록되어 있다.(O)

15. 다음은 삼한의 영도국가인 목지국의 중심지가 변화된 것을 보여준다. 그 이유를 추론한 것으로 바른 것은?

> 성환, 직산 ⇒ 예산, 익산 ⇒ 나주(금성, 錦城)

① 중계 무역의 필요성으로의 이동
② 농경 생활의 필요성에 따른 남하
③ 한강 유역에 정착한 백제국의 성장
④ 유목 민족으로서의 끊임없는 이동생활

정답 ③ 충청도 → 전라북도 → 전라남도로 점차 남하하고 있다.

우리 역사에 나타난 여러 국가의 성장

개관 우리나라의 역사는 석기를 사용하고 고기잡이와 사냥, 채집을 주로 하면서 무리생활을 이루었던 구석기 시대부터 시작되었다. 신석기 시대에는 농경이 시작되었으며, 주로 해안이나 강가에서 움집을 짓고 빗살무늬토기의 제작과 혈연을 중심으로 부족 단위의 정착 생활을 하게 되었으며, 평등 사회였다.

청동기가 사용되면서 평등하였던 부족사회는 무너지고 부와 권력을 가진 지배자가 나타나서 국가를 이룩하였는데 고조선은 이 시기에 성립된 국가였다.

이어서 철기의 보급과 함께 중국과의 활발한 교역을 통하여 규모가 큰 국가로 발전하여 만주와 한반도 각지에 부여, 고구려, 옥저, 동예, 삼한 등 여러나라가 성립되었다. 이들 여러 나라들은 철기를 사용하여 농업을 발전시키고 주변 지역을 정복하여 점차 중앙집권국가로 발전하였는데, 가장 성공적인 국가가 고구려, 백제, 신라였다.

2C 3C 4C	5C 6C 7C	8C 9C	10C
고대국가 형성기	삼국 항쟁기	통신	고려건국

1. 고조선 이후 나라별 특징

부여	관료(가, 대사자, 사자) , 지방(마, 우, 저, 구가, 제가: 사출도 주관) , 반농반목(5곡재배), 농경(우마사용), 과일(X), 말, 주옥, 모피(수출), 1책12법:고구려 동일, 연좌법(고구려 동일), 왕(순장: 옥갑 사용), 여름 장사(얼음 사용), 형사취수법(고구려 동일), 백의 착용, 조두(그릇)사용, 금, 은 모자 장식, 우제점법(고구려 동일)
고구려	주몽 : 맥족(O), 예족(X), 유리왕(소노부 중심), 태조왕(계루부 중심), 서옥제(예서제, 데릴사위제, 봉사혼), 장례: 금, 은 후장, 봉분(소나무)
옥저	왕(X), 군장(거수, 후, 읍군, 삼로), 해산물(어물, 소금), 5곡, 맥포(삼베), 민며느리제(예부제), 두벌묻기(세골장, 골장제), 쌀 담은 항아리
동예	왕(x), 군장(거수, 후, 읍군, 삼로), 철자형, 여자형, 집터(동해시, 강릉시), 방직기술 단궁, 과하마, 반어피, 새별 별자리(흉풍), 호신숭배(범토템)
삼한	청동기 문화 : (辰), 철기문화 : 삼한(마한, 진한, 변한), 대세력(신지, 견지), 소세력(읍차, 부례, 두레(성년 남자), 품앗이- 밭농사, 5월(수릿날: 단오), 10월(계절제, 상달), 농경(우마사용), 누에치기, 면포(명주), 김해토기(와질, 도질), 마한-우마(장례), 진한-새깃(조우)장례, 마한, 변한: 문신, 변한: 편두

1. 삼국시대의 특징

나라	고구려	백제	신라
시조	주몽(동명성왕)	온조	박혁거세
국가기틀	태조왕: 2C	고이왕: 3C	내물왕: 4C
부자상속	고국천왕: 2C	근초고왕: 4C	눌지왕: 5C
불교공인	소수림왕(372)	침류왕(384)	법흥왕(527)
율령반포	소수림왕(373)	고이왕(262)	법흥왕(520)
한강차지	장수왕: 5C	고이왕: 3C	진흥왕: 6C

고구려(B.C. 37-668)

1. 유리왕(B.C. 19-A.D. 18) : 졸본지방→ 압록강(통구지방: 국내성: 집안)영토 확장

2. 태조왕(53-146) : 5부체제, 옥저, 동예 복속, 낙랑 공격, 왕위세습(계루부 고씨)

국가기틀마련(국조왕 칭호), 두만강하구(책성: 대외교역 창구)

3. 고국천왕(79-197) : 부족적 5부→ 행정 5부 개편, 부자상속, 진대법실시
   국상제 정착(신대왕: 최초), 왕비족 결정(절노부=연나부의 명림씨)

4. 동천왕(227-248) : 중국의 삼국시대(위, 촉, 오) 견제와 균형 서안평 공격→위장 관구검 침입

5. 미천왕(300-331) : 서안평 점령 낙랑공격, 한사군 축출(313)

6. 고국원왕(331-371) : 전연(선비족) 침입→ 미천왕릉 도굴
   백제 근초고왕 침입→ 전사

7. 소수림왕(371-384) : 불교수용(전진), 태학설립, 건국설화 정립(역사서 편찬), 율령 반포

8. 광개토왕(391-413) : 백제 아신왕 항복→한강이북 진출, 북부여 정벌, 동예 정벌
   후연격파→요동지역 확보, 평양(9사 건립)

9. 장수왕(413-491) : 평양천도(427)이후→남하정책, 평양(안학궁 건립)
   백제 한성점령(개로왕 패사)→백제 웅진시대 : 문주왕
   눌지왕 옹립, 한강이남(남한강) 진출

10. 문자명왕(491-519) : 부여복속(494), 고구려 최대영토

백제(B.C. 18-660)

◎ 한성시대

1. 고이왕(234-286) : 6좌평, 16관등, 율령반포, 남당설치, 관리복색(자, 비, 청)
   한강유역 통합, 낙랑, 대방 공격, 서진 사신파견

2. 근초고왕(346-375) : 고구려 고국원왕 패사, 마한병합, 탐라정벌(탐라복속 : 동성왕)
   부여씨 왕위세습, 진씨 왕비족 결정, 부자상속
   서기편찬(고흥), 일본에 아직기 파견(칠지도 하사)
   지방관 파견(담로제 실시)

3. 개로왕(455-475) : 장수왕 남하정책→한강유역 상실(패사), 북위에 국서
   한성(위례성) 함락

◎ 웅진시대

4. 문주왕(475-477) : 한성→공주(웅진성) 천도

5. 동성왕(479-501) : 결혼동맹(신라 : 소지왕), 탐라복속사, 연, 백씨(토착신진세력 등용)

6. 무령왕(501-523) : 22담로제, 양나라 통교(영동대장군백제사마왕 시호), 고구려 평산
   공격

◎ 사비시대

7. 성왕(523-554) : 공주→부여(사비성) 천도, 국호(남부여)

    중앙관제 22부 정비, 수도5부, 지방5방

    신라 진흥왕(한강유역 상실(관산성 전투 : 충북 옥천 : 패사))

8. 무왕(600-641) : 미륵사 건립[02], 궁남지 조성, 익산천도 계획

신라(B.C. 57-935)

1. 내물왕(356-402) : 왕위세습 확립(성골 김씨), 왕호(마립간), 왜구침입(400년 광개토왕 지원)

    북중국 교섭(전진에 위두 파견)

2. 실성왕(402-417) : 명활성 왜구격퇴, 인질외교, 장수왕의 눌지왕 지원정변 살해

3. 눌지왕(417-458) : 장수왕의 평양천도 이후(427)→나제동맹(백제 : 비유왕) 결성(433)

    부자상속, 고구려(불교전래), 사로6촌→6부 개편

4. 자비왕(458-479) : 왕경(경주)의 방리 명칭 확정, 백제와 공수동맹 강화, 왜구 격퇴

5. 소지왕(479-500) : 도로망정비(우역제 시작), 최초 시장개설(동시), 결혼동맹(백제 : 동성왕)

    나을에 신궁 설치, 6부→ 행정구역 개편

---

02 미륵사 : 중앙에 거대한 목탑과 동서에 석탑의 특이한 형태로 7세기 무왕의 백제 중흥 반영

6. 지증왕(500-514) : 국호(신라), 왕호(왕)→한화정책, 이사부(우산국 복속), 우경(법령) 실시
   동시전 설치, 군현제 실시(군주 파견), 순장 폐지, 왕비족 결정(박씨)
   아시촌(함안) : 최초 소경 설치

7. 법흥왕(514-540) : 율령반포, 17관등, 공복제정, 불교공인, 사신[03], 흥륜사 창건, 양과 통교
   병부, 상대등 설치, 금관가야(본가야) 병합, 최초 연호(건원) 사용.

8. 진흥왕(540-576) : 남한강 상류차지(단양 적성비), 북한강 하류차지(북한산비)하고 신주설치
   화랑공인, 국사편찬, 연호사용(개국, 대창, 홍제), 신라천하관(제왕, 태왕, 짐)
   품주(관등)설치→진덕여왕(집사부와 창부로 분리), 국원소경(중원경:충주)
   백좌강회, 팔관회, 황룡사, 대가야 병합, 태자책봉제

9. 진평왕(579-632) : 위화부, 조부, 예부 정비, 걸사표(원광법사-수나라), 세속5계
   최초 : 녹금서당, 석가족(성골명칭 사용)

10. 선덕왕(632-647) : 황룡사 9층탑, 분황사, 영묘사, 첨성대

11. 진덕왕(647-654) : 상대(성골) 마지막 왕, 태평송(당), 집사부 중시, 창부, 좌이방부 설치

---

03 왕이 사찰의 재정 확보를 위하여 일시적으로 절에서 생활함

◎ 신라의 비석

1. 포항 중성리 신라비(눌지왕(441) 또는 지증왕(501))

2. 영일 냉수리비(지증왕(503))
   - 신라를 사라로 기록, 갈문왕, 매금왕 기록, 재산권 분쟁 및 상속 내용 수록

3. 울진 봉평비=거벌모라비(법흥왕(524))
   - 영토확장, 율령반포, 노인법(奴人法), 신라 관등, 국왕도 부에 소속(6부 귀족 대표 자수준)

   법흥왕을 매금왕으로 호칭, 갈문왕 기록

4. 영천 청제비(법흥왕(536))
   - 저수지 축조에 부역동원 사실기록, 원성왕 재축조

5. 단양 적성비(진흥왕(550))
   - 적성 경략 포상(야이차 등 국가에 충성한 사람에게 보상)

6. 명활산성작성비(진흥왕(551))
   - 역역 동원 기록(축조공사 책임자, 실무자, 동원인원, 공사기간)

7. 남산 신성비(진평왕(591))
   - 신성축조 부역 동원 기록, 지방행정 기구(나두 파견)와 촌락 구조 수록

◎ 가야연맹

- 전기 가야연맹체 : 2, 3C : 구야국→금관가야(본가야)
  후기 가야연맹체 : 5C(400년 광개토왕 침공) 이후 : 고령(미오야마국)→대가야
  6C초(522년) 대가야(이뇌왕)와 신라(법흥왕) : 결혼동맹
- 활발한 외교 : 중국 남조, 한군현, 일본 교역
  5C후반 대가야 왕(하지)은 중국 남제 사신파견(보국장군본국왕 책봉)
- 가야연맹의 위치 : 고령 : 대가야
  진주 : 고령가야

2. 삼국의 대외관계

1) 고구려의 대외관계

중국의 형세
삼국시대(위, 촉, 오 : 3C)→5호16국(4C)→남북조시대(5C)→수, 중국 통일(589년 : 6C)
→ 당의 건국(618-907)→5대10국(907-960)→송의 건국(960)

여·수전쟁(4차)
1. 고구려(영양왕)가 요서지방을 선제공격(598)
2. 수 양제 침입
   1차 : 을지문덕 : 살수대첩(612)
   2차 : 건무 : 패수 대패(612)
   3차(613), 4차(614) 실패

여·당전쟁(3차)

1. 당 태종 고구려 침공 준비하자 연개소문은 천리장성[04]으로 대당 강경책
2. 당 태종의 침입
   - 1차 : 안시성 전투(645 : 양만춘) 2차(647), 3차(648) : 실패

3. 삼국의 중앙정치 구조

1) 고구려

- 삼국 중 가장 먼저 관등조직(초기 : 10관등, 말기 : 14관등)
- 수상인 대대로, 막리지(초비상시 : 대막리지)는 3년 한번씩 5부에서 선거로 선출
- 형 : 우태가 발전(나이 많은 족장)
- 사자 : 원래 조세를 거두는 사람
- 대보 : 국상, 패자 : 수상
- 고추가 : 적통대인(왕권버금세력)[05]
- 귀족회의 : 5관합의제(1-5관등), 제가회의

2) 백제

- 고이왕(260) : 6좌평(6전조직의 효시), 16관등 정비
- 사비천도 후 성왕 : 6좌평제 확립[06]
    - 왕실사무 담당 내관(궁내부) : 12부

---

04 고구려는 당의 침략 대비하여 천리장성(부여성(농안)-비사성(대련))을 쌓았다(보장왕 : 647)
    고려는 거란, 여진 침략 대비하여 천리장성(압록강-도련포)을 쌓았다(덕종(1033)-정종(1044 : 유소))
05 왕권버금세력 : 백제(길사), 신라(갈문왕 : 통일 후 폐지), 비교 : 고조선(비왕 : 지방군장)
06 백제의 6좌평 : 내신(상)좌평(왕의 비서 : 수상), 내두좌평(재경부), 내법좌평(교육부), 위사좌평(왕 친위대), 조정좌평(법무부), 병관좌평(국방부)

- 일반서정 담당 외관(중앙관청) : 10부
　　　　　- 22부의 중앙관서 정비
- 귀족회의 : 정사암회의(제솔회의, 좌평회의, 남당회의)
- 6전 조직(중국 주대) : 삼국 : 백제(고이왕)의 6좌평(6전조직의 효시)
　　　　　　　　　　　　통일신라 : 신문왕의 14부
- 3성6부(중국 당대)
　발해 : 최초 채택, 유교식 명칭의 6부
　고려 : 중서문하성 중심, 이부, 병부 중시
　발해나 고려는 명칭이나 운영방식에 있어 독자성 견지

3) 신라

- 법흥왕 : 상대등, 병부
- 진평왕 : 위화부, 조부, 예부
- 진덕여왕 : 좌이방부, 품주 → 집사부와 창부로 구분
- 17관등 : 17관등의 경위제, 11관등의 외위제[07] 구분
- 귀족회의 : 화백회의(제간회의, 대등회의)

4. 삼국의 지방행정조직

1) 삼국 지방행정조직 특징

- 행정조직과 군사조직의 미분화(군사적 성격이 강함)
- 지방관은 주요 거점만 지배, 나머지 자치 허용하여 간접적으로 주민 지배

07　외위제 : 최고 경위제의 5두품, 중위제가 적용되지 않음. 통일신라는 경위제와 외위제 통합

2) 시대별 지방행정조직 특징

고대국가	행정 외에 군사적 목적이 기준이 되어 편제
고려시대	지방호족의 신분적 서열이 기준이 되어 편제, 주현보다 속현이 많음
조선시대	인구, 토지의 대소에 따른 행정 편제, 모든 군현에 지방관 파견

3) 고구려

- 평양천도(장수왕 : 427) 이후 서울(5부), 지방(5부 : 욕살)→성(처려근지, 도사)[08]
  → 최하위 지방관(가라달, 누초)
- 3경제도 : 지방 통제 강화(평양성, 국내성, 한성(황해도 재령))[09]

4) 백제

- 사비천도(성왕; 538) 이후 중앙(5부), 지방(5방 : 방령)→10군(군장)
- 지방중심지 : 한성시대(근초고왕 : 담로), 웅진시대(무령왕 : 22담로)

5) 신라

- 중앙(경주, 금성 : 6부), 지방(5주 : 군주)→군, 현[10]
- 2소경(사신, 사대등 : 동원경(강릉), 중원경(충주))[11]

---

08 도사 : 삼국공통 지방장관, 노동력 동원, 조세수납, 군사지휘 임무, 통일 후 : 현령으로 변경
09 고려3경 : 개경, 서경(태조), 동경(성종 : 숙종(남경))
10 통일 후 신문왕 : 9주 정비
11 통일 후 신문왕 : 5소경 정비

구분		고구려	백제	신라
중앙	관등	대대로 이하 14관등	좌평 이하 16관등	이벌찬 이하 17관등
	수상	대대로(막리지)	상좌평(내신좌평)	상대등→집사부 시중
	관청	내평, 외평, 주부	6좌평, 22부	상대등, 병부, 위화부
	관명	형, 사자	솔, 덕	찬, 지, 사
수도		5부	5부	6부
지방		5부(욕살)→성(처려근지) 3경(국내성, 평양성, 한성)	5방(방령)→10군(군장) 22담로(왕족파견)	5주(군주)→군, 현 2소경(동원경, 중원경)

5. 삼국의 군사제도

- 삼국의 군사제도는 지방행정조직과 밀접한 연관, 국왕이 군총사령관(군사지휘권)
- 지방장관(행정권과 군사권을 동시 관할)

고구려	백제	신라
왕당(국왕 직속부대) 군관(대모달, 말객) 지휘	5부(각 500명) 군(700-1200명) 군관(방령, 군장)	중앙(대당, 서당, 귀당, 법당) 서울방위(위병, 사자대) 지방(6정) 군관(군주, 대감, 당주)

6. 고대(삼국시대)의 사회생활

- 삼국은 고대국가로 성장 과정에서 귀족, 평민, 천민의 3계급제도 성립[12]
- 친족공동체(7세대 공동체), 귀족층(성씨 사용)[13]

---

12   고려 : 4계급(중간층)
13   고려 : 평민의 성씨보유, 본관제 대두(경주 김씨), 5세대 공동체(대가족단위 8촌)→친족의 범위 축소

1) 고구려

- **지배층** : 왕족(계루부 고씨), 전왕족(소노부), 왕비족(절노부)
- **형** : 종래 족장세력이 왕권 아래 통합 편제
- **사자** : 왕권하의 행정적인 관리출신
- **일반백성 : 춘대추납(진대법=조적법** : 고국천왕(194), 을파소(국상))[14]
- **소골(절풍)** : 고구려 남자의 모자, 관직이 있으면 양쪽에 꽂았다.
- **책** : 문, 무관 관료들이 쓰는 의례용 모자
- **백라관** : 고구려왕이 착용
- **법률제도 : 반역자(화형, 참형, 가족(노비 : 부여와 같이 연좌법)), 살인자, 투기죄, 전쟁에서 항복, 패한자(사형), 절도(12배 배상** : 부여공통), 우마를 죽인자(노비)
- **혼인풍습 : 지배층 혼인풍습(형사취수제** : 부여공통, 서옥제)

  평민 : 남녀간의 자유로운 교제를 통하여 혼인(예물은 하지 않았다)

2) 백제

- **지배층** : 왕족인 부여씨와 8대성 중심
  - 한성시대(왕족 부여씨, 왕비족 진씨, 해씨)
  - 웅진시대(연씨, 백씨)   − 사비시대(사씨, 목씨)
- **16관등의 복색**(자색, 비색, 청색)[15]
- **법률제도 : 살인자, 반역자, 전쟁에서 패한자(사형), 간음(노비), 절도(2배** : 유형), 공직자의 절도와 뇌물(3배 배상, 종신금고형)

  결혼한 부인이 간통(신분 박탈, 남편집 계집종)
- 투호, 바둑, 장기(고구려와 백제 지배층 오락)

---

14 고구려(진대법)→고려태조(흑창)→고려성종(의창)→조선(환곡(국가), 사창(사림))
15 신라 복색(자, 비, 청, 황), 고려 복색(자, 단, 비, 록)

3) 신라

- **골품제도 : 통일 전 중앙집권 성립시기(내물왕 : 4C) 또는 율령반포시기(법흥왕 : 6C)**
  → 왕경인 중심
- 작은 족장(4, 5두품), 큰 족장(6두품)
- 신라 중대 무열왕 이후 성골(진평왕 이후 성골 명칭 사용)대신 진골에서 왕[16]
- **공복 색깔** : 골품이 아닌 관등에 따라 구분
- 장관(영), 장군은 진골독점, 차관(경, 시랑, 전대등)에는 5, 6두품도 가능
- **중위제** : 5두품, 6두품(4중 아찬, 9중 대나마, 7중 나마)
- 통일 후 3-1두품은 소멸
- **고구려, 백제 유민 포섭 : 고구려 귀족(6두품 :** 7관등 일길찬)
  　　　　　　　　　　　백제 귀족(5두품 : 10관등 대나마)
  　　　　　　　　　　　신라 귀족(6두품 : 6관등 아찬)
- 금관가야 신·김씨(김유신 가계)와 보덕국(안승)→진골 영입
- **일반백성 : 조용조** : 토지보다는 인구와 호를 기준으로 수취
- **화백제도 : 만장일치**(고려 : 도병마사(의합))
- **화랑도** : 사학(私學)의 문무교육, 국선과 화랑(진골), 낭도(6두품에서 평민)
  　　　　3년 수련 후 군부대 배속, 여성조직인 원화를 진흥왕(남성조직 확대)
  　　　　진평왕(원광 세속5계)
- **임신서기석** : 화랑이 학업(시경, 상서(서경), 예기, 좌전(춘추전))[17]과 국가에 대한 충성 맹세

16　통일(문무왕) 후 성골 대신 진골에서 왕이 나왔다라는 지문은 틀린 지문, 왜냐하면 통일 전 무열왕부터 진골에서 왕이 나왔기 때문

17　여기에 주역은 포함되지 않는다.

7. 고대(삼국시대)의 경제생활

- **식읍** : 피정복지의 백성을 당대에 한하여 지급(삼국→고려→조선(세조 : 폐지))
- **녹읍** : 관직 복무의 대가인 녹봉 대신 지급, 개인 또는 국가기관 대상 : 노동력 징발권 부여(고려 초 폐지)

1) 고대(삼국시대)의 토지 측량 단위

고구려	경무법(이랑단위)
백제	두락제(파종량, 마지기 기준)
신라	결부법(토지면적+수확량)→고려→조선(1918년 일제시대 지세령 개정 폐지)

2) 고대(삼국시대)의 조세 제도

고구려	가호를 토지→노동력 다과 기준(상, 중, 하호 : 3등급) 호별세와 인두세(중시) 유인(3년에 1번 10명이 합쳐 세포 1필)
백제	조(쌀), 세(포목, 쌀, 명주실, 베)
신라	조(租), 용(庸), 조(調)

- **수도** : 시장개설, 상업발달
- **중계무역을 담당하던 낙랑군이 멸망** : 고구려(남, 북중국, 북방유목민), 백제(남중국, 일본), 신라(한강하류인 당항성을 확보하면서 중국과 무역)
- 재성(왕궁과 관청을 에워쌈)과 나성(도시 전체를 둘러쌈)→ 평양성과 사비성
  산성(경주 평야를 둘러싸고 있는 산)→경주
- 쌀은 왕이나 귀족들이 먹는 귀한 곡물, 일반백성은 보리, 콩, 조 등을 주식(잡곡 주식)

- 디딜방아, 절구, 솥, 시루 등의 연장을 사용
- 고조선 이래 아욱, 배추, 무 이용한 김치(침채), 소금, 젓갈 사용[18]
- **여자와 남자 공통** : 속곳(속옷)착용, 저고리와 바지 착용
- **귀족(비단), 일반백성(갈포)** : 삼베옷)착용[19]
- **귀족 : 마루, 평상 같은 바닥구조 생활, 일반백성** : 흙바닥에 깔개를 사용, 평상식 마루 사용
- **고구려** : 전체 온돌방은 없고 방 일부에 구들(온돌), 발해(전체 온돌)

8. 고대(삼국시대)의 문화

1) 고대(삼국)문화의 성격

- 설화, 노래, 음악, 신라토기, 토우 등 소박한 미술품
- **귀족예술 : 남북조시대 중국문화 영향, 불교예술영향(금동미륵반가사유상 :** 삼국공통)

고구려	야성적, 패기, 정열(중국 북조 영향)
백제	우아, 미의식 세련(중국 남조 영향)
신라	초기(소박한 전통), 말기(고구려, 백제 영향 : 엄격, 조화미)

2) 불교의 전래

- **불교 전래 이전** : 샤머니즘과 점술 성행, 시조신 숭배
- **불교의 전래** : 삼국이 중앙집권국가로 체제가 정비될 무렵 전래(초부족적 고등종교 요구)

---

18 김치 식용에 대한 최초 문헌은 고려 중엽 이규보 : 가포육영이다. 오이, 가지, 아욱, 무, 파, 박 등의 6가지 채소가 소개, 순무를 재료 : 김치 소개, 아달충(산촌잡영 : 야생초 재료 김치)

19 문헌상 고구려, 신라, 고려 초의 백첩포(면직물) 기사 소개, 문익점의 면종사 반입 이전 기록

국가	전래국	전래시기(공인)	전래자
고구려	전진	소수림왕(372)	순도
백제	동진	침류왕(384)	마라난타
신라	고구려	전래 : 눌지왕(457), 공인(이차돈 순교) : 법흥왕(527)	묵호자(아도)
일본	백제	성왕(552)	노리사치계

- **불교의 수용 : 고구려와 백제 :** 왕실의 환영을 받으며 수용(호국불교)[20]

  신라 : 귀족세력의 반대(70년)→ 민간으로부터 수용
- **현세구복 :** 왕권강화, 귀족신분 합리화 등 현실적 욕구, 민간은 샤머니즘과 유착

  (출산, 질병 치료 등 현세구복적 성격, 밀교 성행)[21]
- **고구려 : 삼론종 :** 대승불교(空사상)와 비우비무(非有非無모든 법의 실상(實相)은 있지도 없지도 아니함. 유와 무의 중도(中途)임 강조)
- **백제 : 계율종 :** 성왕(겸익-인도에서 전래), 일본 전파(성왕-노리사치계)
- **신라 :** 계율종(백제의 계율종이 개인차원의 계율 준수, 신라의 계율종은 귀족신분유지 강조)

    – 왕즉불 사상(오조지 신라) : 업설+미륵불신앙+진종설화

    – 불교식 왕명(법흥왕 – 진덕여왕)

    – 진흥왕(전륜성왕 : 승관제 : 고구려 승려 혜량(국통 : 승통)→**주통, 군통**

  : 교단정비)[22]

    – 진평왕(백정 : 원광 세속5계), 왕비(마야)

---

20 호국불교 : 백제 무왕(왕흥사), 신라 진흥왕(황룡사), 선덕여왕(황룡사 9층 목탑), 백좌강회
21 불교와 샤머니즘 융합 : 산신각, 연등회, 팔관회, 탱화, 장승
22 승려의 정치참여 : 신라 진흥왕(승관제), 고려 광종(왕사, 국사제도)

3) 고구려

- **승랑** : 중국 삼론종 3대조
- **보덕** : 백제 열반종 전파

4) 백제

- **겸익** : 백제 계율종 시조, 인도 구법
- **노리사치계** : 일본에 불상과 경론 전파
- **관륵** : 일본 승관제 영향, 초대 승정, 천문(지리, 역법, 둔갑병술)전파
- **혜균** : 삼론종 개론서(대승사론현의기)저술→원효(대승기신론소), 일본 영향

5) 신라

- **혜량** : 고구려 승려, 신라(국통)
- **원광** : 성실종과 열반종 전파, 점찰보(寶의 기원)설치, 걸사표(수나라), 세속5계
- **자장** : 계율종 개창, 대국통(신라불교 총관), 통도사 창건, 황룡사9층목탑 주도
- **양지** : 글씨, 벽돌조각, 불상제작(서역영향)

6) 도교의 전래

- **고구려 영양왕(624 : 7C초) : 당에서 도사(道士) 파견** : 고구려와 백제 귀족사회 널리 보급[23]
- **중국의 도교** : 단약을 먹어 불로장생을 추구

---

23 최근 도교 전래를 4C로 주장하는 학설 제기(고구려 전기 사신도 벽화, 백제 근구수왕 본기, 막고해 기사에 보이는 지족(知足)이 노자의 도덕경에 나오는 용어라는 이유)

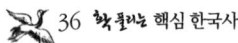

- **삼국시대의 도교** : 금욕을 중시, 대자연의 기를 강조(수련도교), 하늘 숭배(민족의식 고양)
- 연개소문은 불교를 억압하기 위해 도교 장려(보덕은 백제로 가서 도교의 불로장생에 대항 하여 열반종 전파, 도현은 일본으로 가서 대안사 주지, 반고구려 시각에서 일본세기 서술)

---

1. 교리 : 무위자연, 불로장생, 상무사상, 현세구복
2. 발달 : 1) 삼국-남북국 : 귀족층 중심, 수련도교
         2) 고려 : 서민층 침투, 소재초복의 초제 거행 : 국가안녕과 왕실번영 기원
         3) 조선전기 : 소격서 초재 거행(단군 : 민족의식 고취)
         4) 조선후기 : 조선왕조 부정(비기, 동학, 민화)
3. 사례 : 1) 고구려 : 을지문덕 오언절구(知足), 연개소문 장려, 사신도 벽화
         2) 백제 : 산수무늬벽돌(산경문전), 사택지적비, 무령왕릉 지석(매지권), 사신도 벽화, 백제금동대향로
         3) 신라 : 세속5계(임전무퇴), 화랑명칭(국선, 풍류도), 최치원(쌍계사 진감선사비)
         4) 발해 : 정효공주 비문(4.6변려체-불로장생사상)
         5) 고려 : 팔관회, 도관(복원궁), 참성단(강화도 마니산)
         6) 조선 : 원구단(초제 거행)

---

7) 도교의 특징

한학과 기술학의 발달

- 철기의 전래와 함께 한자가 전래(경남 창원 다호리 고분군 : 붓 발견)
- **향가(only 신라)와 이두(향찰** : 삼국 공통)
- **목간과 죽간 발견** : 경주 안압지, 월성 해자, 부여 궁남지
- **고구려** : **태학(국립대학 : 372년 소수림왕)**[24] : 귀족 자제 한학 수학

  경당(최초 사립학교 : 5C) : 평민 자제, 한학과 무술(문무교육)[25], 국민개병제 시초

---

[24] 고려 : 국자감(국자학, 태학, 사문학, 잡학)
[25] 문무일치교육 : 경당, 화랑, 7재(고려 예종 : 강예재(무학)), 원산학사(1883), 신흥학교(1910)

삼국시대 37

　　　　한학(한문) : 광개토왕릉비, 모두루묘지명, 중원고구려비
　　　　건국 초(유기 1백권), 영양왕(600 : 태학박사 이문진 신집 5권)
- **백제** : 교육기구(학교)는 알 수 없고, 오경박사, 의박사, 역박사 기록만 있음
　　　　한학(한문) : 개로왕 국서(북위), 무령왕릉 지석, 사택지적비(한학+도교 : 백제 유일비석)
　　　　근초고왕(375 : 박사 고흥 서기)
- **신라** : 진흥왕(단양 적성비, 4개 순수비), 임신서기석
　　　　진흥왕(545 : 대아찬 거칠부 국사)
- 삼국의 역사서는 합리적 기록(유교사관)보다는 신화적 세계관(신 이사관)에 치중
- 고대과학, 기술학 발달
    - 건축 : 기하학 원리를 응용 – 역학 : 수학을 응용
    - 고구려 : 별자리를 그린 천문도 제작, 영류왕(628) : 봉역도 : 지도제작), 고마척(고려척)
    - 백제 : 중국 남조 송의 역법 : 원가력 채택
    - 신라 : 첨성대(현존 동양 최고의 천문대)

9. 고대(삼국시대)의 문화예술의 발달

1) 고구려

- 고분[26]
    - 초기 : 석총(장군총), 후기 : 토총(중국 영향)이 주류
    - 장군총 : 통구(계단식 7층 석총), 장수왕 혹은 광개토대왕
    - 토총(굴식 돌방) : 무용총 : 무용도와 수렵도

26　다카마쓰고분(고송총) : 일본 최초 극채벽화가 발견된 아스카시대 고분 : 사신도, 남녀4인군상, 성수도 벽화는 고구려 강서군 수산리 고분 벽화와 유사, 기토라고분 : 세계최고 성수도(천체도)와 사신도 : 고구려 평양 밤하늘 별자리 그렸음

각저총 : 씨름도 곰, 범, 천문도

강서대묘 : 살수대첩(612) 이후 축조, 사신도

쌍영총 : 모줄임 천장, 팔각형 돌기둥 양식, 기사도(서역 계통 영향)

- 벽화 : 초기(생활도), 후기(추상화, 사신도, 상징적 그림)

고대(삼국) 무덤의 특징

굴식돌방무덤 (횡혈식석실고분)	구덩식돌무지덧널무덤 (수혈식적석목곽분)	벽돌무덤 (전축분)
모줄임(두팔)천장 고구려, 백제(웅진, 사비시대) 발해(정혜공주묘) 통일신라 봉토주변 둘레돌(열석) 배치(12지신상 조각)	벽화 없음, 도굴 곤란 통일 전 신라(천마총, 호우총) 목곽, 자갈, 점토, 봉토층 구분	·무령왕릉 : 중국 양 영향, 벽화 없음, 지석발견 ·정효공주묘 : 중국 당 영향, 벽화 있음, 묘탑장 양식

• 불상과 글씨, 탑

- 연가7년명금동여래입상 : 중국 북조 영향, 고구려의 개성을 잘 표현
- 광개토대왕릉비 : 예서체
- 요동성탑(육광탑) : 광개토왕(359)- 목조탑

2) 백제

• 고분

- 한성시대 : 송파구 석촌동 고분 : 고구려 초기 고분과 유사한 돌무지무덤(적석총)
- 웅진시대 : 굴식돌방무덤(횡혈식석실고분), 무령왕릉(벽돌무덤 : 전축분 : 공주 송산리 고분)[27]

---

27 무령왕릉 토지매지 : 왕비 지석의 후면으로 율령시행을 입증

공주 송산리 6호분(벽돌무덤 : 사신도, 일월도 벽화)
- 사비시대 : 부여 능산리 : 굴식돌방무덤(사신도, 백제금동대향로(금동용봉봉래산향로))
- 불상과 석탑
  - 서산 마애삼존불상(백제 미소), 금동미륵보살반가상(삼국 공통)
  - 목탑형 석탑(익산 미륵사지 석탑), 부여 정림사지 5층 석탑(평제탑 : 소정방 백제 멸망)

3) 신라

- 초기(고구려 영향), 후기(백제 영향)
  - 분황사석탑(모전탑), 황룡사9층목탑(백제 아비지 건축)
  - 경주 배리 삼존석불입상
  - 천마총 : 천마도는 벽화가 아니라 다래(장니)에 그려진 그림[28], 유리그릇(서역 영향)
  - 호우총 : 을묘년국강상광개토지호태왕호우십 명문(그릇) : 국강상(매장한 곳인 장지)
  - 어숙묘 : 석실묘(연화문, 신장도 벽화 : 법흥왕 또는 진평왕)

4) 향가와 음악

- **삼국시대 노래로 신라의 향가(only) : 혜성가**(융천사), **서동요**(백제 무왕) 2수 전함
  - 고구려 : 관악기, 현악기, 타악기 등 17종, 왕산악(거문고 : 현금, 노래 100여곡 작곡)
  - 백제 : 악기는 고구려 비슷, 일본 음악 영향
  - 신라 : 3죽(대, 중, 소 피리), 3현(거문고, 가야금, 비파), 회소곡(여성 길쌈노동 노래)

---

28 천마도와 도제기마인물상 : 북방 흉노 문화의 전래 과정을 설명

우륵 : 대가야 가야금 수용

옥보고 : 고구려 거문고 수용

백결(박문량) : 가야금으로 방아타령인 대악 작곡

10. 삼국문화의 일본전파

- 삼국의 문화는 일본 야마토(大和)정권 성립, 아스카(飛鳥)문화 탄생

고구려	영양왕 영양왕 영류왕 보장왕	혜자 담징 혜관 도현	성덕태자 스승 법륭사 금당벽화(먹, 붓, 맷돌) 삼론종 개조 대안사 주지, 일본세기(반고구려시각)
백제	근초고왕 근초고왕 성왕 위덕왕 무왕	아직기 왕인 노리사치계 아좌태자 관륵	토도태자 스승 논어, 천자문 불상, 경론 성덕태자 초상 천문, 지리, 역법, 둔갑방술
신라	조선술, 축제술(한인의 연못), 도자기, 의학, 불상, 음악, 양지(조각)		

11. 신라의 삼국 통일

1) 백제의 멸망(660)

(1) 원인

- 신라와 전쟁(대야성 전투 : 642), 귀족 내부 갈등, 충신(성충, 흥수)축출, 나당동맹(648)[29]

---

[29] 김춘추 군사동맹(648) : 신채호는 독사신론에서 김춘추를 비판(외세 의존)

(2) 멸망
- 김유신(5만), 소정방(13만) : 나당연합군의 사비성 공격→의자왕 항복(660)
- 백제 땅(웅진도독부 : 부여융을 웅진도독 임명)

(3) 부흥운동(660~663)
- 복신, 도침 : 주류성(한산), 왕자 부여풍 추대
- 흑치상지, 복신, 지수신 : 임존성
- 부흥군 내분 : 복신→도침, 부여풍→복신
- 백강전투 : 부여풍은 부여융에게 패배(663) : 일본은 4만 군대 파견

2) 고구려의 멸망(668)

(1) 원인
- 여수, 여당 전쟁 국력 쇠퇴, 연개소문 사망(666) 후 지도층 내분, 귀족세력 분열

(2) 멸망
- 김인문(27만), 이세적(50만)→보장왕 항복(668)
- 평양(안동도호부 설치 : 668)

(3) 부흥운동
- 검모잠, 고연무 : 안승 추대 : 한성(재령), 오골성
- 안승의 신라 망명 : 신라는 보덕국 : 보덕왕 임명(674)
- 통일 후 보덕국 폐지→안승을 진골 편입(소판 : 잡찬 : 3관등)→안승의 아들 대문(금마저 난)

3) 신라의 당군 축출

(1) 나당전쟁(670-676)[30]
- 삼국통합군→임천지방과 웅진도독부 공격→소부리주 설치(671)
- 매소성(연천) : 김유신 아들 원술랑(김원술)→당의 20만 군사를 섬멸(675)
- 금강하구(기벌포) : 설인귀의 당의 해군 섬멸(676)

(2) 나당전쟁 종료의 배경
- 거란, 돌궐의 성장
- 토번(티벳)의 당 공격

(3) 삼국통일
- 문무왕 : 평양의 안동도호부→요동성 축출
- 대동강-원산만을 경계로 삼국통일(676)

4) 통일 신라의 정치와 경제

(1) 전제왕권의 강화
- 진골 왕위세습 : 김춘추(무열계 김씨), 신라 중대 시작
- 금관가야 신 김씨 김유신 : 왕비족 형성(박씨 왕비족 전통 단절)
- 진골귀족세력 약화 : 화백회의 약화(상대등 약화), 갈문왕 폐지
- 근친혼 성행(권력 확산 방지목적)

---

30 당의 기미책 : 백제 웅진도독부(664, 도독 : 부여융), 고구려 평양 안동도호부(668, 도호 : 설인귀), 신라 경주 계림도독부(663, 도독 : 문무왕)

신문왕의 전제왕권 확립을 위한 제도정비

정치제도	집사부 및 6전조직 정비
지방제도	9주 5소경
군사제도	9서당(중앙), 10정(지방)
경제제도	녹읍 폐지, 관료전 지급
교육제도	국학(682) 설치

(2) 정치조직

통일신라 중앙관제

관부명	설치시기	기능	고려
위화부	진평왕	인사, 공훈	이부
조부, 창부	진평왕, 진덕여왕	공납(부역), 회계	호부
예부, 영객부	진평왕	교육(의식), 외교	예부
병부	법흥왕	국방, 군사	병부
좌이방부, 우이방부	진덕여왕, 문무왕	법률, 형벌	형부
예작부, 공장부	신문왕(6전조직)	토목(영선), 수공업	공부
집사부(성)	진덕여왕	군국기무	재추(중서문하성+중추원)
사정부	무열왕	감찰, 풍기	어사대

- 달구벌 천도 계획 : 신문왕(689) 금성(경주) 편재성 극복 시도, 실패
- 오묘제 정비 : 중대 왕실 정통성 확보 : 신문왕 최초, 혜공왕(무열왕, 문무왕 : 세세불훼지종)

(3) 지방행정조직

- 신문왕(685) : 9주 5소경 정비
- 9주 : 신문왕 : 완산주(전주), 청주(진주) 설치, 주의 장관(총관)→군(태수)[31], 현(현령)
- 5소경[32] : 신문왕 : 서원소경(청주), 남원소경(남원), 중원소경(충주), 금관소경(김해)
  : 북원소경(원주) : 소경의 장관(사신)
  : 상피제 적용 : 남원소경(고구려 귀족), 중원소경(가야 귀족)
  : 경덕왕(757) : 한화정책 : 소경→경(京) 명칭 변경
- 외관 파견 : 주(도독), 군(태수), 현(현령) : 중앙귀족 파견
- 토착세력 통제 : 상수리제도→ 고려(기인제도)→조선(경주인 : 경저리)
- 지방민 회유 : 경위제와 외위제 구분이 없어지고, 경위제가 지방까지 확대, 수여

(4) 군사제도

● 중앙군
- 신문왕 : 9서당, 통일전(시위부, 위병 존속), 통일전 진평왕(녹금서당 시작)
  →신문왕(청금서당) : 9서당 완성
    : 신라(녹금, 자금, 비금)
    : 백제(백금, 청금)
    : 고구려(황금)
    : 말갈(흑금)
    : 보덕국(적금, 벽금)

● 지방군
- 통일전 6정→신문왕 10정 확대(각주 1정, 한주 2정), 5주서, 3변수당, 패강진 설치

---

31 주, 군에는 외사정(감찰임무) 파견 : 중앙집권 강화, 장관의 명칭변화 : 군주(지증왕)→총관(문무왕)→도독(원성왕) : 군사적성격→행정적 성격 변화

32 신라 : 2소경 : 동원경(강릉), 중원경(충주)

(5) 골품제도
- 통일후 골품제 : 진골, 6.5.4두품만 구분, 3-1두품은 평민화(골품제 축소)
  : 골품제 자체가 하부로부터 해체

(6) 토지(조세, 산업)제도
- 녹봉제 실시 : 신문왕(687) : 문무 관료전 지급
  신문왕(689) : 녹읍제 폐지→녹봉제(관료전, 연봉성격의 세조지급)
  경덕왕(757) : 녹읍 부활
- 균전제 도입 : 성덕왕(722) : 16-59세까지 정남 : 정전(연수유전답) 지급
- 조세제도 : 조(租, 조세 : 지(地)), 용(庸, 역량 : 인(人)), 조(調, 특산물 : 호(戶)) : 3세 도입
- 농업 : 휴한, 휴경농업(수전농업, 잠업 : 상치, 가지, 미나리, 오이), 흥덕왕(828 : 차(茶))
- 수공업 : 직조(견직물, 마직물), 금은세공, 나전칠기(당에서 수입)→고려(송으로 역수출)
- 상업 : 통일전(동시 : 소지왕), 통일후(효소왕 : 서시, 남시) : 3시(市)설치(695)

(7) 사회생활
- **귀족생활** : 사전, 식읍, 녹읍→전장(장전 : 농장), 호화주택(금입택), 별장(사절유택)
  : 해도(海島)에 우마 방목(필요시 사살 식용)
  : 당, 아라비아(비단, 양탄자, 향로, 에메랄드, 유리그릇, 귀금속)
  : 동남아시아(거북딱지로 만든 장식품, 고급목재)
  : 흥덕왕 : 사치를 금지하는 왕명 : 실효 없음
- **농민생활** : 촌주를 통한 간접지배, 조.용.조의 가혹한 부담(통일후 민정문서(신라장적))
- **신라장적(촌락문서, 민정문서, 정창원문서), 호적(X)**
  - 촌적 : 일본 나라 동대사 정창원 발견 : 서원경(청주) 4개촌 촌적(경덕왕 또는 헌덕왕)
  - 매년 변동사항을 조사하여, 3년마다 호별로 작성(군사, 교통, 농경에 활용)

- 신라 후기 녹읍의 유형
- 9등호제 : 공연(자연호), 계연(편호), 공연은 인정의 다과를 기준 9등급, 호별 토지소유량(x)
- 6등급 : 인구는 남녀성별, 연령별 6등급
- 토지종류 : 답(논), 전(밭), 마전 3종류 : 관모답, 내시령답, 촌주위답, 연수유전답(96%)
- 휴한농법 : 1호(8-14명), 1호 경작지(10-15결)
- 노비 노동력 감소 : 여자〉남자〉노비(5.6%)

● 촌과 촌주
- 10-15호 자연촌 기준, 3-4개 촌을 관할하는 촌주 : 촌 단위 촌적(장적)기록, 호적(x)
- 장적은 3년마다 개정
- 농민과 노비만이 조사대상(촌주위답은 연수유전답 포함, 관료계층은 거주흔적 없다)
- 흥덕왕(834) : 촌주에게 왕경인의 5두품(진촌주), 4두품(차촌주) 부여(지방민 회유차원)
- 신라(촌주)와 유사한 세력 : 발해(수령)

(8) 통일후 무역(해외활동)
- 수출 : 어아주, 조하주 면직물, 삼베, 해표피, 삼(산삼), 금은 세공품
- 수입 : 비단, 서적, 서역상품
- 해외활동 : 전남 영암(상해방면), 경기도 남양만(산동반도 : 등주), 경주부근 국제무역항(울산)
   : 신라방(신라인의 거주지), 신라소(신라인의 자치행정기관)
   : 신라원(사원), 신라관(유숙소)
- 장보고 : 흥덕왕(828) : 완도(청해진), 당(견당매물사), 선박(교관선), 일본(회역사)
   : 민애왕 축출(839), 신무왕(김우징) 즉위
   : 문성왕(846)때 장보고의 난, 청해진 폐지(851)

(9) 대일관계

- 성덕왕 말년 국교 단절→애장왕(803) 통교 : 공무역
- 대마도 중심 교역, 사무역은 국교단절기에도 계속
- 혜공왕 : 김암 사신 파견, 대마도(신라역어소), 신라에 파견된 구법승(견신라승)
- 일본의 견당사는 신라를 경유하여 당나라로 감

5) 통일신라의 문화

(1) 한학의 발달

- **유교정치이념의 도입** : 전제왕권확립의 필요

- **국학설치**[33]
    - 신문왕(682) : 당의 제도를 도입하여 국학 설치→경덕왕(태학감)→혜공왕(국학)
    - 교과 3분과, 6두품 중심으로 운영
    - 성덕왕 : 공자, 제자의 화상 안치
    - 필수(논어, 효경), 3경, 예기, 문선, 춘추전(좌전) 등 6과목에서 과정별로 2과목 선택
    - 효소왕(692) : 국립의과대학 설립

- **독서삼품과 설치(기준** : 유교경전 이해능력)
    - 원성왕(788) : 관리채용을 위한 국가고시(과거 전신)
    - 독서실력 : 상, 중, 하 : 3등급과 5경 3사와 제자백가에 능통 : 특품으로 나누어 채용
    - 좌전, 예기, 곡례, 논어, 효경, 문선(기본과목 : 곡례, 효경) : 국학의 졸업시험 추정
    - 진골귀족 반대로 실패

---

[33] 국학 : 15-30세 입학, 9년 수료 후 나마, 대나마 관등 수여 정학과 문학 외에 수(산)학(잡학)도 부수적 시행

- 한학자의 활약
  - 강수(6두품) : 대당 선전포고문(답설인귀서), 청방인문서, 불교를 세외교 비판
  - 설총(6두품) : 해동 경학의 종조, 이두 정리, 화왕계(풍왕서 : 신문왕)
  - 김대문(진골) : 화랑세기, 계림잡전, 고승전, 한산기, 악본 : 자기문화를 주체적으로 인식

한문학에서 주체성 강조

1. 통일신라기 : 김대문- 당문화 극복, 자기 문화 의식
2. 고려전기 : 최승로, 김심언- 중국모방단계 탈피
3. 고려후기 : 이규보, 진화- 문화적 주체의식 강조
4. 조선전기 : 서거정 외 동문선- 전통문화 정리
5. 조선후기 : 박지원, 정약용- 조선적 색채 강조

  - 최치원(6두품 : 하대) : 진성여왕(시무10조 : 894), 계원필경(최고의 개인 문집, 사대문학 남상), 제왕연대력, 중산복궤집, 4산비명, 난랑비문, 토황소격문[34]

최치원의 4산비명 : 불교의 선종사상, 유교, 노장, 풍수도참(사상의 복합화)

1. 숭복사 창건비문 : 지리도참설 소개, 사전존재 규명(원성왕릉 조성 과정)
2. 쌍계사 진감선사 비문 : 유불선 3교 복합화, 범패 전래 수록
3. 봉암사 지증대사 비문 : 신라 선종사 소개, 사원에 토지 기진 절차 수록
4. 성주사 낭혜화상 비문 : 골품제도 수록(득난, 무염 가문 6두품 강등사실)

---

34 전환기 대표적 지식인 : 최치원(사상복합화), 정도전(유불교체론)

(2) 기술학(잡학)

- **김암** : 김유신 현손(6두품), 패강진 두상(사령관), 병학(육진병법), 둔갑술, 혜공왕(일본 사신)

- **인쇄** : 세계최고 **목판인쇄본**(무구정광대다라니경 : 불국사 3층석탑 : 석가탑 발견)

인쇄문화의 변천

1. 다라니경(751) : 현존 세계 최고 목판 인쇄본
2. 상정고금예문(1234) : 기록상 최고 금속활자본(부전) : 이규보(동국이상국집 수록)
3. 팔만대장경(1251) : 목판인쇄의 절정, 해인사 장경판전(경판고, 조선 성종 건물)
4. 직지심경(1377) : 현존 세계 최고 금속활자본
5. 계미자(태종) : 세계 최고 동활자
6. 갑인자(세종) : 정교, 수려

- **도선비기** : 도선(풍수지리설 수용)
- **천문학** : 담당 관청(누각전 : 사천(천문)박사)→ 고려(태사국과 사천대→서운관 통합)
- **역법** : **문무왕**(덕복) : 당의 역법인 인덕력 개량

(3) 향가(only 신라)

- **현존 향가** : 삼국유사(14수)+균여전(보현십원가 11수)= 25수
- 혜성가(융천사), 천수대비가(희명), 우적가(영재), 서동요(무왕), 원왕생가(광덕), 모죽지랑가(득오), 제망매가(월명사), 도솔가(월명사), 찬기파랑가(충담사), 안민가(충담사)
- **삼대목 : 진성여왕(888)** : 각간 김위홍과 대구화상 편찬(부전)
- 화랑과 승려에 대한 기록 대부분(불교적 성격)

(4) 불교의 발달

- **원래 우리나라 불교** : 대승불교와 소승불교 혼합[35], 토착신앙과 결부되어 샤머니즘 성격
- **통일 후 원효** : 대승불교 중심, 사상체계가 통합
- **불교의 대중화 : 샤머니즘과 토속신앙이 습합** : 정토신앙이 대중 보급
- **교종(5교)의 성립** : 경전 해석의 교학 불교 성립
    - 통일 전 : 열반종(보덕), 계율종(자장)
    - 통일 후 : 법성종(원효), 화엄종(의상), 법상종(진표)
    - 통일 전 승정기구의 중심사찰인 황룡사 위축되고, 관사적 성격의 국가사원인 성전사원이 정비 신문왕(684) : 감은사, 사천왕사, 봉성사, 영묘사, 영흥사 : 5대사찰 건축
- **화엄종(원융종** : 의상)
    - 종파 통합을 강조 : 계층간, 귀족간 갈등 해소 노력
    - 전제 왕권 강화 : 일즉다 다즉일의 교리 : 진골 귀족 환영→법맥이 고려 균여 계승
- **법상종(진표)**[36]
    - 유식학 : 법상종은 원측이 당의 현장에게 유식학을 배워 성립시킨 종파(여러 사상을 통합)
    - 미륵신앙 : 경덕왕 : 금산사에서 진표가 설법(反신라 : 옛 고구려, 백제 유민 유포)
    - 점찰법회 : 불교 대중화 기여
- **법성종(원효)**
    - 원효가 분황사 개창 통불교(원효종, 분황종, 해동종)
- **정토종**
    - 내세 지향 : 미래불인 아미타불 암송(부처 귀의 : 극락왕생)
    - 대중불교 : 원효가 널리 보급 but 원효 개창(X)

---

[35] 대승불교는 모든 중생의 구원을 추구하지만, 소승불교는 개인의 해탈을 중시한다.
[36] 고려 중기 이자겸 가문 후원

- **아미타신앙**
    - 원효 : 아미타신앙+불교 대중화 기여
    - 의상 : 아미타신앙+관음신앙(현세구복)
- **원효(617-686)**
    - 무애가, 화엄경소, 성실론소
    - 금강삼매경론 : 유심소조의 일심사상→일본 불교 영향
    - 대승기신론소 : 불, 법, 승의 불교이론 조감도→중국 화엄학 영향
    - 십문화쟁론 : 화쟁사상을 주장 : 여러 종파 통합시도→인도 불교 영향
    - 고려시대 의천(화정국사 추증)
- **의상(625-702)**
    - 화엄종 개창, 진골출신, 지방에서 활약(영주 부석사, 양양 낙산사)
    - 고려 숙종(원교국사 시호)
    - 화엄일승법계도(화엄사상의 요체 제시 : 전제정치 뒷받침)
    - 백화도량발원문(낙산사 창건시 저술)
- **원측(613-696)**[37]
    - 장안 서명사 유식불교 강의(서명학파), 유식론소 저술
    - 측천무후 : 신라 귀국을 허용하지 않음
- **혜초(704-787)**
    - 왕오천축국전 : 인도와 서역지방의 역사연구에 귀중한 자료
    - 프랑스 국립박물관 소장, 현존 한국 최고 기록물, 세계 4대 여행기 중 하나
- **김교각(696-794)**
    - 성덕왕 아들(신라 왕손 출신 승려)
    - 입적 후 지장보살의 화신

---

37 중국에서 활약한 승려 : 원측, 김교각(통일신라)→의통, 제관(고려 광종)

(5) 예술의 발달

- 귀족중심의 문화
  - 문무왕 : 궁중 안의 인공호수(경주 안압지 : 조선시대 명명), 정원 조경술 수준 높음[38]
- **석굴암 : 경덕왕(751)** : 김대성, 전생의 부모를 위해 창건(인조 석굴사원)
  : 전실(구형 : 사각형), 후실(원형) : 무덤양식+사찰양식 겸하고 있음
- **불국사 : 경덕왕(751)** : 김대성, 현생의 부모를 위해 창건
  : 다보탑, 3층석탑(석가탑), 청운교, 백운교
- **범종 : 성덕왕(725)** : 오대산 상원사 동종(현존 최고)
  : 혜공왕(771) : 성덕대왕 신종(봉덕사종, 에밀레종 : 아연이 함유된 청동)
- **조각** : 무열왕릉비의 이수와 귀부의 조각, 성덕대왕릉 둘레돌의 12지신상 조각(의인화)
  : 경덕왕(만불산), 불국사 석등, 법주사 쌍사자석등
- **석탑** : 통일기(3층석탑 양식이 유행), 다만, 안동 신세동 7층 전탑(최고 최대 벽돌탑)[39]
- **통일신라의 장인 : 강고나마, 나마** : 관등 부여(4-6두품)
- **해인사 쌍둥이 비로자나불**(목조불상 : 국내 최고 목불)
- **고분 : 통일기 불교 영향**(화장 : 다비 유행 : 문무왕 대왕암)
  : 고분양식도 구덩식 돌무지 덧널무덤→굴식 돌방무덤 변화
  : 무덤 봉토주위 : 호석(열석)의 12지신상 조각(통일후 신라만의 독특한 양식 : 김유신묘, 성덕대왕릉, 원서왕릉 괘릉)[40]→고려, 조선 계승
- **서예 : 성덕왕(김생** : 해동필가 조종, 왕희지체, 원화첩→고려 광종 : 김생 글씨 : 집자비문)
  : 경문왕(요극일 : 구양순체, 삼랑사비)

---

38 안압지 출토 주사위 : 주도(酒道)에 대한 기록
39 통일신라 석탑(3층석탑이 유행 : 체감률이 적용되어 정돈미, 안정미 유지), 고려 석탑(통일신라의 수법에서 이탈, 다양한 다층석탑, 불안하지만 자연스러운 면)
40 괘릉의 무인석상(아라비아 영향)

- **회화** : 화가 김충의(당에서 유명), 하대(불화, 귀족, 승려의 초상화), 화엄경 변상도[41]

각 시대의 미술의 특징

1. 신석기, 청동기 : 토기미술
2. 삼국시대 : 고분미술
3. 통일신라시대 : 조형미술
4. 고려시대 : 공예미술

- **채전** : 신라시대 채칠에 관한 사무, 진덕여왕(최초), 신문왕(확대) → 후대 : 도화서

(6) 통일신라 문화의 일본 전파

- **삼국** : 아스카 문화, 견신라사를 통해 신라문화 수입
- **통일신라** : 하쿠호(백봉)문화, 심상(일본 화엄종에 영향)
  : 8C 말 일본은 수도를 헤이안 천도 : 외국문화 영향에서 벗어나려는 움직임

6) 통일신라의 붕괴

신라 하대의 사회 동요

- 상대 : 박혁거세-진덕여왕 : 내물왕계
- 중대 : 무열왕-혜공왕 : 무열왕계
- 하대 : 선덕왕-경순왕 : 방계귀족(내물왕계)

- **왕위 쟁탈전 : 8세기 후반 : 무열왕계 혜공왕 몰락 → 선덕왕(내물왕계) 집권** : 신라하대 시작
  - 김헌창의 난(822) : 무열왕 후손, 웅천주(공주) 도독 김헌창(국호 : 장안, 연호 : 경운)

---

41 화엄경 변상도 : 불화(불교 경전을 시각적으로 조형화)

- 김범문의 난(825) : 김헌창의 아들, 여주 고달산 봉기
- 장보고의 난(846) : 신무왕(김우징) 옹립, 문성왕 때 봉기(846)→청해진 폐지(851)
  : 사민정책(김제 벽골군 강제 이주)

- **신라말기의 사회동요**
  - 지방세력 대두(해상세력, 지방호족 세력)
  - 전장(농장)의 확대와 농민 몰락
  - 9세기 말 진성여왕 : 농민 반란, 왕거인, 최치원 6두품 지식인의 반발

지방세력의 대두

- **신라사회 모순 노출**
  - 골품제 의미 상실
  - 중앙귀족의 부패

신라 말 진골 중심의 개혁정치

1. 애장왕(800-809) : 사원건립 중지, 금은제 기물 제조금지,
2. 헌덕왕(809-826), 흥덕왕(826-836) : 인사제도 개혁, 사회기강 확립, 골품제 정비, 사치금지, 선종의 공인 : 복고적 성격, 체제의 재정비 한계성

- **지방호족 세력의 성장**
  - 국가 재정의 궁핍
  - 농민의 봉기 : 진성여왕 : 사벌주(상주) : 원종과 애노의 봉기, 전국 초적, 적고적 농민봉기
  - 반독립적 호족세력 : 토착적인 촌주세력, 낙향한 중앙귀족들의 지방호족화
  - 골품제 사회의 해체 : 호족들은 스스로 성주(장군), 관료제의 기반인 관반제를 이용해 지방의 행정권, 군사권 장악, 경제적 지배력 행사

지방세력의 특징

1. 호족세력 : 징세와 군사, 행정권 장악, 중국 5대와 통교
2. 사원세력 : 선종9산 세력(대부분 6두품)
3. 군진세력 : 초기(변경 수비를 위해 내륙요지 설치), 후기(해적 퇴치 해안요지 설치)
4. 농민군 : 원종(상주), 양길(북원), 궁예(철원)

- 농민 항쟁(민란) 격동기
    - 9세기 : 신라 말 왕위쟁탈기
    - 12세기 후반 : 무신정변 후 무신집권기
    - 19세기 : 외척에 의한 세도정치기

- 호족
    - 정치적 문란에도 불구하고 해상무역은 번성(중국과 교역으로 성장)
- 대호족은 중소호족과 지배, 예속의 관계

1. 배경

- 고구려 부흥노력→발해 건국
- 당의 간접 통치 : 보장왕(요동주 도독 조선왕 임명), 보장왕 아들 고덕무(친당 소고구려국)
- 당의 민족분열정책→고구려 유민들의 동족의식 강화

2. 성립

- 대조영 : 고구려 유민→길림성 돈화현 동모산 나라(698) : 국호(震), 연호(천통)
- 당의 압력 국호 개정 : 발해(713)
- 고구려 계승의식 : 발해 무왕(727)의 일본에 보낸 외교문서, 정혜공주 무덤, 발해 문왕(759)의 일본 외교문서(고려국왕 대흠무), 발해사신(고려사신)

3. 발해사 연구

- 이승휴(제왕운기 : 고구려 구장 대조영 건국 : 한국사로 다룬 최초)
- 조선후기 실학자에 의해 본격적 연구시작
- 유덕공(발해고 : 발해사만을 다룬 최초, 남북국시대 첫 언급, 대조영의 父를 속말말갈인)
- 김정호(대동지지 : 200년간 남국국 형세 : 고려를 최초 통일국가로 파악)
- 신채호(조선상고사 : 양국시대론 : 발해 영역을 만주 확대)
- 장도빈(발해의 영역을 연해주 확대)

발해의 발전과 사회와 문화

1. 발해의 발전

- **영토의 확대** : 북쪽의 동돌궐 연합→당세력 견제, 옛 고구려 영토와 연해주 확대
- 당과의 관계
    - 8C 초기 : 무왕(인안) – 당과의 대결(영토 확장 주력)
    - 친당적인 흑수부 말갈 공격(대문예 당 망명사건 : 726)
    - 거란과 연합(수군 장문휴)→당의 산동지방 등주 공격(732)
    - 8C 후반 : 문왕(대흥) – 친당정책, 사신, 유학생 파견(빈공과 합격)
    - 대조영 이래의 발해군왕→발해국왕 칭호
    - 9C 전반 : 선왕(건흥) – 말갈복속, 요동(소고구려국 병합), 5경 15부 62주 지방 조직(해동성국)
    - 독자적 연호, 대외적 : 당과 조공책봉관계
        대내적 : 황상(황제국) : 외왕내제(外王內帝)
- **왕권 전제화 : 문왕 : 장자상속제(동궁제), 중경→상경용천부 천도(755)** : 고려국왕 명칭 사용

- **신라와 관계 : 소극적, 경제, 문화 교류(신라도 : 문왕)**
  - 대조영이 건국 후 신라에 사신 파견(700) : 신라(효소왕)는 대조영에게 대아찬(5관등) 수여
  - 발해가 당을 공격하자 당의 요청으로 신라가 발해 공격(733 : 무왕)
  - 원성왕(790)과 헌덕왕(812) : 북국에 사신 파견 : 위기 타개 목적
  - 거란 침입때 발해가 신라에 원조 요청(911) : 신라 수락
  - 거란 침입때 발해가 신라에 원조 요청(925) : 신라 거절

- **일본과 관계**
  - 무왕 : 일본과 국교 체결(고재덕 : 727), 선명력 전래, 9세기 전반 발해 승려 정소 역할

- **발해의 멸망(926)**
  - 애왕(대인선 : 15대) : 거란족(요)에게 멸망, 거란(야율보기)은 동란국(926-982) 건국
  - 고구려계통의 유이민들 고려로 흡수

- **발해의 부흥운동**
  - 열만화 : 압록강 중류에서 정안국(후발해국 : 927-985) 건국하여 거란에 대항(멸망)
  - 정안국→오사국→흥료국→대원국(대발해국) 실패
  - 부흥운동 실패→여진족 성장배경 : 금(金)을 건국, 고려 압박하는 계기

- **발해의 중앙정치조직**
  - 문왕 : 당의 3성6부 최초 채택(구성기관의 명칭, 운영방식 모두 당과 달랐다)
  - 3성 : 정당성(상서성 : 정책집행), 선조성(문하성 : 정책 심의), 중대성(중서성 : 정

책입안) 정당성 아래 좌사정(충, 인, 의), 우사정(지, 예, 신) : 6부
- 6부 : 맹자의 5상(인, 의, 예, 지, 신) 골격

중앙관제 비교

백제	발해	신라	고려	조선
내신좌평	충부	위화부	이부	이조
내두좌평	인주	조부, 창부	호부	호조
내법좌평	의부	예부	예부	예조
병관좌평	지부	병부	병부	병조
조정좌평	예부	좌, 우이방부	형부	형조
x	신부	공장부, 예작부	공부	공조

- **발해의 지방행정조직**

    - 선왕(대인수 : 813-830) : 5경 15부 62주 정비
    - 5경 : 수도인 상경을 비롯한 5경은 부여의 4출도와 고구려 5부 계승[42]
    - 15부 : 지방행정의 중심 : 도독 파견
    - 62주 : 부 아래 편성 : 자사 파견
    - 100현 : 주 아래 편성 : 현승 파견
    - 독주주 : 전략상 요충지 3개의 독주주 : 조정에서 직접 통할
    - 촌락 : 수령(首領 : 토착 촌락민의 유력자) : 주현제와 부족제 공존
        : 수령은 대외사절 활약(발해가 일본에 파견한 사신 중 65명의 수령)

---

42 발해의 5경은 신라의 5소경과 유사한 수도의 편재성 극복을 위해서 설치

● 발해의 군사조직(남북비웅맹)
  – 중앙군 : 남위, 북위, 비위, 웅위, 맹분위 : 각각 좌, 우 : 10위(각 위마다 10만명)

● 불교와 도교
  – 고구려 불교 계승 : 왕실, 귀족 중심(이불병좌상, 석등, 연화무늬 와당)
  – 당의 불교 수용 : 대조영 : 왕자를 당에 파견(예배 요청)
                  : 문왕(대흠무) : 금륜성법대왕 자처
  – 도교의 성행 : 4.6변려체(정효공주 묘지, 불로장생사상)

● 발해의 산업
  – 밭농사 중심 : 농업이 생산활동 기본(벼 보다는 콩, 조, 보리, 기장 많이 재배)
  – 목축발달, 어업발달
  – 수공업발달 : 금속가공업(철, 구리, 금은), 직물업(삼베, 명주, 비단), 도자기업
  – 상업발달 : 수도 상경용천부 중심, 현물화폐를 중심 사용(일본화폐가 유적지 발견)
  – 무역 : 발해관(산동반도의 등주에 설치)
  – 수출품 : 해동청, 불상, 유리잔, 자기(발해삼채(초록, 노랑, 갈색))→거란의 요삼체 영향
  – 5개 교통로 : 일본도, 신라도, 당의 조공도(압록조공도), 거란도, 영주도[43] 그러나 숙신도(X)

● 발해의 예술
  – 당의 영향 : 상경(당의 장안성 외성 모방, 주작대로)
  – 상경용천부(동경성) : 사원지의 금당
  – 육정산고분군(정혜공주묘, 굴식돌방무덤, 모줄임구조, 돌사자)

---

43 영주도 : 북방 유목민들과의 교통로. 도시이름(영주)에서 유래.

- 용두산고분군(정효공주묘, 벽돌무덤, 모줄임구조, 남장여자(12인물상))
- 궁전유적지 : 전면적 온돌
- 발해문자 발견(판독은 되지 않음), 국내외 공식기록(한문사용)
- 발해의 예술은 직선적이고 패기가 넘치던 고구려 미술이 어느정도 부드러워지면서 웅장하고 건실한 기풍

발해의 건국과 발전

① 배경 : 고구려인의 저항, 당의 분열책(보장왕) → 동족 의식 강화
② 발해의 건국(698) : 대조영(길림성 동모산)
③ 발해의 구성 : 고구려인(지배층) + 말갈인(피지배층)
④ 발해의 발전
㉠ 영토 확장(무왕, 8C초) : 만주, 연해주 확보, 당과 대결(산둥 공격)
㉡ 지배 체제의 정비(문왕, 8C후반) : 당과 통교, 문물수입, 중경 → 상경으로 천도
㉢ 전성기(선왕, 9C, 해동성국) : 지방조직 정비, 독자적 연호 사용, 장자상속제 (왕권 전제화)
⑤ 외국과의 관계
㉠ 당과의 관계 : 당과의 대결(8C초)→화친(8C후반)
㉡ 일본과의 관계 : 우호적(당과 신라 견제용)
㉢ 신라와의 관계 : 경쟁 관계(빈공과 등제 서열 문제 등) + 우호 관계(사신 파견) → 당이 이이제이책(以夷制夷策) 사용
⑥ 발해의 멸망 : 권력 투쟁, 거란족의 침입(926) → 발해 유민은 고려에 흡수

1. 후삼국의 성립

- 후백제(900-936)
    - 효공왕 : 견훤 : 호족세력+군사세력=완산주(전주) : 후백제 건국
        : 박영규, 지훤(혼인관계), 동리산문 지지
    - 후당과 국교(남서해 해상권 장악)
    - 전제군주화 : 금성(경주)침공(경애왕 피살 : 포석정의 비애 : 927)
    - 공산공수전투(927) : 고려 왕건 군대 팔공산 패배 : 신숭겸, 김락 전사
    - 고창전투(930) : 왕건 군대 승리 : 고창(안동)

- 후고구려(901-918)
    - 궁예 : 농민층 기반 확보+초적의 무리를 세력 기반= 송악에 도읍, 후고구려 (901) 건국

후고구려의 성립

국호	후고구려(901)	마진(904)	태봉(911)
수도	송악	철원(905)	
연호		무태, 성책	수덕만세, 정개

- 골품제와는 다른 새로운 관제 마련(광평성, 내봉성, 순군부, 원봉성), 9관등제 실시

● **고려의 건국**
- 왕건 : 궁예의 부하로 금성(나주) 점령, 철원에 도읍, 고려(918) 건국
  : 송악으로 천도(919)[44]

2. 민족의 재통일

중국의 형세

삼국시대(위, 촉, 오 : 3C) → 5호16국(4C) → 남북조시대(5C) → 수, 중국 통일(589년 : 6C) → 당의 건국(618-907) → 5대10국(907-960) → 송의 건국(960)

- 중국에서는 당이 멸망하고 송이 통일할 때까지 5대10국의 분열기
- 고려 : 중국의 후량, 후당 통교(923)
- 후백제 : 남(오월, 후당), 북(거란), 일본 : 무역(공식적 통교는 실패), 고려 압박
- 고려 : 발해 멸망(926)이후 발해유민 포섭, 신라 병합(935), 후삼국 통일(936)

---

44 허균의 호민론 : 왕건과 이성계를 호민이라 보지 않고, 견훤과 궁예를 호민으로 보았다.

사상계의 새로운 변화

1. 선종의 대두
- 상대 : 통일 전 선덕여왕 : 법랑이 전래
- 중대 : 통일 후 혜공왕 : 신행이 발전
- 하대 : 교종의 전통과 권위에 대항하면서 유행
- 성격 : 불립문자, 본리문자, 견성오도, 직지인심, 견성성불, 외식제연, 교외별전
- 9산문 성립 : 최초 : 도의(가지산문), 혜철(동리산문), 범일(사굴산문)
  도헌(희양산문), 무염(성주산문), 이엄(수미산문)
- 선종의 개조자 : 6두품, 지방호족 : 처음에는 화엄사상을 습득
  : 무염, 범일 : 진골혈통→6두품 강등
- 선종의 개조자들은 도헌을 제외하고 대부분 도당유학

교종과 선종의 특징

구분	교종	선종
성격	교시불어 불경해석 중시(교학불교) 의식, 행사 중시 전제왕권, 귀족정치 옹호 중앙집권, 세속불교	선시불심 개인주의(정신수양)강조 참선(좌선)중시(속리수행) 기성권위 부정 지방분권, 산간불교
종파	5교	9산(문)
지지세력	중앙귀족	지방호족, 6두품
융성기	신라중대	신라하대
영향	신라 사회 체제 옹호 화합, 통일사상 고대문화(모방적) 형식중시 조형미술 발달	반체제, 반신라 개인주의 중세문화(창조적) 자기 완성 중시 조형미술 쇠퇴, 승탑은 발달

- **승탑**
    - 신라 : 신라말기 선종 유행 : 승탑(부도)과 탑비가 유행, 팔각원당형 기본45
    - 고려 : 신라 후기 팔각원당형 양식을 계승한 것이 많지만, 점차 특이한 형태 (불탑형, 석종형) : 조형예술의 중요한 부분 : 고려 발달

2. 유교정치이념, 사상의 복합화

- 골품제 탈피한 새로운 사상 주장(유교)
- 신라 하대 : 도교와 노장사상 유행
- 풍수지리설 유행 : 도선 : 도선비기, 도선밀기, 송악명당기, 삼각산명당기
  : 민심을 경주에서 지방으로 바꾸는 국토재계획안
- 신라 하대 반신라 사상 : 선종, 노장, 유학, 정토신앙, 미륵신앙

- **사상의 복합화**
    - 선종의 개조자 : 유교사상에 상당한 이해, 풍수지리설 결합, 전환기에 사상적 자극제 역할
    - 왕건의 훈요10조, 최치원 진감선사 비문(유교+불교)→고려말 : 혜심(유불일치설)

신라말과 고려말의 특징

구분	신라 말	고려 말
새로운 세력	6두품, 지방호족	신진사대부, 신흥무장세력
새로운 사상	선종	성리학
대륙정세	5대 10국	원명교체기

---

45 신라 말기 : 석탑에 다양한 변화 : 강원 양양 진전사지3층석탑 : 기단과 탑신에 부조 불상을 새김

● **공통점**
    - 귀족연합정권의 성립(왕권약화)과 새로운 세력, 새로운 사상의 대두
    - 소수 특권층의 농장 확대와 불교사원 폐단
    - 개인주의 성향의 선종와 대륙정세의 혼란기

● **차이점**
    - 신라 말 : 왕위쟁탈전 격화, 민란 봉기
    - 고려 말 : 이민족의 침입, 사전개혁, 유불교체

고대 국가 정리 문제

1. 다음 왕의 공통점은?

소수림왕 · 고이왕 · 법흥왕

   ① 고대 국가의 형성　　② 율령 반포
   ③ 최대의 영토　　　　 ④ 왕위 세습

   ※ 정답 ※ ② / 고대 국가의 완성기

2. 다음 중 중앙집권국가의 특징으로 볼 수 없는 것은?
   ① 신분제가 강화되고 친족의 사회적 지위가 더욱 중시되었다.
   ② 고등 종교를 수용하여 국민의 사상적 통합을 추진하였다.
   ③ 중앙 집권의 과정에서도 부족적 전통을 더욱 강화시켰다.
   ④ 끊임없는 정복 활동으로 영토를 확장 시켜 갔다.

   ※ 정답 ※ ③ 부족적 전통을 약화시킴

3. 신라의 골품 제도의 설명으로 바른 것은?

　① 삼국의 통일 과정에서 전국민의 단결을 위하여 만들었다.
　② 자·비·청·황 등 관복의 색깔은 골품과는 관계가 없다.
　③ 진골은 1관등(이벌찬)부터 5관등(대아찬)까지만 차지한다.
　④ 큰 공을 세웠을 때는 두품에 관계없이 높은 관직에 오른다.

　　정답　② 관등과 관계가 있다.
　　　　☞ ㉠ 6두품은 진골로의 진출이 어려워 일명 득난(得難)이라고도 했다.(X)
　　　　　 ㉡ 6두품은 골품제도의 모순으로 항상 반신라적 성향을 보였다.(X)
　　　　　 ㉢ 개인의 신분뿐만 아니라 그 친족의 등급도 표시한다.(O)

4. 다음과 같은 외교가 전개될 당시의 설명은?

| 고구려 + 신라 + 북중국(전진, 前秦) |
| 백 제 + 왜(倭) + 남중국 (동진, 東晋) |

　① 장수왕은 남하정책을 위하여 평양으로 천도하였다.
　② 진흥왕은 신라 최초로 소백산맥을 넘어 한강 상류를 점령하였다.
　③ 근초고왕은 중국의 요서 지방, 산둥 반도까지 상업 세력권을 넓혔다.
　④ 연개소문은 비사성에서 부여성까지 천리장성을 쌓기 시작하였다.

　　정답　③ 4세기 대립기의 외교, 본격적 항쟁기(5C, 6C, 7C)는 아니다.
　　　　☞ 7세기 항쟁 3기, 혼전기의 십자외교

| 남북진영 : 돌궐+고구려+백제+왜 |
| 동서진영 : 신라+수(당) |

고대 국가 정리 문제 69

5. 나·제 동맹의 설명으로 잘못된 것은?
  ① 고구려 장수왕의 남하 정책이 그 원인이었다.
  ② 신라 진흥왕이 성왕을 배반하면서 결렬되었다.
  ③ 한강 유역의 장악이 치열한 항쟁의 초점이었다.
  ④ 백제는 한강유역의 상실 후 사비(부여)로 천도하였다.

  정답 ④ 6세기 성왕, 결렬이전에 백제의 중흥을 위하여 천도

6. 다음의 공통점을 바르게 추론한 것은?

  ·고구려의 대대로 ·백제의 상좌평 ·신라의 상대등

  ① 삼국의 수상으로 모두가 왕이 임명하였을 것이다.
  ② 왕권과 귀족간의 권력 조정의 역할을 하였을 것이다.
  ③ 부족의 전통과 단결을 목적으로 설치하였을 것이다.
  ④ 왕명을 집행하는 기능을 가진 왕권 강화를 위한 것이다.

  정답 ② 3년마다 선거로 뽑는 귀족을 대표하는 세력

7. 다음은 신라의 비석들이다. 그 중 건립 시기를 순서대로 배열하시오?

  ㉠ 율령 반포를 보여주는 봉평의 신라비
  ㉡ 남한강 유역의 진출을 보여주는 단양의 적성비
  ㉢ 농민의 요역 동원 사실을 보여주는 남산의 신성비(新城碑)
  ㉣ 절거리라는 인물의 재산 상태를 확인하는 영일의 냉수리비

  ① ㉠-㉡-㉢-㉣ ② ㉡-㉢-㉣-㉠
  ③ ㉢-㉣-㉠-㉡ ④ ㉣-㉠-㉡-㉢

  정답 ④ ㉣ 6세기 초 지증왕 추정 ㉠ 법흥왕 ㉡ 진흥왕 ㉢ 진평왕

8. 통일 전후의 변화로서 잘못된 것은?
   ① 지방 조직은 군사적 성격에서 점차 행정적 성격으로 변하였다.
   ② 화백회의는 점차 유명무실해지고 집사부의 기능이 강화되었다.
   ③ 유교 정치 이념의 필요성으로 중앙국립학교인 국학을 설립하였다.
   ④ 굴식돌방무덤에서 신라의 독특한 돌무지덧널무덤으로 바뀌었다.

   정답 ④ 돌무지 덧널 덤에서 굴식 돌방무덤으로

9. 신라의 민정문서에 대한 설명으로 바른 것은?
   ① 노동 자원과 생산 자원의 파악을 목적으로 작성되었다.
   ② 남녀의 연령에 따라 6등급으로 파악되었고 노비는 제외되었다.
   ③ 중원경 충주와 주변의 4개 촌(村)에 관한 기록이다.
   ④ 중앙에서 파견된 지방관에 의해 3년마다 조사되었다.

   정답 ① ② 노비 포함 ③ 서원경 청주 ④촌주는 토착 세력

10. 신라의 독서출신과의 설명으로 잘못된 것은?
    ① 하대 원성왕이 실력본위의 인재등용을 위하여 마련하였다.
    ② 독서 성적에 따라 상품, 중품, 하품으로 구분하였다.
    ③ 결과적으로 골품제도의 폐쇄적 성격이 점차 약화되었다.
    ④ 과거 제도의 효시(嚆矢)로 볼 수 있다.

    정답 ③ 결과는 진골 귀족의 반발로 실패

11. 다음에서 설명하는 국가의 설명으로 바른 것은?

> ·당의 분열정책에 맞서 산동반도를 공격하였다.
> ·천통, 인안, 대흥, 건흥 등의 연호를 사용하였다.
> ·북으로는 돌궐, 남으로는 일본과 친교하였다.

① 신라와는 항상 적대적인 관계를 유지하였다.
② 당의 문화를 바탕으로 고구려 문화를 융합하였다.
③ 칭제건원은 중국과의 사대관계를 보여주는 것이다.
④ 말갈족의 일부도 지배층에 편입되어 있었다.

정답 ④ 발해의 설명

12. 발해에 관한 설명으로 잘못된 것은?
① 다수의 말갈족 때문에 고구려 문화보다는 발전되지 못하였다.
② 당은 산동반도의 등주에 발해사신의 접대를 위해 발해관을 설치하였다.
③ 거란에게 망한 후 그 중심세력과 문화는 고려에 흡수되었다.
④ 정당성의 대내상이 수상이며 발해왕은 가독부(可毒夫)라고도 불렀다.

정답 ① 발해에 관해서는 가능한 한 긍정적인 답변을 요한다. (너무 따지지 말고!!)

13. 다음은 통일신라의 지방 조직이다. 잘못 설명하고 있는 것은?

> ·고구려 지역에 3개주 : 명주, 삭주(북원경, 원주), 한주(漢州, 중원경, 충주)
> ·백 제 지역에 3개주 : 무주, 웅주(서원경, 청주), 전주(남원경, 남원),
> ·신 라 지역에 3개주 : 상주, 강주, 양주(금관경, 김해)

① 수도인 금성(金城, 경주)의 편재성(偏在性)을 보완한 것이 5소경이다.
② 삼국을 거의 동등하게 대우를 한 것은 민족융합책의 일환으로 볼 수 있다.
③ 9주의 행정구역은 행정적 성격보다는 군사적 성격이 강하였을 것이다.
④ 신라만이 소경이 하나인 것은 왕경(王京)인 경주가 있기 때문일 것이다.

정답 ③ 삼국시대보다 점차 행정적 성격이 강해졌다.
☞ ㉠ 통일 전의 2소경(小京) 중 통일 후 계속된 것은? 중원경 충주
㉡ 한 주에 한 정(亭)씩의 군사 조직을 두었으나 어느 한 주만 2정을 두었다. 그 곳은? 한주
㉢ 대가야를 멸망시킨 후 주로 가야계(강수, 우륵, 김생 등)를 이주정책 시킨 곳은? 중원경 충주

14. 통일 신라의 중앙군인 9서당(민족융합책)의 출신국이 잘못 연결된 하나는?
   ① 백금 서당 – 백제인
   ② 황금 서당 – 고구려인
   ③ 녹금 서당 – 보덕국인
   ④ 흑금 서당 – 말갈족

정답 ③ 9서당에는 일본인도 포함되어 있었다.(X)

15. 고구려의 3경(京)이 아닌 곳은?
   ① 국내성
   ② 평양성
   ③ 한성(漢城)
   ④ 임존성

정답 ④ 백제 부흥운동
☞ 고구려의 한성은 지금의 한양을 가리킨다.(X),
임존성은 백제 부흥운동을 이끈 흑치상지의 근거지이다.(O)

16. 고려 초기의 3경이 아닌 하나는?
   ① 중경(개경)
   ② 서경
   ③ 동경
   ④ 남경

정답 ④ 동경은 지금의 경주, 남경은 지금의 한양이다.(O)

17. 다음은 고분의 변천을 보여준다. 잘못 설명된 것은?

```
석총 → 토총 ┬ 굴식 ┬ 벽돌무덤 : 공주 송산리 6호분, 무령왕릉, 정효공주묘
            │      └ 돌방무덤 : 고구려, 백제, 통일 신라
            │
            ├ (구덩식)돌무지덧널무덤(적석목곽분, 積石木槨墳) → 통일 후 ↑
            │                                      → 통일전 대표적 고분 형태 : 천마총(155호 고분)
```

① 굴식돌방무덤에서는 벽화가 많이 나올 것이다.
② 신라의 고분에서는 벽화가 나오지 않을 것이다.
③ 통일 후 둘레돌 12지신상 조각이 출현하였다.
④ 통일 후 불교식 화장 장법이 출현하였다.(대왕암, 산골처, 감은사)

정답 ② 돌무지 덧널무덤에는 벽화가 없으나 돌방무덤에서는 몇 기의 벽화 발견
  ㉠ 석총(石塚) 중 한강유역에서 나오는 돌무지무덤은 백제가 고구려계통이 남하하였다는 근거 중의 하나이다.(O)
  ㉡ 석총의 대표는 압록강 중류(통코우)에 있는 장군총이다.(O)
  ㉢ 천마총에서 출토된 천마도는 신라 대표 벽화이다.(X)
  ㉣ 벽돌 무덤에는 벽화가 나오지 않을 것이다.(X)

18. 다음 중 벽돌을 모방한 석탑은? 모전석탑(模塼石塔)
  ① 분황사탑   ② 미륵사지(址)석탑
  ③ 경천사10층탑   ④ 원각사지10층탑

정답 ① 분황사 모전석탑, 기타는 목조양식의 석탑

19. 우리나라 벽화의 대표작인 사신도가 나온 곳은?
  ① 각저총(角抵塚)   ② 쌍영총(雙楹塚)   ③ 무용총   ④ 강서대묘

정답 ④ 대동강 유역 강서군의 세 개의 고분 중 가장 큰 곳에서 발견

20. 다음 중 도교나 노장 사상과 관계 는 것을 고르시오.

① 사택지적비 ② 임신서기석 ③ 백제대향로 ④ 구름무늬벽돌

정답 ② 신라의 두 화랑이 국가에 충성과 유학 교육을 맹서한 것을 기록
☞ ㉠ 정효공주 묘지석(墓誌石)에서 부로장생은 도교의 유행을 보여준다.(O)
㉡ 무령왕릉 지석(誌石)의 매지권(買地券)도 도교적 요소이다.(O)
㉢ 세월의 무상함을 노래한 것이 임신서기석이다.(X)
㉣ 공주 송산리 고분에서 발견된 대향로는 불교와 도교의 결합을 보여준다.(X)

21. 다음 중 고대사회 예술의 설명으로 틀린 것은?

① 고구려는 중국 문화에 대한 비판능력을 바탕으로 패기와 정렬이 넘친다.
② 백제는 중국 남조의 영향으로 우아하고 세련된 멋을 풍긴다.
③ 신라는 통일 후 국제 문화 조류에 참여하였으며, 조화미와 정제미가 특징
④ 발해의 예술은 고구려보다 더욱 직선적이며 패기에 넘친다.

정답 ④ 점차 부드러워지며 웅건해짐

22. 다음의 설명이 잘못된 것은?

① 강수 – 대가야 출신의 문장가로 '답설인귀'라는 외교 문서를 남겼다.
② 설총 – 6두품 출신의 원효의 아들로 이두 정리에 공헌하였다.
③ 김대문 – 진골 출신으로 '화랑세기', '한산기', '계림잡전'의 작가이다.
④ 최치원 – 하대 6두품의 대표자로 중국 모방에서 탈피한 자주적 한문학자

정답 ④ 최치원은 중국풍, 자주적 한문학은 중대의 김대문

23. 일본의 다까마스(高松) 고분 벽화에 영향을 준 것은?

① 무령왕릉 ② 강서 수산리 고분 ③ 천마총 ④ 부여 능산리 고분

정답 ② 여인도(女人圖) 벽화

24. 우리 문화의 일본 전파를 순서대로 나열한 것은?

㉠아스카(비조, 飛鳥)문화	㉡야요이(미생, 彌生)문화
㉢하쿠호(백봉, 白鳳)문화	㉣죠몽(승문, 繩文)문화

① ㉡ - ㉢ - ㉠ - ㉣ ② ㉡ - ㉠ - ㉣ - ㉢
③ ㉣ - ㉡ - ㉢ - ㉠ ④ ㉣ - ㉡ - ㉠ - ㉢

정답 ④ ㉠ 원효, 설총, 강수, 김암의 영향 ㉢
㉡ 구석기 시대에는 별다른 영향을 주지 못하였다. (X)

25. 통일 신라 예술에 관한 설명으로 잘못된 것은?
① 금당(金堂) 앞에 2개의 탑을 배치하는 쌍탑1금당식 가람배치가 출현하였다.
② 봉토 주변의 12지신상은 고려, 조선을 거치면서 봉토 속의 벽화로 변하였다.
③ 각층의 폭과 높이를 대담하게 줄이는 독특한 입체미의 석탑이 나타났다.
④ 굴식 돌방무덤의 형태에서 점차 돌무지 덧널무덤으로 변하였다.

정답 ④ ㉠ 쌍탑1금당식의 기원은 문무왕의 은혜에 감사하여 지은 감은사이다.(O)
㉡ 불교식 화장 장법은 통일 신라만의 독특한 양식이다.(O)

26. 다음 중 통일 이전의 예술품이 아닌 것은?
① 첨성대 ② 분황사 모전(模塼)석탑 ③ 황룡사 9목층탑 ④ 감은사(感恩寺)

정답 ④ 통일 신라 신문왕

27. 다음 교육 기관의 공통점은?

> ㉠ 경당 ㉡ 서원 ㉢ 향교 ㉣ 원산학사

① 모두가 지방 국립 학교이다.
② 지방 문화 발전에 기여하였다.
③ 무술을 교육한 것이 특징이다.
④ 전공과목별 교육을 특징으로 한다.

정답 ②

28. 다음 중 고려 국자감의 설명으로 잘못된 것은?
① 유교 정치 이념의 정착과 관련이 있다.
② 중앙 국립 대학 중 유일하게 기술 교육을 하였다.
③ 입학 자격은 아버지의 관등에 따라 결정되었다.
④ 교육의 방법은 전공 과목별로 분류하여 하였다.

정답 ④ 신분별 교육
☞ 율학(律學), 산학(算學), 서학(書學)을 교육하던 곳은? 잡학(평민, 하급관리자제)

29. 한말에 활약했던 외국인(미국인) '헐버트'의 설명으로 잘못된 것은?
① 헤이그 특사 사건 때 이상설과 이준에게 많은 도움을 주었다.
② 러·일 전쟁 후 미국에 특사로 파견되어 도움을 요청하였다.
③ 현재 한강 유역의 양화진 외국인 묘역에 안치되어 있다.
④ 대한매일신보의 사장으로 국채보상운동을 후원하였다.

정답 ④ 근대식 중앙 공립학교인 '육영공원'의 교수로 초빙, 영국인 베델과 구분

30. 고려 교육 기관의 설명으로 잘못된 것은?
   ① 국자감의 국자학·태학·사문학에서는 4서 5경을 교육하였다.
   ② 문종 때 최충의 9재학당 등 12공도(公徒)의 번성은 관학(官學)을 쇠퇴시켰다.
   ③ 숙종 때 서적포, 예종의 국자감(국학)의 7재 등은 관학의 부흥책이다.
   ④ 양현고(養賢庫), 섬학전(贍學錢) 등은 관학의 장학 재단이다.

   정답 ① 4서(논어, 맹자, 대학, 중용)은 성리학에서 중시 5경 (시경 서경, 역경'주역,, 예기, 춘추)

31. 임시 정부의 정규군인 (한국)광복군의 모체(母體)가 되었던 학교는?
   ① 원산학사   ② 서전서숙   ③ 명동학교   ④ 신흥학교

   정답 ④ 남만주(서간도) 삼원보에 위치, 후일 '신흥무관학교'로 개칭

32. 다음은 고려의 교육기관을 서술한 것이다 그 배경이 바르게 추론된 것은?

   · 숙종은 궁궐 내에 인쇄기관인 서적포를 두었다.
   · 예종은 국학 내에 7재를 설치하고, 장학재단으로 양현고를 두었다.
   · 충렬왕은 안향의 건의로 성균관의 장학재단으로 섬학전을 두었다.

   ① 신분별 강의에서 점차 전공과목별 교육의 필요성
   ② 사학(私學)의 번성으로 인한 관학(官學)의 부흥책
   ③ 사립 교육 기관을 점차 국립 교육 기관으로 흡수
   ④ 교육의 기능이 관리 양성과 과거 준비 기관으로 변화

   정답 ②

고려 건국과 귀족사회 성립

918	1170	1270	1392
전기(문벌귀족사회)	무신정권(문무합작 정권)	후기(권문세족사회)	
지방호족, 6두품, 개국공신 숭불정책, 유불융합문화 북진정책 추진 전시과 정비 양천제(4계급) 훈고학 발달 해동 천태종 개창(의천)	항몽주체정권 전시과 붕괴 농민항쟁(신분해방운동) 향, 소, 부곡 폐지 현상 금속활자, 팔만대장경 상감청자, 패관문학 발달 조계종 발전(지눌)	도평의사사 기능 강화 권문세족 & 신진사대부 성리학 수용과 배불론 대두 농장확대(사전개혁 : 과전법) 직지심체요절 인쇄 임제종 수용(보우)	

- **태조 왕건 고려 건국(918) : 국호(고려), 연호(천수)** : 고구려 계승의식 자처
- **후삼국의 통일(936)**
    - 신라 국경선 : 대동강-원산만
    - 고려 국경선 : 청천강-영흥만

태조(918-943)

  - 대호족(혼인정책), 신흥세력(사성정책) : 의제가족제 형성

- 사심관 : 경순왕(김부) : 경주 사심관(935) : 지방치안유지 연대책임
    : 중앙 숙위 : 신분구별, 부역조달, 풍속교정, 부호장이하 향직(향리) 임명
    : 국가 권력의 강화로 사심관제도 약화
    : 성종(사심관의 수 제한), 인종(향리 자손은 사심관 제한), 충숙왕(사심관 폐지)
- 역분전 지급(940), 기인제도(향리 중 호장의 자제 상경시위)[46]
- 세금 감면(1/10), 빈민구제(흑창)
- 북진정책, 숭불정책, 능력 본위 개방적 사회건설(골품제 대신 실력에 의한 관직 등용)

고려시대 발전 지표

1. 교선 통합(종파 통합 : 통일신라)
2. 일반평민의 성씨 보유, 본관제 대두
3. 북진 정책
4. 족보 편찬
5. 실록편찬(법전 편찬 : 조선)
6. 과거제 시행(무과 시행 : 조선)
7. 사형 삼심제
8. 대가족 단위 사회 편제

정종(945-949)

- 왕규의 난(945) : 서경천도 계획(실패)
- 광군사(947) : 거란침입 대비(최광윤 건의 : 광군 30만 편성→주현군 모태)
- 광학보(946) : 승려(장학재단)

---

46 기인제도 : 문종(기인선상법 : 호장의 자제라는 규정 폐지 : 기인제도의 제도적 가치 상실)
    : 몽골 침입 이후 : 천역으로 인식되어 강제 노동에 사역
    : 조선(경주인, 경저리)

광종(949-975)

- 독자적 연호 사용 : 칭제건원(광덕, 준풍), 개경(황도), 서경(서도)
  : 5대10국 분열기(송 건국(960) 이전)
- 주현공부법(949) : 지방조세징수 원칙 : 국가수입 증대 도모
- 노비안검법(956) : 노비 신분 조사(방량) : 호족 군사력 약화 도모→ 비교 : 노비환천법(성종)
- 과거제 실시(958) : 쌍기 건의, 개국공신 권한 약화
- 백관 공복 제정(960) : 자삼, 단삼, 비삼, 녹삼(자단비녹)[47]
- 송과 통교(962) : 송의 연호 사용(963)
- 제위보 설치(963) : 빈민구제기관(고려는 보 발달)
- 왕사, 국사 제도(968) : 왕사(탄문), 국사(혜거)
- 진전(陳田 : 황무지) 개간 규정 : 사전 : 첫해(수확의 전부), 2년째(1/2),
  : 공전 : 3년째(수확의 전부), 4년째(법에 따라)

성종(981-997)

- 유교정치체제 지향 : 최승로 : 5조정적평과 시무 28조(왕권 전제화 견제, 재상 중심 정치)
  : 불교폐단 지적(불교 자체 배척은 아님)
- 3성6부 중앙관제 정비(982) - 12목 설치 : 처음으로 지방관 파견(태조 : 사심관)[48]
- 10도 양계(현종 : 5도 양계) - 18품계, 문산계+무산계 정비
- 국자감(992), 12목(경학, 의학박사 각1인 파견), 지방에 학교 설치(외치학교)
- 지방호족의 중앙관료화(호족의 자제를 개경의 학교에 교육, 관리로 채용)

---

47 비교 : 자비청황(신라), 자비청(백제)
48 국초 : 금유, 조장(조세업무 임시직 관리 파견), 전운시(조세운반업무 임시직 관리 파견)
  성종 : 처음 지방관(외관) 파견

- 교육조서 반포 – 의창(986), 상평창(993), 철전 건원중보(996)
- 연등회, 팔관회 금지, 노비환천법, 자모정식법(982)
- 권농정책(호족 무기 압수, 농기구 제작)
- 분사제도 : 서경(호경)에 분사(990) : 묘청의 서경천도운동 이후 폐지)
- 전국적 호구조사(986) : 부세, 호적에 관한 제재규정
- 사직단 설치 : 5방의 천신에게 제사 : 원구제 거행

현종(1009-1031)

- 지방제도 정비(1018) : 5도 양계, 4도호부 8목,
  : 경기제 시행(경기는 개경포함 특별행정구역, 개성부 직접 통치)[49]
- 면군급고법 : 70세 이상 노부모 부양하는 정남의 군역 면제
- 주창수렴법 : 의창을 확대하여 각 주에 창(倉)을 설치
- 초조대장경 조판 : 거란의 침입 때 부처의 힘을 빌려 적을 물리치고자 만들었다.
- 7대실록(태조–목종) 편찬 : 최항, 김심언
- 주현공거법 : 과거를 지방으로 확대, 향리 자제의 과거시험 허용
- 나성축조 : 이(왕)가도(거란, 여진 대비)
- 최질, 김훈의 난(1014) : 황보유의(무신 영업전(군인전) 박탈)→왕가도 진압(무신란 선구)

문종(1046-1083)

- 최충 보필 : 최충의 문헌공도 이후 12공도 설치
- 불교 장려 : 흥왕사 창건, 천태종 도입, 연등, 팔관회 부활

---

49 고려 : 경기는 개경을 포함한 특별행정구역으로 5도에 포함되지 않는다.
    조선 : 경기는 8도에 포함된다.

- 공음전시과 실시 : 현직 위주 지급, 전시과 완성 - 29관등 정비(조선 : 30관등, 정1품 신설)
- 족보 편찬(국가에서 편찬 : 과거응시, 왕실결혼)→조선(족보 : 문중에서 편찬)
- 전품3등법 : 상품(불연전), 중품(일역전), 하품(재역전) 구분→조선(공법 : 전분6등급)
- 삼원신수법 : 중죄인(3인 이상 합의), 사형수(3심 : 3복제)→조선(세종 : 금부삼복법)
- 기인선상법 : 기인의 호장 자제 규정 폐지 - 송과 국교 재개(현종 때 단교)
- 고교법 : 국자감 학생 재학기간 : 유생(9년), 율생(6년)
- 녹봉제도 정비 : 관료(47등급) : 1년 2번(녹패 제시)
- 경시서 설치 : 개경 : 시전관리(물가조절, 상인감독, 세금관리)

1. 중앙제도

- **국초**
  - 태조 : 태봉관제 중심, 신라와 중국제도 참고
    : 당(3성6부, 어사대), 송(중추원, 삼사제), 독자(도병마사, 식목도감)

고려시대 중앙 관제	
광평성	권력 총괄 통수부
내봉성	국왕 명령 시행, 인사, 사정업무
순군부	호족 군사기반
병부	국왕 군사기반
내의성	간쟁기구, 정사협의
원봉성	사명, 제찬(임금의 칙서) → 한림원 개칭
대룡부	재정
수춘부	예의, 제사, 외교

- 성종 : 재상(2품이상)정치체제 확립
- 문종 : 문벌귀족(5품이상)정치체제 확립

● **도병마사**
- 중서문하성(재신, 재상 : 5명)+중추원(추신, 추밀 : 7명) : 만장일치(의합)
- 초기 : 국방문제 의논 : 국방위원회(임시기구)
- 고려말(충렬왕) : 도평의사사(도당), 구성원 70-80명 확대, 모든 기능 장악 : 상설기구[50]

● **3성**
- 3성(중서성, 문하성, 상서성) : 당나라 제도
- 고려는 중서성+문하성= 중서문하성과 상서성(2성체제)→형식적 상서성은 중서문하성 예속(단성체제)→실질적
- 중서문하성 : 최고정무기관(수상 : 문하시중) : 2품이상(재신), 3품이하(낭사 : 성랑)[51]

● **6부**
- 상서성 아래 실무기관(이, 병, 호, 형, 예, 공 : 6부)
- 장관(상서)→문종(상서 위에 판사 : 재상이 판사 겸임 : 6부 판사제 시행)
- 상서령은 실직이 아니고, 중서문하성 재신이 6부 관장
- 6부의 속사 : 이부(고공사 : 공과 근무 감독), 형부(도관 : 노비담당)→조선(속아문)

---

50 도병마사와 의정부(문반 구성)→도평의사사와 비변사(문반+무반 구성)
51 고려 서경제도 : 낭사와 어사대 : 모든 관리임명, 시호제정, 법령개폐
　 조선 서경제도 : 사헌부와 사간원 : 5품이하 당하관 임명 제한, 시호제정(x), 법령개폐(x)

- **중추원(추밀원)**[52]
    - 중서문하성(재부)+중추원(추부)= 양부(재추)
    - 중추원 : 2품이상(추밀 : 군국기밀), 3품이하(승선 : 왕명출납)

- **삼사** : 송과는 달리, 단순히 화폐와 곡식의 출납회계만 담당(실제 조세수취와 집행은 각관청)

    후기(도평의사사에 참여, 판사(장관 : 재신 겸직)
- **어사대** : 관리 규찰, 탄핵(대관)+중서문하성(낭사, 간관)=대간, 대성(대관+성랑)
- **식목도감** : 임시 입법기관, 재추 구성원→조선 태종(의정부 흡수)
- **보문각** : 경연, 장서
- **한림원** : 교서, 외교문서(장관 : 판원사 : 재신 겸직)
- **춘추관(사관)** : 역사기록(장관 : 감수국사 : 시중 겸직)
- **사천대** : 천문관측(장관 : 판사)
- **태사국** : 천문, 기상, 역서(장관 : 판사)→후기 : 사천대+태사국 통합→서운관
- **실직** : 일정한 직임을 맡는 직사가 있는 관직
- **산직** : 일정한 직임이 없는 허직, 영직(관리 정원의 한계를 극복)
    - 성종 : 검교직(문반(5품), 무반(4품) : 녹봉, 토지), 동정직(문반(6품), 무반(5품) : 토지(한인전)[53]
    - 공민왕 : 첨설직(유향품관, 한량 : 군전 지급), 처음 동반(3품이하), 서반(5품이하)

---

52 중추원 변천 : 고려→조선(형식상 무반 최고기구)→대한제국(독립협회 의회설치 시도)→일제(친일기구)
53 동정직 : 관직의 초직 : 예비관료

2. 지방제도

- **국초**
    - 태조 : 서경, 진, 도호부, 도독부
    - 성종 : 12목(목사)→거란침입 후 12주(절도사) 변경
    - 고려 큰 군현(경, 도호부, 목)에 중간기구(계수관제)[54]를 두어 일반 군현을 통할 (주현→속현)
    - 현종 : 5도 양계 : 행정과 군사 이원화 : 5도(안찰사), 양계(병마사)
        : 경, 도호부, 목 대신에 5도 양계가 계수관

- **3경(유수경)**
    - 풍수지리설 근거 : 태조 : 개경(개성)과 서경(평양)
        : 성종 : 동경(숙종 때 남경(서울)으로 변경)

- **4도호부, 8목**
    - 4도호부(군사적 요지)+8목(행정 중심지)+3경=지방행정의 실질적인 중심부, 상표진하, 향공 선상, 외옥수 추검 기능[55]

- **촌**
    - 나말 여초 호부층이 주도한 읍사제도 개편→말단행정기구 개편
    - 촌장(대감), 촌정(제감) : 유력자가 자치적 지배
    - 촌락내부 조직은 당의 인보조직 수용, 고려 현종 완성→오가작통법 계승

---

54 계수관 : 고려, 조선초기의 지방제도(중국에는 없었던 고유제도)
    : 고려(경, 목, 도호부), 조선(부, 목, 도호부)
    : 도제(道制)가 확립되면서 계수관제 소멸(세조 : 1456 : 군읍의 병합사목이 발표 완전소멸)
55 상표진하(국왕 생신 및 경축일에 축하문 작성), 향공선상(지방의 1차 과거 합격생 중앙에 추천)

- **향·소·부곡**
  - 하층양민, 군현과 크기와는 상관 없음, 일반 양민보다 많은 세금 부담
  - 본관제적 지배방식 : 군현제와 부곡제 : 별도 대민 지배 실현

- **향리(호장, 부호장)**
  - 성종(983) : 향직 개편 : 나말 여초의 지방호족(당대등, 대등)→이직(이족) 위축 (강등)
  - 중앙과 지방의 차별 명확 : 지방 토착세력의 독자성 약화 시도
  - 현종(1018) : 9단계 마련, 등급과 복제(자, 록, 청, 벽색)구분

고려와 조선 향리의 특징

고려 향리	조선 향리
조세, 공물, 부역 업무 담당(일품군 지휘)	조세, 공물, 부역(수령담당) : 향리는 보조
외역전	국초 외에는 외역전(X)
과거응시(문반 상승 가능)	과거응시 제한(문반 상승 제약, 행정보조)
고려 후기 사대부 형성	중인계층 형성

- **수령5사, 봉행6조 :**
  - 외관속관제 : 수령을 행정적 지원(판관, 서기, 문사)

- **감무파견 : 고려초(예종)-조선초(태종) : 약 200년**
  : 속군현, 향소부곡, 장, 처 : 말단지방행정단위 : 현령보다 낮은 지방관(감무) 파견
  : 조선(태종) : 감무→현감으로 개칭

3. 군사제도
  - 군인의 신분 : 군역수행에 필요한 군량, 무기, 피복(자기부담 : 고려-조선 공통)

● **중앙군**
  - 국초 : 국왕의 군사기구(병부)와 호족의 군사기구(순군부)가 병렬적 관계, 서경(수군1대)
  - 2군6위 : 2군(근장, 금군 : 현종)- 응양군, 용호군 : 20-60세 군반씨족, 군인전 지급
    : 6위(성종)- 좌우위, 신호위, 흥위위(전3위 : 핵심), 금오위(경찰), 감문위(궁수비), 천우위(위장대) : 보승군, 정용군 주현군
    번상시위 : 경향교류(고려, 조선)
  - 중방 : 2군6위 상·대장군 군사최고회의기관 : 초기(유명무실), 무신정변 후(최고권력기구)
    : 의장(반주)- 응양군(상장군 : 병부상서 겸직)
    : 그 아래 : 장군방, 낭장방, 교위방

● **지방군**
  - 5도 : 의무병(주현군) : 보승군(국방, 치안 보병부대), 정용군(기병부대), 일품군(추역군 : 공역)
  - 양계 : 상비군(주진군) : 초군, 좌군, 우군, 정용군, 보창군(북계), 영새군(동계)
  - 군인복무 기간(16-60) : 부유한 농민 : 3년에 한번씩 교대(1년 군복무, 2년은 고향 생업종사)
    : 고려후기 : 모든 농민층 군인의 징발대상(정호와 백정호 구별 폐지)

● **특수부대 : 광군(거란대비 예비군 : 정종)**
    : 별무반(여진정벌 : 숙종, 윤관)
    : 연호군(고려말 왜구대비 : 농민, 노비 구성)
    : 도방(경대승)
    : 삼별초(최씨정권하 최우 사병)

4. 과거제도와 음서제도

- **과거제도**
  - 광종(실시), 경종(친시), 성종(복시), 인종(완비)→갑오개혁 폐지
  - 응시자격 : 천민과 승려 자제를 제외한 양인층 이상
  - 1단계 : 중앙(개경시 : 상공), 지방(향시, 계수관시 : 향공)→합격자(공사), 국자감시 응시자격
  - 2단계 : 사마시(진사시, 국자감시) : 상공, 향공, 국자감생, 12공도, 현직자→합격자(진사)
  - 3단계 : 예부시(동당감시):목종(1004) : 삼장연권법(삼장제) : 초장(경서), 중장(시부), 종장(대책)
    : 합격자(홍패 수여) : 등과전, 실직에 근무, 문한직 임용
  - 초기 : 국자감생, 12공도, 향공 등에게 2단계를 거치지 않고 예부시 허용
  - 중기이후 : 국자감시를 거쳐 예부시 응시
  - 제술업(진사과) : 한문학(시, 부, 송, 책)에 대한 논술로 응시 : 가장 중시
  - 명경업 : 유교경전(3경, 춘추, 예기)에 대한 독해
  - 잡업 : 기술관(농민이 응시)
  - 승과 : 교종시(화엄경 : 합격자 : 수좌, 승통), 선종시(전등록 : 합격자 : 대선사, 선사)→별사전[56]
  - 문과 위주 : 문과(중시), 무과(예종 1회 실시, 공양왕(1391)에 비로소 설치)[57]
  - 지공거(종백, 은문, 좌주) : 지공거(고시관), 동지공거(부고시관) : 좌주문생
  - 한직제 : 근친혼 소생자, 중의 아들, 잡류(6품), 남반(7품), 유외인리(9품) : 근친혼+중간계층

---

[56] 고려 승과와 도첩제 : 승과(승려의 법계를 정함), 도첩제(출가 공인장 : 승려 자질 향상)→조선의 도첩제(승려 수 제한)
[57] 고려는 무과가 실시되지 않았다는 지문은 올바른 지문

- 한품법 : 남반, 기술관, 서리, 중앙군인, 6품이하 관리, 향리 : 중간계층 : 청요직, 고위직 제한

- **음서(공음, 문음)제도**
  - 고려 성종 확립
  - 대상 : 왕족후예, 공신후손, 5품이상 고관자손
  - 연령 : 연령 제한은 없으나, 일반적 15세 전후
  - 조선(문음) : 2품이상 제한
  - 수혜범위 : 1인1자 원칙 : 탁음자 3품이상(8개 친족), 탁음자 5품이상(자, 손)
  - 문한직 제한 : 한직제의 제한은 없음, 국자감시를 응시하여 문한직 진출 도모
  - 산직임용 : 음서 통해 관직에 나간 자 : 남행관(음관) : 예비관료(동정직), 임시직(권무직) 임용

- **유일(천거제도)** : 조선 존속), 남반잡로(궁중 잡역), 성중애마(국왕 호위 측근)

5. 교육제도

- **관학의 정비**
  - 숙(, 태조) : 개경과 서경
  - 국자감(성종) : 3학(신분 구분), 잡학(인종 : 전공별 구분)[58]
    : 3학(경학부, 유학부), 잡학(사학부, 기술학부)
  - 성종의 교육조서 "교육이 아니면 인재를 구할 수 없다."
  - 문신월과법(성종, 예종) : 중앙 문신(매달, 시3편, 부1편), 지방관(매년 1번), 음서 출신자

---

[58] 국자감의 명칭 변화 : 충렬왕(성균감), 충선왕(성균관)

- 7재(예종) : 문헌공도 사학9재 모방 : 국자감의 학과별 단과대학(유학+무학 : 문무균형)[59]
- 경사6학(인종) : 잡학을 율, 산, 서 : 전공별 구분, 신분별 학교 개편, 국자감 학식 운영
- 향교(인종) : 지방관 자제 및 평민교육(주, 군 설치 : 유학 교수)
- 기술교육 : 율, 산, 서(국자감 교육), 기타 기술교육(해당 관청)
- 경사교수도감(충렬왕, 안향 건의) : 국학 내 설치
- 공민왕 : 성균관 중영(유학만 교육, 기술교육 분리)
- 공양왕 : 10학 설치(예학, 병학, 율학, 의학, 풍수음양학)

● **사학의 발달**
- 9재(학당) : 문종(1055) : 최충(해동공자) : 문헌공도 전문강좌(9경, 3사 교육)
    : 무신집권기에도 존속, 공양왕(1391) 혁파
- 12공도 : 지공거, 고관 출신, 개경(서경은 없음)에 사학 설립, 12공도 출현
- 사학의 발달로 관학은 약화(침체)[60]

● **관학 진흥책**
- 왕권 강화책 일환 : 숙종(서적포), 예종(7재, 양현고), 인종(향교, 경사6학)
    : 충렬왕(섬학전, 공자사당(문묘)인 대성전 건축))
- 결과 : 관학 진흥책 실패, 사학발달 촉진, 문벌귀족사회 강화

● **교육시설**
- 비서성(성종 : 995) : 개경(왕립도서관)→어서원 개칭
- 수서원(성종 : 990) : 서경(분사 왕립도서관)

---

59 무학(강예재)을 설치하여 문반과 무반의 균형 도모
60 소태보(국학폐지론) : 속종 때 재상 소태보는 재정문제로 국학을 폐지하고 사학을 주장

- 서적포(숙종 : 1101) : 국자감 설치(출판소)
- 청연각(예종 : 1116) : 경연처
- 보문각(예종 : 1116) : 학문연구소
- 집현전(인종 : 1136) : 유학 연구
- 서적원(공양왕 : 1392) : 주자, 인쇄(금속활자 서적 간행)

● **교육재단**
- 학보(태조) : 서경에 설치 육영재단, 정악(人名)의 학교 지원
- 양현고(예종) : 국학에 설치 육영재단
- 섬학전(충렬왕) : 안향의 건의, 국학생의 학비 보조, 섬학고(기금)
- 학전 : 국자감, 향교에 지급한 토지

고려 경제구조와 사회제도

경제정책의 기본방향 : 고려-15세기(중농억상)→16세기(상공업 발달 : 농업 생산성 향상)

1. 토지제도

● **원칙 : 전주전객제- 전시과[61] : 수조권 1대 원칙→점차 세습(전정연립 : 군인전, 외역전)**
- 역분전(태조 : 940) : 논공행상 : 공훈, 충성도, 인품 : 공신전(영업전), 경기토지+경기외 토지
- 시정전시과(경종 : 976) : 전지(사유지 민전 설정), 시지(국유지 설정)
  : 관품+인품 병용의 훈전 성격

---

61 1. 전주전객제 : 수조권자(전주), 토지소유자 농민(전객) : 수조권을 소유권보다 우위에 두는 제도
   2. 공사전 구분 : 신라의 식읍, 녹읍(소유권 강화)→고려의 전시과(소유권과 병존)→조선의 과전법(수조권적 구분 강화)
   3. 공전 : 1과공전(왕실소유지 : 내장전), 2과공전(공해전, 학전, 둔전, 적전(국왕친경지)), 3과공전(민전, 장, 처전)

                : 광종의 4색 공복제(자, 단, 비, 녹)기준
                : 현직+전직(산직) 지급
                : 한외과 전15결
    - 개정(18품)전시과(목종 : 998) : 성종의 18품계 기준(인품 요소 제거)
                : 한외과 전17결
                : 군인전 지급
                : 문관 우위 규정
                : 현직+전직(현직에 비해 몇과 낮추어 지급)
    - 경정(공음)전시과(문종 : 1076) : 전시과 제도의 완성
                : 한외과 폐지(별정전시과 지급 : 별사전, 무산계, 한인전, 외역전)
                : 토지 지급액 감소(시지 감소)
                : 현직위주 지급
                : 무관 지위 상승
                : 경기 확대 전시과 지급
    - 전시과 붕괴 : 무신정변 후 대토지 점유 현상
    - 녹과전(원종 : 1271) : 개경 환도 후 경기8현 토지 지급, 녹봉 부족분 보충, 충렬왕 재정비
                : 과전법 기초
    - 과전법(공양왕 : 1391) : 경기 내 과전(토지) 지급

토지의 종류

	전시과	과전법
차이점	전지와 시지 지급 전국(하삼도) 지급 대상 소유권+수조권=공사전 구분 경작권 보장 안됨 국가의 수조 대행 수전자 장기병휴, 범죄시 토지 회수, 몰수 유가족 : 과전 환수→구분전 지급 별사전 : 승려, 풍수지리업자 지급 군인전 : 중앙군(2군) 지급 구분전 : 하급관료, 군인 유가족 지급 민전 : 매매 허용 별정전 : 악공, 공장, 무산계 지급	전지(토지)만 지급, 시지의 소멸 경기에 한하여 지급 수조권에 따라 공사전 구분 경작권 보장 관료의 직접 수조 수전자 태형 이하 몰수안함 유가족 : 과전을 수신전, 휼량전 변경지급 별사전 : 준공신(경기외 토지)지급 군전 : 유향품관(지방 한량)지급 구분전 : 읍리, 진척, 역자 지급 민전 : 매매 금지
공통점	현직+퇴직(산직)=모두 지급 18품계 : 차등지급 전주전객제	

2. 수취체제

- 국가는 군현단위로 삼세(조세, 공납, 역역) 책정→군현은 토지소유와 인정다과 기준
    : 개별 민호에 할당
    - 조세 : 논(수전)과 밭(한전) : 비옥도(3등급 : 1결당 최고 18석 기준)
        : 민전(1/10), 공전(1/4), 사전(1/2)
    - 공납 : 민호 기준 : 상공(정기), 별공(부정기) : 광산물, 우피(동물가죽), 해산물, 직물류, 소금
        : 정부 입장(현물의 형태), 농민 입장(노동력 징발, 공역 형태)
    - 역역 : 16~60세 정남, 민호는 자연호가 아니라 편호를 장정 수를 기준 : 9등급
    - 조창 : 성종(60개 포 설치), 문종(양계를 제외 전국13개소 조창 설치)[62]

---

62 양계지역 : 현지 군사비 목적으로 조창이 설치되지 않았다. 조선(잉류) : 평안도, 함경도 : 군사비와 사신접대비 사용 : 교통불편(X)

3. 고려 경제활동의 발달

- **농업**
  - 우경에 의한 깊이갈이(심경법) : 일반적 이용
  - 2년3작 윤작법(휴한농법 : 고려전기)→고려후기(연작법, 남부지방 일부 : 이앙법)
  - 시비법(가축분뇨) but 인분(숙분) : 조선시대
  - 고려 : 독자적 농서편찬(X) : 중국 농서 소개 : 전기(범승지서), 중기(손씨잠경)
    : 충정왕(이암 : 원 : 농상집요 소개)
    : 공민왕 : 강시와 김주 : 간행, 보급→조선(농사직설 : 최초의 농서)
  - 수차 : 고려말(백문보 : 수차)→조선초(박서생 : 일본수차)→조선후기(김육 : 수차)

- **목면(면포, 무명, 솜)**
  - 공민왕(1363) : 문익점 : 목화씨 전래, 정천익과 정문래(산청군 단성면 사월리 재배)
  - 마포→면포 변화(의생활 혁명, 선박의 돛(산업혁명), 현물 화폐 사용) but 무명옷, 솜옷 착용 : 생산이 보편화 : 조선

- **수공업**
  - 관청수공업 : 공장안(기술자 생산, 농민은 부역동원 보조)
  - 기타 수공업 : 민간수공업(가내수공업)
    : 소(所)수공업(공물 확보 목적 : 전라도 집중)→공주 명학소 난 이후 해체[63]
    : 사원수공업(공교명 사상)

---

[63] 부곡 : 경상도 집중 분포

- **상업과 금융**
  - 상업과 수공업 부진 : 고려사회는 자급자족적 농업 경제 기본
  - 현물화폐 : 물물교역 : 곡물, 삼베(추포)
  - 시장개설 : 태조(919) : 개경(시장, 상점), 지방요지(鄕市 : 주현시)
    : 문종 : 경시서(개경 : 상행위 감독, 물가 조절, 세금징수)

- **화폐주조**
  - 건원중보(성종) : 철전
  - 주전론 : 숙종(의천, 윤관 주장) : 주전도감 : 활구(은병), 해동통보(최초 동전), 해동중보, 동국통보, 동국중보, 삼한통보, 삼한중보 : 동전 주조→도시의 주점, 다점 사용
    : 충렬왕(쇄은)
    : 충혜왕(소은병)
    : 공양왕(최초의 지폐 : 저화) : 유통범위 : 귀족 중심(상류사회 한정)→조선(숙종 : 17세기 이후) : 전국적 유통

- **고리대업과 보**
  - 장생고 : 사원의 고리대 기금
  - 고리대업이 성행함에 따라 보가 발달→조선 중기 이후 발생하는 계의 선행 형태

- **송과의 무역**
  - 광종(962) : 고려 : 문화적, 경제적 욕구가 목적 & 송 : 요를 견제(군사적 목적)
  - 현종 때 단절(요의 간섭)→문종(1071) : 송과 재개
  - 수입품 : 자기, 악기
  - 수출품 : 나전칠기(신라 : 당에서 수입)

- 무역항: 벽란도(예성강 하구) : 국제 무역항
    : 고려관 : 등주(북송), 명주(남송)
- 무역로: 북송(960-1127) : 벽란도→옹진→산동반도→등주
    : 남송(1127-1279) : 벽란도→흑산도→명주
- 송문화의 영향 : 고려 문화 발전 : 목판인쇄 발달(송판본 수입), 고려청자(송 자기 영향)
    : 아악발달(송 대성악 도입), 월정사팔각9층탑
    : (선화봉사)고려도경(1123) : 송의 사신 서긍[64]
    : 계림유사(1103) : 송의 손목 : 고려시대 언어 360어휘

● **기타 국가 무역**
- 거란 : 수출(은, 모피, 말), 수입(식량, 문방구, 철, 동)
- 여진 : 수출(은, 모피, 말), 수입(농기구, 식량)
- 일본 : 수출(감귤, 진주, 수은, 칼, 말), 수입(문방구, 서적, 식량)
- 아라비아 : 수출(수은, 향료, 산호, 호박), 수입(은, 비단), 대식국(아라센)상인 : 고려 소개

각 시대 무역항	
삼 국	당항성(경기도 남양만), 김해(가야)
통일신라	울산항, 당항성, 영암
발 해	동경용원부(훈춘)
고 려	벽란도(예성강 입구), 합포(마산)
조 선	3포 : 부산포, 염포, 제포

---

64 고려도경 : 고려청자, 고려모시, 나전칠기, 김부식 가문, 벽란도, 풍수지리설, 산전(山田) 소개 : 상감청자(X)

4. 고려 신분제도

- **문벌귀족사회**

- **양천제** : 양인(양반, 중간계층, 일반양민, 하층양민)과 천인(노비) 구성

- **봉작제 : 공, 후, 백, 자, 남작** : 5등 봉작제
    - **문종 : 왕자, 부마, 왕비의 부 : 공, 후, 백** : 3등급 작위 수여
    - 작위가 상속되지 않고, 작위 유무가 귀족과 하층을 구분하는 기준이 아니었다.

- **친족공동체 : 삼국시대 : 7세대 친족공동체→고려시대** : 5세대(8촌)의 대가족 단위 친족공동체
    - 친족집단의 규모가 4분의 1로 축소
    - 토성분정, 본관제, 일반평민 성씨,
    - 중국 성씨도 수용
    - 호부층(본관 소유, 향도-영세농 결속)

- **상류계급**
    - 왕족, 5품이상 문무양반, 귀족자제가 3명 이상이면 1명은 출가하여 승려가 됨
    - 문산계 확립 : 성종 : 문무산계 확립, 문무양반은 모두 문산계

문산계와 무산계	
문산계	종1품-종9품(문무양반관료), 충선왕 이후 정1품 관직이 제수[65]
무산계	종1품-종9품(노령군인, 향리, 탐라왕족, 여진추장, 공장, 악공 : 문무관료 아닌 별개

---

[65] 조선: 문산계(문반)와 무산계(무반)가 분리

- 족벌형성 : 안산 김씨(김은부), 인주(경원) 이씨(이자연, 이자겸)[66], 해주 최씨(최충), 경주 김씨(김부식), 파평 윤씨(윤관), 강릉 김씨(김인존)
- 문벌귀족세력 강화 : 음서제도와 공음전 : 5품이상 관리 자제
- 귀향형 : 형벌
- 충상호형 : 재범자는 사면 제외 : 상호(향호, 평민호) 편성, 누범가중제도
- 문벌귀족의 몰락 : 무신정변으로 문신 중심 문벌귀족 몰락→후기 : 권문세족 등장
- 내시 : 국왕 측근 엘리트 : 왕 동행, 왕명 초안 작성, 국가기무, 유교경전 강의(김돈중, 안향)

● **중류계급**
- 남반관리, 기술관, 서리, 군반, 6품이하 관리, 향리, 말단이속 : 입사허용, 청요직, 고위직 제한(한품법)→조선 : 서얼차대법
- 남반(횡반, 궁원) : 궁중의 잡일, 문무반과 더불어 3반
- 향리 : 세습직, 신분 내 상위 품계 이동가능, 3명 가운데 한 명은 기인역, 동정직 입사 가능 과거를 통해 중앙 품관 진출, 호장(부호장)의 상층향리는 중앙 하위 품관과 통혼 가능

● **평민계급**
- 양민 : 자영농(전세), 전작농(전조)
- 정호와 백정호 : 정호(군인호, 기인호, 역호), 백정호(백정, 직역이 없는 호)
- 백성 : 촌락의 유력자(촌장, 촌정) : 일반농민인 백정과 차이가 없다.
- 하층양민 : 간척지도+재인, 창기, 악공, 향소부곡민→조선 : 신량역천
  : 화척 : 여진 포로, 귀화인 후예 : 관적과 부역이 없이 유랑 : 사

---

66 · 경원(인주) 이씨 : 이자연, 이자경 : 순종비, 선종비, 예종비, 인종비 : 벌열, 해동갑족

냥, 고리(상자), 유기(일명 : 버들고리장이, 무자리, 양수척)→조선의 백정과 같이 도살업 종사

　　　　　: 처간 : 왕실, 귀족, 사원(특수부락-일종의 장원)의 처에 소속, 처전 경작

　　　　　: 부곡민 : 남부지역 분포(특히 경상도 집중 분포), 부곡리 파견, 일품군 편제

- **천민계급**
  - 공노비, 사노비, 사원노비
  - 공노비 : 공역(선상)노비, 외거(납공)노비
  - 사노비 : 솔거(입역)노비, 외거(납공)노비
  - 일천즉천법(혈통), 천자수모법(재산권)
  - 공노비 : 공역(선상)노비 : 궁궐, 관청소속, 별사(급료), 정로제(60세 면역, 정년 은퇴)

    　　　　: 외거(납공)노비 : 농경종사, 수입 중 일부 납부
  - 사노비 : 솔거(입역)노비 : 소유주와 공동 생활(초목, 취사)

    　　　　: 외거(납공)노비 : 소유주와 별도 거주(별거노비)

    　　　: 독립된 호를 구성 : 호주(소유주는 밝힘)

    　　　: 토지(민전), 가옥, 노비 소유 : 독자적 재산 소유

    　　　: 잡직, 군인으로 신분상승 가능

    　　　: 신공(몸값)의 의무로 포(신공포), 저화 바침

5. 고려 사회시책과 법속

- **사회시책**
  - 농민보호 : 태조 : 농번기는 농민 잡역 동원 금지, 재해 때 정도에 3년간 조

세와 부역 면제

　　　: 성종 : 자모정식법(고리대 이자 제한)
- 의창 : 성종(986) : 태조의 흑창 개칭, 전국 주에 설치→조선(환곡, 사창) 발전
- 상평창 : 성종(993) : 물가조절기관, 양경(개경, 서경), 12목 설치[67]
- 동서대비원, 혜민국(예종), 구제도감(예종), 보통원
- 계(契) : 신라의 6부 길쌈대회와 화랑의 향도가 시초 : 동갑계, 문무계, 기로회
- 향도 : 승려+본관제적 질서를 주도한 호부층=영세농 결속(불교+토속신앙+풍수지리설=신앙 공동체), 불상, 불탑조성, 법회, 보시 활동

　　　: 고려전기 : 예천(개심사석탑기), 광군을 동원 군현민 전체 참가 : 대규모 공동체
　　　: 고려후기 : 지방의 소농민 중심 : 자연촌 단위로 조직
　　　: 조선시대 : 남녀노소 촌민 : 음주, 가무, 상장(喪葬) 돕는 역할

● **법률과 풍속**
- 대가족사회 중심의 관습법 중시 : 일상생활은 대개 관습법에 따라 처리
- 삼국 이래 : 태, 장, 도, 유, 사 : 5형
- 문종 : 삼원신수법(3인 이상 합의 재판)

　　　: 삼복제(사형제는 삼심)
- 풍속 : 민간 장례, 제례 : 토착신앙+불교의식+도교의식=융합→성리학 전래 후(유교의식)
- 연등회 : 성종(중지), 명종(부활) : 행사시기(전국) : 1월 15일→2월 15일→4월 8일
- 팔관회 : 도교+민간신앙+불교행사 : 추수감사제 : only 개경(11월 15일), 서경(10월 15일)

67　상평창 : 개경(경시서), 서경(분사사헌대), 주준(관헌) 관리→후기 : 진대(의창 역할) 역할 담당

- 격구 : 남녀 모두 : 상류층 오락→조선 : 무과 과목(세종)
- 명절 : 설날(1월1일), 상사일(3월3일), 단오절(5월5일)68, 유두(6월15일), 백중(7월15일), 중양(9월9일)
- 결혼 : 남자(20세 전후), 여자(18세 전후), 근친혼과 동성혼이 성행, 성리학 전래 후(금지)

  : 서류부가혼(솔서혼) : 처가의 호적에 입적, 처가에서 생활, 여성의 지위가 높음
- 재산상속 : 17세기 전반 : 자녀균분상속, 서얼차별 없음, 호적 연령순, 상속인+피상속인=문계

  : : 여성의 권리 : 재산권 인정, 제사(윤행), 아들이 없을 경우(딸 제사)

  : : 상복 : 친가와 외가 구별 없음, 공을 세운사람(부모+장인, 장모 : 상)

  : : 17세기 후반 : 장자단독상속, 서얼차별, 선남후녀, 아들 없을 경우(양자)

대외관계의 변천

1 북진정책과 친송정책

● 북진정책
- 태조 : 거란 배격(만부교 사건), 발해 왕자 대광현 포섭, 발해유민(정안국:927-985)

---

68 단오절 격구, 그네, 씨름, 석전(척석희)

- **친송정책**
    - 고려는 거란이 연운16주 차지(936)하고 송과 대립, 고려와 송은 제휴(거란 견제)

2. 거란과 항전
- 태조 이래 : 거란 강경책, 정종 : 거란에 대비 : 광군
- 정안국 : 발해 유민 열만화 건국 : 송과 동맹→거란 공격
- 1차 거란 침입(성종 : 993) : 북진정책, 친송단요 구실 : 거란(소손녕), 서희(안융진 외교 담판), : 거란 연호 사용 조건(퇴군)
    : 강동6주 획득, 압록강 하류 국경선 북상, 절도사 제도 정비
- 2차 거란 침입(현종 : 1010) : 강조 정변 구실 : 거란(성종), 개경 함락, 현종(나주 피난)
    : 초조대장경 조판 시작[69], 양규 분전, 현종 입조 조건, 송과 단교
- 3차 거란 침입(현종 : 1018) : 현종 입조 불응, 강동6주 반환거부 구실 : 거란(소배압)
    : 강감찬, 강민첨 : 귀주대첩(1019), 강동6주 고려 영토 인정
    : 단송친교 약속(국교 재개)

- **전란의 영향**
    - 극동 정세 안정 : 고려, 송, 요(거란) : 삼국간의 국제균형 유지
    - 나성(개경 외곽) 축조 : 강감찬 건의 : 왕가도 완성(현종 : 1029)
    - 천리장성 : 덕종(1033)-정종(1044) : 서쪽(압록강, 영해 : 신의주)-동쪽(도련포 : 광포) : 유소 완성

---

69 초조대장경은 거란의 침입(2차) 때 부처의 힘을 빌려 적을 물리치고자 만들었다.

- 감목양마법 : 현종 : 군마 확보, 양마자에게 사료나 양노 지급
- 고려대장경 조판 : 거란 2차 침입 중 : 제1차(초조) 대장경 조판 시작(현종 시작-선종 완성)
- 국사편찬 : 거란 2차 침입 실록 소실 : 현종(1013) : 7대실록(태조-목종) : 최항, 김심언, 황주량

3. 여진 관계

- 여진의 강성 : 11세기 후반 : 만주지역에서 추장 영가, 우야소 : 부족 통일
- 여진 정벌(숙종 : 1104) : 임간, 윤관 : 여진정벌 단행→기병부족 실패
- 별무반 조직(1104) : 2군 6위 체제의 붕괴 : 윤관 건의(문무산직관리, 농민, 노비 포함)
  : 신기군(기병), 신보군(보병), 항마군(승려)
- 윤관 여진정벌(예종 : 1107) : 윤관, 오연총 : 여진점령→9성 축조, 길주성(호국인왕사, 진국보제사 사찰건립(1108))
- 9성 환부 : 여진족 침입(조공 조건), 윤관 은퇴 후 1년만 환부(1109)
- 여진 성장 : 아쿠타 추장 : 국호(금 : 1115) : 고려에 형제관계 요구(1117)
  : 요(거란) 멸망 시킨 후 : 고려에 군신관계 요구(1125)
- 정강의 변(1127) 이후 : 북송 멸망, 남송 성립
- 이자겸, 김부식 : 사대외교 : 군신관계 수락→고려 귀족사회 동요(이자겸, 묘청, 정중부 난)

고려(중세) 문화 발달

1. 유학 발달

- **태조**
  - 최언위, 양경(개경, 서경) : 학교

- **광종**
  - 과거제도, 문한기구(원봉성, 한림원, 광문원), 당태종 : 정관정요 중시

- **성종**
  - 내서성→비서성 개칭, 문한기구 : 금내6관(비서성, 춘추관, 한림원(중시), 보문각, 어서원, 동문원)
  - 최승로, 김심언 : 국가의 흥망이 군주가 아닌 신하에 달려 있음 강조(유교정치이념 강조)
  - 김심언 : 설원(6정6사론)과 한서(한자사6조정)을 참조 : 봉사2조 건의(유교정치이념 강조, 서경의 중요성 강조 : 서경에 사헌 파견 : 관리 감찰 주장)

- **한문학**
  - 중국 모방(신라 말 최치원)→ 고려 초기 : 독자적 성격

    고려 중기 : 경원 이씨 집권 후 귀족사회 찬미 : 보수적 한문학
  - 고려 귀족들은 유학과 한문학 숭상 : 제술업 중시 : 문신월과법, 각촉부시 유행
  - 향가 소멸 : 고려 광종 : 균여대사, 보현십원가 11수→이후 소멸
  - 향가 잔영 : 도이장가, 정과정공, 향가(X)

- 최충 : 문종(11세기) : 해동공자, 훈고학 수준에서 벗어나 철학적 내용 가미(송대유학 접근)
- 김부식 : 인종(12세기) : 보수적 유학(왕가도 중심의 북진파 축출 후)
- 유불 융합 : 종교(불교), 정치이념(유학)
- 무신집권기 유학 : 문인들은 은둔(죽림칠현, 죽림고회, 해좌칠현)
  : 최씨정권하 : 이규보, 이인로 일부 문인
  : 유풍이나 문풍은 침체

고려시대 유학의 변천			
	고려 초기	고려 중기	고려 후기
내용	한, 당 유학(훈고학)	보수적 성격	성리학 수용
성격	유교정치이념 확립 자주적 성격 문화적 자신감	문벌귀족사회 무사안일 무신정변 후 유학 쇠퇴	의리와 명분 중시 신진사대부 지도이념
학자	최승로, 김심언, 이양	최충, 김부식, 정지상	이제현, 정몽주, 정도전

2. 불교 발달

● **태조**
- 훈요 10조, 연등회, 팔관회 : 현세구복적, 호국적인 성격

● **광종**
- 귀법사 창건 : 화엄종 재확립 시도
- 승과제도 : 교종시, 선종시
- 왕사, 국사제도
- 승록사 : 교단과 승려 관리

- 의통 : 중국 천태종 13대 교조
- 제관 : 천태사교의 저술
- 균여(원통대사) : 보현십원가, 성상융회(화엄사상+법상종)
- 혜거 : 선종 교단 주도, 수륙재(수륙도량) 처음 시행
- 탄문(법인국사) : 귀법사 활약, 별화상

● **성종**
- 최승로 : 불교에 대해 유교를 실학, 연등회, 팔관회 금지

● **현종**
- 불교가 흥륭 : 현화사, 흥왕사 건립

● **전기불교**
- 교선 대립 : 고려 초 : 나말 5교 9산 사상적 대립 계속
- 광종의 불교계 정리 : 종파 통합 : 교종(화엄종 중심), 선종(법안종 중심)
- 정토신앙 : 지방 향리, 농민, 천민 신봉, 향도조직 연결 : 불탑조성, 범종제작
  : 대표적 유물 : 예천 개심사, 약목 정도사 5층석탑

● **중기불교**
- 해동 천태종 : 의천 : 교종통합(흥왕사 : 화엄종), 선종통합(국청사 : 천태종) : 교종입장 선종통합
  : 천태종 교리 : 교관겸수, 교선일치, 지관, 성상겸학, 내외겸전
  : 인주 이씨와 연결된 현화사 중심 법상종 견제
  : 균여 배격→원효 : 천태교학의 시조 추앙, 화쟁사상 중시, 화정국사 추증
  : 천태사교의주, 원종문류, 석원사림, 신편제종교장총록

- 법상종 : 문벌귀족사회 극성기(문종-인종) : 귀족들은 법상종을 선호(의식불교 치중)

: 이자겸 가문 추종, 선종은 제3종단으로 후퇴[70]

● **불교의 영향**
- 호국사상 고취, 예술의 발전
- 고려장경(초조장경, 1차 대장경 : 1087) : 거란의 2차 침입(2010) 후 현종은 나주 피난

: 현종 : 대장경 조판 시작(1011) - 선종 : 대장경 완성(1087)

: 대구 부인사 보관→고종(1232) : 몽골 2차 침입 소실
- 속장경(1096) : 의천 : 송, 요, 일본 : 대장경 주석서 : 교종계열 불경만 수록

: 신편제종교장총록

: 문종(1073) - 선종(1090) : 흥왕사 : 교장도감

: 경, 율, 논(삼장)의 불경보다는 논, 소, 초 주석서 중심[71]

: 몽골난 소실
- 팔만대장경(재조장경, 2차 대장경 : 1251) : 강화 피난시절, 최우,

: 강화 선원사 : 대장도감(장경도감), 진주목 남해현 : 분사도감

: 승려 외 다양한 신분 참여 : 개태사 승통 : 수기 총괄

: 조선(태조) : 합천 해인사 이동→조선(성종) : 경판고(장경각) 보관

● **불교 폐해**
- 공덕재(반승) : 스님에 식사대접 : 막대한 비용
- 승려의 세속화 : 왕사, 국사제도

---

70 선종 : 가지산문의 학일에 의해 전라도에서 경상도의 청도 운문사로 중심 이동: 후일 일연의 출현 배경
71 초조대장경과 팔만대장경 : 경, 율, 논의 삼장으로 구성

- 사원 경제의 비대 : 면세 면역의 특권, 고리대금 기관화(장생고, 불보)[72]
- 승병 양성 : 사원세력 확충(항마군)

3. 풍수지리설 유행

● 풍수지리설
- 신라 말 도선 보급 : 불교+도교+도참설=결합 : 고려에 와서 민간신앙으로 성행
- 태조 : 개경 7층탑, 서경 9층탑, 황산(개태사), 서경(지덕이 성한 곳 중시)
- 3경제 : 개경(태조), 서경(태조), 동경(성종)→남경(숙종) 변경
- 3소 : 묘청란 이후 : 3경제(폐지)→3소(좌소, 우소, 북소) 변경
- 과거 : 잡업(지리업), 예종(김인존 : 해동비록, 부전)
- 관청 : 산천비보도감 : 사원세력 규제
- 묘청 서경천도운동(1135 : 인종) : 서경 : 3경제와 분사제도 : 폐지

4. 도교 발달

- 삼국시대(귀족층 유행)→고려시대 : 서민층 유행
- 불로장생, 현세구복
- 고려 : 도사 : 초제 주관, 소재초복 : 국가의 안녕과 왕실의 번영 기원[73]
- 태조 : 개경에 초성처 : 구요당 창건
- 예종 : 도교사원인 도관 : 복원궁 건립 : 국왕이 초제 거행
- 임시관청 : 기은색, 대초색, 정사색 설치

72　장생고 : 사원에 설치한 서민금융기관, 왕실, 귀족들도 사장생고 설치
73　조선시대 : 도교(초제) : 단군 : 민족의식 고양

- 북진정책 추진 : 도교의 상무사상 : 고구려 유민→발해국→고려 : 고려가 고구려 계승
- 도교사상 : 불교+도참사상=잡신적 성격, 교단이 성립되지 못한 비조직적 신앙

5. 역사학 발달

고려 역사학 변천

1. 고려건국-후삼국 통일 : 고구려 계승의식 : 구삼국사
2. 문벌귀족사회-무신집권기 이전 : 이원적 역사의식(대내 : 신라계승, 대외 : 고구려 계승)
3. 무신집권기 이후 : 고구려 계승의식 : 동명왕편
4. 몽골 침입 후 : 단군 계승의식(삼국유민의식 극복) : 삼국유사, 제왕운기
5. 고려 말 : 성리학적 사관(정통과 대의명분 강조) : 이제현(고려국사, 사략)

- 거란 2차 침입으로 기존 실록 소실→ 7대실록(태조-목종) : 현종(1013) 편찬 시작: 덕종(1034) : 황주량 완성(부전)
- 삼국사기 : 구삼국사(고구려 계승 의식) 기본, 도덕적 유교합리사관(춘추필법) 기초(김부식)
- 가락국기 : 문종 : 금관지주사(김양감) : 금관가야사 기록 : 삼국유사에 초록
- 편년통록(왕건 시조) : 의종 : 김관의 : 송황실의 계보를 정리한 편년통재를 개찬
- 문종 : 박인량(고금록), 충렬왕 : 원부, 허공(고금록)
- 예종 : 홍관(속편년통재)
- 문집 : 균여전, 대각국사문집
- 기전체 : 구삼국사, 삼국사기, 고려국사, 고려사, 동사찬요, 동사(허목) 동사(東史 : 이종휘),

해동역사

　　-기사본말체 : 삼국유사, 연려실기술

삼국사기와 삼국유사의 차이점	
삼국사기	삼국유사
인종(1145) 귀족사회 전성기, 금(金) 간섭기 고조선, 삼한기록 누락	충렬왕(1285) 원(元) 간섭기 고조선 정통사관(삼국유민의식 극복)

6. 과학과 기술학 발달

　　- 국자감 : 잡학 중 율학, 산학, 서학 교육
　　- 잡과 실시
　　- 천문학 발달 : 태사국+사천대→후기 : 서운관
　　　　　　: 관리들은 첨성대(경기 개성)에서 관측업무를 수행
　　- 역법의 발달:

역법의 변천

삼국-고려전기 : 당의 인덕력(선명력)→고려후기 : 원의 수시력→고려말 : 명의 대통력
조선(세종) : 칠정산→조선(효종) : 아담살의 시헌력→을미개혁 : 양력

　　- 인쇄술 발달

인쇄술의 변천

구분	시대	내용(활자)	제작연대	비고
목판활자	신라	무구정광대다라니경	경덕왕(751 : 8C)	불국사 3층석탑 발견(1966)
금속활자	고려	상정고금예문 심요법문 직지심경	고종(1234 : 13C) 충렬왕(1297) 우왕(1377 : 14C)	동국이상국집 전함 직지심경보다 80년 앞섬(검증X) 현존 최고 금속활자본
	조선	십칠사찬고금통요 조선왕조실록	태종(1403)	계미자 인쇄 세종실록 이후 활자 인쇄[74]

- 지도제작 : 현종 : 5도 양계도 작성(부전)
- 조선술 발달 : 대형 범선 제조(길이 96척), 대형 조운선(1000석 곡물 선적)
- 의학 : 중앙(태의감), 지방학교(의박사)

　　　　: 고려 고종(1236 : 13C) : 향약구급방(현존 최고 의서) : 대장도감 간행[75]

　　　　: 삼화자향약방(부전)

　　　　: 향약집성방(조선 : 세종)

7. 예술 발달

고려 예술의 특징은 귀족사회 특성이 반영되어 귀족적, 불교적인 공예가 발달[76]

74　중국은 활판, 우리나라는 활자 발달
75　향약구급방 : 3권 1책(상권, 중권, 하권, 권말(부록)) : 한국산 약재 : 한국 의약 발달 독자적 연구 계기
76　화각공예는 조선에서 발달

- **석탑**
    - 개성 불일사5층석탑(광종), 부여 무량사5층석탑(고려초), 원주 흥법사지3층석탑(고려초), 흥국사지석탑(현종)[77], 현화사7층석탑(현종)[78], 월정사팔각9층탑, 운주사9층석탑, 신륵사다층전탑→전체적으로 신라(통일신라)양식(3층)에서 이탈

- **승탑(부도)**
    - 신라후기 이래의 전형적인 형태 : 팔각원당형 양식 계승→점차 특이한 형태 (불탑형, 석종형) 변화 : 고려발달

- **불상**
    - 고려 불상 : 5종(석불, 마애불, 철불,-유행, 금동불, 소조불)
    - 고려 초 : 경기도 광주 춘궁리 철불, 논산 관촉사 석조미륵 보살입상(은진미륵), 안동 이천동 석불(제비원 마애불), 운주사 석불, 개태사지 석불입상 : 거대한 불상
    - 고려시대 대표 가장 우수한 불상 : 신라양식 계승 : 부석사 무량수전 소조아미타여래좌상

- **공예**
    - 귀족생활 도구+불교의식 불구 중심 발달 : 도자기 공예 우수
    - 은입사 : 고려시대 송에서 기법 도입 : 청동은입사표류수금무늬정병

---

77 흥국사지석탑 : 강감찬이 거란 침입후 국태민안을 기원하며 건립 : 신라양식 계승
78 현화사7층석탑 : 고려의 독특한 양식

- 고려자기

고려자기의 변천

신라토기, 발해자기(9C)→순수비색청자(11C)→상감청자(12C)→분청사기(여말 선초)[79]
→순백자(조선전기)→청화, 철사, 진사백자(조선 중기)

- 고려 : 도요지 : 전라도(강진, 부안, 진안), 송화, 강화

  조선 : 도요지 : 경기도(광주), 경상도(고령) : 분원

● 범종
- 신라양식 계승 : 수원 용주사 종, 해남 대흥사 탑산사 종

● 나전칠기
- 신라 : 당에서 전래(수입)→고려에서 발달 : 송으로 역수출

● 회화
- 매, 난, 국, 죽 : 문인화 개척
- 이령(인종) : 예성강도 : 송의 휘종 극찬, 이광필(이령 아들)
- 도화원, 화국 : 직업 화가 양성→조선 : 도화서
- 사경화(寫經畵) : 불교 경전의 내용을 그림으로 설명
- 고분벽화 : 경남 거창 둔마리 고분벽화에 지방호족 소박한 문화 : 주악천녀도
  경남 밀양시 청도면 박익의 무덤 내부 석실벽화 : 여인들의 행차도
  경기도 파주시 서곡리 고분벽화 : 고려시대 관료의 그림

---

[79] 상감청자: 12세기 중엽 높은 수준, 무신집권기 성행, 13세기 전반 전성기, 원간섭기 이후 퇴조
분청사기: 고려말 등장, 15세기 유행, 16세기 사라진 과도기적 성격: 향리출신 신진사대부 수요자, 관청, 궁궐에서 사용

- **서예**
  - 고려 : 유신(문종), 탄연(인종), 최우(고종) + 신라 : 김생(성덕왕)= 신품4현(동국이상국집)
  - 고려전기 : 구양순체
  - 고려후기 : 조맹부체(송설체)

- **음악**
  - 궁중음악 : 재래의 향악(속악)이 가요와 함께 발달, 당악, 송악(대성악→아악으로 발전) 전래
    - : 향악, 당악→ 연회 연주
    - : 아악→ 제례 연주
  - 향악(속악) : 우리 고유 음악+ 당악의 영향을 받아 발달 : 창작작품 유행(오관산, 동동, 한림별곡, 대동강)
  - 고려후기 : 속악이 궁중에 확대, 궁중의 의식음악 위축
    - 남녀상열지사를 노래한 속악 : 궁중과 민간에서 널리 유행

- **연극**
  - 길쌈놀이(회소곡)와 가면극 : 신라시대부터 시작
  - 가면극(산대잡극 : 산대도감극) : 처용무 발달→양반, 승려 풍자극→탈춤으로 발전

고려 귀족지배체제의 동요와 무신정권

1. 문벌귀족사회의 동요

- 12세기 : 밖으로 금의 압박이 시작되고, 안으로 개간의 이익을 둘러싼 지배 층간 갈등과 지배층과 피지배층간의 갈등이 대두
- 측근세력의 등장[80] : 과거를 통해 진출한 지방 출신의 관리→문벌귀족세력 과 대립

고려 : 12세기 군주 시책

1. 숙종(1095-1105) : 서적포, 주전도감, 평양(기자사당 : 기자묘 : 교화지주), 별무반, 남경 의천(천태종), 송(자치통감, 태평어람 수입)
2. 예종(1105-1122) : 7재, 양현고, 청연각, 보문각, 예의상정소, 구제도감, 혜민국, 속현(감무), 문신월과법 제정, 해동비록, 복원궁(도교사원), 경연제도 도입
3. 인종(1122-1146) : 경사6학, 향교, 서적소(경연시행), 동서대비원, 제위보 갱신 삼국사기, 22역도제, 유신지교 15조, 서경천도 계획
4. 의종(1146-1170) : 사마시(생원시) 시행, 정중부의 난

---

80 측근세력 : 문벌귀족 비판 : 과거를 통해 진출한 신진관리, 왕의 측근세력으로 등장(한인한)

- **이자겸의 난**(인종 : 1126)
    - 예종, 인종(중복혼), 무인 척준경, 십팔자위왕설(도참설)
    - 국왕 측근세력(김찬, 안보린)과 갈등, 척준경이 이자겸을 숙청(1127), 정지상은 척준경 탄핵
    - 인주 이씨의 일시적 몰락(고려후기 : 권문세족), 궁궐소실→인종(유신지교 15조 반포)
    - 중앙과 지방간의 갈등 : 서경파 등장, 도참설, 서경천도론 대두

- **묘청의 서경천도운동**(인종 : 1135)
    - 서경파(풍수지리설) : 정지상, 백수한, 묘청, 조광
    - 개경파(유교사상) : 김부식, 김인존
    - 서경파 주장 : 칭제건원, 서경(팔성당), 국호(대위), 연호(천개), 군대(천견충의군)
    - 분사이용 반란, 왕을 새로 옹립하지는 않음→김부식, 윤언이(윤관의 아들) : 지구전법 토벌
    - 서경의 분사제도, 삼경제 폐지(→개경 : 삼소제 설치)
    - 개경파 정권 : 문치주의→무신란의 배경
    - 신채호 : 1925년 조선사연구초 : 묘청의 거병은 미친 행동이라고 비판, 이념을 높이 평가(칭제건원)
         : 고구려 계승의식과 신라 화랑도 계승한 북진 자주사상(낭가사상)

2. 무신정변과 무신정권[81]

- **귀족사회 내부의 모순**
    - 이자겸의 난(1126), 묘청의 난(1135) : 귀족간 갈등 심화

---

81 무신란의 선구 : 현종(1014) : 황보유의 : 군인전 박탈 : 무신(최질, 김훈) 반란→3개월 후 왕가도 피살(실패)

- 숭문경무 정책 : 인종(무학재 폐지), 문반의 군사지휘권 장악, 무반은 문신정권 호위병 전략
- 무신세력의 성장 : 거란, 여진 항쟁을 통한 성장, 문종(경정전시과에서 무반 대우 상승)
- 경제적 부의 분배를 놓고 지배층 내부 갈등 심화

- **정중부의 난(경인란 : 1170)**[82]
  - 인종(1144) : 나례의식, 문신 김돈중, 정중부의 수염을 태운일
  - 인종(1170) : 왕이 보현원 행차, 문신 한뢰가, 오병수박희 요구, 이소응이 거절하자 이소응 뺨(모욕)을 때림
  - 무신(정중부, 이의방, 이고) 반란, 문신 살육, 의종(축출)→명종(추대)
  - 중방정치 : 무신이 문반 관직을 독점→고려 문벌귀족사회 붕괴

무신정권 수립(1170-1270)

- **연합정권(성립기 : 1170-1196)**
  - 중방(군사, 경찰, 탄핵, 인사, 조규 제정 : 초권력 행사) 정치
  - 무신 상호간 정권투쟁 : 이고→이의방→정중부→경대승→이의민→최충헌
  - 반무신란 : 김보당의 난(계사란 : 명종 : 1173) : 동북면 병마사(문신) 김보당, 의종 복위운동

    : 이의민 진압(의종 죽임)

    : 조위총의 난(명종 : 1174) : 서경유수(무신) 조위총, 1179년까지 : 민란으로 규정

    : 교종 승려의 난(명종 : 1174) : 귀법사, 중광사 승려

---

82 경계의 난 : 정중부의 난(경인란)+김보당의 난(계사란)

- **최씨 1인 독재(확립기 : 1196-1258)**
  - 문무합작 독재정권(4대 62년간 : 최충헌-최우-최항-최의)

- **동요(붕괴기 : 1258-1270)**
  - 무신정권 붕괴기(김준-유경-임연-임유무)

- **농민, 천민의 난(농민항쟁)**
  - 전시과 붕괴이후 무신들의 민전 겸병과 지방관의 가렴주구 원인
  - 하극상 풍조 : 속현, 향, 소, 부곡을 중심으로 봉기
  - 남적 : 관리 수탈에 대한 순수한 농민봉기
  - 서적 : 군사조직과 연결, 정치적 성격
  - 농민항쟁 : 12C 후반 : 명종, 신종대에 가장 극심

- **서북지방의 민란(명종 : 1172)**
  - 무신정권하 최초, 서북지방(창성, 성천, 철산), 지방관의 수탈과 횡포 저항

- **석영사의 난(명종 : 1175)**
  - 한강이남에서 문신과 내통, 최초의 천민란

- **명학소의 난(명종 : 1176)**
  - 망이, 망소이, 공주 함락, 명학소를 충순현 승격, 농민반란 성격+신분해방 성격

- **전주 관노의 난(죽동의 난 : 명종 : 1182)**
  - 관노(기두, 죽동), 군인, 승도, 농민 합세 : 조선독역(함선)에 저항

- **김사미의 난(명종 : 1193)**
    - 운문(청도)에서 남적이 봉기 : 경주, 초전(울산 : 효심 : 이의민 내통) 연합전선 구축

- **만적의 난(신종 : 1198)**
    - 최충헌 사노 만적, 최초의 노비 해방운동으로 정권 탈취시도 : 사노 순정 밀고 실패

- **명주(강릉) 농민의 난(신종 : 1199-12-2)**
    - 동경(경주)의 난군인 이비, 패좌+진주 노비군+합천 부곡민=연합전선(신라 부흥운동)

- **광명, 계발의 난(신종 : 1200)**
    - 진주 노비군+광명, 계발이 주도한 합천 노올 부곡민=연합전선, 정방의, 정부군 패퇴

- **탐라 민란(신종 : 1202)**[83]
    - 제주도에서 번석, 번수 봉기, 농민 수탈 저항

- **삼국 부흥운동**
    - 최광수(고종 : 1217 : 고구려 부흥운동)
    - 이연년 형제(고종 : 1237 : 백제 부흥운동)
    - 동경대반란(신종 : 1202-1204 : 신라 부흥운동)

---

83 탐라→제주(고려 : 희종 : 13C초) 명칭 변경

- ● 역사적 의의
    - 정부의 시책 변화 : 감무파견 : 난민 위무, 조세 감면
    - 신분사회 변화 : 과거제도 계속 시행→문벌귀족에서 새로운 신진관료 등장,
      : 향소부곡 폐지현상, 문신과 무신의 통혼정책

3. 최씨 무단정치

- ● 최충헌(1196-1219)
    - 흥녕부(희종 : 1206) : 최씨정권 중심기구(국가내의 국가형태) : 진주식읍(진강부, 진양부)
    - 교정도감(희종 : 1209) : 교정별감(長) : 인사, 조세, 감찰 : 모든 사무 장악
    - 도방강화(경대승 : 최초 신설) : 6번도방 확대 : 시변보호, 비밀탐지, 반대세력 탄압
    - 민란진압 : 만적의 난(신종 : 1198), 이장대 · 이당필의 난(고종 : 1217) 진압→민란 소강상태
      : 향소부곡 주민들에게 관직 하사, 자유민 해

최충헌 시무(봉사) 10조(명종 : 1196)

1. 새궁궐로 옮길 것
2. 관원의 수를 줄일 것
3. 농민에게 빼앗은 토지 돌려 줄 것
4. 선량한 관리를 임명할 것
5. 지방관의 공물 진상을 금할 것
6. 승려의 고리대업을 금할 것
7. 탐관오리를 징벌할 것
8. 관리의 사치를 금할 것
9. 함부로 원당(개인사찰)을 금할 것
10. 신하의 간언을 용납할 것

- **최우(고종 : 1219-1249)**
    - 정방 : 문무관의 인사권을 장악 : 고려말까지 존속→조선초 : 상서사(상서원) 개칭
    - 서방 : 문신의 자문기구 : 최자, 이규보, 이인로(필자적, 정색승선, 정색서제)
    - 삼별초[84] : 도적체포, 치안유지 경찰군(고종 : 1232)+도성수비, 친위대 기능
        : 몽골전쟁(고종 : 1257-1258) 참가
        : 국가재정에 의해 양성(국고에서 녹봉지출)+최씨 사병역할=반관반민 성격
        : 의장대 : 마별초
    - 강화천도(고종 : 1232) : 장기 항목 목적+정권유지 목적=강도시대(1232-1270)

- **무신정권 붕괴기**
    - 무오정변(고종 : 1258) : 최의가 김준, 임연에 피살, 최씨정권 붕괴
    - 김준(1258)→임연, 임유무(원종 : 1268) : 무신정권 붕괴, 항몽의지 약화
    - 원종 : 1270년 개경출륙 환도 명령 : 홍문계, 송송례→ 임연, 임유무 일당 제거
        : 전함병량도감, 결혼도감, 전민변정도감, 녹과전
    - 삼별초 정부 : 배중손 등 삼별초군은 쿠데타 : 왕족 승화후 온 추대(1270) : 강화 외포리 반몽정권 수립
    - 해상왕국 : 배중손 지휘 : 진도(용장성) 항전(1270.8)
        : 김통정 지휘 : 제주(1270.11)
    - 김방경, 홍다구, 흔도 : 여원연합군 : 제주 항파두성(북제주 애월읍) 최후(1273)
    - 이후 삼별초 일부 : 오끼나와(류큐) 이동 : 류큐왕국의 기초
    - 몽골 : 제주 : 탐라총관부, 목마장 경영
    - 고려첩장 : 1271년 삼별초군이 진도에서 일본에 지원 요청 문서

---

84 삼별초 : 야별초→좌별초+우별초+신의군

4. 무신정권의 대몽 항쟁

- **국제정세**
    - 칭기즈칸 몽골제국 건설(1206 : 13C초)
    - 거란이 대요수국 (1216) 건국
    - 금나라 장군 포선만노 동진국(대진국 : 1217) 건국
    - 거란침입 : 몽골에 쫓긴 거란족이 고려(제천, 청주)에 침입 : 김취려 격파(고종 : 1217)
        : 이듬해 재차 침입 : 강동성에서 포위(고종 : 1218)
    - 강동(성)의 역(고종 : 1219) : 고려+몽골+동진국=거란족 공격(강동성 함락) : 몽골 첫 접촉

- **몽골과 전쟁(6차 : 1231-1259)**
    - 1차 침입(고종 : 1231) : 몽골사신 제구유 피살사건 : 살리타 침입→충주(다인철소 주민+노비군), 박서의 귀주성 전투 승리, 고려요청 강화성립 : 다루가치 설치
    - 2차 침입(고종 : 1232) : 최우집권기 강화천도(1232-1270), 간척사업이 추진(고종 : 1232) 살리타 침입→처인성(고려 승장 김윤후+처인 부곡민=살리타 살해) 부인사 초조대장경 소실
    - 3차 침입(고종 : 1235-1239) : 당올대 전국 유린, 팔만대장경 조판 시작(고종 : 1236) 황룡사9층목탑 소실(1238) 비교 : 불국사 소실(임진왜란)
    - 4차 침입(고종 : 1247) : 아모간 선봉
    - 5차 침입(고종 : 1252) : 야고와 홍복원
    - 6차 침입(고종 : 1254-1259) : 차라대, 태자(원종)가 몽골에 입조, 쿠빌라이 접촉, 최씨정권 붕괴(1196-1258)
    - 결과 : 농촌 파탄, 대규모 농장 발달(토지제도 문란), 귀족들의 호화생활

본관제적 영역 질서를 통해 민을 파악하던 방식→향리 본관으로 복귀시켜 현 거주지 중심의 공호제로 호적을 파악하는 수취방식 : 본관제적 지배방식 붕괴

● **항쟁의 결과**
  - 부마국 : 자주권 상실
  - 쌍성총관부(1258-1358) : 조휘, 탁청은 동북면 병마사를 죽이고 몽골에 투항
    : 몽골은 화주(영흥)에 쌍성총관부 설치 : 조휘(총관), 탁청(천호)
    : 공민왕(1356) : 동북면 병마사(유인우) 쌍성총관부 탈환
    : 쌍성총관부 폐지→화주목 설치(이자춘 동북면 병마사)
  - 동녕부(1270-1290) : 서북면 병마사 최탄 : 서경(북계)+자비령=원나라 투항
    : 원(세조) : 서경에 동녕부 설치 : 최탄(총관)
    : 충렬왕(1290) : 동녕부를 요동으로 이동(반환)
    : 공민왕(1370) : 동녕부 공격 : 요동→요양 이동
    : 이성계 : 고구려 고토 회복 운동→동녕부 정벌 감행
  - 탐라총관부(1273-1301) : 삼별초 저항 진압, 제주도 설치, 목마장 경영, 충렬왕 반환

● **여·원연합군의 일본 정벌**
  - 1차 일본정벌(충렬왕 : 1274) : 둔전경략사(1271), 원(흔도, 홍다구), 고려(김방경)
    : 합포 출발, 규슈의 하카타(후쿠오카)도착, 태풍(신풍) 실패
  - 2차 일본정벌(충렬왕 : 1281) : 탐라총관부 병마조달, 개경(정동행정 : 1280)
    : 동로군(흔도, 김방경), 강남군(송, 범문호)
    : 일본 : 가마쿠라(겸창)막부 시대, 국방력 강화

고려후기 사회, 문화의 변화

1. 원간섭기 고려

- **관제의 변화**
  - 칭호 격하
  - 도병마사를 도평의사사로 개칭 : 도병마사(문신)→도평의사사(문신+무신, 삼사, 상의)
    : 종래 3성6부 붕괴, 도평의사사(도당)→모든 권력 행사
    : 고려의 자율적 변화
  - 병제의 변화 : 13세기 후반 이후 : 2군6위 상비군 기능 상실 : 몽골식 군사제도 대두
    : 개경 : 순마소 : 순군만호부(총관, 만호 : 무관) : 경찰, 감찰 임무
    : 공민왕 : 서북면 : 익군체제 성립
    : 우왕 : 원수제(사병적 성격 강함) 주축

관제의 격하 및 변화

1. 중서문하성 + 상서성 → 첨의부
2. 중추원 → 밀직사
3. 도병마사 → 도평의사사
4. 이부 + 예부 → 전리사
5. 병부 → 군부사
6. 호부 → 판도사
7. 형부 → 전법사
8. 공부 → 폐지
9. 안찰사 → 안렴사
10. 어사대 → 감찰사
11. 한림원 → 문한서
12. 문하시중 → 첨의중찬
13. 상서 → 판서
14. 시랑 → 총랑

- **입성책동(선, 숙, 혜)**
  - 충선왕(1308) : 홍중희 : 민족반역자
  - 충숙왕(1323, 1330 : 2회)
  - 충혜왕(1343)

- **원의 내정간섭**
  - 몽골과 사대관계 : 최초이자 유일한 국가
  - 다루가치 : 고종(1231) : 몽골 1차 침입 후 : 72명 설치
    : 원종(1270) : 내정간섭기관 : 국왕 충고, 여몽간 문제 해결
    : 충렬왕(1278) : 폐지
  - 정동행성 : 충렬왕(1280)-공민왕(1356) : 개경 설치→내정간섭기구 변질(장관 : 승상 : 고려왕 겸직) 고려와 원 사이 : 의례적인 행사담당 기구
    : 평장사(활리길사) : 양천교혼 소생을 양인화 : 노예제도 개혁 시도(이제현 반대) : 사법기구 : 이문소 설치
  - 응방 : 해동청(매)[85] 사육 담당, 시파치 사육사 활동
  - 독로화 : 고려 세자, 원의 수도(북경) : 독로화(인질) : 귀국해서 왕이됨, 측근정치 성행[86]
  - 심양왕 : 남만주 일대 고려인을 통치(안무고려군민총관) : 고려 왕족 파견, 고려왕 견제 수단
    : 충렬왕(1308) : 충선왕이 시초
    : 충숙왕과 심양왕 고 : 충돌
  - 중조(重祚) : 고려를 효과적으로 통치
    : 충선왕, 충숙왕, 충혜왕(선, 숙, 혜)
  - 반전도감 : 공물수탈 기구(금, 은, 인삼, 해동청), 강제 징발

---

85 해동청(매) : 발해의 수출품
86 측근정치 : 환관, 역관, 왕비의 사속인(겁령구) : 왕이 교체될 때마다 전왕의 측근세력 교체 : 정치적 혼란 야기

- **원 간섭기**
    - 고려 왕실 권위 강화→고려 자주성 상실되었지만, 왕실은 부마국 관계 이용 정권장악
    - 공녀 요구 : 결혼도감, 과부처녀추고별감 : 조혼 풍속→조선(세종) 해결
    - 풍속 교류 : 몽골풍 : 몽골어 : 수라, 사돈, 무수리, 00치
        : 몽고 풍속 : 호복(몽골의복), 체두변발, 족두리, 연지, 댕기, 만두, 증류식 소주, 두부, 설렁탕
        : 고려풍(고려양) : 고려병(떡), 고려만두, 고려아청, 두루마기, 생체
    - 설경성 : 고려의 명의(名醫) : 원 세조 쿠빌라이와 성종의 병환 치료
    - 신분제 동요 : 원 간섭기 이후 몽골과 관계 : 결혼, 역관, 환관 : 신분상승
    - 성리학 전래 : 충렬왕 : 안향→성리학(주자학) 소개
    - 만권당 : 충선왕, 은퇴 후 북경 설치 : 이제현과 조맹부 교류
    - 이슬람 문화 전래 : 천문학, 역법, 수학 : 자연과학 전래

2. 권문세족의 집권
- 친원세력 고관직 차지, 도당회의(실권 장악)
- 충선왕 : 누대공신 재상지종 : 왕실과 혼인할 수 있는 재상지종 : 권문세족

문벌 귀족과 권문 세력의 특징

문벌귀족	권문세족
고려전기 지배층	고려후기 지배층
지방호족 출신	무신집권 이후 성장
왕실과 통혼	원과 결탁
과거, 음서	음서
공음전(세습)	농장(불법 세습)
관직에 집착하지 않음(귀족적 성격)	관직에 집착(관료적 성격)

3. 신진사대부 진출

- 충선왕 : 사림원(사대부 기용)
- 공민왕 : 사대부 세력의 미성숙 : 실패
- 위화도회군 후 : 신흥무장세력(이성계)+사대부세력(정도전)=연합정권

권문 세력과 신진 사대부의 특징

구분	권문세족	신진사대부
출신	중앙고관(음서 출신)	지방향리(과거 출신)
정방	존속 주장	폐지 주장
경제면	재경 부재지주, 농장소유	재향 중소지주
학문면	비유학자(훈고학)	성리학자
종교면	불교 옹호(온건적 비판)	강경한 불교 비판
대외면	친원 외교	친명 외교
정치	귀족연합정치	왕도정치(민본주의)
철학	주체의식 미약	주체의식 강함

4. 농장의 확대

- **농장 확대 배경**
  - 이자겸 등 문벌귀족의 토지겸병
  - 무신정변 후 : 무신들의 토지겸병→전시과 체제 붕괴, 대토지 점유 현상, 대규모 농장
    : 농장에 장사(莊舍를) 짓고, 관리인(장두, 지장), 농사(전호, 외거노비, 처간)
  - 원간섭기 권문세족 : 모수사패(국왕의 사패 사칭), 수정목공문(강제 탈취)

- **농장 확대 영향**
    - 국가수입 감소 : 공전 잠식한 농장, 면세지
    - 인적자원 감소 : 압량위천(농민이 노비로 몰락), 투탁현상(농민이 농장의 전호 흡수)
    - 왕권 약화 : 권문세족의 토지 점유 : 왕실의 장, 처 잠식→충선왕(염, 철 전매 계획 : 실패)
    - 신구세력 대립 : 신흥관료에 지급할 토지 부족, 토지개혁의 필요성 대두

원 간섭기의 폐정개혁 시도

1. 충렬왕 : 전민변정도감, 홍자번(편민18사)
2. 충선왕 : 사림원, 전매사업(염, 철)
3. 충숙왕 : 찰리변위도감
4. 충혜왕 : 국내상업과 원과 무역 : 재원확보
5. 충목왕 : 정치도감
6. 공민왕 : 전민변정도감, 농장혁파 실패

5. 14세기 개혁정치

- **충선왕(1298, 1308-1313 : 중조)**
    - 사림원(한림원 개칭) : 전농사 중심 : 곡식과 재물 관장
    - 의염창 : 국초(도염원 : 소금 전매), 중기 이후 유명무실, 충선왕(각염법 제정, 전매 시행)
    - 조비무고사건 : 원공주 계곡대장공주 질투(역관 조인규의 딸(조비))
    - 반원, 반귀족 정치 : 정방폐지, 원의 무종 옹립 공헌, 복위 후 원에 머물면서 전지(傳旨)정치

        : 퇴위 후 연경(북경) : 만권당, 문물교류

- **공민왕(1351-1374)**
  - 친명외교 : 원 멸망(1368) 후 원명교체기 이용
  - 친원파 숙청 : 기철, 권겸 가문
  - 몽골풍 폐지 : 원 연호 폐지
  - 정동행성 이문소 혁파 : 문종(문종구제) : 3성6부 회복
  - 쌍성총관부 탈환 : 유인우, 이자춘 : 철령 이북 회복(1356)
  - 동녕부 공격 : 지용수, 이성계 요양(흥경) 정벌(1370)
  - 정방 완전 폐지, 인사권 장악
  - 측권정치 : 신돈(편조) 등용(1366) 개혁정치→권신 축출(이공수, 경천흥)
  - 전민변정도감(1365) : 흥왕사의 변(1363), 노국대장공주 사망(1365) 이후 설치
    : 한해 극복목적 설치 : 형인추정도감을 확대, 전환
  - 한량의 거경 숙위 : 한량관을 군사조직 편입, 거경숙위
  - 성균관 중영 : 과거시험 : 사장중심→경학중심 : 성균관 재정비, 유학성격 혁신(1367)
  - 사대부세력의 미약 : 개혁정치 실패
  - 사대부 대립 : 우왕 : 온건파 & 혁명파 분화
  - 채빈 살해사건(1374) : 명나라 사신 채빈을 이인임이 자객(김의)을 보내 살해
    : 우왕 : 명과 북원 : 사신파견(양면외교 추구)

고려왕조의 붕괴

1. 외적의 침략

- **홍건적의 침입**
  - 1차 침입(공민왕 : 1359) : 모거경 : 서경 점령→고려(이방실, 이승경) 격퇴

- 2차 침입(공민왕 : 1361) : 사유 : 왕(복주 : 안동) 피난→고려(정세운, 이방실, 최영, 이성계)격퇴

● **왜구의 침입**
- 왜구란 13-16세기 일본의 해적 상인집단, 가마쿠라 막부 붕괴, 무로마치 막부 때 창궐
   고려말 공민왕-공양왕 40년간 통제력 약화, 500여 차례 침구
- 공민왕(1366) : 김일→일본정부 파견, 왜구 침입 금지 요구 : 실패
- 우왕(1377) : 정몽주→일본정부 파견, 왜구 침입 금지 요구 : 실패

● **왜구의 토벌**
- 홍산대첩(우왕 : 1376) : 박인계(왜구에게 패사), 최영 : 홍산(부여) 섬멸
- 진포대첩(우왕 : 1380) : 나세, 심덕부, 최무선 : 진포(충남 서천), 화포이용 섬멸
- 황산대첩(우왕 : 1380) : 이성계, 이지란, 정몽주 : 황산(남원 운봉) 섬멸
   : 조선 선조(1577) : 황산대첩비 건립
- 관음포 대첩(우왕 : 1383) : 정지 : 관음포(경남 남해) 섬멸
- 고려 : 대마도정벌(창왕 : 1389) : 정지 건의 : 박위 : 대마도(쓰시마)정벌
- 조선 : 대마도정벌(세종 : 1419) : 이종무 : 대마도 정벌(기해동정), 대마도 경상도 편입

● **왜구의 영향**
- 재정파탄 : 농민들 산간 피난, 조세감소, 조운 불통 : 고려 재정 파탄
- 수군창설 : 정지, 이희, 정준재 건의 : 공민왕(1374) : 수군창설, 사수서 설치
   (해안경비 담당)
- 화포제작 : 우왕(1377) : 화통도감 설치
- 천도론 대두 : 공민왕(한양, 충주), 우왕(철원) : 수도를 대륙으로 옮기자는 논의

2. 이성계의 집권과 전제개혁

- **이성계 집권**
    - 요동정벌 계획 : 우왕(1388) : 이인임, 임견미, 염흥방 : 권문세족 친원정책 표방
        : 명나라 쌍성총관부 관할 철령이북 : 철령위 설치(직속령) 통보
    - 위화도 회군 : 우왕(1388) : 최영 주장, 정벌군 파견,
        : 이성계(4불가론) : 압록강 위화도 회군
        : 최영 중심세력 제거(공요죄 명분), 명과 관계 호전
    - 폐가입진론 : 우왕(신우), 창왕(신창) : 신돈의 혈통 제거 : 공양왕 옹립(1389)

- **전제개혁**
    - 1차 전제개혁(1388) : 조준(수조권 개편) & 정도전(소유권 개편) & 이색 등은 반대
    - 2차 전제개혁(1391) : 창왕, 최영 제거, 공양왕 옹립,
        : 급전도감(1389), 양안 삭제(1390), 80만결 토지 장악
        : 도평의사사 : 과전법 공포(1391)

- **전제개혁 결과**
    - 재정확보 : 신진사대부 경제기반 마련
    - 권문세족 몰락 : 지방한량 세력 약화
    - 농민 지위 향상 : 10분의 1세(십일제) 채택
    - 민전회복 : 1전1주 원칙 정립
    - 과전의 경기 토지 지급 : 관료 수조지 only 경기 제한 : 수조지가 14만결로 축소
        : 소유권에 입각한 토지 지배가 강화→수조권에 입각한 토지지배 약화

고려후기의 문화

1. 불교

- **조계종**[87]
    - 교종, 천태종→조계종 발전
    - 최충헌(지눌), 최우(혜심) 연계
    - 지눌(보조국사) : 사굴산문 출신, 선종중심으로 교종을 통합,
        : 선·교일치의 완성된 철학체계 이룩
        : 송광사에서 불교 정화 결사운동 주도 : 수선사(정혜결사) 결성
        : 진심직설, 수심결, 정혜결사문, 화엄론절요, 간화결의론, 원돈성불론
    - 혜심(진각국사) : 사마시 출신 수선사 2대 교주, 유·불사상 일치설
        : 선문염송집, 선문강요, 진각국사어록
    - 충지(원감국사) : 사마시·예부시 출신, 지눌의 선교일치 사상 계승
        : 유선조화, 유도이교를 불교 속에 수용
        : 상대원황제표 : 원간섭기 고려의 사정과 사원경제 어려움 파악하는 자료
    - 조계종 : 선종의 우리나라 명칭 : 정혜쌍수, 돈오점수, 선교병수, 선교일원, 선오후수
        : 혜심 : 불교에서 성리학(불교 선종+유학)으로 넘어가는 과도기적 역할 수행

---

87 조계종 : 고려중기부터 존재하였고, 지눌은 조계종을 발전, 조계종 개창(X)

무신집권기 불교 정화 및 결사운동					
조계종	수선사	보조국사 지눌	지방 호장층, 사대부 교화, 정토신앙 부정	성리학 수용 바탕	순천 송광사
천태종	백련사	원묘국사 요세	기층사회(백성) 교화 정토신앙 수용	실천적 수행	강덕 만덕사

- **원 간섭기**
  - 라마불교 : 미신적 요소, 조계종 쇠퇴
  - 라마예술 : 경천사탑, 다포양식
  - 정화운동의 단절 : 수선사 위축, 백련사가 어용사찰인 묘련사 변질
       : 친원파 조인규 가문, 4대 4명 천태종 승려 배출 : 묘련사, 천태종 장악
  - 가지산문 중심 : 수선사 계승을 표방 : 보각국사 : 일연
       : 왕실 및 권문세족과 결탁 : 귀족적·보수적 경향 한계

- **고려말 명승**
  - 태고화상 : 보우 : 원증국사, 공민왕 왕사, 원의 선종 임제종 전래→조선 선종 주류
       : 일의원융사상 주장, 교단통합 노력
  - 나옹화상 : 혜근 : 공민왕 왕사, 인도의 고승 지공법사 수학, 조계종 발전
  - 무학대사 : 자초 : 나옹화상 제자, 조선 태조 왕사

- **불교의 타락과 배척**
  - 불교는 고려의 국교, 승려에게 면세, 면역의 특권, 영리사업(장생고+불보)
  - 불교배척 : 온건파(이제현, 이색 : 유불동도론 토대 불교개신론)
       : 강경파(정도전, 정몽주, 조준)
       : 정도전 : 불씨잡변 : 불교(멸륜해국지도), 불교(허학), 성리학(실학)

2. 성리학

- 신유학의 수용
  - 북송의 신유학 형성단계 : 고려 귀족층 큰 관심이 없음
  - 신유학 핵심인 주자성리학 : 원 간섭기 : 지방향리 출신의 고려 신지식층인 신진사대부 수용
  - 고려중기 이후 고려유학이 상당한 수준까지 자체 심화(최충 영향)
  - 지방향리층 : 기존 한당유학 훈고학 비판→신유학의 청신한 학풍 수용

- **성리학의 성격**
  - 고려 수용 초기 성리학 : 5경보다 4서 중시 : 충목왕(사서집부 : 과거과목)
    : 송의 주자학이 원에서 한 차례 걸러진 것
    : 형이상학적 측면보다는 실천적인 측면 강조
  - 주자의 실천 덕목을 기술 : 소학 강조
  - 예속을 바로 잡기 위해 : 주자가례(주문공가례) 채용
  - 훈고학 비판 : 초기 성리학은 유교경전을 해석하는 훈고학과는 다른 점이 많았음

- **성리학의 발전**
  - 충렬왕(1290) : 안향(회헌) 소개
  - 만권당 : 충선왕 : 원의 연경에 설치, 조맹부, 요수, 염복 & 이제현 교류
  - 충선왕 : 백이정, 박충좌, 이제현(사장학에 대해 경학을 실학)
  - 정몽주 : 동방 이학의 종조 : 성리학 체계화

- 성리학의 영향
    - 유교의식 보급 : 주자가례(주문공가례)[88] 수입, 가묘 설치 : 반드시 장자가 신주의 이름을 적은 위패를 봉안해 제사 사진(X), 영정(X)
    - 배불론 : 정도전 : 불씨잡변, 심기리편
    - 경학·사학 발달 : 훈고학과 사장→경학과 사학 발달

3. 역사학 발달

- 자주사관 정립
    - 동명왕편(1193 : 명종) : 유불선+민간신앙 포용 : 금(몽골X)에 대한 자존심, 고구려 건국 영웅 동명왕 칭송 오언시, 주몽전설, 비둘기, 5곡종자 수록
    - 해동고승전(1215 : 고종) : 각훈, 왕명 관찬, 김대문(고승전) 참고, 화엄종 입장 불교사 정리
        우리나라 불교를 중국과 대등한 입장에서 서술
    - 삼국유사(1285 : 충렬왕) : 앞(왕력, 기이), 마지막(효선) : 삼국사기 없는 만간설화, 일사 기록
        단군신화, 단군 혈통-부여, 고구려, 백제 계승, 삼국중 신라계승 강조, 경주중심 신라불교 전통 소개, 향가 14수 수록
        현전하는 일연의 비명에는 삼국유사 누락
    - 제왕운기(1287 : 충렬왕) : 이승휴 : 유교중심+불교+도교+기층 공동체문화= 모두 포괄
        상권(금까지 중국역사, 7언시), 하권(단군-충렬왕, 7언시·5언시)
        단군혈통-삼한, 삼국, 옥저, 동예 계승, 삼국 균등 서술, 대조선주의 단군신화와 발해내용 수록, 을지문덕과 강감찬 기사 생략

---

88 주자가례 : 관혼상제(4례) : 정몽주 전래, 전통적으로 토속신앙+불교+도교 혼합 : 윤리풍속을 바꾸기는 어려웠음. →조선중기 향약보급 이후 양반층과 서민층 침투 확산

- **성리학적 사관 정립**
    - 관찬사서의 편찬 : 충렬왕(원부, 허공 : 고금록), 정가신(천추금경록)
    - 강목체 : 충숙왕(민지 : 최초 강목체 : 본조편년강목)
    - 유교사관의 부활 : 이제현 : 고려국사, 사략(1357 : 공민왕) : 대외(몽골침입에 대한 민족시련), 대내(고려사회 모순비판)

4. 문학
- 경기체가(고려 고종-조선 선조) : 한림별곡, 관동별곡(안축), 죽계별곡(안축)
- 시조등장 : 고려말에 경기체가와 보완적 관계를 지니는 서정시 : 사설시조(고려후기)
- 처사문학 : 어부가(가어옹)
- 서민노래; 장가(속요) : 동동, 정읍사, 처용가, 청산별곡, 서경별곡, 가시리, 쌍화점
- 무신정변 이후 : 고려전기보다 세련된 한문학 발달, 사대부 계층 전개
    : 진화- 문화적 자신감에 넘치는 시를 남김(금나라에 대한 자존심, 항몽(X)
    : 이규보- 종래 한문학 형식 벗어나 자유로운 문장체로 고구려의 전통을 노래한 동명왕편, 팔만대장경 군신기고문(조판동기)

- **패관문학**
    - 무신정변으로 은둔한 문인, 기존의 소재를 탈피한 자유로운 문학을 개척
    - 무신집권기 : 가전체- 문신들에 의해 술, 돈, 베개 등을 의인화
        : 설화문학- 설화, 전설, 일화 등을 소재
        : 수필문학- 자유로운 형식
    - 자주의식 강조, 민족의 주체성 중시(동명왕편, 파한집)

설화문학과 수필문학의 차이		
설화문학	임춘	국순전, 공방전
	이규보	국선생전
	이곡	죽부인전
수필문학	이인로	파한집
	최자	보한집
	이규보	백운소설
	이제현	역옹패설

- **시화일치론 : 회화의 문학성 추구** : 이규보, 이제현
- **사대부 문학 : 이제현, 이색** : 조선시대 문학 영향

5. 예술

- 사군자 중심 문인화 유행, 원대 북화 영향을 받은 세밀화풍(공민왕 : 천산대렵도)
- 고려후기 : 왕실과 권문세족 구복적 욕구충족 : 아미타불도, 지장보살도, 관음보살도 : 불화
    : 혜허— 관음보살도(양류관음상) : 일본에서 발견
- 벽화 : 부석사 조사당(사천왕상, 보살상), 수덕사 대웅전(모란도, 들국화)

6. 건축

- 고려 전기 : 현존 목조 건축물 : 부전
- 고려 후기 : 봉정사 극락전(현존 최고, 맞배지붕) (목조 건축물)[89] : 부석사 무량수전(고려건축의 일반적 양식 : 주심포양식 대표, 팔작지붕))

---

89 목조건축양식 : 고려 : 통일신라부터 사용된 주심포양식+다포양식 도입= 점차 다포양식 일반화
    : 주심포양식 : 기둥 위에만 공포, 기둥이 굵고 배흘림이 많음
    : 다포양식 : 기둥위+기둥사이 공포, 기둥이 굵지 않고 배흘림도 적음

: 수덕사 대웅전(맞배지붕)

                : 강릉 임영관 삼문(객사문)(맞배지붕)

                : 석왕사 응진전(원 영향 : 다포양식)

                : 심원사 보광전(원 영향 : 다포양식)

                : 성불사 응진전(원 영향; 다포양식)

    - 경천사10층석탑 : 원의 라마예술 영향→조선시대 원각사지 10층석탑 원형

7. 과학기술의 발달

- **화약무기 제조와 조선술**
    - 고려말 최무선 : 원(이원)에서 전래, 화약수련법(부전), 진포(금강하구)전투 (1380 : 우왕)
    - 누전선(함선) : 배에 화포를 설치, 왜구격퇴

- **인쇄술**
    - 송의 영향 : 송판본의 유입, 목판 인쇄술 발달
    - 활자 발명 : 1234년 금속활자 발명, 최초의 활자본인 상정고금예문을 인쇄
        : 동국이상국집
                : 1377년 현존 최고 활자본, 불조직지심체요절(직지심경)[90]

- **서적원 : 공양왕(1392 : 14 후반)** : 주자와 인쇄

- **송설체(조맹부체)** : 만권당 교류, 이암 소개(농상집요)

---

90 직지심경 : 병인양요 당시 약탈된 외규장각 도서는 아님

- **역법**
  - 충선왕 : 원(수시력) : 최성지 소개
  - 공민왕 : 명(대통력)

고려의 왕계(918~1391)

		광군사			최승로	
태	혜	정(定)	광(光)	경	성(成)	목(중기)
융화정책	〈고려 초기〉		과거제도	시정	거란1차침입	개정
			노비안검법	전시과		전시과

현	덕	정(靖)	문(文) 전시과	순	선	헌
거란2, 3차	천리장성		의천, 삼국(고려, 송, 요)의 평화 시대			고려의 힘
			최충		최충헌	

숙	예	인 /	의	명	신	희
별무반	9성 축조	이자겸난	무신정변(후기 시작 – 문별 귀족의 몰락)			
윤관		묘청난	정중부난(1170)			

강	고	원	충(忠)	공민	우왕	창왕	공양
	몽고침입	출육환도	몽고지배	반원정책	위화도 회군		과전법

▶ **고려 건국의 주역 둘**

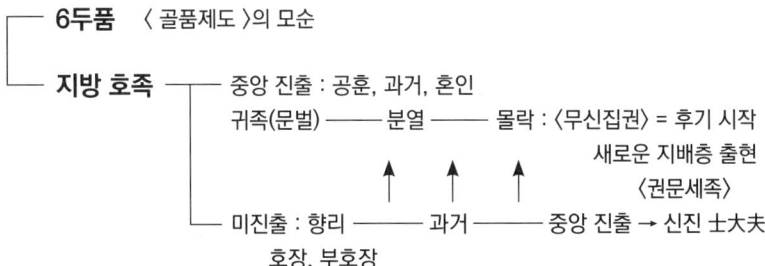

고려시대 정리 문제

1. 고려 건국 당시의 중국의 배경은?
   ① 5호 16국 시대   ② 5대 10국 시대   ③ 명·청 교체기   ④ 원·명 교체기

   정답 ② ① 4세기, 삼국의 대립기 ③ 임진왜란의 영향 ④ 조선 건국의 배경

2. 고려의 북진정책이 좌절되고 문벌귀족이 분열하는 계기가 되었던 이민족은?
   ① 거란족(요, 遼)   ② 여진족(금, 金)   ③ 몽고족(원, 元)   ④ 홍건적(명, 明)

   정답 ② 금에 대한 사대외교가 북전 정책의 좌절, 타격은 거란(요) 침입
   ☞ 이들을 막기 위해 설치한 특수 부대를 연결하시오.(설치 순서도 고려할 것)
   ㉠ 광군(사) – ①   ㉡ 별무반 – ②   ㉢ 삼별초 – ③

3. 다음의 주장을 뒷받침하는 근거로 볼 수 있는 하나는?

   > 고려의 문벌 귀족은 골품제에 토대한 신라의 진골 귀족이나 서양 중세의
   > 봉건 영주에 비하여 능력 본위의 개방적 존재였다.

   ① 과거제도   ② 공음전   ③ 음서   ④ 봉작제

   정답 ① ②③④ 문벌 귀족 세력의 기반

4. 고려 태조의 정책에 대한 설명 중 틀린 것은?

　① 호족에게 지방 지배에 대한 일정한 책임과 권리를 인정하였다.

　② 골품제를 대신하여 충성도에 따라 관직과 토지를 분급하였다.

　③ 정복 전쟁을 통하여 북진 정책을 실현하였다.

　④ 수취제도를 개선하여 농민을 안정시키려 하였다.

　　정답　③ 융화 정책 ① 토성분정(土姓分定) 정책 ② 역분전 지급(전시과 이전)

5. 다음 중 고려 지배층의 집권 순서가 바르게 나열된 것은?

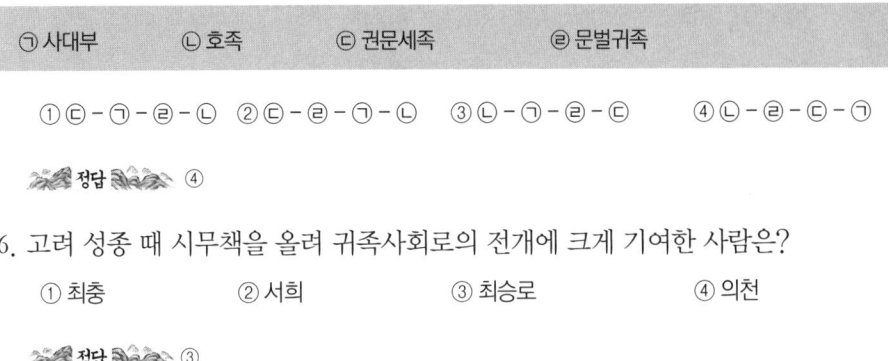

　　정답　④

6. 고려 성종 때 시무책을 올려 귀족사회로의 전개에 크게 기여한 사람은?

　① 최충　　　② 서희　　　③ 최승로　　　④ 의천

　　정답　③

7. 다음과 같은 일련의 사건들을 통하여 고려 사회에 나타난 현상을 추론한 것으로 적절하지 못한 것은?

　① 귀족 사회의 대립과 갈등이 심해지고 사회 모순이 노출되었다.

　② 신진 세력들은 신흥 무인과 손잡고 새로운 사회 건설을 준비하였다.

　③ 문벌 귀족 사회가 전개되면서 폐쇄적인 정치 풍토가 조성되었다.

　④ 귀족들은 정권의 유지에만 힘써 점차 안일한 생활에 빠져들었다.

　　정답　② 문벌 귀족간의 분열과 몰락

8. 다음 중 충선왕과 관계가 없는 것은?

① 사림원　　② 심양왕　　③ 만권당　　④ 정동행성 철폐

정답 ④ ① 사대부의 등용 ② 만주 지역의 고려인 통치, 고려왕의 견제
③ 고려와 원의 문물 교류처(연경 = 북경) ④ 공민왕

9. 다음과 같은 건의문이 제기되었을 당시의 상황으로 잘못된 것은?

> 불교는 수신(修身)이 본이요, 유교는 치국(治國)의 본입니다. 수신은 내세(來世)를 위함이지만 치국은 현세(現世)를 위함입니다. 어찌 내세를 위하여 현세를 등한히 하면 되겠습니까?

① 유교 정치 이념의 정착을 위하여 국자감을 설치하였다.
② 중앙 관제로 3성 6부 9시(寺)및 중추원이 마련되었다.
③ 12목을 설치하고 고려 최초로 지방관을 파견하였다.
④ 관리의 관복을 제정하고 광덕, 준풍이란 연호를 사용하였다.

정답 ④ 광종의 업적

10. 고려의 북진 정책의 설명이다. 잘못된 것은?

① 태조 왕건은 거란을 격퇴하고 청천강에서 영흥까지 국경선을 확장하였다.
② 서희는 외교 담판을 통하여 거란으로부터 강동 6주를 획득하였다.
③ 금(여진)에 대한 사대정책은 북진정책의 좌절을 의미한다.
④ 공민왕은 쌍성총관부의 회복을 시작으로 북진정책을 부활하였다.

정답 ① 청천강까지 진출은 여진족 추방

11. '금국정벌'과 '칭제건원'을 주장한 묘청의 난에 관한 설명으로 틀린 것은?

① 고구려 계승사상과 신라 계승사상의 대립으로 볼 수 있다.
② 서경길지론을 바탕으로 한 풍수 지리설도 한 원인이었다.
③ 김부식은 송나라에 이용당하는 것이라고 반대하였다.
④ 당시의 국제정세상 실현 가능한 주장으로 보아야 한다.

정답 ④ 당시 금(여진족)은 북송을 멸망시킨 후 국력의 절정기

12. 고려의 천리장성의 설명으로 틀린 것은?

① 압록강구부터 동해안의 도련포까지 그 성터가 남아있다.
② 방어의 주된 세력은 여진과 몽고족이었다.
③ 고구려의 천리장성과는 그 내용과 목적이 다르다.
④ 거란 침입 후의 국방강화의 일환으로 축조되었다.

정답 ③ 거란과 여진 방비, 몽고와는 무관, 고구려는 당과의 전쟁 준비(연개소문)

13. 다음은 우리나라 송별시의 최고봉으로 일컫는 정지상의 '송인(送人)'이다. 이와 관련이 깊은 사건은?

> 비 개인 긴 언덕에는 풀빛이 푸른데
> 그대를 남포에서 보내며 슬픈 노래부르네
> 대동강 물은 그 언제 다할 것인가
> 이별의 눈물 해마다 푸른 물결에 다하는 것을

① 묘청의 난   ② 정중부의 난   ③ 만적의 난   ④ 이자겸의 난

정답 ① 묘청을 추천했던 서경파(평양 출신) 정지상의 작품

14. 다음은 우리나라가 사용하였던 연호를 나열한 것이다. 시기적으로 다른 하나는?
① 천수(天受)   ② 천통(天統)   ③ 천개(天開)   ④ 광덕(光德)

정답 ② ① 고려 왕건 ② 발해 고왕(대조영) ③ 고려 묘청 ④ 고려 광종

15. 무신정권의 집권 순서를 바르게 나열한 것은?

> ㉠ 이의민   ㉡ 최충헌   ㉢ 정중부   ㉣ 경대승

① ㉢-㉣-㉠-㉡   ② ㉢-㉠-㉣-㉡
③ ㉠-㉢-㉡-㉣   ④ ㉠-㉡-㉢-㉣

정답 ①

16. 고려 무신정권의 설명으로 틀린 것은?

① 하극상(下剋上)의 풍조가 극심하여 정권의 교체가 잦았다.
② 최씨 정권의 성립 후에는 어느 정도 안정기로 접어들었다.
③ 농민, 천민의 반란은 신분질서의 붕괴로 역사적으로 퇴보하였다.
④ 몽고와의 항쟁으로 더욱 자주의식은 고취되었다.

　　정답　③ 신분 해방의 주장은 의식수준의 향상

17. 고려 건축의 설명으로 틀린 것은?

① 비탈진 곳에 층단식으로 건축하여 외관이 웅장하다.
② 가장 오래된 목조 건물은 부석사 무량수전이다.
③ 주심포 양식에서 다포양식으로의 변화를 보여준다.
④ 석왕사 응진전은 원의 영향을 받은 다포 양식이다.

　　정답　② 봉정사 극락전, 무량수전은 대표적 목조 건물
　　　　　☞ 경복궁에 있는 경천사 10층탑은 라마불교의 영향을 받은 목조양식의 석탑(O)
　　　　　파고다 공원의 원각사지 10층탑도 이것을 모방한 고려말의 대리석 탑이다.(O)

18. 고려 말 이제현의 '사략'이 김부식의 '삼국사기'에 비해 크게 달라진 점은?

① 고려가 고구려를 계승한 왕조임을 강조하였다.
② 합리적 유교사관이 보다 강조되었다.
③ 정통의식과 함께 대의 명분을 중시하였다.
④ 민족적 자주의식을 고취하는 역사관을 반영하였다.

　　정답　③ 성리학 사관에 입각

19. 2001년 유엔의 유네스코가 새로이 지정한 세계문화유산이 아닌 것은?

① 직지심체요절　　　　　　② 승정원일기
③ 고창, 강화의 고인돌군(群)　④ 비변사등록

　　정답　④
　　　　　☞ 불국사와 석굴암, 팔만대장경과 경판고, 조선왕조실록, 훈민정음해례본
　　　　　종묘, 창덕궁(비원, 돈화문) / 숭례문(남대문)은 세계문화유산이 아니다.(O)

20. 고려 시대 편찬된 사서(史書)의 설명으로 잘못된 것은?

① 합리적 유교사관을 표방한 삼국사기에는 단군신화가 없다
② 일연의 삼국유사는 우리의 전설과 설화들을 많이 수록하였다.
③ 이제현은 사략(史略)에서 정통과 대의명분을 강조하였다.
④ 이승휴의 제왕운기는 고구려의 건국설화를 7언시, 5언시로 읊었다.

정답 ④ 중국과 우리 역사를 한시(漢詩)로, 고구려 건국설화의 서사시는 동명왕편
☞ ㉠ 이제현은 조선시대 사학(史學)과 문학에 많은 영향을 주었다.(O)
㉡ 삼국유사와 제왕운기에는 모두 단군 신화가 있다.(O)

21. 다음은 고려시대 사서 편찬의 내용이다 순서대로 배열된 것은?

㉠ 정통과 대의 명분을 중시하는 사서(史書)
㉡ 고구려 건국 설화를 노래한 서사시(敍事詩)
㉢ 합리적 유교 사관에 입학한 기전체 사서
㉣ 신화나 전설을 많이 수록한 자주적 사서

① ㉡ - ㉢ - ㉠ - ㉣
② ㉡ - ㉠ - ㉣ - ㉢
③ ㉢ - ㉣ - ㉡ - ㉠
④ ㉢ - ㉡ - ㉣ - ㉠

정답 ④ ㉠ 고려 말 이제현의 성리학 사관 ㉡ 고려 후기 고종(무신집권기) 이규보의 동명왕편
㉢ 고려 중기 김부식의 삼국사기(현존 최고, 最古 사서) ㉣ 후기(몽고지배하) 일연의 삼국유사

22. 고려 한문학의 설명으로 틀린 것은?

① 설화문학과 수필문학을 바탕으로 한 패관문학은 후기에 출현하였다.
② 초기의 최승로, 김심언은 중국 모방에서 탈피한 자주성을 보여준다
③ 북진 정책의 타격과 좌절을 보수적 한문학의 출현을 가져왔다.
④ 후기에는 몽고의 침략과 그 지배로 점차 자주성을 상실하였

정답 ④ 몽고 지배하 때 단군신화가 수록된 삼국유사와 제왕운기 저술

조선의 건국과 통치 체제 정비

조선시대의 개관

근세사회(조선전기) (인조반정·양란) 근대사회의 맹아·태동(조선후기)	
15세기(전기)	양반관료사회(양반 : 직역개념), 농본억말정책(상공업 부진), 과전법체제(전주전객제 유지), 양천제 표방(실제 4계급), 훈구파 득세, 양반 유교문화, 민족문화 창달(훈민정음)
16세기(중기)	유교정치이념 확립, 자주적 성격, 문화적 자신감, 문벌귀족사회 무사안일, 무신정변 후 유학 쇠퇴, 의리와 명분 중시, 신진사대부 지도이념
17세기(후기)	봉건체제 재정립, 총체적 난국기(비변사, 5군영), 신분제 동요야기, 이앙법, 견종법(전국적 보급), 북벌론 대두, 붕당정치(환국기), 산림의 진출기, 조선예학 완성(예송논쟁 발발), 상평통보(전국적 유통)
18세기	봉건체제 동요기, 근대사상 맹아기(실학, 서학, 양명학), 붕당정치(탕평기), 자본주의 맹아기, 북학론 대두, 서민문화 발달(판소리, 사설시조), 중간계층(신향)의 성장 : 향전 발발, 상업자본 형성, 말업관 타파
19세기(말기)	봉건체제 해체기, 민란의 세기(반봉건, 반체제), 붕당정치 파탄(세도정치), 삼정문란 극심, 동학, 미륵신앙, 감결신앙 유행, 신분제 동요(양반수 증가, 상민, 노비 수의 감소), 산업자본단계

1. 조선의 건국

- 공민왕 : 신진사대부를 등용하여 개혁시도 : 실패
- 우왕 : 권문세족 횡포 극심→사대부세력 위축

신진사대부 특징

1. 신진사대부 중앙관료 진출 : 무신정권 아래서 시작, 정치적 활동은 미미
2. 충선왕 & 공민왕 : 개혁정치 지향, 신진사대부 본격적 등장
3. 공민왕 : 과거시험을 자주실시, 사대부 진출이 용이
4. 왜구, 홍건적 전쟁 : 첨설직, 검교직(임시직) 관작 : 중앙관료 진출기회 많아짐

- 사대부의 분화 : 우왕 이후 : 온건파(점진적 개혁) & 급진파(급진적 개혁) : 갈등, 대립
- 혁명파 사대부 : 개성 수창궁 새 왕조 창조(1392)→한양 천도(1394)
- 고조선의 계승자임 표방 : 국호(조선)
- 3대 정책 : 숭유억불, 농본억말, 사대교린

고려시대 발전 지표

1. 교선 통합(종파 통합 : 통일신라)
2. 일반평민의 성씨 보유, 본관제 대두
3. 북진 정책
4. 족보 편찬
5. 실록편찬(법전 편찬 : 조선)
6. 과거제 시행(무과 시행 : 조선)
7. 사형 삼심제
8. 대가족 단위 사회 편제

조선시대 발전 지표

1. 중앙집권적 양반관료국가 성립
2. 중앙집권과 향촌자치의 효율적 조화
3. 모든 군, 현 지방관 파견, 8도제 정비
4. 속현과 향, 소, 부곡 폐지
5. 법전편찬 : 법치국가 발전
6. 6조, 관찰사, 수령 기능 강화
7. 향리 지위 격하
8. 여론정치 반영
9. 문무양과제 : 양반제도 확립
10. 삼사기능 강화
11. 호패법 실시
12. 학술, 언론 중시
13. 양인개병, 농병일치의 군사제도
14. 시비법 발달
15. 독자적인 농서, 역서 편찬
16. 사창제 실시
17. 성리철학의 융성
18. 민족문화 창달
19. 예학, 보학 발달
20. 서민문화 발달
21. 확각공예 발달
22. 향약 실시
23. 양반의 신분개념화
24. 서원 건축발달(고려 : 사원 건축발달)

- 조선초기(배원친명), 17세기(존명배청)
- 불교+도교+토속신앙= 이단, 음사 배척
- 가부장 중심의 가족제도 보편화 : 친족관념 강화
- 지주전호제 : 주인과 종과의 관계, 군신관계처럼 종적질서 편제
- 이론과 실제의 구분 : 단군숭상, 자영농 육성, 성리학 이외 기타 사상 포용, 만주고토에 대한 회복 시도
- 유교정치이념의 최고 가치 : 인(仁)에 두고 수기치인 강조, 모범 : 하은주(3대), 성인(聖人)
- 언론, 학문 중시 : 상소제도(사대부 이상 허용), 구언제도(백관, 백성 의견수렴)[91], 순문제도

조선시대 임금의 업적

● 태조(1392-1398)
- 국호(조선) : 명나라 태조가 선택
- 한양 천도(1394) : 개성→한양 천도
- 권지고려국사 직함 사용 : 중국 명으로부터 고명(임명장)과 금인(도장)을 받지 못함 : 조선 국왕 명칭은 태종 때부터 사용
- 정도전의 재상중심정치를 실시
- 의흥삼군위 설치 : 의흥삼군부 확대
- 문무관리 선발, 임용제도 확립 : 무과 & 이과 설치
- 군현제 개편 : 토착향리 세력 기반 약화 : 중앙집권 강화

---

[91] 구언제도 : 특히 천재지변이 발생했을 때의 상소 : 응지상소

- **정종(1398-1400)**
  - 개성 천도(1399) : 한양→개성 천도, 도평의사사 폐지(의정부와 삼군부 분리)

- **태종(1400-1418)**[92]
  - 제1, 2차 왕자의 난을 통해 개국 공신세력을 제거하고 집권
  - 한양 천도(1405) : 개성→한양 천도
  - 국왕 중심의 통치체제 정비 : 6조직계제 실시(의정부 축소)[93] 사병제 폐지, 도평의사사제폐지 속사, 속아문 제도 정비, 잡색군(예비군) 편성
  - 중추원 폐지→승정원 개편, 사간원 독립(재상에 대한 견제권 강화)
  - 5부학당(세종 : 4부학당), 10학(1학 : 유학, 2학 : 무학, 8학 : 잡학) 설치
  - 호패법(1402) : 16세 이상 정남 : 서울(한성부), 지방(관찰사) 관장, 사후 반납
  - 인보법 : 오가작통법으로 폐지
  - 사원정리
  - 신문고 : 국사범을 신속히 검거할 목적으로 검거, 서민직소, 국왕선정, 하극상 금지 의금부 당직청 주관, 중간층 이용
  - 양전사업 : 20년 토지재측정, 양안(3부 작성)
  - 서얼차대법, 삼가금지법
  - 양인 확보 : 향소부곡 폐지, 노비변정사업(고려 : 광종의 노비안검법 유사), 종부법
  - 지방행정구역 정비 : 수령7사 제정, 8도제 정비(1413)
  - 실록편찬 : 태조실록
  - 대마도 정벌 : 세종 원년(1419) : 대마도 정벌 주도

- **세종(1418-1450)**
  - 의정부서사제 : 의정부서사제+6조직계제(인사, 군사, 형옥)=절충(왕권과 신권

---

92 왕자의 난 : 1차 왕자의 난(1398 : 무인정사), 2차 왕자의 난(1400 : 방간의 난)
93 6조직계제 하 의정부 기능 : only 사대문서(외교문서), 중죄수(사형수)에 대한 재심

조화)
- 집현전 : 왕권강화+학문발전(명칭 : 고려 인종), 문종(정치기관화), 세조(사육신 사건 : 폐지)
- 독서당 : 사가독서(한강변에 시설마련), 성종(독서당, 호당 : 명칭)
- 불교정리 : 교종+선종=36개 사원 정리, 말기(내불당 : 불교발전 기여)
- 활자개량 : 경경자, 갑인자(정교+수려 : 동활자), 병진자, 경오자 : 태종(계미자)
- 음악정리 : 관습도감, 악기도감, 아악정리(박연)
- 화폐발행 : 조선통보(동전)
- 토지, 세제 개혁 : 공법상정소, 전제상정소 : 연분9등급, 전분6등급
- 형별개혁 : 금부삼복법(사형3심), 태형 폐지, 노비사형 금지
- 과학기구 발명 : 이천, 장영실
- 역법 개정 : 이순지, 김담 : 원(수시력)+명(대통력, 통궤역법)=참조 : 칠정산 내편 : 아리비아 회회력 참조 : 칠정산 외편
- 영토확장 : 4군6진, 사민정책, 3포개항, 최초 통신사 박서생(일본파견), 계해약조(대마도주)
- 농사직설, 사시찬요, 의방유취, 향약집성방, 신주무원록, 태산요론, 향약채취월령, 용비어천가, 팔도지리지, 육전등록, 정전6권, 효행록, 삼강행실도, 치평요람, 동국정운, 석보상절, 월인천강지곡, 동국세년가, 칠정산내외편, 여개병요, 총통등록, 천문유초, 구황벽공방, 정종실록, 태종실록

● 세조(1455-1468)
- 계유정란 : 수양대군 : 김종서, 황보인, 안평대군 숙청
- 국방강화 : 중앙(5위제, 5위도총부), 지방(진관체제), 보법:군정수 : 85만 : 정병(27만), 보인(58만) : 장용대(공사노비 구성)
- 제2의 창업주 : 집현전 폐지, 6조직계제 부활 : 왕권강화(패도정치), 종친 등용
- 경국대전 편찬 착수 : 6전상정소 : 호전, 형전 완비, 공포(1457)

- 함경도 반란, 민란 진압 : 이징옥의 난, 이시애의 난(유향소 폐지)
- 직전법 실시 : only 현직 관료 토지 지급
- 홍문관 설치 : 예문관에 홍문관 직책 관원 설치
- 경진북정 : 신숙주, 이천 : 여진 정벌
- 횡간 제정 : 재정 지출표
- 동서활인서 설치 : 동서대비원→동서활인서 개칭(여행자 구휼)
- 원상제 실시 : 한명회, 신숙주, 구치관 : 재상(승정원 주재 : 왕권 대행 체제)
- 전국적인 호구조사 : 호(70만), 인구(400만)[94]
- 내수사 설치 : 왕실재정 담당, 장리폐단 자행

● **성종(1469-1494)**
- 중앙집권 체제 정비 : 국왕과 재상을 정점 : 일원적·등차적 계층화
  : 기능별로 분권화된 관료체제 정비
- 홍문관(옥당) 강화 : 서얼 등용 금지, 경적, 문한, 경연 관장, 국왕의 정치적 자문(고문)
- 존경각 건립 : 성균관에 도서관(존경각) 설치
- 도첩제 폐지 : 억불책(승려가 될 수 없음 : 조선(태조) : 도첩제- 승려 수 제한)
- 경국대전 반포 : 세조 편찬 시작(호전, 형전 완성)- 성종 완성 반포
- 여진 정벌(1491) : 허종 : 두만강 유역 여진 소탕
- 관수관급제(1470) : 국가의 토지 지배권 강화
- 오가작통법(1485) : 한명회 입안, 인보자치조직법[95]
- 동국통감, 동국여지승람, 삼국사절요, 국조오례의, 금양잡록, 동문선, 악학궤범

---

94 고려(성종 : 986) : 전국적인 호구조사 실시
95 호패법과 5가작통법 : 인구 동태 파악, 농민의 토지 긴박, 국역기반 확보

2. 정치제도 특징

- 정부행정체제(국왕, 정부-감사-수령)+지방사족체제(경재소-유향소-면리임)+ 향리체제(경저리- 영저리-읍리)=3자 상호 견제와 균형
- 재상권과 합의제 발달 : 삼국시대 이래 전통, 겸임제 발달(행정의 능률화)
- 고려시대와는 달리 문산계(문반)와 무산계(무반)가 분리(고려시대 : 문산계(문반 +무반))
- 언로 개방 : 사헌부(감찰관), 사간원(언론관), 집현전+홍문관(학술관)
- 상피제와 임기제(사만제도)
- 이랑통청권 : 영조(1741) : 폐지 : 삼사 당하관 천거권
- 이랑천대법 : 중종 이후 실시→정조 완전 폐지 : 이조전랑의 후임자 추천권 (자대권, 자천권)
- 종4품 이상(대부) : 국왕 : 교지 형식, 관고(임명장) 수여
- 정5품 이하(랑) : 낭관과 당상 결제, 대간 서경, 국왕 : 교첩 발급
- 암행어사 : 국왕 : 당하관 중에서 임명(추생어사) : 4가지 지참(봉서, 사목, 유척, 마패-2마패)
- 일반어사 : 이조에서 임명, 거동이 공개되는 어사

● **중앙 관제**
- 의정부(3경) : 재상(3정승), 정1품 회의
- 6조 : 판서(정2품), 참판(종2품), 참의(정3품) : 집행기관
- 상참 : 국왕+의정부+6조+3사 : 매일 아침 조정회의
- 9경 : 6조 판서+의정부 좌우참찬+한성 판윤 : 정2품 회의
- 경연 : 매일 2-3회 원칙, 임시로 하는 소대, 밤에 하는 야대, 가장 많이 읽힌 책 : 대학
  : 고려 예종 실시-공양왕 정착, 세종(집현전), 성종(홍문관 : 1일 3강제

: 조강, 주강, 석강)
           : 세조 & 연산군 : 폐지, 조선 말 고종 존속
- 서경 : 사헌부 & 사간원(양사, 언관, 이목관) : 5품 이하 당하관 임명, 양사 동의 : 무동의(무효)
- 왕권 강화 기구 : 승정원(주서 : 왕과 신하 언행 기록, 승정원 일기 작성)+의금부
- 속아문 : 이조 : 상서원, 사옹원, 내수사(궁궐 노비), 내시부
         호조 : 군자감, 제용감, 양현고, 사섬서 : 광업, 조운
         예조 : 교서관, 성균관, 홍문관, 춘추관, 예문관, 승문원, 관상감, 전의감, 소격서
         병조 : 훈련원, 사복시, 군기시, 5위
         형조 : 장례원(일반 노비), 전옥서
         공조 : 상의원, 와서, 조지서(종이) : 파발
- 3관 : 홍문관, 예문관, 교서관(양관 : 홍문관+예문관)
- 4관 : 예문관, 교서관, 성균관, 승문원

3. 지방 관제

- 고려 5도 양계→8도 개정
- 지방행정구역 : 인구+토지 : 부(부윤), 목(목사), 군(군수), 현(현령, 현감) : 행정 체계상 병렬
         : 수령 : 행정+사법
- 겸직 발달 : 관찰사 : 병사, 수사, 부윤 겸직 : 행정+사법+군사(병권)+화폐 주조권
- 중앙 집권 : 관찰사 임기(1년 : 360일)
         수령 임기(5년 : 1800일, 미솔권 : 900일→후기 : 3년)
- 향리 지위 격하 : 향리는 수령의 보조원, 6방 소속 행정실무

- 향촌 자치 발달 : 유향소(지방 양반 구성) 지방 행정 영향
- 4유수부 : 유수관(경관직) : 개성+강화(종2품), 광주+수원(정2품)
- 5가작통법 : 중앙+지방 : 5호 1통(통주) : 지방행정 통제

　　　지방 : 5통 1리 : 면(면장, 권농, 풍헌), 이(이정)

　　　조선 초기 : 면리제

　　　17세기 중엽 이후 : 5가작통법

　　　19세기 기해박해(헌종) : 천주교 색출 이용
- 수령 7사 : 풍속교정(X), 풍속교정(유향소, 향청)
- 해유 : 수령 교체 : 재정과 물품의 인수 인계

조선시대 각종 문서

1. 장계 : 관찰사, 병사, 수사가 왕에게 올리는 문서
2. 서계 : 암행어사가 왕에게 올리는 문서
3. 관 : 상부관청에서 하부관청, 대등한 관청사이에서 보내는 문서
4. 첩정 : 하급관청에서 상급관청에 올리는 문서
5. 완문 : 관아에서 부동산 관련 발급한 증서

- 향리 : 호장(수석 향리, 수령 유고시 권한 대행), 6방, 색리 : 3단(3등급), 상하이동 불가

　　　조선전기- 호장 중심의 공형체제

　　　조선중기- 이방 기능이 강화

　　　조선후기- 이방 중심의 공형체제

　　　향리 명부 : 단안

　　　여말선초 : 견아상입지 : 향리발호 극심

　　　국초 : 호장 : 인리위전(외역전) 5결 지급→세종(폐지)

　　　외역전 소멸 : 방납의 폐단→조선중기 : 조식(서리망국론), 원악향리
　　　　　처벌법,

부민(수령)고소금지법 : 유향품관 & 향리 재지세력 견제→향리 문반 진출 견제(소과 응시 때 소속 본관 허가)
- 향촌자치 인정+중앙집권=균형
- 향촌자치 조직 : 행정조직 : 향집강, 좌수, 별감, 향임, 면임
  교육조직 : 교임
  치안담당조직 : 장임, 군교

● **향청**
- 지방 양반층(토성품관, 유향품관) 구성, 그들의 명단 : 향안
- 임원 : 장 : 좌수(향정, 임기 2년, 선거추대→조선후기 : 수령 임명), 별감(2명)
- 여말(유향소 : 향사당, 향소)→조선(세조) : 유향소 혁파→조선(성종) : 사림, 유향소 복립운동→임란 후 : 향청(이아 : 貳衙)
- 기능 : 수령 감시 및 보좌, 향리 규찰, 풍속 교정, 민정 대표, 정령 시달
- 변질 : 조선후기 : 수령이 향회 주도, 수령권 강화, 향청은 본래 기능 상실(기능 약화)

● **경재소**
- 유향소 통제 : 세종 : 그 지방 출신의 중앙 관리(훈구파) 구성(좌수, 참상별감, 참하별감) 유향소의 인사권 장악, 유향소 통제→임란 후(선조 : 1603) : 폐지
- 8조호구법 : 2품이상(8향), 무직자(2향) : 연고지 유향소 통제

● **경저리**
- 고려 중엽부터 향리를 경저리(경주인) : 경향간 공물(특산물) 연락, 감영(영저리-영주인)
- 방납의 담당자로 폐단 극심
- 대동법 이후→공인 변신

4. 교통·통신체제

중앙집권 강화 목적 : 교통(역원제), 통신(봉수제도, 파발제도), 운수(조운제) 정비
- 역 : 행정기능 중시(하향식), 병조 관할, 마패(상서원 : 단마패-5마패)
- 원 : 국립여관, 일부시설(빈민 구휼 업무 담당)
- 파발 : 보발 : 선조(1597) : 임진왜란으로 역원제와 봉수제 붕괴 후→참(발장, 군정), 공조 관할

    기발 : 선조(1597) : 서울-의주간 통신, 참(발장, 군정 및 말5필)
- 봉수제 : 군사기능 중시(상향식), 낮(연기-수(燧)), 밤(횃불-봉(烽)) : 인근주민 차출(오장, 봉수군)

5. 군역제도

- 양인개병제(고려, 조선 공통 but 삼국시대 : 국민개병제), 농병일치제
- 16-60 양인 정남 : 정병(1년 중 4-6개월 복무), or 봉족(보인)
- 군량, 무기, 피복 : 자비 부담(봉족 분담)

6. 군사조직

	조선 전기	조선 후기
중앙군	5위	5군영
지방군	영진군	속오군

- **중앙군**
    - 관부 : 중추부(형식상 무반(서반) 최고기구), 훈련원(군인 훈련, 시험 관장)
    - 내심청 : 내금위(궁내 경비), 겸사복(馬政), 우림위(국왕 경호)

- 5위도총부 : 5위 통할 최고 군무기관 : 도총관(정2품), 부총관(종2품) 10명 관원
- 5위(갑사+정병) : 의흥위, 용양위, 호분위, 충좌위, 충무위 : 궁궐수비+수도방위 : 갑사(의흥위 소속, 녹봉+품계), 정병(품계 : 영직)

● **지방군**
- 각 도 병영(육군), 수영(수군) : 영진군(군사요지), 수성군(노동부대), 선군(수군)
- 세조 이후 : 진관체제(1457) : 군현+진관 : 행정과 군사 일원화

지역방어체제의 변천			
진관체제	제승방략체제	속오군체제	영장체제
(세조, 15세기) 소규모 체제 군현=진관	을묘왜변 후 (명종 : 1555) 총동원(전략촌)	(임란 후) 진관복구	정묘호란 후 (인조 : 1627) 직업군인

● **잡색군**
- 태종 편성, 내륙지방 수호목적(비교 : 지방(영진군) : 해안 요새를 중심 설치)
- 예비군 : 전직 관료, 서리, 잡학인, 향리, 교생, 신량역천, 노비 : 농민 제외

● **국방력 강화**
- 호적 : 3년, 군적(병적) : 6년 : 병조, 주진, 거진, 제진 각각 비치
- 조선시대 군사제도 : 조선전기 : 의무병 정병(16-60 농민)
  : 조선후기 : 상비군(직업군인) 성격(훈련도감 : 삼수병)

7. 교육과 과거제도

- 조선시대 교육 : 국가가 교육비를 부담, 관학(성균관, 4부학당, 향교), 사학(서당, 서원, 서재)

- 유학교육 중시, 잡학 천시, 무반을 위한 교육시설은 거의 없음

서당교육의 특징

1. 조선 초 : 독서당에서 유래, 근대교육 이후에도 존속
2. 자치통감, 천자문, 동몽수지, 동몽선습, 명심보감 교수
3. 조선후기 면리제 체계화 : 서당보급 확산
4. 조선후기 서원설립 억제 : 서당에서 향사기능 담당
5. 일제하 서당규칙(1918) : 도지사 인가조건 강화, 역사교육 금지, 총독부 편찬 교과서 사용

- **성균관(반궁)**
  - 국립대학 : 정원 : 200명(후기 : 126명), 생원, 진사 자격을 가진 사람 입학(상재생)
  - 상재생의 정원 미달 : 기(하)재생(향교, 4부학당 졸업자, 소과 초시 합격자)
  - 의정부, 6조, 대간직 자제, 성균관에 입학하여 소과 준비
  - 성적 우수자는 문과 복시에 응시
  - 석전제 : 문묘(대성전)에서 가을에 공자에 드리는 제사의식

- **4부학당**
  - 중앙 4부(동, 서, 남, 중학) 설치, 중등교육기관, 문묘가 없음
  - 소과 초시에서 한성부 정원 많아 향교에 비해 소과 급제 유리

- **향교(교궁)**
  - 지방양반, 향리, 양인 입학, 중등교육기관
  - 태조부터 설치, 성균관과 구조 유사
  - 향교 학생 명부 : 교안(청금록)
  - 임진왜란 이후 황폐화 : 16세기 이후 서원 발달 : 향교 기능 위축(only 문묘의 제사 기능만)

● 종학
　－ 세종 : 대군 이하 종실 자제 교육
　－ 원자학궁 : 세자와 원자의 교육을 위해 성균관 안에 설치

● 학생신분
　－ 군역 면제, 농한기(학업), 농번기(학업+농사 : 사농일치)
　－ 매년 2회 시험 : 성적 우수자(소과 초시 면제), 성적 미달의 낙강생(군역 부담)

● 기술교육
　－ 고려시대와는 달리, 중앙(해당 관청), 지방(지방 관아) 담당, 주로 중인
　－ 소격서, 도화서, 장악원 : 양인 & 천민 종사

● 과거제도
천민을 제외한 양인 신분 이상, 호적과 보단자(보결, 신원증명서) : 4조(부, 조, 증조, 외조)기록
과거 문제인 시제(試題) : 기출문제 출제, 명나라와 집권층 비방은 불허

● **문과** : 소과(사마시)와 대과(문과, 동당시) 구분
　－ 소과 : 생원과(명경과, 5경 경전시험), 진사과(제술과, 한문 문장 시험)
　　　: 응시 불가 : 서얼, 재가녀 자손, 공인, 상인
　　　: 초시 : 인구비례로 생원과(700명), 진사과(700명)
　　　: 복시 : 성적순으로 생원과(100명), 진사과(100명)
　　　: 급제자 : 백패
　－ 대과 : 초시 : 인구비례로 240명
　　　　: 복시 : 성적순으로 33명

: 초시와 복시 : 삼장제 시행[96]

   : 전시 : 등급 결정 : 갑과(3명), 을과(7명), 병과(23명)

   : 급제자 : 홍패

- **무과**

  - 소과와 대과 구분 없음, 장원 없음
  - 천민만 아니면 응시가능(서얼도 응시 가능)
  - 초시(190명), 복시(28명), 전시(등급결정 : 갑과(3명), 을과(5명), 병과(20명))
  - 급제자 : 홍패

- **잡과**

  - 소과와 대과 구분 없음, 장원 없음, 전시 없음
  - 4과(역과 : 통역관, 의학, 음양과, 율과), 해당관청 선발, 공인, 상인 응시 가능
  - 초시(각 57명, 18명, 18명, 18명), 복시(각 19명, 9명, 9명, 9명)

- **승과**

  - 숭유억불 정책 : 중종(폐지)

- **문음**

  - 2품 이상 고관 자손 : 무시험 등용, 문음취재에 합격해야 서리직 수여(고려 : 음서 5품 이상)

- **부정기 과거**

  - 알성시 : 왕이 봄과 가을에 성균관 문묘 배알

---

96 삼장제 : 초시와 복시에서 삼장제 시행: 초장, 중장, 종장 등 3단계로 이루지는 시험, 초장(강경), 중장(시와 부), 종장(대책) 시험, 강경이란 경전의 내용을 얼마나 잘 외우고 이해하고 있는가를 시험하는 것이며, 시나 부는 글을 짓는 시험이다. 대책이란 보다 현실적인 사안에 대한 임금의 물음에 대해 답하는 형식으로 쓰는 논설문이다.

- 중시 : 승진시험(10년 기준)
- 도시 : 하급 무관 선발
- 취재 : 하급 실무직 선발
- 이과 : 하급 관리 선발(훈민정음 응시)
- 황감제 : 제주 감귤 진상(성균관 & 4부학당 학생 대상)

● **대가제**
- 당상관으로 승진하는 것을 억제
- 정3품 당하산계(자궁)이상, 정기승급이 아닌 국가 경사나 큰 행사 뒤 자신에게 별가된 품계를 자, 서, 제, 질 중 1인에게 넘겨주는 제도 : 관계가 관직에서 독립
- 고려와 중국에는 없는 조선의 특징적 제도

● **유일(은일)**
- 과거가 아닌 학행에 의해 추천(천거)으로 관직 등용
- 조광조의 현량과 & 조선후기 산림(山林)
- 기존 관료를 대상으로 시행

고려시대와 조선시대 과거제 비교

구분	고려시대	조선시대
특징	제술과 중시, 음서발달	신분이동, 문음제한
과거 종류	제술과, 명경과, 잡과, 승과 (무과 없음)	문과(소과, 대과), 무과, 잡과, 승과 없음
응시 자격	원칙 양인 이상	양인 가능, 수공업자, 상인 응시 불가
음서(문음)	5품 이상(귀족사회)	2품 이상(관료사회)
대가제	없음	정3품 당하산계(자궁) 이상

조선 전기 경제구조와 사회제도

1. 경제정책

- 농본주의 경제정책
- 상공업 통제 : 농본억말 : 말업관, 상공업 부진, 대외무역 부진(명의 해금정책)

2. 토지제도

- 조선의 토지제도는 전국의 토지를 몰수하여 인구 비례로 재분배하는 계구수전을 구상(실패)
- 권문세족 토지몰수→신진사대부 경제적 기반 확보
- 고려와 달리 조선 민전은 법적으로 매매 금지, 현실적 매매 가능

● 과전법
- 농장(사전) 혁파하여 전호들의 자영농화, 一田一主, 관료 수조지(경기 토지 제한)
- 소유권에 입각한 토지 지배 강화, 수조권에 입각한 토지 지배 약화
- 병작반수제 금지(철폐는 아님), 전주전객제(경자유전은 아님), 경작권 보장
- 과전의 세습화 경향(仕者世祿) : 수신전, 휼양전 지급
- 경기 내에 과전 지급 : 과전은 기내 제한, 과전진수체수법(과전 불법 세습 금지 : 태종 폐지)→호조절급법 채택
- 현·퇴직 18등급(150-10결) 분급 : 세습 불허 원칙→세습화 경향(仕者世祿) : 수신전, 휼양전
   : 왕자과전(규정액을 초과하여 지급)
   : 인리위전, 수릉군전, 학전(지급규정 없어도 관행지급)
- 공전 : 수확량 1/10 1결당 30두(2석)→국가(租) : 공전에는 세(稅)가 없음

- 사전 : 수확량 1/10 1결당 30두(2석)→관료(租) : 1/15 1결당 2두→국가(稅)

전시과와 과전법의 특징

	전시과	과전법
차이점	전지와 시지 지급 전국(하삼도) 지급 대상 소유권+수조권=공사전 구분 경작권 보장 안됨 국가의 수조 대행 수전자 장기병휴, 범죄시 토지 회수, 몰수 유가족 : 과전 환수→구분전 지급 별사전 : 승려, 풍수지리업자 지급 군인전 : 중앙군(2군) 지급 구분전 : 하급관료, 군인 유가족 지급 민전 : 매매 허용 별정전 : 악공, 공장 무산계 지급	전지(토지)만 지급, 시지의 소멸 경기에 한하여 지급 수조권에 따라 공사전 구분 경작권 보장 관료의 직접 수조 수전자 태형 이하 몰수안함 유가족 : 과전을 수신전, 휼량전 변경지급 별사전 : 준공신(경기외 토지)지급 군전 : 유향품관(지방 한량)지급 구분전 : 읍리, 진척, 역자 지급 민전 : 매매 금지
공통점	현직+퇴직(산직)=모두 지급　　18품계 : 차등지급　　전주전객제	

● **직전법(세조 : 1466)**

- 태종(1417) : 과전의 1/3을 하삼도 이급

- 세종(1431) : 하삼도 이급 토지→기내 환급

- 세조(1466) : only 현직자 토지 지급, 토지 지급액 감소(110-10결)

- 수신전, 휼양전, 군전 : 폐지

- 공해전 폐지→늠전 지급

● **관수관급제(성종 : 1470)**

- 국가에서 징수하여 국가에서 지급 : 관료의 농민지배 단절, 국가 토지지배권 강화

- 조와 세의 구별 폐지→전세(직전세) 통일

- 전객들이 전조를 경창까지 직접 수송

- **직전법 폐지(명종 : 1556)**
    - 수조권 분급 폐지→녹봉 지급
    - 지주전호제 성행 : 농장 확대
    - 수조권을 매개로 한 토지 지배가 붕괴→소유권에 바탕을 둔 토지지배 강화
    - 농민의 토지 소유권이 완전 성취, 토지 생산성 향상, 국가의 대 농민 지배권 성취

- **토지의 사유화**
    - 양반관료, 지방토호 : 매매, 겸병, 개간 : 농장확대→대부분 농민 토지 상실

    (소작농, 병작농)

3. 조세제도

- **전세**
    - 수조권자가 경작자로부터 수확량의 10분의 1인 30두 : 조(租)
    - 국가가 수조권자로부터 수조액의 15분의 1인 2두 : 세(稅)

- **손실답험법**
    - 공전 : 국초 과전법 실시 후 : 수령이 직접 답험하여 관찰사 보고
        태종 : 중앙 토지조사관(경차관) : 직접 사정(관답험) : 농사형편 고려,
        비옥도 고려 안됨 : 실질 : 토착향리 답험 & 유향품관 재심
    - 사전 : 관료 전주 답험 : 병작반수 관행[97]

---

97 병작반수 : 원래 노동력이 부족한 홀아비, 과부, 병자 등의 지주에게 제한적 허용
    16세기 : 보편적 토지 경영 방법 정착

- **공법**(貢法)
  - 세종(1430)부터 15년간 실험 : 황희, 맹사성 반대, 여론조사 실시
  - 세종(1444) : 하삼도 6현 : 전분6등급(토질), 연분9등급(흉풍) : 공법상정소, 전제상정소 실시
  - 성종(1489) : 전국적 실시(최고 1결당 20-4두)
  - 손실답험법 : 통일성 없고, 휴한법에 맞는 조세 규정
  - 공법 : 중앙집권하 통일성 운영, 연작법에 맞는 조세 규정
  - 정전(상경전) : 모두 수세
  - 속전(휴한전) : 수령, 감사 심사→국왕이 결정
  - 산전(山田) : 공법시행 : 5. 6등전 편입, 국고 증가
  - 시행상 번잡하고 불편 : 점차 하하년 고정 추세
  - 공법실시 이후 : 국고증가, 국가 비축곡식 확대→소농민 보호라는 이상 실패

- **전분6등급**
  - 고려 문종 : 전품3등급(상, 중, 하품)→전분6등급 개정
  - 종래 : 수지척→주척 교환 : 1결 면적을 등급마다 달리(6등전은 1등전 면적의 4배)
    : 수등이척법 : 비옥한 토지(짧은 자), 척박한 토지(긴자)
    : 동과수조방식 : 전품에 관계없이 결당 동일한 조세 부과[98]
  - 대한제국 시기까지 계속→일제시대 폐지

- **연분9등급**
  - 농작의 흉풍을 9등급으로 구분 : 상상년(20두)-하하년(4두)
  - 1개 군현 하나의 연분등제 단위 : 비현실적→단종 : 면단위 연분등제 실시
  - 16세기 : 연분9등제는 4-6두 고정 추세

---

[98] 효종1653) : 양척동일법(양전하는 자의 길이를 1등전 주척 통일하고, 토지 등급에 따라 조세를 다르게 부과하는 차액수조방식)

- **요역(호역)**
    - 국가에서 필요한 노동력 : 농민의 부역노동 충당
    - 양반지주층의 필요한 노동력 : 소작농민의 부역노동 충당
    - 경국대전(호전) : 정남 1년 6일 명시, 실제 법정 일수 초과, 초과시 이듬해 부역일수 삭감

- **태조 : 계정법(計丁法)**
    - 대호 : 10정호 기준 : 1명
    - 중호 : 5-9호 기준 : 2호 1명
    - 소호 : 4정호 이하 : 3호 1명

- **정종** : 계정법(計丁法)+계전법(計田法) 절충법

- **세종 : 계전법(計田法) : 양안상 5결출일부제 : 자정법**
    - 토지 다과 : 대호, 중호, 소호, 잔호, 잔잔호 : 5등호 구분

- **성종 : 상례요역 : 수세상 8결출일부제 : 작부제**
    - 요역 : 상례요역(정기적)과 별례요역(부정기적) 구분
    - 권세가 7결토지+영세농 1결토지=8결 기준 : 영세농 1명 차출

- **군역의 요역화**
    - 군인들이 토목, 영선 등 요역에 동원, 군인들의 이중 부담

- **역부고립제**
    - 왜란이후 대립제 현상 : 전결수표제(대립가를 전결의 수를 기준으로 포를 징수)

- **군역(신역)**

- **봉족제**
    - 국초 농병일치 양인개병제, 자연호 편제(3정 1정군)

- **보법(保法)**
    - 세조(1464) : 봉족제→보법 개정
    - 2정 1보 : 토지 5결 1정(노비도 보인 포함)
    - 갑사(2보), 정병(1보) 배정
    - 경국대전 : 보인의 정병(호수)에 대한 부담 : 매월 보포(면포) 1필 규정
    - 자연호를 무시한 인위적 편제의 보법→보인의 무리한 요구 : 보인의 유망사태
    - 보인 유망 : 요역자원 부족 : 군인의 요역 담당 : 이중부담, 군제 문란

- **대립제**
    - 15세기 말(성종) : 진관체제 붕괴, 군인들의 이중부담→방군수포의 대립제(면포 : 10-20필)

- **군적수포제→균역법(상류층 군포부담)→호포제(양반 군포부담)**
    - 방군수포의 대립제(불법)→중종(1541) : 군적수포제(직업군인 : 장법급료병제) : 군포 2필
    - 농민의 납포군화 : 농민 부담 가중
    - 양반은 군포 부담 제외 : 상민만 군포부담- 양반과 상민의 신분 구별 기준

- **공납**
    - 왕실, 관청의 수요 충당; 각 지방 토산물 상납, 농민에게 전세보다 큰 부담
    - 지방관(관찰사, 병사, 수사)의 부담이던 진상도 농민 부담

- 공납부담의 가중 : 공안에 의거, 군현 단위 부과, 민호 부담
    : 인납 : 1–2년 공물을 일시불로 앞당겨 징수
- 공납 부담 방법 : 원칙 : 현물을 민호에 부과
    : 민정을 동원하여 요역으로 조달
    : 현물의 대가로 미, 포 등을 부과
- 방납의 폐단 : 대납제도는 선초부터 존재, 다만 상납하기 어려운 불산공물과 고급물품 한정
    : 경주인(경저리) : 자의적 대납, 고액 착취, 공납을 방해(방납인)
- 연대 책임 : 족징, 인징 폐단 : 16세기 농민 최대 부담
- 시정책 제기 : 중종(조광조) : 공안(공물의 품목과 수량을 적은 문서) 개정 주장
    : 조식 : 서리망국론
    : 이이 : 대공수미법
    : 유성룡 : 대공수미법 : 임란 중 시행(1594–1595)

● 환곡
  - 환곡(환상, 환자) : 당초 의창의 대여곡을 원곡으로 돌려받는다는 구휼 목적
    : 세종 : 1/10 이자를 수취
    : 15세기 이후 : 의창→상평창 : 고리대인 장리로 변함
    : 16세기 후반 : 환곡 문란 극심 : 임꺽정의 난

● 조창
  - 전라도, 충청도, 황해도(서해안 바닷길), 강원도(한강), 경상도(낙동강, 남한강)

● 잉류(고려 : 양계 : 현지 군사비 목적)[99]
  - 함경도, 평안도 : 군사비와 사신 접대비, 교통불편(X)

---

99 잉류지역(주창회록지역) : 함경도, 평안도, 경기도 일대 유수부(개성, 강화, 수원, 광주), 제주(도서지역) : 조운, 대동미, 결작 제외

- **국가 재정 운영**
    - 공안(재정세입표)과 횡간(재정세출표) 구성
    - 공안 : 부세(조세, 요역, 공물), 염철, 공장세, 선세, 삼세
    - 횡간(세조) : 상공(궁중수요), 국용(중앙경비), 녹봉, 군자, 의창, 의료
    - 조선 재정 : 양출제입 원칙 : 횡간 먼저 작성
    - 경국대전(호전) : 세무 비리 공무원 재산 몰수 규정(본인이 죽었더라도 아내와 자식에게 강제로 징수)

4. 조선 전기 경제 활동

- **중농정책**
    - 세종실록지리지 : 논의 면적 : 전체 농경지의 28%(정조 : 53% : 논〉밭)
    - 농경지 : 건국 초 : 100만결
               15세기 중엽(세종) : 160만결
    - 종자 개량 : 북부지방(조생종 : 생육기간 150일), 남부지방(만생종 : 생육기간 160일)
    - 밭농사 : 조, 보리, 콩 : 2년3작 : 교종법
    - 논농사 : 남부 일부지역 : 이앙법(모내기법) : 벼, 보리(도맥) 2모작 확대
    - 시비법 발달 : 재, 숙분(인분) : 일역전, 재역전→불역전[100]
    - 간종법(사이짓기) : 파종과 수확시기가 다른 두 작물을 동시에 재배
    - 근경법(그루갈이) : 보리와 콩을 이어짓는 1년2작
    - 사민정책 : 남부지방 농민→북부지방 이동 : 북부지방에도 벼농사 보급
    - 직파법(부종법) : 수경(물사리), 건경(건사리) : 조선전기- 정부는 이앙법 금지
      →직파법 장려

---

[100] 휴경농법 → 휴한농법 → 연작상경법
    (통일신라)   (고려시대)   (조선시대)
    4-5년 휴경   일역전, 재역전   불역전

- 이앙법(삽앙법) : 조선전기- 경상도와 강원도 일부지역 재배 : 벼와 보리 이모작 가능[101]

  : 조선후기- 정부는 이앙법 인정, 수리시설 확장 노력
- 목화 재배 일반화 : 백성(무명옷 착용)

● **농민의 지위**
- 농민 : 양인+노비 구성 : 노비가 농민의 상당부분 차지(국초 500만 중 3분의 1이 노비) : 대부분은 양반의 토지를 경작하는 전호(전객의 전호화), 도성내 경작 금지
- 구황벽곡방(세종) : 잡곡, 도토리, 솔잎, 칡뿌리, 나무껍질 가공하여 먹는 방법 제시
- 호패법(태종), 5가작통법(성종) : 농민 유망 통제

● **상업**

● **도시**
- 개경의 시전상인을 한양으로 이주 : 시전(공랑, 장행랑) : 상설 어용점포(한양+대구, 평양 등)
- 시전(장행랑) : 임란 이후 17세기 초(조선후기) : 금난전권 특권 부여
- 시전 : 국역부담 없는 상점(55개)

  : 국역 부담 상점(36개 : 그 중 규모가 큰 6개 시전 : 육의전)
- 육의전 : 도가(사무실), 도중(동업조합) 조직

  : 의결기구(선거 선출) : 도령위, 대행수, 상공원

  : 실무담당 : 하공원

  : 정부의 필요에 따라 구성 변화 : 팔의전, 구의전

---

101 세종(15세기) : 농사직설 : 이앙법 소개, 이앙법 장려(X)

: 육의전 구성 : 비단, 명주, 무명, 모시, 종이, 생선 : 옷, 종이, 생선

: 경시서(평시서) 통제 대상[102]

: 17-18세기 대동법 실시 이후 : 육의전 상인→공인 전신

● 장시
- 성종(1470 : 15세기) : 전라도(전주, 무안, 나주) : 신숙주 건의, 진휼책, 월2회(15일장) 상설시장→10일장→17세기 이후 : 5일장

● 보부상(부보상)
- 장시를 순회 장돌뱅이 관허행상단 : 보상(봇짐장수)+부상(등짐장수), 보부상단 조직
- 보부상단→임방→보부청(1866)→혜상공국(1883년부터 보부상 통칭 : 19세기)→상리국(1885)→우단(보상), 좌단(부상)→상무사(1899)

● 대외무역
- 국내 상업+대외무역=엄격히 제한
- 중국 : 조공무역과 사신 수행원(사무역) : 수출품(생필품), 수입품(사치품)
- 팔포무역 : 중국사행 역관 경비 조달(홍삼 : 80근 : 8포) 허용한 역관무역
    →세종 : 1포만 허용
    →광해군 : 8포 허용
    →조선후기 : 의주상인(만상) 담당(중국 파견 사신 수행 : 팔포대상)
- 대 야인(여진) 무역 : 경원, 경성 : 무역소
- 일본 : 삼포개항 : 부산포(동래), 염포(울산), 제포(진해) : 왜관무역
- 동남아시아 교역 : 류큐(오끼나와), 자바

---

[102] 경시서(조선 : 세조 : 평시서 개칭) : 고려시대 이래 시전감독, 물가조절, 세금감독, 난전방지, 도량형 검사 기능 : 정조 때 혁파 시도(실패) : 갑오개혁 혁파

● **수공업**
- 관영수공업(관장제) : 장인(공장안 등록), 경공장과 외공장, 부역노동(의무적) : 이후 자유행위
- 경공장(2800명 : 사기장 중심), 외공장(3500명 : 지장 중심) : 4-5개월 순번 근무
- 근무하는 동안 식비 정도만 지급→책임량 초과 : 세금을 내고 판매
- 대부분 수공업(1-2명), 예외적 야장, 자기장, 지장(수십-수백명)
- 독립수공업 : 조선전기 : 양반고객의 주문에 의한 생산 대부분

● **화폐 사용**
- 15세기 : 화폐유통이 활발하지 못함 : 당시 화폐(저화, 조선통보), 일반적 거래 (쌀, 면포(포화))

화폐제도 변천

1. 저화 : 태종, 사섬서(사섬시) : 조선 최초 화폐(고려 : 공양왕 : 최초 지폐 저화 발행)
2. 조선통보 : 세종, 사섬서 : 동전, 저화와 병용
3. 전폐(팔방통보) : 세조, 유엽전(전시 화살촉)
4. 대동통보 : 광해군
5. 상평통보 : 인조 : 처음 발행
    효종 : 김육주장, 2차 발행
    숙종(1678 : 17세기 후반) : 허적 건의, 전국적 유통 : 발행주체 상이(총35종)
6. 당백전 : 고종(1866), 대원군 경복궁 중건 비용 충당, 상평통보 100배
7. 당오전 : 고종(1883), 임오군란 재정 보충, 상평통보 5배
8. 백동화 : 대한제국, 황실재정 확보, 상평통보 25배 : 일제 화폐정리사업(1905-1909 : 2/3 폐기)

● **광업**
- 조선전기 : 명과 금은세공 문제 : 광산 폐쇄, 전반적 부진
- 세종 : 무기, 농기구 생산, 54개 철광 유행
- 연철취련조은법 : 연산군 : 김검동, 김감불 : 연철에서 은 분리, 함경도 단천 은광 개발

5. 조선전기 사회제도

- **신분제도**
  - 법제 : 양천제 : 양인(양반, 중인, 상민), 천인(노비)
  - 실제 : 4계급 : 양반, 중인, 상인, 노비
  - 양반층 : 원칙적으로 면제, 면역되는 것은 아니나, 양반은 불역(군역을 지지 않았음)
    : 고려와는 달리, 서얼출신, 재가녀 자손, 향리 : 관직 진출 제도적 제한
    : 거주지 : 4대문 안의 남촌+북촌 거주
  - 중인층 : 조선 초부터 형성, 17세기 조선후기부터 독립된 신분층 형성
    : 숫자는 소수에 불과, 전문적인 기술과 행정실무, 세습적 담당 : 폐쇄성
    : 한품법(정3품 당하관직) 적용, 실사구시(현실지향성)
    : 체제유지기능 : 양반과 혼인 금지, 양반과 상민 가교역할(완충기능)
    : 서얼차대법 : 서얼 중 얼자(일천즉천법–노비)는 대구속신 구제→조선후기(일반노비)
  - 양인층(상민) : 상인+공장+대부분 농민 : 도성안(4대문) 경작 금지, 농민 도성안 거주 금지
    : 과전법 : 수확량(300두) 10분의 1(30두)
    : 세종(공법) : 수확량(400두) 20분의 1(20두)
  - 신량역천 : 신분상(법제상) : 양인
    : 실제상 : 천역에 종사, 천민의 지위 : 고려 간척지도 후예
    : 칠반천역 : 조례, 나장, 일수, 조졸, 수군, 봉수군, 역졸
  - 천민층 : 가장 전형적 노비 : 창두적각, 각전
    : 사회적 천시 : 거골장, 백정(신백정, 갖바치), 무격, 창기, 악공, 광대,

　　　　　산척, 의녀

　　　　: 노비 : 상속, 매매 가능한 일종의 재산, 소유주체 : 공노비, 사노비

　　　　　　　거주형태 : 입역(솔거)노비, 납공(외거)노비[103]

　　　　: 일천즉천법

　　　　: 관노비 : 노비속안(3년), 노비정안(20년) 작성

　　　　: 공천추쇄도감(도망간 공노비 색출)설치(명종 : 1558)→정조 혁파(1778)

- **가부장적 가족제도**

　　- 가장(家長)의 권리 : 고려보다 강화, 가정 관리 전권

　　- 문중 형성 : 부계 친족 중심, 동성불혼

　　- 여자 지위 : 양반 정처 재가 원칙 금지 : 재가녀 : 자녀안(명단), 재가녀 자손
　　　(재가녀자손금고법)

　　　　　: 양반 명부(사판 : 등록 안됨)

　　　　　: 여자의 법률적 행위 : 반드시 남편이나 가장 허가

　　- 결혼 : 일부일처제 기본, 남자가 첩을 둘 수 있음(엄격한 의미 일부일처제 아님)

　　　　　: 실제 20세 전후

　　　　　: 조선전기- 조선중기 : 솔서혼(장가가기) 유행

　　　　　: 17세기 이후 : 부계중심 가족제도 확립 : 친영제도(시집가기) 정착

　　- 상속 : 조선전기-조선중기 : 자녀 균분 상속

　　　　　: 17세기 이후 : 적장자 단독 상속 : 처음(딸이 제외), 점차(장자 외 아들
　　　　　　제외)

　　- 제사 : 조선전기-조선중기 : 윤행(아들이 없으면 여자가 제사 봉행)

　　　　　: 17세기 이후 : 아들 없으면 양자를 들여 제사 봉행, 여자는 제사 봉
　　　　　　행 불가

　　　　　: 사찰대신 집안에 가묘를 설치, 영정(초상화)대신→위패

---

103 · 외거노비 : 독립 주거, 조상 제사, 소작료 1/2 상납

- **향촌사회**
  - 고려시대 향, 소, 부곡→조선시대 면리제 개편
  - 조선전기 면리제 : 군현의 인구나 면적과 관련없이 동서남북 방위면 구분, 비체계적
  - 조선후기 면리제 : 군현의 인구나 면적을 토대 : 군현→면→리(이정) : 체계적 정비[104]
  - 자연촌 형성 : 반촌과 민촌의 구별이 뚜렷한 것은 아니었고, 혼재지족 : 양반, 평민, 천민
  - 조선전기 반촌 : 이성잡거촌락(특정 성씨만이 아니라 친족, 처족, 외족 등 다양한 성씨 거주
  - 18세기 이후 반촌 : 동성촌락 발전
  - 특수촌락 형성 : 역촌, 진촌, 원촌, 어촌, 점촌 발달
  - 향도 : 민간신앙+불교+동계=신앙공동체 출발→상부상조(상여꾼)+부락 공동방위 기능 확대
  - 두레 : 농촌사회 상호협력+감찰 목적 : 양반, 지주 등 비생산계층 배제(대신 머슴 참가)
  - 울력 : 두레, 품앗이(노동 교환 방식)와는 달리, 길흉사, 일손부족 시 무보수 노동력 제공
  - 사림세력 성장 : 농민중심의 촌락공동체나 관습→사림의 유교적인 향약과 동약 대체
    : 민간신앙+풍습 : 모두 음사로 단정하여 금지
  - 향약 발달 : 종법적 가족제도 확립+예학의 발달
    : 16세기 이후 : 전통적인 향촌규약과 조직체→군현단위 향약과 촌락단위 동약 대체

---

104 이정 : 촌락사회 상층농민, 수령 직접적 명령 수행 : 부세수취, 인구통제, 치안유지, 상행위 규제, 수신전, 노비 등 파악

　　　　　: 친족중심의 동족부락(동족촌) 형성 : 사림의 농촌지배 강화
　　　　　: 18세기 이후 : 향전 발발 : 수령과 향리 중심의 관권 지배체제 강화
　　　　　: 사림의 농촌지배 약화(수령의 자문기구)

- **사회정책과 사회시설**
  - 환곡제 : 국가는 군현에 의창 설치
  - 사창제 : 사(社), 면(面)단위 민간 자치적 운영
    　　　: 세종(1448) : 대구에서 처음 시행
    　　　: 문종(1451) : 경상도 10현 설치
    　　　: 성종(1470) : 폐지
    　　　: 16세기 : 사림들에 의해 실시
    　　　: 18세기 : 이익 주장
    　　　: 흥선대원군 : 재실시
  - 상평창 : 16세기 환곡업무 담당, 대동법실시 이후→선혜청 변경
  - 혜민국, 동서대비원(→동서활인서) : 수도권 내 서민환자 구제
  - 제생원 : 지방민 구제

- **법률**
  - 형법(왕법, 삼척) : 조선시대 가장 중시 : 경국대전 형전 정비, 내용이 소략→ 중국 대명률 의거
  - 반역죄, 강상죄 : 가장 중한 범죄, 연좌법(노륙법) 적용
  - 조선의 법률 : 백성의 자유와 권리의 보장이 아니라 백성을 관리하고 통제하기 위함
  - 경국대전 : 세조(시작) - 성종(완성)
    　　　: 6분주의 : 이호예병형공전
    　　　: 중국 대명률과는 달리, 형전(재산의 자녀 균분상속), 호전(토지, 가옥 사유권 보장)

: 행정법 : 이전 규정이 많음
    - 형벌 : 태장도유사(5형), 보석금제도 운영, 분경금지법(정치적 로비행위 금지법)
    - 사형 : 경국대전 형전 : 교수, 참수 규정 but 사대부 : 사약
    - 민법 : 주로 관습법, 행정관(사법관) 재량 결정, 가족제도(주자가례 의거)
    - 상속 : 종법, 제사, 노비상속 중시
    - 사법기관 : 행정기관과 명확히 구분되지 않음
              : 감사 : 유형 이하, 3품 이하 범죄자
              : 수령 : 장형 이상 관찰사 보고, 민사, 경범, 태형 이하
              : 갑오개혁 : 사법권 독립
    - 재판 불만 : 재판은 재심을 원칙, 사형죄(금부삼복법 : 3심제)

사법기구

1. 삼법사 : 사헌부+형조+한성부
2. 의금부 : 국왕 직속 상설 사법기구 : 국사범, 왕족 범죄, 사형죄
3. 국청 : 왕명 임시(특별)사법기구 : 사육신 사건 : 친국(광해군 : 상설)
4. 포도청 : 평민 범죄
5. 장례원 : 노비 관련 소송
6. 한성부 : 수도 일반행정+토지, 가옥 소송
7. 삼성추국 : 의정부+의금부+사헌부=국사범
8. 검률 : 형조 율학청 사법행정 실무 담당(비교 : 춘추관 사관 : 검열)

조선법전 변천

1. 태조 : 조선경국전(최초 법전, 정도전 사찬), 경국육전(정도전, 조선경국전 6전 발췌), 경제문감(정치조직 초안, 정도전), 경제육전(조준, 최초 관찬 통일법전, 이두(육전) 사용)
2. 태종 : 원육전(경제육전 증보), 속육전(경제육전 주석, 하륜)
3. 세종 : 정전6권(의정부서사제 수록), 육전등록(집현전)
4. 세조-성종 : 경국대전(조종성헌 : 최항, 노사신)
5. 영조 : 속대전(김재로 : 형법시행 신중과 관용, 낙형금지, 3심제 : 흠휼사상, 관형주의)
6. 정조 : 대전통편(김치인)
7. 고종 : 대전회통(조두순 : 조선법전 집대성), 육전조례(조선유일 행정법전), 홍법14조, 대한국 국제9조

6. 대외관계 변천

- **명과의 관계**
    - 국초 : 요동, 여진문제 : 종계변무(선조 해결), 공녀, 화자, 금은세공(세종 해결)
      : 관계 불편
    - 태종 : 관계 호전, 문화교류 활발
    - 무역 : 고려에 비해 부진, 사신을 통한 공무역 중심
      : 명의 과다한 금은 요구→국내 금은광 폐쇄
      : 명의 사치스런 견직물(비단) 수입→국내 수공업 위축
    - 16세기 이후 : 사림 집권하면서 지나친 친명정책 : 화이관 대두

사대교린 외교

1. 사대 – 15세기 사대 : 자주적 입장 : 문화적, 경제적 실리 추구
   16세기 이후 : 사림의 맹목주의 : 존화주의(소중화)
   명 멸망 후 : 실학자의 조선 중화주의
2. 교린 – 일본, 여진 : 화전양면외교 : 회유+토벌

- **국토 수복**
    - 조선전기 : 만주를 미수복된 우리 영토 간주 북방정책(발해사 연구 : 18세기 실학자 시작)
    - 여진 정책 : 회유책(교린책) : 귀순 장려, 무역소(경원, 경성), 북평관(한양) : 국경무역, 조공무역
      : 강경책 : 제승방략, 세종 : 4군(최윤덕, 이천), 6진(김종서) : 압록강-두만강 확보[105]

---

[105] 4군 철폐 : 단종(1455) : 여연, 무창, 우예 : 3군 폐지
세조(1459) : 자성 폐지 : 주민 사민정책, 이후 폐4군, 국방선 후퇴, 영토포기 아님

- 북방 사민정책 : 태종–세종 : 남방의 부유한 민호를 북방으로 이주, 토관제
　　　 도 마련[106]

　　　　　　　　: 농병일치와 주민 지역방어제 확립 : 여진족 침략 대응

● **일본 관계**
　　　- 태종 : 거북선 건조, 최해산(화약, 무기 개량)
　　　- 세종 : 이종무 : 대마도(쓰시마)정벌 : 기해동정(1419), 대마도 경상도 편입
　　　　　　　: 3포 개항(1426) : 부산포(동래), 염포(울산), 제포(진해), 동평관(한양)
　　　　　　　: 계해약조(1443) : 대마도주 체결, 세견선(50척), 세사미두(200석), 3포
　　　　　　　 거류 왜인 제한
　　　- 수출품 : 대장경, 불상, 범종
　　　- 수입품 : 구리, 유황, 향료, 약재
　　　- 해동제국기 : 세종(1443) : 계해약조 때 신숙주 : 일본 사신 파견
　　　　　　　　　성종(1471) : 일본 여행기 기록(편찬), 일본에 보존

● **동남아시아 관계**
　　　- 조선초기 : 류큐(오끼나와), 샴(태국), 자바(인도네시아) 수교

106　토관제도 : 고려의 분사제도에서 유래, 변방의 국방상 요충지 설치, 동서반 5품 한품제
　　　중앙관직으로 임명 : 1품씩 강등

근세(조선) 문화 발달

1. 성리학의 발달

훈구파와 사림파의 특징	
관학파(훈구파)	사학파(사림파)
왕조개창 참여(통치이념 : 주례)	왕조개창 참여 거부(통치이념 : 대학)
중앙집권과 부국강병 추구	향촌자치 추구(향약, 서원 보급)
군사학, 기술학 중시 : 공리주의, 물질 강조	의리 명분 중시 : 공리주의 배격, 정신 강조
성리학 이외 불교, 도교, 풍수지리설 포용	성리학 이외 학문, 종교, 사상 척사(경직성)
자주적 민족의식	중국 중심 화이사상
15세기 민족문화 정리 : 사장학 중심(경세론)	16세기 성리철학 융성 : 경학 중심(이기론)
왕도주의+패도주의(힘, 법치)	왕도주의(민본)
국학 정리와 편찬사업	학술, 언론 중시
치인지학 추구	수기지학 추구(조광조 : 치인)
국가적 성장 지향	정치적 자유 지향(삼사 중심)
격물치지, 경험적 학풍	사변주의 관념적 학풍
응용 성리학파	정통 성리학파
문화, 예술 관심	문학, 예술 천시
관학중심(성균관, 집현전, 향교)	사학중심(서원)
과학기술문화 중시	과학기술문화 경시
권근, 정인지, 신숙주, 서거정	정몽주, 길재, 김숙자, 김종직

2. 불교와 민간신앙

- **조선초기**
  - 민간신앙의 제사규범을 유교적으로 개편
  - 민간신앙을 국가신앙으로 흡수
  - 태종 : 이사제(마을사당) 설치 : 민간신앙 흡수하여 유교적 공동체화(수령 주관)

- **불교 정비책**
  - 사찰 주지 국가 임명(임기 30개월 제한)
  - 태조 : 도첩제실시, 승려 증가 제한, 사원건립 금지, 내원당 건립[107]
  - 태종 : 강경한 억불책, 사원정리, 사원소속 토지와 노비 몰수
  - 세종 : 종파를 교종, 선종 양종 정리 : 교, 선 각 18사→36본산, 내불당, 수륙재(수륙도량)법회
  - 세조 : 원각사 창건, 간경도감(불경 언해)
  - 성종 : 도첩제 폐지, 출가 금지
  - 중종 : 승관, 승과 폐지, 불교와 국가의 관계 단절

- **승려의 사회적 지위**
  - 조선시대 승려의 지위 : 고려시대와 달리 천인
  - 농민들은 군역을 피하기 위해서 승려가 되는 일이 보편화
  - 승려들은 국가에서 토목공사에 동원하는 요역 대상

- **불교의 명맥 유지**
  - 국가의 지도이념 지위 상실, 신앙의 대상으로 민간사회 신봉, 세종, 세조 불

---

107 도첩제 : 고려(출가공인장 : 승려 자질 향상) & 조선(출가 허가서 : 승려 수 제한)

교 보호
- 불교 철학은 사물을 포용, 융합관계 인식 : 사회통합 유리
- 국가와 개인의 안녕과 평화 기원 종교적 기능 : 호국불교
- 유교와는 달리 중국 중심의 세계관이 없으며, 민간신앙의 하나로 굳어짐

● **명승**
- 무학 : 태조(이성계) 왕사, 태조 국사(조구)
- 기화 : 세종 : 봉암사 건축, 유불통합론(현정론)
- 신미 : 세조 : 간경도감 불경 간행
- 지엄 : 세조-중종 : 임제종 전래, 선종 발전, 법통(휴정 계승)
- 보우(普雨) : 명종 : 문정왕후 요청 : 선교일체론, 유불융합(일정설)
　　　　　　 : 봉은사(선종 본찰), 봉선사(교종 본찰), 승과 부활, 도첩제 공포

조선후기 불교계 동향

1. 참선, 교학, 염불 함께 수양 : 삼학(三學) 수행 일반화
2. 불교 강독의 강경 활발, 승려 저술과 문집 간행 성행
3. 임진왜란 당시 승군의 활약으로 전란 후 승려의 지위가 향상
4. 왕실의 지원 대규모 사찰 중건
5. 양란후 농민 경제 안정책으로 농민 노동력 징발 곤란 → 각종 요역 동원 승려 승역 강화

● **도교신앙**
- 조선 초기 : 고려시대 보다 도교행사 축소, 소격서(초제 주관)
- 초제(재초) : 민족의식 고양, 15세기 양성지 초제 찬성
- 유학자들은 도교와 초제 이단시→천재지변의 도교의식 거부할 수 없어 초제 계속 시행
- 16세기 사림 : 도교의 초제(재초) 반대 : 중종(조광조) : 소격서 혁파
- 조선초기 김시습 중시조 : 수련도교 체계화 : 이황, 이이, 도교 양생법을 실

생활 응용
- 예방의학 강조 : 허준 동의보감 편찬에 수용

● **민간신앙**
- 한양을 수도로 정한 것 - 풍수사상에 의해 합리화
- 세종 이후 : 화장→매장, 장례풍습 변화
- 성종(1470) : 화장 금지령→매장
- 16세기 이후 : 양반 사대부 중심 : 묘지 쟁탈전 : 산송문제 발생
- 민간신앙을 국가신앙 흡수 : 무당을 국가 채용
- 삼신(환인, 환웅, 단군)을 국조신 격상 : 황해도 구월산 삼성사 제사
- 세종 : 평양 기자사당(숭인전) 앞에 단군사당(숭령전, 단군, 동명왕 향사)건립 제사明使 참배[108]

3. 훈민정음 창제와 보급 및 발전

- 훈민정음 창제(1443), 반포(1446)
- 세종 : 용비어천가, 석보상설, 월인천강지곡 창작, 삼강행실도 언해, 언문청(정음청) 설치, 서리채용시험 이과 고시과목, 동국정운(한자음을 한글로 표기)
- 세조 : 간경도감에서 불경 언해
- 불경, 농서, 의서, 대외적인 비밀 유지가 필요한 병서→한글로 편찬
- 연산군 : 한글 탄압, 과거시험에서 폐지
- 중종 : 조광조 혁신정책 : 언문청 설치 : 한글 보호, 유숭조(4서3경 언해→경서(7서)언해), 최세진(훈몽자회)
- 18세기 중흥 : 실학자, 국학에 대한 관심 : 신경준, 유희
- 한말, 일제하 : 주시경(1876-1914), 유길준, 지석영 : 조선어학회(1931)

---

[108] 제사 횟수 : 기자(매월 : 1일, 15일 : 2회), 단군(매년 : 봄, 가을 : 2회)

4. 국학 연구와 관찬 사업

● **조선왕조실록**
- 태종 : 태조실록 편찬, 태조-철종(25대 왕) : 4대사고 보관
- 태조실록, 정종실록, 태종실록 : 필사본 2부 작성 : 춘추관, 충주사고 보관(2대사고)
- 세종실록 이후 : 활자 인쇄 4부 작성 : 4대사고 보관
- 실록자료 : 개인일기(이이-경연일기) 참고
    사초와 시정기 : 기밀취급, 사관이외 볼 수 없음(사초 : 사관 성명, 비평 수록)
- 사관 : 좌사(행동기록), 우사(말씀기록) : 춘추관 사관 한림(봉교, 대교, 검열 : 8인)
- 국조보감 : 실록과 사초(防禁) : 실록내용 압축 : 경연 참고서 편찬, 선왕의 선정과 선행 기록
- 개수, 수정실록 : 선조실록, 현종실록, 경종실록 : 붕당정치 영향 : 두 종류 실록 존재
- 일기 : 노산군일기(후일 단종실록), 연산군일기, 광해군일기(중초본+정초본 존재)
- 5대사고 : 임란때 전라도 유생(안의, 오희길, 손홍록) : 전주사고를 내장산 이전 : 이후 5대사고
- 조선왕조실록+훈민정음 해례본=유네스코 세계기록유산 : 천재지변까지 기록 내용 충실

● **역사서 편찬**
- 건국초기 : 왕조개창 정당화, 성리학적 대의명분 강조 : 성리학적 사관
    정도전(고려국사), 권근(동국사략)
- 세종이후 : 왕실과 국가권위 고양 : 자주적 사관 강조
    세종-문종(고려사, 고려사절요 : 고려사의 단순한 압축이 아닌 독자적 사서)

고려사와 고려사절요의 특징

고려사	고려사절요
정인지, 신숙주, 정창손	김종서, 정인지, 양성지
문종 원년(1451)	문종2년(1452)
기전체	편년체
군주입장 대변	대신입장 대변
군주의 전제권 강화	유교이념 강화
군주에 대한 비판 규제	군주의 불교행사, 복상 비판
고려의 쇠망은 군주의 잘못	군주를 교훈하는 정치제도사 보충

- 세조이후 : 자주적 통사 편찬 착수

　　성종(삼국사절요, 동국통감 : 고려사절요+삼국사절요)

조선 발간 역사서의 특징

서적명	편찬자	시대(기록)	내용
고려국사	정도전	여말-태조(편년체)	이제현 : 고려국사 : 기전체 계승, 성리학 사관 고려사절요 모체
동국사략	권근 하륜	태종(편년체)	단군조선-신라말, 성리학 사관, 신라중심 서술 일명 : 삼국사략
고려사	정인지	세종-문종(기전체)	고려시대 정치 지침서, 단종 간행(갑인자) 본기가 아닌 세가 형식, 고려국사 계승
고려사절요	김종서	문종(편년체)	정도전 고려국사 개편, 고려사의 단순한 압축이 아니라 독자적 사서 : 고려사 내용을 보완
삼국사절요	서거정	성종(편년체)	삼국시대 역사, 자주적 입장
동국통감	서거정	성종(편년체)	최초 통사, 단군조선을 민족사의 기원 정립 신라중심 극복(삼국유민의식 청산 : 삼국무통)

- **지도와 지리지**
  - 지도 제작 : 조선전기 : 행정적, 군사적 목적 제작, 조선후기 : 경제적, 문화적 목적 제작

지도와 지리지의 특징

	명칭	편찬자	시대	내용
지도	혼일강리도	이회	태종	현존 동양 최고 세계지도[109]
	팔도지도	이회	태종	혼일강리도의 우리나라 부분
	동국지도	정척 양성지	세종 세조	최초 실측지도(팔도)로 압록강 이북 상세히 기록 당시 북방에 대한 관심도 반영(인지의 이용)
	조선방역지도	호조 재용감	명종	8도 주현 진상품 파악, 병영, 수영 표시, 채색지도 만주(흑룡강, 송화강)와 쓰시마가 우리 영토로 표기
	천하도	미상	조선중기	관념(가상 나라들)적인 원형 세계지도, 도교적 세계관, 중화사상(중앙에 중국), 내외해, 환대륙 구성
지리지	신찬팔도지리지	윤회 신장	세종	최초 관찬 인문지리지(경상도지리지 전함) : 군현의 연혁, 지세, 인물, 풍속, 성씨, 인구, 교통 수록
	세종실록지리지	정인지 노사신	단종	단군신화, 동국여지승람 모범 : 각 도 연혁, 고적, 지세 수록, 세종실록의 부록으로 편찬
	동국여지승람	강희맹	성종	성종(양성지) : 팔도지리지+인문 추가 : 인문지리지 동문선의 시문 첨가
	신증동국여지승람	이행	중종	동국여지승람 증보 수정, 경제사, 사회사 자료, 현존

- 읍지 : 16세기 일부 군현의 읍지 편찬, 향토 문화적 유산 관심
- 인문지리 : 영진 설치 장소, 군정, 전함의 수, 염전, 철광, 목장, 섬의 수륙교통로, 인물 및 농토의 유무 등 지리적 측면+군사, 행정, 경제적 측면 : 종합정보지적 성격 : 언해되지 않음

---

109 혼일강리역대국도지도: 태종(이회, 김사형, 권근): 중국(원)(성교광피도)+역대제왕혼일강리도+일본도 =세계지도, 중화사관, 아메리카는 발견되지 않음

- 윤리서
  - 효행록(세종) : 고려 말 권준이 지은 효행에 관한 책→설순 보충, 개정
  - 삼강행실도(세종) : 설순 : 중국+한국 : 충신, 효자, 열녀 : 삼강 모범 도해(그림)→한글 언해
  - 오륜록(세조) : 양성지, 오륜에 관한 책
  - 국조오례의(성종) : 신숙주 : 길례, 가례, 빈례, 군례, 흉례 : 오례 국가의식 기준→언해 안됨
  - 이륜행실도(중종) : 조신 : 장유+붕우 : 이륜도 편찬 : 오륜도 완성
  - 동몽수지(중종) : 주희 : 어린이 수신서, 아동용 교육 교재로 널리 사용

5. 과학 기술

- 조선초기 : 부국강병과 민생안정 : 과학기술 장려, 유학자들은 기술학을 겸하여 학습
- 세종과 세조 : 기술학 발전에 적극적 관심

- 출판문화의 발달
  - 출판사 : 운각(고서관) : 150여명 전문 인쇄공 소속
  - 태종 : 주자소 : 계미자
  - 세종 : 갑인자 : 종전 : 밀랍으로 활자 고정→세종 : 식자판 조립
  - 세종 : 조지서 : 닥나무, 솔잎, 볏집- 종이 : 등피지, 경면지→명 수출
  - 세종 : 변계량 : 갑인자 발문 : "구할 수 없는 책이 없고 출판되지 않은 책이 없다"

- **천문, 과학기구 발명**
  - 군주의 첫째 도리 : 관상수시(하늘을 살펴 시간을 알림)
  - 농업진흥책 : 경수민시(역서를 편찬하여 백성 하사), 관상감 설치
  - 태조 : 고구려 천문도 참조 : 서운관 : 흑요석 새긴 천(건)상열차분야지도 작성
  - 세종 : 천체 관측기구 : 혼천의, 간의
    - : 시간 측정기구 : 앙부일구(해시계), 자격루(물시계), 일성정시의(밤낮 공용시계),
    - 옥루기륜(물시계), 규표(해 그림자, 1년 길이 결정, 해시계)
    - : 강우량 측정기구 : 세계 최초 측우기
  - 세조 : 규형, 인지의 : 토지 원근, 고저 측량
    - : 기리고차(거) : 거리를 측정할 수 있는 장치가 달린 수레
    - : 범철 : 나침반
  - 수학교재 : 아라비아 영향 : 상명산법, 산학계몽[110]

- **무기 제작**
  - 태종 : 거북선, 비거도선 제작
  - 세종 : 최대 사거리 1000보 일발다전법 화포 개발
  - 문종 : 로켓포와 비슷한 화차 : 신기전(화살 100개 설치)
  - 16세기 : 사림의 기술학 천시 : 과학 기술 문화 침체

- **과학 서적**

- **조선 전기 농서(농업기술 연구 한정 : 수전농법 중심 : 성리학 농법)**
  - 농사직설(세종) : 공조판서 : 정초 : 최초 관찬 농서 : 여러 지방 농군들의 경험 참조 : 이앙법 소개(장려X) : 벼 재배법, 씨앗 저장법

110　아라비아 영향 : 칠정산, 상명산학, 산학계몽, 혼의, 간의, 청화백자 안료, 혼일강리도

- 사시찬요 : 사계절 순(월별, 24절기별) : 원예, 특용, 양잠, 식목 서술
- 금양잡록(성종) : 강희맹 : 금양(과천)에서 벼, 콩, 조, 보리, 밀 : 종자에 대해 집중 분석
- 양화소록(성종) : 강희안 : 화초 재배서
- 농서즙요(중종) : 고려 말 : 농상집요 번역, 이두 가미 : 수도작(벼) 농서
- 잠서언해(중종) : 김안국 : 중국 양잠에 관한 책을 언해
- 구황찰요(명종 : 1554) : 세종 때 구황벽곡방을 보완, 기근 대비 식물 가공법 서술

● 조선 후기 농서(농업기술 연구+농업, 토지 정책 : 다양한 분야 농법 : 실학 농법)
- 농가집성(효종 : 1655) : 신속 : 농사직설+금양잡록+사시찬요+구황찰요+주자(권농문)=종합
  쌀농사 중심, 이앙법 보급, 인분 이용, 지주적 토지지배 유지
- 색경(숙종) : 박세당 : 쌀농사 중심의 농가집성 비판, 채소, 화초, 과수, 목축, 양잠 소개
  견종법 보급, 지주제적 경영 부정
- 산림경제(숙종) : 홍만선 : 농업+임업, 축산, 위생, 비상식량 추가, 농의학사전 저술
- 증보산림경제(영조) : 유중림 : 추비농법 소개
- 해동농서(정조) : 서호수 : 농가집성+산림경제 기본 : 조선시대 농학 종합, 중국농법 소개
- 과농소초(정조) : 박지원 : 전세, 농기구, 수리, 영농, 한전론, 수리조항 처음 신설
- 응지농정소(정조) : 박제가 : 북학의 내용 발췌하여 올린 상소문
- 임원경제지(순조) : 서유구 : 농업+의약, 기상, 요리, 음악, 축산, 원예, 상업적 농업=집대성

농촌생활백과사전(일명 임원십육지), 경영형 부농 경영원리 바탕
임노동하 지주제 구상, 의상경계책(정조 대유둔 계승 : 국영농장 주장)
- 고구마 농서 : 감저보(강필리), 감저신보(김장순), 종저보(서유구)
- 농정회요(순조 : 1830) : 최한기 : 종합농업 기술서, 19세기 대표하는 실학자의 농서
- 개항 직후 농서 : 농정신편(1885 : 안종수 : 최초 근대적 농서), 농정촬요(1886 : 정병하)

● **병서**
- 진도, 진법(태조) : 정도전 : 요동수복 계획시 작성, 전술, 부대편성 방법 수록
- 총통등록(세종) : 화약과 화포의 제작과 사용법(그림 표시), 기밀문서(언해), 독자적 저술
  : 성종《국조오례서례》병기도설 일부 기록, 순조《융원필비(戎垣必備)》계승
- 역대병요(세종) : 정인지 : 역대 전쟁과 선유(유생) 평가 집대성
- 병장도설(문종) : 정도전 진법 수정, 보완 : 군사훈련 지침서
- 동국병감(문종) : 김종서 : 고조선-고려말 전쟁사 정리

● **의약서**
- 향약구급방(고려 고종 : 1236) : 대장도감 간행 : 우리나라 최고 의서, 조선(태종) 중간
- 향약채취월령(세종) : 수백 종 국산 약재 소개
- 향약집성방(세종) : 유효통 : 중국 의서+우리 의서=약재(700종), 질병(57종) : 전통요법 집대성
- 태산요록(세종) : 산부인과 의서

- 신주무원록(세종) : 범죄 의학 법의학서
- 의방유취(세종) : 중국 한대-명대 의서(153종) 참조 : 세계 최초 의학백과사전
- 동의보감(광해군 : 1613) : 허준 : 병 부분별 편찬(해부학X), 동양의학백과사전, 중국, 일본 간행

● **역법**
- 세종 : 이순지, 김담 : 칠정산내외편 : 세종실록 첨부 : 내편(본국력 : 수시력, 대통력 참조)
  : 외편(아리비아 회회력 참조)
  : 표준시 : 북경(베이징)→한양 변경
  : 북극의 고도 측정
- 천문유초(세종) : 이순지 : 천문학 개설서 편찬

6. 문학과 예술

● **문학**
- 초기 : 사장(시문)중심, 관학파, 자기문화 주체적 인식
- 동문선(성종) : 서거정, 노사신, 강희맹, 양성지 : 우리나라 역대시문 집대성, 자주정신 강조
  : "우리나라의 글은 송이나 원의 글이 아니요, 한, 당의 글도 아닌 우리나라의 글이다."
- 고려후기 신진사대부 문학 계승 : 경기체가(고려 고종 : 고려 중기-조선 초) 계속 발전
- 설화문학 : 우리나라 서민사회 구전 역사, 전설, 풍습, 신앙 : 민족문학
- 금오신화 : 김시습 최초 한문소설 : 민간설화를 소설형식 고양[111]

---

111 금오신화 : 평양, 개성, 경주 등 옛 도읍지 배경 : 남녀간의 사랑, 불의에 대한 비판 : 민중 생활 감정과 역사의식

- 필원잡기와 동인시화(서거정), 용재총화(성현), 추강냉화(남효온), 촌담해이(강희맹)

  청파극담(이륙), 소문쇄록(조신)→ 불의에 대한 폭로, 풍자내용이 많음
- 시조문학 : 고려말부터 시작 : 도문일치론 : 조선초기 발달

  : 중앙관료 시조 : 진취적 기상 : 김종서, 남이

  : 재야학자 시조 : 유교적 충절 : 길재, 원천석
- 악장문학 : 조선초기부터 유행 : 용비어천가, 월인천강지곡, 동국세년가
- 가사문학 : 정극인(상춘곡), 송순, 정철, 박인로

● **음악**
- 세종 : 백성을 교화하는 수단으로 중요시 : 최초 악곡과 악보 : 정간보(음의 높이와 길이)

  : 박연 : 아악 정리, 관습도감 정비, 여(동)민락 작곡
- 성종 : 성현 : 음악백과사전 : 악학궤범(음악의 원리와 역사 체계화)
- 속악 발달 : 16세기 이후 : 당악, 향악 : 서민들의 속악 발달[112]→가사, 시조, 가곡 계승

● **가면극 & 인형극 & 굿 유행**
- 가면 : 고려시대 유래, 사면극(산대놀이), 인형극(꼭두각시 놀음) : 민간사회 유행

  : 내용 : 양반 풍자, 파계승 조소 : 서민들 애환, 종합예술 성격→조선후기 성행
- 굿 : 민간에서 다양하게 발전 유행, 굿과 함께 추는 무용은 가면극, 민속무 등 영향

---

112 고려 속악 : 궁중음악

- **회화**
  - 진취적 낭만적 화풍 유행 – 문인 화가 : 강희안, 신숙주
  - 화원 화가 : 안견, 최경
  - 강희안(세종) : 고사관수도(한일관수도) : 자연속 무상무념 인간 내면세계(관념 산수화)
  - 안견(세종) : 적벽도, 몽유도원도(신선 이상세계 낭만적 묘사)
  - 최경(세종) : 산수, 인문화 대가

- **조선초기 화풍**
  - 도화서 : 어진 & 관료 초상화, 의궤류[113], 산수화 : 회화 발달 공헌
  - 15세기 : 중국 북송 원체화풍(곽희 화풍) 영향→산수(자연) 웅장한 구도 사실, 환상적 요소 가미
  - 16세기 : 중국 명나라 절파화풍 영향→인물 강조, 산수(배경적 역할), 자연과 인간 조화 : 성리학의 학문적 입장과 통합 : 천일합일론
  - 조선초기 : 일본 무로마치시대 미술 영향 : 수문 & 문청 : 그림, 글씨 전파

- **서도**
  - 조선전기 4대 서도가 – 안평대군(세종) : 송설체(조맹부체) 발전
  - 김구(중종) : 인수체 개발 – 양사언(명종) : 왕희지체(초서 대가)
  - 한호(선조) : 왕희지체(해서 대가), 석봉체(도산서원 현판)

- **건축**
  - 신분질서 유지와 사치방지 목적 : 규모를 신분에 따라 차등(세종 : 법령 제정)
  - 작고 검소, 주위 환경 조화 모색

---

113 조선왕실 의궤 : 유네스코 세계기록유산

- **14세기, 15세기(조선전기) 건축**
    - 숭례문(석왕사 응진전 모방), 개성 남대문, 평양 보통문, 팔만대장경 장경판전 (해인사 경판고)

        창덕궁(유네스코 세계문화유산), 돈화문, 창의문(자하문), 창경궁 홍화문 및 명정전, 신륵사 조사당, 신륵사 석탑, 원각사지 10층석탑, 무위사 극락전

- **16세기(조선중기) 서원건축**
    - 유불교체 표현 : 주택건축양식+사원건축양식+정자건축양식=배합(혼합)
    - 경주 옥산서원(이언적), 안동 도산서원(이황), 해주 석담 소현서원(이이)

- **17세기 사원건축**
    - 금산사 미륵전, 화엄사 각황전, 법주사 팔상전(국내 유일 목조5층탑)
    - 다층건물 대부분, 내부는 하나로 통하는 구조 : 불교 사회적 지위 향상, 양반지주층 경제적 성장

- **17세기 종묘건축**
    - 임진왜란 소실, 선조(개기입주 : 착공), 광해군(중건)
    - 종묘(유네스코 세계문화유산), 종묘제례 & 종묘제례악(유네스코 세계무형유산)

- **18세기(조선후기) 건축**
    - 평양 대동문, 불국사 대웅전, 화성(수원성)
    - 사회적 부상한 부농과 상인 지원 : 장식성이 강한 사원 건축 : 논산 쌍계사, 부안 개암사, 안성 석남사

- **19세기 건축**
  - 흥선대원군 : 경복궁 근정전, 경회루 중건

- **정원**
  - 조선시대는 인공을 가하지 않고, 자연 그대로 살린 것이 특징
  - 창덕궁 후원(비원)과 창경궁의 후원(창경원)

- **한양의 수도시설**
  - 개천도감 : 한양의 명당수인 청계천(한강 X)을 통하는 하수구를 구축
  - 운종가(종로) 종루(보신각) : 밤10시 인경(28회), 새벽4시 파루(33) : 통행 제한
  - 세종 : 금화도감 : 가옥사이 방화장(방화시설)을 설치하고 방화업무 총괄

- **공예**
  - 나무, 대, 흙, 왕골(풀) 등 값싼 재료 이용, 성리학적 미학 : 실용성, 예술성 조화
  - 15세기 : 중앙(사옹원), 경기도 광주 & 경상도 고령(분원) : 회청색(분청사기)
  - 16세기 : 조선백자 유행
  - 조선후기 : 청화백자, 철사(철화)백자, 진사(동화)백자 발달 : 제기, 문방구 : 생활용품 다수
    : 서민들은 옹기를 많이 사용(일부 부유한 서민들은 청화백자를 사용)
  - 세조 : 국산 토청개발 : 청화백자의 생산이 수월
  - 청화백자의 초기 무늬는 매화, 대나무 같은 유교적 색체 특징
  - 목공예 : 실용성+예술성=조화 : 자연의 미 추구
  - 화각공예 : 쇠뿔을 쪼개어 무늬를 새긴 공예 발달

1. 16세기 사회발전

- 경제적 변화
    - 여말선초 강남농법 정착, 연작상경화 : 농업생산력 향상
    - 국가주도 : 큰 저수지(제언) 축조
    - 토착양반 : 작은 저수지(천방 : 보) 축조
    - 중앙의 궁가나 훈척 : 전라도-평안도 서남 연해지역 : 간척지(언전) 개간
    - 보의 보급+언전 개발 : 조선중기 저지대 개간의 추세를 반영하는 영농방법
    - 면화 재배 확대 : 면포=의복+화폐기능(포화)
    - 16세기 말까지 면화 재배기술을 익히지 못한 일본에 우리 면포를 수출→은 (대금 결재): 중국과 중계무역 결재수단
    - 상업 : 장시가 삼남지방 확대, 외국과 인삼무역 성행
    - 수공업 : 조선전기 공장안 체제가 동요 : 관장제 쇠퇴
    - 광업 : 대외교역 활발 : 은광 개발 활기

- **신분제도 변화**
    - 양반문벌사회 형성으로 배타적 파벌의식 조장
    - 15세기 양천제 붕괴→16세기 반상제 : 농민의 소작화, 병작화 : 상민과 천민 구별 모호
    - 성종(1480) : 서거정 : 납속보관 건의 : 납속보관, 납속종량 실시
    - 선조(1593) : 납속사목 : 사실상 신분제 붕괴
    - 양반과 농민층간의 대립, 갈등 심화

- **성리학 발달**
    - 16세기 형이상학적 이기론 심화
    - 예학, 보학의 발달
    - 유교문화의 확산 : 농업발달, 지방 중소지주층 지식인화, 주자가례 보급 : 유교문화 지방 확산

2. 사림세력의 대두와 정치적 성장

- **사림의 학풍**
    - 관학파(사장 중시), 사림파(경학 중시)
    - 예학의 기본 서적인 소학 보급 : 향촌자치제 주장, 왕도정치 추구

- **중앙정계 진출**
    - 성종 이후 : 중앙정계에 본격적 진출, 3사 청요직, 언관직 차지 : 언론과 문한 담당
    - 사림 목표 : 지주전호제 정착(중소지주 생활안정)
        : 향약과 사창제 실시(신분적인 향촌공동체 강화)
        : 전제왕권과 재상 중심의 체제 비판→언론과 학술 존중 : 삼사 중심

정치구현

- 정치적 갈등 : 훈구파 & 성종 : 영남지방 김종직 등 사림파 중앙 정치무대 정치적 실세 등장[114]
- 성종 : 훈구세력 견제 : 사림들을 천거제 등용
- 사림파와 훈구파 대립 : 명종 : 직전법 폐지 이후, 훈구세력 농장 확대 : 사림 세력기반 침해

3. 사화의 전개

- 사림이 추진한 정치개혁→훈구파 반격
- 16세기 중엽(명종)이후 : 사림들이 정치적 주도권 장악 : 붕당 형성

● 사화 배경

- 양반계층의 증가 : 관직, 토지 수 한정, 양반의 사회경제적 지위 불안
- 양반계층의 양극화 : 훈신, 척신의 대토지 점유와 벌열화, 사림과 대립
- 훈구세력과 신진사림 대립 : 3사 언관직 차지, 훈신 비리 비판, 공격[115]
- 언로 개방 : 성종 : 홍문관의 대간 탄핵권 확보
  : 중종 : 이조, 병조 전랑 : 자대(천)권 부여

● 사화 발생

무오사화(1498 : 연산군)
- 김종직(조의제문), 제자 김일손 사초 기록 : 사화(史禍)

---

114 영남사림 : 절의 강조, 유향소 설치, 사창제 실시, 온건한 입장
     기호사림 : 인의 강조, 향약보급, 균전제, 공납시정, 급진적 입장
115 훈구세력 : 세조 연간 공신책봉 형성 : 서해안 간척사업, 토지매입을 통해 농장 형성, 대외무역 관여, 공물의 방납을 통해 경제적 이득 착취

- 훈구세력(유자광)→사림세력(김굉필, 정여창) 제거 : 김종직 부관참시

갑자사화(1504 : 연산군)
- 궁중파(임사홍)→부중파(훈구파+사림파) 제거
- 윤비폐출사사사건 : 연산군 실정→중종반정(1506) : 조광조 : 사림등용

기묘사화(1519 : 중종)
- 조광조 : 향약 실시, 공납제도 시정, 내수사 장리 폐지, 균전제(50결 한전제)[116], 언문청 현량과, 서얼등용 주장, 소격서 혁파, 위훈삭제
- 훈구파(남곤, 심정) : 주초위왕→조광조, 김식 : 기묘명현 제거
- 향약 폐지, 소학이 흉서로 낙인, 일시적 금서

을사사화(1545 : 명종)
- 명종 외척 윤원형(소윤)→인종 외척 윤임(대윤) 제거

정미사화(1547 : 명종)
- 윤원형→윤원로 제거, 형제 권력다툼 : 전라도 양재역 (괘)벽서 사건

신임사화(1721-1722 : 경종)
- 영조 즉위 전 노론4대신 처형→소론 집권

● **사화 영향**
- 사림의 일시적 후퇴 : 16세기 말 정권 장악
- 서원과 성리학 발달 : 16세기 이후 군주 부름이 있어도 신하가 불응 : 일방

---

[116] 균전제 : 조광조(사림파, 16세기)→유형원(중농학파, 17세기)→홍대용(중상학파, 18세기)

적 군신관계 변화

　　　　　　: 낙향한 사림들이 학문, 교육 전념
- 수취체체 문란 : 명종(1559) : 환곡제 문란→임꺽정의 난
- 대외적 침략 : 삼포왜란, 사량진왜변, 을묘왜변

4. 향약과 서원 : 16세기

- ●향약
  - 경재소와 유향소(향청)가 훈척의 지방 통제와 대민 수탈에 이용→사림 대항(사마소)

    　　　　　→유향소 폐지 주장

    　　　　　→중종 : 향약운동
  - 사림의 의례 : 성종 : 지방 한량 : 향사례, 향음주례, 향사음례 : 친교모임 : 유향소 관장
  - 사림 지위 강화 : 성종(향음주례)→중종(향약, 소학 실천운동)→선조(서원 건립운동)
  - 전래 : 고려 말 주자학과 함께 전래 : 송대 여씨향약 : 김안국(경상감사 : 소학, 향약보급)

    　　　: 중종 : 조광조 실시(기묘사화 중단)
  - 보급 : 선조 이후 : 이황(예안향약)[117], 이이(서원향약, 해주향약)[118], 사창계약속(향약+사창)
  - 이이 : "경제가 안정되어야 도덕이 꽃이 핀다" : 환난상휼 강조(해주향학 : 후대 모범)
  - 성격 : 권선징악과 상부상조 : 향촌 자치규약 : 성리학적 윤리과 향촌자치제

117　이황 : 예안향약 : 극벌(상중하), 중벌(상중하), 하벌(상중하)
118　이이 : 해주향약 : 향약 가입하고자 하는자 : 반드시 먼저 규약문 확인 : 몇 달 동안 고려 후 가입

강화 목적
　　- 기능 : 향촌사회 교화, 토지이탈 방지, 상업활동 규제 : 향촌통제를 주목적
　　- 신분 중시 : 향약보급 초기 : 장유 윤리 강조 : 신분보다는 연치(연령)질서 존중
　　　　　　　: 중반 사림주도 지배체제 구축 이후 : 신분의식 강조 : 신분을 일단
　　　　　　　　구별 :
　　　　　　　: 그 구분의 틀 안에서 연령 중시
　　- 조직 : 지방 양반 명부 : 향안에 오른 사림(향반) : (도)약정(회장), 부약정, 직
　　　　　월, 집강 직원[119]
　　　　　　: 지방의회 & 사족 총회 : 향회 조직, 향촌문제 자치적 해결, 향권 장악
　　　　　　: 참가 대상 : 양반, 농민, 노비 등 신분에 관계없이 향민 전원 대상,
　　　　　　　모두 향약 규제
　　- 영향 : 주자가례 대중화 : 서민생활에 유교사상 침투(서민들이 소학과 효경 독서)
　　　　　: 국가의 농민지배 약화→사림의 농민에 대한 지배 강화→정조 : 수
　　　　　　령 향약 주관
　　　　　: 향도, 계, 두레 등 농민공동체 조직→점차 사림조직 : 향약, 동약으
　　　　　　로 대체

일제시대 향약
　　- 일제시대 농촌진흥운동(1932-1940) 과정, 율곡 해주향약 보급
　　- 목적 : 농촌 통제, 농민조합운동 탄압, 일제와 재지지주들의 끄나풀조직

● **서원**
　　- 서원의 효시 : 풍기 군수 주세붕 : 안향 추모 : 백운동 서원(중종 : 1543)
　　- 사액서원 효시 : 이황 건의 : 백운동서원→소수서원(명종 : 1550)

119　향청(유향소) : 좌수(향정), 별감(약정, 부약정, 직월 등의 겸임이 일반적임)

- 성격 : 학문 연구+선현 제향=사학 & 향촌자치기관
- 서원 남설 : 명종 말-선조 초 : 사림들은 토지와 노비 헌납 : 면세, 면역 특권
- 서원 철폐 : 영조(only 300개), 흥선대원군(only 47개) : 600개 철폐
- 사액서원 철폐 : 숙종(일시 폐지)→영조(일절 중단)
- 영향 : 사림의 재생산, 지방문화의 중심(평민 자제가 입학하는 관학인 향교가 침체)
- 갑술환국(숙종 : 1694)이후 : 남인 근거지 경상도 지방 : 특정 가문의 조상을 섬기는 사우 남설

5. 붕당정치 전개

● 붕당정치의 배경
- 사림들은 16세기 말(선조) : 조정의 실권 장악 : 사림세력 간 대립과 반목
- 명종(기성사림) : 개혁에 소극적(서인) & 선조 이후(신진사림) : 개혁에 적극적(동인)
- 동인 : 이황, 조식, 서경덕 계승 : 다수의 신진 세력
- 서인 : 이이, 성혼 계승 : 소수의 기성 세력

● 붕당정치의 전개

동인과 서인의 붕당 : 동서붕당(선조 : 1575)
- 선조 : 이조전랑 자리다툼 계기 : 기성사림(심의겸 : 서인) & 신진사림(김효원 : 동인)

남인과 북인의 붕당 : 남북붕당(선조 : 1591)
- 선조 : 서인 정철 건저의 문제 : 동인 : 남인(온건파 : 유성룡)과 북인(강경파 : 이산해) 분리

사색붕당(숙종 : 1683)
- 숙종 : 경신환국 이후 남인의 논죄 : 서인 : 노론(강경파 : 송시열)과 소론(온건파 : 윤증) 분리

● **붕당의 소재**
- 이익 : 붕당론 : 이해득실
- 이중환 : 택리지 : 이조전랑
- 이건창 : 당의통략 : 8가지 원인(도학태중, 명의, 문사, 형옥, 대각, 관직, 벌열, 승평대구)
- 정치적(관료제 모순), 경제적(토지제도 모순), 사상적(성리학의 배타적 파벌성)

각 당파측 문헌
- 서인 : 안방준 : 묵재일기
- 소론 : 이건창 : 당의통략
- 노론 : 남기제 : 아아록
- 남인 : 남하정 : 동소만록

● **붕당의 성격과 영향**
- 처음 : 학문과 이념의 차이 시작→점차 : 정책수립, 왕위계승, 외교문제, 국방문제 확대
- 국가의 이익보다→당파의 이익 우선
- 왕권 약화, 정치기강 문란
- 붕당의 경제적 토대 : 농장
- 붕당의 인적인 토대 : 서원과 족당을 중심 : 사제 관계와 혈연 결속
- 공론은 백성의 의견을 반영한 것이 아니라→지배층의 의견을 수렴 : 한계성

안확 : 조선문명사(1923)
  - 당쟁(붕당)의 긍정적인 면을 강조→이광수 : 민족개조론 비판

왜란과 호란

1. 임진왜란(명 : 만력의 역, 일본 : 문록(경장)의 역)

- **삼포왜란(중종 : 1510)**
  - 삼포 : 부산포(동래), 염포(울산), 제포(진해)침략, 임신약조, 제포(진해)만 개항
  - 비변사 임시기구

- **사량진왜란(중종 : 1544)**
  - 사량진(경남 고성)침략, 정미약조

- **을묘왜란(명종 : 1555)**
  - 전라남도 해안 침략, 국교 일시 단절, 비변사 상설기구

각 조약과 무역 범위 제한

약조 / 구분	세견선	세사미두	개항(왜관)
계해약조(세종 : 1443)	50척	200석	3포
임신약조(중종 : 1512)	25척	100석	제포(진해)
기유약조(광해군 : 1609)	20척	100석	부산포(동래)

- **왜란 전 정세**
  - 중국 : 환관과 내각의 대립 : 당쟁, 여진족 흥기
  - 일본 : 풍신수길 : 전국시대 통일, 정명가도 주장
  - 조선 : 군적수포제 국방력 약화, 이이 만언봉사(10만 양병설), 유성룡 반대
    : 통신사 파견(1590) : 정사 황윤길(전쟁 가능성), 부사 김성일(전쟁 불가능성)

- **왜군의 침입**
  - 왜군의 상륙(1592.4)
  - 부산진(정발 : 전사)→동래성(송상현 : 전사)→충주 탄금대(신립 : 자살 : 제승방략 체제 약점 노출)
    →선조 서천(몽진)→한양 함락(5.2)→평양 점령(6.13)

- **수군의 승리**
  - 왜군의 작전 : 수륙병진작전
  - 수군의 첫 승리 : 옥포해전
  - 거북선 사용 : 이순신(전라좌수사)+이억기(전라우수사)+원균(경상우수사) : 연합함대 편성
    사천(최초 거북선 사용), 당포(통영), 당항포(고성) : 대승→수륙병진작전 좌절
  - 한산도대첩 : 학익진 전법 : 남해의 제해권 완전히 장악, 명으로의 진출 저지, 왜군의 보급로 차단→곡창지대 전라도 보존, 전주사고 보존
  - 이순신 3대첩 : 임진왜란(한산대첩), 정유재란(명량대첩, 노량대첩)
  - 임진왜란 3대첩 : 한산도대첩, 행주대첩, 진주성대첩[120]

---

120 진주성 대첩(1592) : 진주목사 김시민+의병 곽재우 : 승리
진주성 혈전(1593) : 진주목사 서예원+의병장 김천일+의병 고종후+주논개 : 패배

- **의병의 항쟁**
  - 자발적 농민 주축, 의병장은 전직 관리, 유학자 등 사림과 승려
  - 의병 전술 : 수성전→유격전술 전환(곽재우 시도), 관군에 편입, 관군 전투력 강화
  - 의병과 관군의 관계 : 상호보완적 관계+상호대립적 관계, 의병장은 공신 책봉 제외

조선시대 의병장의 활약	
곽재우	의령 기병, 유생으로 최초, 진주대첩, 홍의장군
조헌	옥천 기병, 영규(승려 최초)와 청주성 수복, 금산에서 전사
고경명	장흥, 담양, 금산 전사, 아들 고종후 진주성에서 전사
김천일	나주, 수원, 진주성에서 전사
김덕령	담양, 남원 기병, 이몽학의 난 관계(옥사)
정문부	함경도 경성, 현직관리
서산대사(휴정)	묘향산(서산), 전국승병운동 관장(도총섭)
송운대사(유정)	금강산, 사명당, 전후 일본 통신사(1604)
정인홍	합천, 성주, 고령, 함안 기병

  - 이치(배고개)대첩 : 목사 권율+현감 황진+의병장 황업=금산 이치, 왜군격파
    : 전라도 보존
  - 700의총 : 조헌, 영규 의병부대 700명, 금산의 왜군 전투 전사
  - 북관대첩비(숙종 : 1709) : 함경도 북평사 최창대, 정문부 장군 등 임란당시 함경도 의병 추모
    전승기념비, 1905년 러일전쟁 중 일본강탈, 2005년 반환

● 전세의 전환과 왜군의 패퇴
- 조명 연합작전 : 조선 김응서+명 이여송+휴정, 유정=평양성 탈환(1593)
- 명군 벽제관 여석령 전투 : 왜군의 승리
- 왜군 화의(휴전회담) 제의 : 명(심유경) & 일본(고시니 : 소서행장) 회담→결렬

● 정유재란(1597)
- 왜군 재침 : 3년 화의 결렬 : 동쪽(동래, 기장, 울산)
  : 서쪽(남원, 전주)
  : 북쪽(충청도 직산), 소사평에서 왜군 북상 저지 : 직산대첩
- 이순신 재활약 : 명량해전(1597), 노량해전(1598) 전사
- 왜군철퇴 : 토요토미 병사(1598), 조명 연합군 수륙4로 총공격 : 7년 조일전쟁 끝

● 왜란의 영향
- 전쟁의 성패논쟁 : 조선(자기반성적 패전관 : 선조실록, 징비록)
  : 일본(전승사관)
- 임진왜란 신무기 : 비격진천뢰(이장손 제작), 경상좌병사 박진(경주성 탈환에 이용)
  : 화차(변이중 제작), 경주탈환, 행주대첩, 수군 함포 사용
  : 총통 : 거북선 부착 : 조총이 없는 대신 총통이 해전 유리
- 속오법 제정, 납속책, 공명첩
- 문화재 소실 : 경복궁, 창경궁, 창덕궁, 성균관, 불국사, 종묘, 3개사고(경운궁 : 덕수궁 보존)
- 이몽학의 난(1596) : 송유진의 난(1594) 이후, 왕실 서얼출신, 동갑계 비밀결사 조직, 충청도 홍산에서 반란
- 여진족 흥기 : 임란 중 여진 누루하치 : 조선에 원병의 뜻 전달 : 조선 거절
  조선과 명이 전쟁 중 여진 급성장 : 여진→후금 건국(1616)→청(1636)

- 건주기정도기 : 선조(1596) 무신 신충일, 여진(후금) 정찰 보고서, 만주관계 연구자료
- 조선 문화 약탈 : 활자, 의방유취, 몽유도원도, 정유재란 납치(강항), 도공납치(이삼평, 심수관)
- 일봉에서 전래된 문물 : 조총(화승총), 담배, 고추, 호박
- 사림들의 명목적인 사대의식(존화주의), 중국 진무신(관우숭배사상)전래, 동묘 설치
- 종래 외교적 관례의 숭명사상→실질적인 주종관계 변모

임란 관계 문헌
- 징비록(유성룡) : 남인 국가재조방략서, 민간에서 일어난 사실은 세밀히 다루지 않음
- 간양록(강항), 쇄미록(오희문), 임진록(미상), 난중잡록(조경남)

2. 병자호란

● 광해군의 개혁정치(1608-1623)
- 강경파 북인계열(대북파) 등용(정인홍) : 개혁정치 추진
- 정인홍 : 이언적, 이황 배척
   : 서경덕, 조식 실천적 학풍 중시
   : 사문난적 유적 삭제
- 양전사업, 호적정리, 대동법(경기도), 대동통보, 은광개발
- 동의보감, 전주사고 토대→5대사고 정비
- 중립외교(기미자강책) : 명 구원요청, 강홍립, 김응서 : 심하(深河)파견 : 부차전투(1618)
- 대마도주 기유약조 : 무역 재개(1609) 비교(국교 재개 : 선조)

- **인조반정(1623)과 사림정치 부활**
    - 서인+남인 : 광해군의 중립외교, 인목대비 폐출, 영창대군 살해(계축옥사 : 1613) : 인조반정
    - 사림정치 부활 : 친명배금 정책 : 후금자극

- **정묘호란(후금 : 1627)**
    - 친명배금정책, 이괄의 난(1624)[121], 명장 모문룡 압록강 가도 주둔 : 후금 긴장
    - 황해도 황주까지 공격(의병 : 용골산성 : 정봉주)→강홍립 중재→강화 성립(형제관계)
    - 조정(인조) 강화 피난, 후금 요청(중강개시, 회령개시 설치)

- **병자호란(청 : 1636)**
    - 후금→청 : 군신관계 수립, 명의 정벌 : 군량미와 병선 요구, 척화파와 주화파 대립

척화파(주전파)와 주화파 비교

척화파(주전파)	주화파
정통 성리학자	초기 양명학자
청(이적국가), 화이론(명분론)	국제 현실, 국가 이익 중시, 내정개혁론
김상헌, 3학사(홍익한, 윤집, 오달제), 정온	최명길, 김류, 홍서봉

    - 조선 : 주전론 채택→청 태종 침입→남한산성 45일 항전→삼전도 굴복→최명길(정축화약)
    - 청태종 공덕비 건립, 군신관계 수립, 소현세자, 봉림대군, 3학사 : 인질로 잡혀감

---

121 이괄의 난 : 인조반정 이후 서인 논공행상 불만, 이괄 : 선조의 아들 흥안군(興安君) 제(瑅)를 왕으로 추대, 인조 공주 파천

● 북벌론
- 인조 : 임경업 계획
- 17세기 중엽 : 효종 가장 왕성 : 송시열(기축봉사 : 북벌 주장), 송준길, 이완 : 어영청 중심
- 현종 : 나순좌
- 숙종 : 퇴조 : 남인 윤휴, 허적 주장
- 18세기 이후 : 북학론 전환

● 나선정벌(효종 : 17세기)
- 청 요청, 조총부대 파견 : 1차(변급 : 1654), 2차(신유 : 1658) : 러시아군(코쟈크족) 흑룡강 격퇴
- 북벌 역량 간접적 표현 : 조선 총수병 실력 입증

사림의 문화

1. 성리학의 발달

- 낙향 사림 성리학 연구 : 이황, 조식, 기대승
- 평화적 분위기 : 200년간 국제적 긴장 완화
- 성리학은 1차적 이(理) 중시 : 수행방법 : 주리파와 주기파 분파
- 성리학 본질 : 이기론(우주론), 심성론, 예론, 천일합일론, 성선설, 사물의 조화 통일 관계

● **성리학의 두 조류**

주리파
- 이(理) 중심 : 이가 기의 활동의 근본, 내적 경험 중시
- 영남학파 : 이언적(무극태극론, 이일원론)선구→ 이황 집대성→ 유성룡, 김성일, 정구 계승
- 수양 중시 : 인간 내적 조절(수양), 절조, 기질 중시
- 한말 위정척사사상과 항일의병전쟁 계승

주기파
- 기(氣) 중심 : 이는 기가 움직이는 법칙 불과, 외적 경험 중시, 주지주의, 박학 중시
- 기호학파 : 서경덕(물질(기)불변론, 기일원론)선구→이이 집대성→성혼, 기대승, 송시열 계승
- 현실 중시 : 사물 객관적 파악, 현실적 개혁 중시
- 실학(북학), 경험주의 철학, 동학사상, 개화사상 계승

주리파와 주기파의 비교		
구분	주리파	주기파
성격	도덕적 원리 중시	경험적 현실 중시
선구자	이언적	서경덕
집대성	이황→영남학파(유성룡, 김성일)	이이→기호학파(조헌, 김장생)
당파	동인	서인
예법서	주자가례	가례집람(김장생)
대표서원	도산서원(안동)	문화서원(황해도 치악산)

퇴계와 율곡사상 비교

구분	퇴계 이황	율곡 이이
철학적 성향	주리론	주기론
욕망문제	생리적 욕망의 혐오	생리적 욕망의 긍정
인간 현실	순수한 사단과 불순한 칠정 대립	욕망인 칠정의 순화가 사단
사회적 태도	은둔	참여(여진 니탕개 난 진압, 서얼허통법, 노양처소생종모법, 대공수미법)
학문적 지향	교육, 종교	철학, 과학
군주상	군주 스스로 성학 인지 : 성학십도	신하가 성학을 군주 제시 : 성학집요
저서	이동설, 이기이원론, 이학통록, 자성록 심경석의, 주자서절요, 계몽전의 도산십이곡, 전습록변	이기일원적 이원론, 독사론, 격몽요결 고산구곡가, 안민책, 경연(석담)일기 역사해석(결과→동기 강조), 시세불일론

16세기 : 사단칠정 논쟁(퇴고사칠논쟁)
 - 기대성 : 이기공발설
 - 이황 : 이기이원론→이기호발설 수정

16세기 : 율우논쟁
 - 율곡 이이 : 이통기국설, 이기겸발설(기발이승일도설)
 - 우계 성혼 : 이황 견해 지지

- **성리학의 영향**
 - 왕권강화와 사회윤리 강조 : 삼강오륜 강조
 - 계급의식 고취 : 봉건적 신분질서와 배타적 파벌의식 조장
 - 농본사상 강조 : 상공업 발전 저해
 - 농민계몽 : 서원과 향약의 영향
 - 중화사상 : 명분론적 사대모화사상 강조→실리, 실용, 실증 정신 결여

2. 예학·보학의 발달

- **예학의 발달**
  - 종족관계 : 상장제례 의식
  - 김장생 : 가례집람 : 조선 예학 완성
  - 유교적 가족제도 확립 기여 but 예송논쟁 발발

  사례편람 : 조선후기(18세기) : 이재 : 관혼상제 사례 서적, 노론이지만 학풍에서는 당색 초월
  　　　　　주자가례 보완, 우리나라에서 간행, 이용된 예서 가운데 가장 영향력

- **보학의 발달**
  - 족보 중시 : 문벌 형성, 양반 신분적 우위성 유지 : 종족 내력 기록, 암송 필수적 교양
  - 조선전기 : 아들과 딸 : 출생(연령)순 기재, 자녀가 없으면 무후 기록(양자 들이지 않음)
  　　　　　　친손+외손 기재(쌍계 : 양측 친족체계) : 만성보, 자손보 성격
  - 조선후기 : 종전 연령순→선남후녀 순 기재, 자녀가 없으면 양자 들임,
  　　　　　　동족(종가)관념 강화 : 친손 중심 변화 : 외손(17세기 : 3대, 19세기 : 1대 기록)
  - 딸은 사위 이름 기재, 딸이 재혼(후부) : 재혼한 남편 이름 기재
  - 부인 : 친정 성관, 부친 가문의 조상 기록
  - 항렬자 사용 : 처음 : 형제간 항렬자(돌림자) 사용
  　　　　　　　후기 : 가족적인 항렬이 동족적인 항렬로 확대 : 8촌간 같은 항렬
  - 양반문벌제도 강화 : 족보편찬과 보학의 발달 : 왜란이후 조선후기 더욱 성행

족보 기록 순서

  1. 서문(권두) : 족보의 일반적 의의와 일족의 근원과 내력

  2. 시조나 중시조의 사전(史傳)을 기록한 문장

  3. 시조의 분모도와 시조 발상지 향리 지도 도표, 범례

  4. 족보의 중심이 되는 계보표

선원록(선원세보)

  - 선록청 작성 : 왕실과 그 일족 족보

  - 태종 : 처음 작성

  - 숙종 : 처음 간행

  - 연산군, 광해군 : 왕자로 기록

3. 사림의 역사인식

  - 16세기 사림 : 단군보다→기자를 숭상 : 기자지(윤두수), 기자실기(이이)

  - 동국통감(단군조선 민족사 기원 : 삼국무통) 비판→ 동국사략(16세기 초, 박상 : 신라강조)

        표제음주동국사략(16세기 중엽, 유희령 : 가야 포함, 4국시대 : 고구려강조)

  - 17세기 화이관 연장 : 동사찬요(오운, 신라정통, 기전체), 여사제강(유계)

        휘찬여사, 동국통감제강(홍여하, 기자-마한-신라정통론)

도가사학(道家史學)

  - 해동전도록 : 단학의 계보를 정리한 책

  - 동사(東事) : 허목, 기전체, 단군정통론 강조 : 단군조선→부여→고구려→백제

    : 붕당정치 비판 [122] : 기자조선→마한(진한, 변한 통합)

---

122   이종휘 : 동사(東史) : 단군조선-고려 : 단군본기, 발해세가, 백제와 신라 기록 없고, 고구려 중심

- 해동이적(홍만종 : 단군-곽재우 : 단학인), 동국역대총목(홍만종), 규원사화(북애자)

동몽선습
- 16세기 박세무 : 아동 교육용 역사서 : 오륜의 의의 서술, 단군 이후와 중국 역대 왕계 수록

4. 16세기 사림 : 문학과 예술

● 문학
- 16세기 : 사림 : 경학 중시, 사장 배격 : 작품의 형식과 주제는 다양화
- 시조문학 : 황진이, 윤선도(오우가, 어부사시사)
- 가사문학 : 정철(관동별곡, 사미인곡, 속미인곡)
- 패관문학 : 어숙권(패관잡기 : 문벌제도와 적서 차별 철폐), 임제(화사 : 사대주의 사상 비판)
- 여류문학 : 신사임당, 허난설헌, 이매창(이계량), 이옥봉

● 예술
- 회화 : 15세기 전통을 토대+16세기 : 색다른 화풍 발전 : 자연속 서정적 아름다움
    : 16세기 : 선비들의 정신세계 표현 : 사군자 & 초상화 유행

화풍
- 15세기 : 중국 북송 원체화풍(곽희 화풍) 영향→산수(자연) 웅장한 구도 사실, 환상적 요소 가미
- 16세기 : 중국 명나라 절파화풍 영향→인물 강조, 산수(배경적 역할), 자연과 인간 조화 : 성리학의 학문적 입장과 통합 : 천일합일론

- 이상좌(노비 출신 : 송화보월도, 원광보살도)
- 조선중기 3절 : 이정(대나무), 황집중(포도도), 어몽룡(매화도)
- 김시 : 문인화가, 절파화풍 동자견려도
- 이경윤 : 왕족 출신 사대부 : 절파화풍, 산수인물화 : 탁족도, 시주도

● **건축**
- 신분질서 유지와 사치방지 목적 : 규모를 신분에 따라 차등(세종 : 법령 제정)
- 작고 검소, 주위 환경 조화 모색

14세기, 15세기(조선전기) 건축
- 숭례문(석왕사 응진전 모방), 개성 남대문, 평양 보통문, 팔만대장경 장경판전(해인사 경판고), 창덕궁(유네스코 세계문화유산), 돈화문, 창의문(자하문), 창경궁 홍화문 및 명정전, 신륵사 조사당, 신륵사 석탑, 원각사지 10층석탑, 무위사 극락전

16세기(조선중기) 서원건축 발달
- 유불교체 표현 : 주택건축양식+사원건축양식+정자건축양식=배합(혼합)
- 경주 옥산서원(이언적), 안동 도산서원(이황), 해주 석담 소현서원(이이)

17세기 사원건축 발달
- 금산사 미륵전, 화엄사 각황전, 법주사 팔상전(국내 유일 목조5층탑)
- 다층건물 대부분, 내부는 하나로 통하는 구조 : 불교 사회적 지위 향상, 양반지주층 경제적 성장

17세기 종묘건축
- 임진왜란 소실, 선조(개기입주 : 착공), 광해군(중건)

- 종묘(유네스코 세계문화유산), 종묘제례 & 종묘제례악(유네스코 세계무형유산)

18세기(조선후기) 건축
- 평양 대동문, 불국사 대웅전, 화성(수원성)
- 사회적 부상한 부농과 상인 지원 : 장식성이 강한 사원 건축 : 논산 쌍계사, 부안 개암사, 안성 석남사

19세기 건축
- 흥선대원군 : 경복궁 근정전, 경회루 중건

조선후기 정치제도의 개편

1. 통치기구 변화

- **비변사의 강화**
  - 중종 : 삼포왜란(1510) : 비변사 임시기구
  - 명종 : 을묘왜란(1555) : 비변사 상설기구
  - 임진왜란 계기 : 정치, 외교, 군사 등 모든 정무처리 : 문관+무관 합의기구 확대
  - 구성 : 의정부 3정승+5조 판서(공조 제외)+5군영대장+군무 능한 현직+전직 당상관 이상
  - 결과 : 의정부와 6조 : 유명무실, 왕권 약화 : 흥선대원군 이전까지 최고정무기관

- **군제의 개편**
    - 16세기 : 모병에 의한 직업군제 : 군적수포제(대역수포제)실시
    - 농민의 납포군화 : 농민의 부담 가중
    - 5군영 성립 : 붕당의 이해, 임기응변, 무계획적 설치, 용병제(상비군제)제도화
        : 병종과 재정기반을 각기 달리
        : 서인의 군사적 기반 강화 : 어, 총, 수
        : 남인의 군사적 대응 : 훈련별대 신설, 도체찰사부(윤후 설치)기능 강화
    - 5군영(중앙군) : 개항 후→무위영, 장어영 변화, 1881년 개화파 별기군 설치

조선시대 군사조직의 특징		
훈련도감	선 조 (1594)	수도방어 핵심군영 : 삼수병(포수, 사수, 살수)편제 : 삼수미세 징수 총수병(포수)중심 : 장번급료병 : 직업군인
어영청	인 조 (1624)	이괄의 난(1624)계기 : 기병, 보병 중심 : 지방 번상병 : 수도방어 효종(1652) : 북벌 준비 중심 군영 : 어영청 + 금위영=경제기반 : 보(保)
총융청	인 조 (1624)	이괄의 난 계기 : 수도외곽 경기방어 : 북한산성 설치 경기일대 속오군 편성, 자비부담
수어청	인 조 (1628)	정묘호란 후 남한산성 수비와 수도외곽 방어 경기일대 속오군 편성, 자비부담
금위영	숙 종 (1682)	남인 훈련별대 + 정초군=금위영 수도방어, 기병, 보병 중심, 지방 번상병 : 어영청+금위영=경제기반 : 보(保)

    - 지방군(속오군) : 초기 : 진관체제
        : 16세기 : 제승방략체제
        : 임진왜란 때 : 충주전투 : 제승방략체제 실패
        : 왜란 중 유성룡 건의 : 진관을 복구→속오군체제[123]
        : 구성 : 양반+농민+노비 : 양천혼성군 : 신분제 야기, 상비군적 성격 유지 안 됨

---

123 속오법 : 명나라 척계광(기효신서)참조 : 소규모 단위 편제법 : 훈련도감, 속오군 창설 도입

- 영장체제 : 정묘호란(1627) 후 : 인조(1627) : 속오군→전문적 무신(용병제화 : 직업군인)

2. 붕당정치의 발전과 변질

- 왜란 후 : 광해군 : 북인(대북파) 집권
- 인조반정 : 북인 몰락 : 서인이 우세+남인 참여=공동정권 양상 전개 : 붕당정치 실현

● **예송논쟁**
- 17세기 후반 : 조선정부 : 대외적- 북벌론 주장, 국민의 통합 유도
  : 대내적- 예치를 통해 사회질서 정립 : 복상논쟁

기해예송(1차예송 : 현종 : 1659)[124]
- 효종의 상 : 조대비(인조계비, 자의대비) 복상문제 : 서인(1년설) & 남인(3년설)
  : 서인 승리

갑인예송(2차예송 : 숙종 : 1674)
- 효종비(인선대비)의 상 : 조대비 복상문제 : 서인(9개월설 : 대공설) & 남인(1년설 : 기년설)
  : 남인 승리, 송시열 유배
- 경신대출척(경신환국 : 숙종 : 1680) : 예송논쟁 일단락, 17세기 예송논쟁은 이상적인 붕당정치

---

124 현종대(1659-1674) : 동성통혼 금지, 노양처소생종모종량법, 제언사 설치

- **붕당정치의 변질**
  - 갑인예송에서 집권한 남인의 유악남용사건, 삼복의 변(역모사건) : 경신대출척 : 남인 몰락
  - 서인집권(1680 : 숙종) : 서인(군자당) & 남인(소인당) : 남인 탄압 : 일당 전제화 추세
  - 숙종 : 환국을 주도 : 왕실 측권의 정치적 비중 높음
  - 3사와 이조전랑 : 환국이 거듭되는 과정 : 자기 당파의 이익 대변→공익대변자 : 정치적 비중 낮아짐
  - 정치권력이 고위 관원 집중→비변사 기능 강화
  - 상대당에 대한 보복 : 사사(賜死) 빈번, 정쟁 초점이 왕위 계승문제 : 국왕의 절대권이 위협 심각한 단계
  - 노론(송시열 중심 : 대의명분 중시, 민생안정 강조) & 소론(윤증 중심 : 실리 중시, 북방개척 강조)
  - 중앙 정쟁 도태→지방세력화→서원 건립(세력 근거지) : 원래 서원기능 상실→특정 가문 사우 난립
    : 갑술환국(1694)이후 : 남인본거지 경상도지방

3. 탕평책

- **붕당정치 긍정적 측면**
  - 공론 토대로 비판세력이 공존하여 건전한 정치풍토 조성

언론강화 수단
- 차자제도 : 고위 관료 간섭 배제, 절차를 간소화시킨 상소문
- 불문언근제도 : 취재원 묵비권, 언론의 자유보장
- 풍문거핵제도 : 소문에 근거해서도 탄핵가능

삼사 언관직 여론형성
- 수의제 : 의정부 재상 의견 공론화 과정
- 원의제 : 여론이 언관들의 합의된 의견이라는 삼사의 공통된 인식 도출
- 피혐제 : 관직을 사퇴(피혐)한 사람과 의견 교환 : 언관의 만장일치 추구

● **붕당정치 부정적 측면**
- 붕당정치 변질 : 극단적인 정쟁과 일당전제화 : 왕권 불안정→ 탕평론 제기

● **탕평책**
- 탕평책 본질 : 국왕의 타율적 조정, 정치적 균형 관계 재정립
- 경신환국 이후 : 숙종 : 처음 탕평책 실시 : 당파 연립방식→붕당 자주교체(환국 : 용사출척권)

숙종의 탕평책
- 붕당 원리가 지켜지지 않음 : 노론 중심 일당전제화 가속, 숙종 탕평책 무의미
- 경신환국(경신대출척 : 숙종 : 1680) : 유악남용사건 : 남인(제거), 서인(정권 장악) : 4색 붕당(노·소론 분열)
- 가사환국(숙종 : 1689) : 장희빈 아들 세자, 인현왕후 민비 폐비 : 서인(제거), 남인(정권 장악)
- 갑술환국(숙종 : 1694) : 폐비 민비 복위 : 남인(제거), 서인 중 소론(정권 장악)
- 병신처분(숙종 : 1716) : 가례원류 저작권 시비, 정유독대(세자 대리청정) : 노론 일당 전제화

숙종대 천재와 인재
- 17세기 : 기온이 낮아지는 소빙기 현상 : 자연재해와 전염병 심각 : 목면재배 확대

- 흉년, 홍수, 질병 : 140만명 인구감소(1693-1699) : 이앙법 널리 보급
- 승려 여환 : 미륵신앙 매개 왕조 저항(1688)
- 황해도 구월산 : 장길산+농민군=서북지방 혼란(1697)

영조의 탕평책과 문물정비

● **초기의 탕평책**
- 신임사화(1721-22) 이후 : 영조(1724-1776)
- 탕평교서 반포(1725), 성균관 입구 탕평비 건립(1742)

● **후기의 탕평책**
- 탕평책이 어느 정도 실효를 거둔 것은 왕권이 안정된 집권후기부터
- 완론탕평 : 군주편(탕평파)과 비군주편(비탕평파) 구분 : 탕평파 육성, 조제보합론(온건한 인사)
- 산림견제 : 상소제 중시, 이조전랑과 한림 : 자천권과 이랑통청권 폐지(1741), 서원 정리
- 공론방지 : 청요직 : 많은 당인 개방 : 언관과 언론기능 약화 시도
- 노론우세 : 소론(강경파)+남인=이인좌의 난(1728) : 나주 괘서사건(1755), 임오화변(사도세자 죽음)
- 강력한 왕권으로 붕당간의 다툼을 일시적 축소, 왕과 인척관계의 탕평파 가문 벌열화

● **영조의 치적**
- 사액서원 일절 중단, 균역법 시행, 신문고 부활, 노비공감법, 기로과(60세 이상 등용)

- 충량과(병자호란 공신자제 등용), 어제경세문답, 속오례의, 동국문헌비고[125], 숙묘보감, 속대전, 무원록, 속병장도설(병장도설 : 문종)
- 도성수비체제 : 수성윤음(1751) : 훈련도감, 어영청, 금위영 : 도성방위, 시전상인, 공인 국방비 부담
- 준천공사 완공(1760) : 준천사 설치, 청계천 하천공사, 공사인원 15만명 중 5만 품삯 지급

정조의 탕평책과 문물정비

● **탕평책 추진**
- 장헌세자(사도세자) 죽음 : 벽파(노론 강경파) & 시파(남인, 소론, 노론 청론 계열) 분열
- 영조 때 척신파(환관) 제거→소론과 남인 중용
- 군주도통론 : 남인 시파(채제공)+노론 중 탕평파를 비판 청론(홍국영)
- 준론탕평(청론탕평) : 각 붕당 주장의 시비를 명백히 구분

● **정조의 치적(1776-1800)**
- 봉건제(중앙집권)+군현제(지방분권)=절충 모색
- 한양+수원 : 내·외영 : 장용영(중간계층+평민상층) : 노론의 기존 군영 대항
- 균시적자론 : 모든 백성이 국왕의 적자 : 서얼과 노비에 대한 차별 완화
- 청의 백과사전 고금도서집성 수입
- 규장각(내각 : 1776) : 창덕궁 설치, 붕당 견제, 왕권 강화
    : 규장각 각신 : 모든 중요회의 참석
    : 서얼 발탁 : 박제가, 유득공, 이덕무, 서이수
    : 과거 주관, 서적인쇄(규장총목), 역사기록(내각일력), 원자교육, 지방

---

125 동국문헌비고(영조 : 홍봉한) : 최초의 관찬 한국학 백과사전

서원 제사 주재, 외규장각 설치(1781)
  - 신해통공 : 남인의 노론 정치자금 봉쇄 조치(1791)
  - 수원성(화성) 축성 : 수원(유수부 : 채제공), 동원된 장인과 농민 품삯 지급
               : 한양과 화성 간 : 신작로 개수, 신설
  - 초계문신제 : 경연과는 성격이 반대 : 37세 이하 당하관 규장각 위탁교육
               : 국왕의 엘리트 관료 양성책(1781-1800)
  - 홍재전서 편찬 착수 : 간행(순조), 문체반정(1792), 대유둔전 설치(수원부근 국
    영농장)
  - 팔도구관당상제 시행 : 숙종, 영조 이래, 지방통제 강화[126]
  - 노비추쇄법 폐지
  - 재상의 정책결정권 강화 : 정책운영중심 변화 : 비변사→의정부 변경
  - 수령의 향약 주관 : 사림주도 향약→수령 직접 주관 : 사림세력 약화 시도
  - 편찬사업 : 대전통편, 국조보감, 동문휘고(외교문서), 추관지(형법), 탁지지(호
    조), 증보문헌비고, 전운옥편, 규장정운, 심리록(범죄 판례집), 무예도보통지,
    존주휘편, 일성록, 일득록(정조 어록 : 우문정책, 탕평책), 규장총목, 정조어찰(
    다양한 탕평정치)

4. 조선후기 대외관계

● **청과의 관계**

  - 호란이후 북벌정책 추진 : 복수설취 : 서인의 장기집권 획책
  - 청은 17세기 말에서 18세기 : 국력신장, 문물 발전
  - 국학론 대두 : 숭명의리론→대청실리론 전환

---

[126] 숙종 39년(1713) : 팔도구관당상제의 시행은 비변사에 의한 지방통제의 본격화 : 현직 당상가운데 팔도구관당상 각 1명씩 8명을 임명하고, 다시 유사당상 4원으로 하여금 각기
2도씩을 겸관하게 하는 중층적 구관이 시작 : 지방의 군정, 재정, 행정가지 관할 통제.

- 백두산 정계비(숙종 : 1712) : 청의 요청 : 조선(박권) & 청(목극등) :

    : 조선(송화강 지류 도문강) & 청(두만강) : 간도귀속 문제

    : 만주사변 일제 철거(1931)

● **일본과의 관계**

- 임진왜란 후 : 일본(도쿠가와 막부 : 덕천막부) 쇼군(장군) 교체시, 쓰시마 도주, 교섭 요청
- 사신교환(1601), 유정 통신사 파견(1604), 왕릉도굴범 송환(1606)
- 선조(1607) : 일본과 국교 재개 : 여우길(회답 겸 쇄환사) 파견
- 광해군(1609) : 대마도주와 기유약조 : 무역 재개 : 부산포(동래) 왜관설치[127]
- 통신사 파견(17세기 초반) : 선조 때 유정(1604) 또는 여우길(1607) 이후
- 통신사 단절(18세기 후반) : 일본 국학운동, 순조(1811) : 대마도 제한, 일본 본토(입국 금지)

    : 국학운동→해방론(海防論)→정한론→운요호사건

- 울릉도와 독도 : 숙종 : 안용복 : 두 차례 일본에 건너가 조선영토 주장(1693, 1696)

    : 19세기 말 : 정부는 울릉도에 주민 이주 장려, 울릉도 군 승격(독도 관할)

조선후기 수취 체제의 개편

- 지배층의 정치적 쟁점 : 예론, 왕위계승문제→백성 생활문제 무관심
- 피지배층의 항거 : 항조, 거세, 피역, 유망, 민란
- 전세제도(영정법 : 인조 : 1636)

---

127 조선과 일본의 이중관계 : 조선과 도쿠가와 막부 : 대등한 교린관계(적례관계교린)
          : 조선과 대마도주 상국 입장(기미관계교린) : 수직왜인, 수도서인
  # 기유약조 : 조선 : 도서(인감), 서계(입국증명서) 발급 : 일본사절 입경 금지, 수직왜인 1년 1회 상경내조

- 공납제도(대동법 : 광해군-숙종 : 1608-1708)
- 군역제도(군역법 : 영조 : 1750)

1. 전세제도(영정법 : 인조 : 1636)

- 왜란 직전 170만결 토지→왜란 직후 30만결 격감
- 양전사업 실시 : 광해군(54만결)→인조(120만결)→숙종(140만결)→정조(145만결)
- 면세지 증가 : 토지결수 증가 but 면세지 확대 : 국가수입 크게 증가되지 못함
- 세종 : 연분9등급→15세기 말 : 최저 4-6두 관례화→영정법(흉풍 무관 1등전 기준 1결당 4두)
- 세종 : 수등이척법(동액수조방식)→효종(1653) : 양척동일법(차액수조방식)
- 농민다수 병작농 도움 안 됨 : 전세 외 삼수미세, 대동미, 결작 : 부과세 징수 : 조세부담 증가

2. 공납제도(대동법 : 광해군-숙종 : 1608-1708)

- 공납 : 호별세→방납 폐단 : 농민부담 가중 : 농민이탈→정부 재정 궁핍
- 이이(대공수미법 주장 : 1569)→유성룡지지 : 1594-1595년까지 시행
- 사대동 : 대동법의 선행 형태 : 수령이 돈으로 받아 공물을 마련 납부
- 광해군(1608) : 이원익 : 선혜청 설치, 경기도 처음 실시
- 숙종(1708) : 이언경 : 황해도 실시 : 전국적 실시(함경도, 평안도 제외), 8도 시행(X)

대동법 확산
- 광해군 : 경기도(이원익, 한백겸)- 1결당 16두(봄 8두, 가을 8두) - 인조 : 강원도(조익) - 효종 : 충청도, 전라도(김육)- 1결당 13두 - 숙종 : 전국적 실시(최석정)- 1결당 12두

- 대동법 : 민호(호별) : 토산물 부과→토지 결수(미, 포, 전) 납부
- 어느 정도의 수공업 발달 전제 실시
- 지주 부담 증가, 농민 부감 감소, 국가 수입 증대
- 상공의 전세화 : 별공과 진상 : 존속 : 토지 경작량이 아닌 소유량에 따라 차등 과세
- 조세의 금납화 현상; 현물징수→ 전화(錢貨)등 대체

● **공인의 등장(대동법 실시 이후)**
- 국가 지정 : 공물청부업자, 특허어용상인
- 시전상인 : 사상의 침해
- 공인 : 사상의 침해를 별로 받지 않고 번창 : 시전상인, 경주인(경저리), 장인 중에서 선발
- 공인계 조직(시전상인 : 도중(都中)조직)
- 공인 종류 : 상인적 공인(장시 물건 조달) & 장인적 공인(스스로 물건 만들어 조달)
- 공인 : 총약환제조장 설립 : 조총 등 무기를 군문, 진포, 사포수 등 판매

● **상품화폐경제 성장**
- 농민층 분해 촉진, 종래 신분질서와 경제체제 와해 : 양반중심 지배체체 붕괴
- 농민층 분해 촉진, 요역 임용화 촉진 : 부역제→임노동 대체
- 곡물의 상품화 현상 : 무곡(貿穀)상인, 원격지 교역, 미곡 시세차익 노림
- 대동미 : 춘등수미(봄 거둠, 상납미 : 중앙관아 공물수입비 : 경창 상납)
  : 추등수미(가을 거둠, 유치미 : 지방관아 경비사용 : 고을 배치)
  : 점차 상납미 증가, 유치미 감소 : 수령, 아전의 농민수탈 가혹

3. 군역제도(군역법 : 영조 : 1750)

- 양인 장정 납포군화 : 5군영 성립, 상비군제 제도화 : 1년 군포2필(중종 : 군적수포제)
- 숙종(1711) : 마을단위 총액 수취 : 이정법(군총제)실시→군포 폐단(백골징포, 황구첨정, 인징)
- 양역변통론 대두 : 군적수포제→균역법(상류층 군포부담)→호포제(양반 군포부담)

● **균역법 시행**
- 영조(1742) : 양역사정청 설치, 양인 호구조사
- 영조(1748) : 양역실총 간행
- 영조(1750) : 신만 건의 : 군포2필→1필 : 선무군관포(한량, 교생, 상류 신분층), 지주 결작(2두)
  - 어세, 염세, 선박세→ 균역청 관할(1753년 선혜청 병합), 지방재정(외획)→균역청 이관(이획)

● **결과와 영향**
- 군역 평준화
- 지주제 바탕의 세제 정비 : 조선초기 자영농 바탕 수취체제→지주제 현실 인정 수취체제
- 세도정치기 : 병작농 결작부담, 족징, 인징 연대책임 폐단 부활

조선후기 법정세입원
- 전정 : 전세(4두), 삼수미세(2.2두), 대동미(12두 : 대동법), 결작(2두 : 균역법) : 총 20.2두
- 군정 : 군포 1필(공정가격 : 쌀 6-12두)

- 환곡 : 모곡(이자) : 1/10

4. 조선후기 세제 개혁 특징

- 조세의 전세화 현상 : 균부균세 원칙 관철, 신분에서 경제력으로 조세 징수 전환
- 조세의 정액화(총액제) : 부농(신향) 출현, 면리제 발달, 토착양반 지배력 약화
  국가권력이 농민을 직접 지배 : 공동납제인 총액제 실시 가능

조선후기 세제 변화 : 전정(비총제), 군정(군총제 : 이정법), 환곡(환총제 : 이환법)
   비총법 : 전세, 대동미, 삼수미세(전결세), 외거노비 신공, 어세, 염세 등 광범위하게 이용
- 국가재정의 안정적 운영 : 공안(세입표) & 횡간(세조 : 세출표)
- 세제 개혁 한계 : 조선후기 세제 개혁 미봉책 : 19세기 민란 배경

조선후기 경제·사회의 발전

1. 농업 구조의 변화

- **경제의 활성화**
  - 정치체제, 수취체제 개편 : 궁극적 양반중심 지배체제 재확립 목적, 총액제적 수취방식 한계
  - 조선후기 사회변동 : 정부의 노력보다는→피지배층 스스로의 역량에 원동력
  - 도시의 상권 확대 : 농촌 이탈 농민 : 도시 이동, 상공업 활동 종사
  - 경제 활성화 : 사회변동 촉진하는 요인 작용

- **농업 생산력 발달**
  - 지주지 확대 : 대토지를 소유한 다양한 지주(왕실, 훈척, 향리, 대상인, 노비) 성장
  - 지주지 경영 형태 : 가작 경영 : 직접 경작(직영) : 지주 자신, 그 대리인이 노비 동원 경작

    : 대리 경작 : 노비에게 일정한 토지 분급, 그 대가로 경작

    작개지(외거노비 신공 일환, 수확 : 지주 몫)

    사경지(노동력 제공 대가, 수확 : 노비 몫)

    작개지+사경지 : 이 시기 농장 중요한 경영방식
  - 개간자 : 소유권+3년간 면세 혜택, 개간사업은 지주층 토지겸병과 지주제 확대 : 농민 혜택 X
  - 농법개량 : 수전농업 : 직파법→이앙법

    : 한전농업 : 농종법(여름작물)→견종법(겨울작물)
  - 논농사 : 이앙법 발달 : 농민의 소득증대 기여 : 보리농사는 소작료 수취대상 아님
  - 밭농사 : 그루갈이 발달 : 가을보리는 이듬해 여름수확+콩이나 조를 심어 2번 수확
  - 번답 유행 : 밭→논 : 정조 : 논이 전체 농경지 53% : 밭농사를 앞질렀음
  - 17세기 이후 : 농민들은 정부의 금지령에도 불구하고 이앙법의 일반화

    : 초기 : 국가 억제, 점차 수리시설 확충 : 권장
  - 이앙법의 전국적 보급 : 도맥이모작 실시
  - 농구와 수리시설 발전 : 농서(농구와 수리시설 항목 독자적 설정), 농기구 다양화[128]
  - 정조의 수리정책 : 서호수 건의 : 서양 수차 : 용미차 : 대천수를 끌어 올려 사용

    : 제언절목 : 저수지 독점 규제 규칙

---

128 해동농서와 과농소초 : 농기구 독립 항목 설정, 농기구 수, 제언, 보 : 수적 증가

: 송금절목 : 벌목 규제, 산림보호 규칙
  - 농법개량 : 경작 농민층에 의해 추진
  - 19세기 초 : 저수지 수 : 경상도>전라도>충청도

● **상업(환금)작물 재배**
  - 17세기 초 : 일본 류큐(유구) : 담배(남초, 남령초)→전라도지방 중심, 전국적 확대
  - 18세기 : 담배(장수, 진안, 성천), 인삼(개성, 강계) : 상업적 농업 발달
  - 개성상인 : 빈농 : 영농자금 지급 선대 : 상업작물 수확하면 싼값 수매

● **구황작물 재배**
  - 영조(1763 : 18세기) : 통신사 일본 파견 : 조엄 : 고구마(남저, 조저, 감저), 제주도 재배
  - 19세기 : 중국 : 감자(북저, 토감저), 옥수수, 땅콩(낙화생)

● **영농기술 발달**
  - 농민 1인당 경작 면적 확대 : 조방농업→집약농업 전환 : 광작 증가
  - 광작의 실시 결과 : 농민 중 경영형부농(요호부민)+서민지주
       : 대다수 농민 : 농촌 이탈 : 상공업 종사, 임노동자, 노비 전락

● **농민층의 분화 촉진**
  - 16세기 이래 : 부역제 해이
  - 17, 18세기 : 정부 부역 노동 불가능 : 임노동자 고용
  - 농촌에서는 1년 계약기간 : 품팔이 노동력(고공 : 머슴) 다수
  - 광작하는 부농 : 노동자 확보, 농작업 일부 또는 전 과정 미리 계약 : 고지노동

- **지대의 변화**
    - 항조운동 : 조선후기 농업경영 변동 : 지주권 약화, 전호권 성장→병작반수제
        : 전라도, 경상도 지방 농민 : 소작권 인하 요구
    - 타조법(전기-후기)→도조법(18세기)→도전법(19세기)
    - 타조법 : 수확량 2분의 1(정률지대) : 경제외적 관계
    - 도조법 : 수확량 3분의 1(정액지대) : 경제적 관계, 부재지주 토지 일반화
        : 도조권 : 지주와 소작인 공동 소유권, 소작인 재산권, 매매, 양도, 전대(중도지) 가능
        : 도지원을 가진 농민 : 자작 겸 소작농 : 광작을 통한 부의 축척 가능, 부농 성장
        : 궁방전, 관둔전 : 1년 수입을 확정하여 예산 집행 : 도조법 채택

- **토지 소유권의 신분적 변동**
    - 토지의 상품화 현상 : 지주층 : 양반 외 상민, 천민까지 확대
    - 개간을 통해 지주로 성장 가능

2. 상품화폐경제 발달

- 17세기 이후 : 농업 생산력 증대, 수공업 생산 활발, 상업 발달 촉진

- **공인의 활동**
    - 서울 시전+지방 장시 활동 : 독점적 도매상인 도고 성장
    - 도고 : 관상+사상 : 조선후기 상업 특징
    - 쌀, 소금, 잡다한 일용품까지 매점대상 : 하층 소비자 피해 극심

● **난전의 발달**
- 농민층 분화현상, 몰락농민 도시유입
- 난전(3대 자유시장) : 이현(동대문 : 채소), 칠패(남대문 : 생선, 소금), 종루(종로)
- 일부 난전은 시전에서 물건을 가져가 파는 중간도매
- 일부난전과 일반상인도 시전을 조직, 정부로부터 금난전권 부여

● **금난전권 철폐**[129]
- 정조(1791 : 18세기 말 : 신해년) : 6의전 제외, 나머지 시전의 금난전권 철폐(사회주의+자본주의)
    : 신해통공, 통공발매 : 남인의 노론 견제책
- 신해박해(정조 : 1791) : 노론의 남인 견제책
- 문체반정운동(정조 : 1792) : 정조의 노론 견제책

● **사상의 발달**
- 송상 : 보부상 연계, 전국 송방, 인삼 재배 : 만상과 내상을 중계무역, 대외무역 관여
    : 송도사개부기(복식부기), 주판, 어음 발행, 조선후기 민란 재정적 후원책
- 경강상인 : 한강(경강), 서강, 용산강 : 3강 근거 : 미곡, 소금, 어물 운송과 판매
    : 조선도고 : 강주인(강상), 그들의 선박은 주교(배다리) 설치 이용
- 만상 : 의주상인, 중국파견 사신 수행, 홍삼 80근 휴대 교역(팔포대상)

---

129 금난전권 : 영조(1762) : 난전폐절목 제정 : 6의전 특권수 줄이고 금난전 특권수 7개 제한

● **지방 상업 활동**
  - 장시 : 15세기 말(성종) : 전라도 형성 : 월2회→10일장
          : 17세기 이후 : 10일장→5일장
          : 18세기 중엽 : 전국적 확대 : 1천여개 장시 형성, 한 군 5개 정도, 점차 상설시장화
  - 상업도시 발달 : 강경, 전주, 수안, 안성, 수원, 대구(약령시), 안동 : 상업도시 성장
  - 객주 : 조선후기 지방 최대 도매상
          : 보행객주 : 객실 숙박 담당
          : 물상객주(환전객주) : 상업, 금융, 어음발행 담당
          : 정부 세금 담당, 정부 보호 반어용상인
          : 개항초기 : 외국무역 담당자, 상품위탁 판매자 대두 : 1930년 철폐
  - 감고 : 관청, 궁방 : 돈, 곡식, 물건, 보관, 관리 잡다한 용무 종사, 쌀됫박질 능숙
  - 거간(여리꾼) : 상인과 소비자 중간 거래(중개사)
  - 표구 상거래 발달 : 육상운수가 발달하지 못했기 때문에 수로를 통한 표구 상거래 활발
          : 처음 : 가까운 포구간, 인근 장시와 연계
          : 후기 : 전국 각지 포구가 하나의 유통권 형성 : 경강상인, 객주, 여각 활동
          : 한강 주변 선촌 형성 : 마포(삼개)주변 신촌(新村)

조선시대 상인의 종류

구분	관허상인(관상)	자유상인(사상)
서울	시전상인, 공인	경강상인, 난전상인
지방	보부상	송상, 만상, 객주, 여각

● **상업자본 형성**
- 새로운 상인층 상업자본 형성→수공업과 광업 지배 : 수공업분야 : 선대제 대두
- 도고상인 : 상업자본을 산업자본으로 전환하기보다는 토지에 투자하여 봉건적 토지 소유 관계를 고수하려는 경향, 획득한 부로써 신분매매와 관직매매 봉건적 지배 편승
  : 상업자본을 정치자금으로 활용
- 19세기 : 인삼재배업 : 송상 : 상업자본 단계에서 산업자본 단계에 이름

● **금속화폐의 주조와 유통**
- 숙종(1678 : 17세기 후반) : 상평통보 전국적 유통
- 동광개발 활발, 구리와 주석을 일본에서 수입
- 18세기 후반 : 세금 금납화(대동미→대동전, 결작→결전), 지대도 화폐 지불(도전법)
  : 상평통보 1차적 유통수단
- 화폐주조 : 중앙정부+지방관아+민간 도급 주전(사주전)
- 대규모 상거래 : 상평통보(동전)대신→환, 어음 등의 신용화폐가 이용
- 전황(전귀) : 부의 수단으로 화폐 저장 : 유통화폐의 부족현상, 화폐발행량 부족X
- 중농학파 : 이익 : 폐전론
- 중상학파 : 유수원, 박지원 : 용전론(이규경 : 폐전론)

● **대외무역 발달**

청과의 무역
- 17세기 중엽 : 청과의 무역 활발 : 만상 종사
- 처음 : 개시 중심, 이후 개시→후시 변경

- **압록강 국경무역**
  - 중강개시 : 선조(1593) : 최초 : 임진왜란 중 유성룡 주장 : 기근 : 요동 쌀 수입 개설 곧 폐지
              : 인조(1646) : 청의 요구 : 말과 인삼 : 금지
  - 중강후시, 책문후시, 회동관후시, 단련사후시

- **두만강 국경무역**
  - 경원개시(인조)+회령개시(인조)=북관개시(쌍시)→북관후시 변경

일본과의 무역
  - 광해군(1609) : 기유약조 : 왜관개시(부산포 : 동래)→왜관후시 변경
              : 동래상인(내상) 종사 : 일본에서 수입한 은은 중국에 수출(중계무역)
  - 대외무역 영향 : 역관들에 의해 지하경제 형성
              : 17세기 : 장희빈 백부 : 장현
              : 18세기 : 허생전 변부자 모델 : 변승업

3. 수공업과 광업의 발달

- **자본주의적 관계 발생**
  - 17세기 이후 : 상품화폐경제와 상업적 농업 발전
  - 18세기 : 수공업과 광업 : 점촌 형성, 지방에는 전업화 현상, 공장제 수공업 대두
              : 분업적 협업 : 유기공장, 야철공장

- **민영수공업(사장제)의 발달**
  - 조선초기 : 관영수공업(관장제), 부역제 토대, 경공장과 외공장 : 1년 4-6개월 노동력 징발
  - 16세기 전후 : 부역제 해이→임노동자 고용 : 사장 대두
  - 18세기 말(정조) : 공안안 폐지, 독립 민영 수공업자 : 1년 무명2-3필 장인세 납부 : 납포장
  - 민간수공업 유형 : 선대제 수공업(17-18세기 전반) : 상인(물주 : 자본주)이 수공업자에게 선대
    - : 종이, 화폐, 철물 : 고가품 제조분야
    - : 독립자영수공업(18세기 후반) : 저가품 생산, 자기자본 생산, 판매
    - : 가내수공업 : 농촌, 마포, 저포, 면포(토포) : 직물과 그릇 종류 생산, 판매

- **광업의 발달**
  - 조선전기 : 국가 직접 경영 : 사적인 광산 경영 금지
  - 16세기 이후 : 사채 허용→세금을 거두는 정책 변화 : 단천 은광(중국 : 은본위제)
  - 17세기 : 정부 : 민간의 부역노동(군역의무자) : 감관 감독하의 부역노동
  - 17세기 중엽이후(효종 : 1651) : 관설점 민경영(설점수세법 제정) : 별장제하 설점수세법
    - : 70개소 은광, 호조에서 파견한 별장(부대상고 : 수세 업무)
  - 18세기 초, 중엽 : 농민 광산 집중, 이농현상 : 금채령, 잠채 성행
  - 18세기 후기(영조 : 1775) : 별장제 폐지→민설점 민경영 : 물주제
    - : 물주가 수령과 호조 허가, 호조가 정한 세금을 수령에게 바침
    - : 물주는 덕대를 통해 임노동자 고용 : 광산경영에 분업적 협업
  - 18세기 말(정조) : 광산 임대차제도 : 덕대제(혈주제)

: 덕대는 현지출신, 물주로부터 자본을 조달받아 10-20명 노동자 고용, 감독
: 덕대 실질적 광산경영자, 광산노동자 우두머리 : 덕대 자신 자본가로 성장

4. 사회구조의 변화

- 양란 후 : 부농층과 임노동자, 상업자본가와 독립수공업자 : 신분과 부의 불일치 현상
- 신분제의 동요로 양반의 수가 증가, but 신분질서가 없어진 것은 아님
- 양반의 계층 분화 : 벌열양반, 향반(토반), 잔반[130] : 분화
- 양반증가 원인 : 19세기 전후 : 양반 인구 증가→상민과 노비 인구 감소
  : 양반 신분 사거나, 족보 위조

● **신분제 동요의 원인**

- 합법적 방법 : 납속책[131], 납전속량, 공노비 해방(1801), 군공, 대구속신, 노비공파법, 공명첩, 노양처소생종모종량법 : 현종(최초), 영조(불변의 법)
- 비합법적 방법 : 모속(모칭유학), 도망노비 반노, 환부역조, 매향, 투탁(두탁), 통혼(신분 속이고), 홍패 위조
- 자연 증가가 아니라, 사회 이동의 현상 : 양반(증가), 평민호(감소), 노비호(실질적 소멸)

---

130 잔반 : 조선중기 이후 몰락 양반층 : 19세기 이후 민란(반란)지도자 : 홍경래, 최제우, 유계춘, 이필제, 전봉준 : 조선 봉건사회 도전자, 반왕조운동 선구자
131 납속책 : 선초(논의), 임란후(재정파탄의 미봉책), 조선후기(합법적 신분변화 방법)
   : 선조(1593) : 납속사목, 납속면천, 납속수직
   : 납속책+속오군=조선후기 신분질서 붕괴 결정적 계기

- **중간계층의 성장**
    - 17세기 : 중간계층이 대두
    - 18세기 : 본격화
    - 19세기 : 대세화 : 사대부 자처
    - 임진왜란 이후 : 서얼에 대한 차별 완화
    - 17세기 중엽 : 서얼금고 철폐
    - 서울 명문 서얼 : 동통사로(청요직), 승계권, 호부호형 : 3대 구호 주장
    - 지방 서얼 : 향안등록, 향교서치 요구
    - 영조 : 통청윤음 : 호부호형 허용
    - 정조 : 서얼허통절목 : 규장각 4 검거관 기용 : 유득공, 이덕무, 박제가, 서이수
    - 순조 : 계미절목 : 한품 정3품→종2품
    - 철종(1851) : 신해절목 : 문과급제자 : 서얼차별 폐지 공표
    - 철종(1857) : 서얼 문과급제자 : 승문원 분관 : 청요직 임용 요청의 통청실현

중간계층의 역사서 편찬
    - 양반중심의 역사 서술에서 평민중심의 역사로 전환하는 지표
    - 연조귀감(이진흥 : 향리), 이향견문록(유재건 : 서리), 희조일사(이경민 : 서인), 호산외기(조희룡 : 중인), 규사(이진택 : 서얼), 고문비략(최성환 : 중인)
    - 중간계층의 활동 : 대청외교 : 역관들은 외래문화 수용 주도적 역할
              : 새로운 사회 수립 추구 : 성리학적 가치 도전 : 전문적 차지식층

- **부농층과 임노동자 대두**
    - 농민 대다수 : 영세한 소작농, 도시나 광산 임노동자
    - 일부 농민 : 경영형 부농 : 자작농+병(소)작농 : 농지 확대, 영농방법 개선, 상품작물 재배

- **노비의 지위향상**
    - 공노비 해방(순조 : 1801) : 공노비(내시노비) : 6만6천여명 해방
    - 강화도조약과 개항(1876)
    - 노비세습제 금지(고종 : 1886):공사노비 매매 금지, 사가노비절목(노비간 소생 노비 안 됨)
    - 사노비 해방(고종 : 1894) : 갑오개혁 : 공사노비제도 폐지

향촌사회의 변화

- **토착양반의 향촌지배**
    - 조선중기 이후 : 토착양반은 수령과 길항(대립)관계 and 기본적 유착 : 향촌사회 지배권 장악
    - 서원과 사우(문중 결속 도모), 동계(동약)발전(하층민 유대 모색)

- **신향의 대두(조선 후기에 등장한 부농층)**
    - 조선후기의 자연촌의 경제적 성장+18세기 초 이정법 실시 후 : 구향→신향 교체
    - 신향 : 서얼, 향리, 부농, 도고상인 : 이향층(이서+향임)
    - 종래 양반의 이익을 대변하던 향회는 수령이 세금을 부과시, 의견 묻는 자문기구 전락
    - 신향(요호부민) : 경제적 부를 이용 : 향안에 이름을 등록 : 좌수, 별감 임명
    - 18세기 중엽 이후 : 구향 & 신향 : 향전 발발[132]
    - 신향의 도전에 중앙정부는 방관 내지 동조 : 구향의 지배력 약화 기도
    - 종래 사족을 통한 향촌지배 방식→수령과 향리 중심의 관권 지배 체제로 전환
    - 향리 : 조선 초와 달리 역할과 지위 상승하여 향리층의 분화

---

132 거관대요 : 18세기 후반 수령실무지침서 : 향전과 향임(공정한 업무 수행)

- 향리가 부족한 지역 : 가노(家奴) 등의 천민들이 가리(假吏)가 되어 향리의 보조역할 담당
- 신향 : 수탈의 주체(수령과 결탁) and 수탈의 객체(19세기 도결제와 총액제 부담 : 신향층 가중, 수령의 지나친 물질적 요구 : 민란 가담)

● **조선시대 인구 동향**
- 3년 : 호적대장 : 국가의 인구통계는 주로 남성위주 기록(공물과 군역 담당자 : 남자)
- 조선시대 인구 : 경상도, 전라도, 충청도(하삼도) 전 인구 50%
- 조선시대 인구 : 건국초(550-750만명), 임란이전(1000만명), 임란이후(800-900만명), 19세기 말엽(1700만명)

조선후기 사상과 문화의 새 기운

1. 성리학계의 동향

● **이기론의 발달과 학통**
- 북인 : 서경덕+조식→정인홍, 곽재우
- 남인 : 이황→유성룡
- 노론 : 이이→송시열 : 남인에 대한 강경파
- 소론 : 성혼→윤증 : 남인에 대한 온건파 : 이황(호의), 이이(비판) : 양명학+노장사상=수용

  : 성리학 이해 탄력성 : 윤증 : "군주없이 백성은 존재 가치가 없고, 백성없이는 군주의 존재 가치가 없음"

  : 양명학 연구 : 강화학파

주기설의 발전

- 17세기 중엽 : 영남학파 시작 : 인물성동이론논쟁
- 18세기 : 기호학파 확산(노론 내부 논쟁) : 인물성동이론 : 호락논쟁[133]

주기설의 발전

한원진	호론(충청도)	이론	기(氣) 차별성	화이론(북벌론) 위정척사론(김복한)	정약용 영향
이간	낙론(서울)	동론	이(理) 보편성	화이론 배격(북학론)→개화사상 위정척사론(이항로)	홍대용, 박지원 영향

- 개화철학 : 19세기 중엽 : 최한기 : 기일원론(유기론) : 경험주의 철학 발전 : 개화철학 선구
  : 저서 1000여권 중 일부 명남루총서 전함 : 동도서기론 선구

주리설의 발전

- 남인 영남학파 : 주자 학설 정통 : 경상도 지방 남인 : 이황, 유성룡
  : 주자와 다른 학설 : 경기도 지방 남인 : 이익, 정약용
- 조선 말 : 주리철학 3대가 : 기정진, 이진상, 이항로 : 이일원론 : 유리론 : 한말 위정척사 철학기반

2. 양명학의 수용

● **성리학의 한계성**
- 16세기 후반 : 동인학자 중 성리학에 대한 비판
- 17세기 후반 : 남인, 소론 중 주자와 다른 경전 해석 시도

---

[133] 호락논쟁 : 주기론 고집 : 충청도지방 노론(호론) & 주리론 수용 : 서울지방 노론(낙론)

- 정여립(동인) : 16세기 후반 : 대동계 : 천하공물설, 하사비군론 : 군신강상론 타파 시도
- 윤휴(남인) : 17세기 후반 : 유교경전을 주자와 다르게 해석 : 사문난적
- 박세당(소론) : 양명학+노장사상 영향 : 인식의 상대성 강조, 성리학 비판 : 사문난적

- **양명학의 연구**
  - 16세기(중종) : 전래→서경덕 학파와 종친들 사이에 점차 확산 : 이황, 유성룡 비판
  - 16세기 말 : 남언경, 이요 등이 관심
  - 17세기 : 최명길, 장유(조선식 양명학 전환) : 초기 양명학 입장
  - 18세기 초 : 정제두 : 양명학에 대한 본격적인 연구 시작
  - 양명학 : 경기도 지방 중심 : 재야 소론 계열학자와 불우한 종친출신 학자들 연구
  - 강화학파 성립 : 정제두 : 존언, 만물일체설, 성학설, 학변, 변퇴계전습록변 : 학문적 체계 성립
  - 양명학 한계 : 양주음왕 학자들이 많음 : 한말 이후 : 이건창, 김택영, 박은식(유교구시론), 정인보(양명학연론) : 양명학 관심

3. 실학의 수용

- **이론적 배경**
  - 통치 질서 와해 : 진보적 지식인인 실학자들은 국가체제 개편하고 민생문제 개혁방안 제시
  - 성리학의 사회적 기능 상실 : 성리학에 대한 반성과 비판
  - 경제적 변화와 발전 : 실학사상 토대

- 조선후기 신분 변동 : 실학자들은 몰락양반의 생계대책과 서민층 생존문제 관심
- 서학 전래 : 17세기 이래 중국에서 서학서적 전래 : 과학적이고 합리적 사상 전래, 세계관 변화
- 고증학의 영향 : 청나라 고증학 : 실사구시, 무징불신 : 학문연구에 실증적 방법 강조
- 실학의 개념 : 영, 정조시대 이후 일어난 새로운 학풍, 관점적 요소 강하고, 성리학 반발, 백성의 존재 인식, 민족 자각 : 진보적 신유학(반유학X)[134]
- 연구분야 : 경제지학(정치, 경제, 농업), 국학, 실사구시학(금석문), 자연과학 등 다방면
- 학문적 배경 : 성리학의 주기론 출발→성리학 의문→원시유학(공자, 맹자)복귀→성리학 비판
    반주자적 학문 : 현실적인 사회과학, 자연과학, 기술학 : 실증적, 과학적 방법 연구

● **실학의 구조**
- 객관적 자연관(귀납적 태도), 과학기술사상(지전설), 경제윤리(양반 상업종사, 부국강병), 경험적 실천윤리, 화이관 극복, 중상주의 정책(말업관 타파, 해외통상), 백과전서 간행, 탈성리학적 경향, 근대지향적 개혁사상 : 계급타파, 화폐유통, 토지개혁론, 군제개편

● **실학의 전개**
- 경험, 현실 중시 : 주기론→실학의 선구(정여립, 허균, 정인홍, 이수광, 한백겸, 유몽인)

---

134 실학 : 실학은 장지연이 조선유교연원(1922)에서 실학의 경향을 처음 지적. 1930년대 조선학운동의 일환 : 최남선, 정인보, 안재홍, 백남운, 최익한 : 실학 표현 사용. 정인조가 실학을 체계적으로 정리

→체계화(유형원)→학파형성(이익)→집대성(정약용)→개화사상 접목(이규경, 최한기)
→개화사상→민권사상(독립협회)

실학의 발달

- **선구자**
    - 이수광 : 지봉유설에 마테오리치의 천주실의, 곤여만국전도, 교우론 등을 수록 : 최초 서양사상 소개
        국가병폐 12개 항목 제시 : 개선책 제시, 자신 학문(무실의 성리학 명명)
    - 한백겸 : 동국지리지(최초 역사지리지) : 실증적 방법, 삼한 위치 고증, 경기지방(대동법 실시)
    - 김육 : 시헌력 채용, 충청도, 전라도(대동법 실시), 수차이용 주장, 유원총보, 해동명신록 저술
    - 유몽인 : 은광개발, 화폐유통, 수레, 선박, 벽돌, 천주교(천주실의)와 유, 불, 선 비교 : 어우야담 저술

- 중농학파(경제치용학파, 전기 실학파, 성호학파, 근기남인학파)
    - 18세기 전반 : 경기도 남인 학자들, 농업 중시, 토지분배를 통한 민생안정과 부국강병 모색
    - 토지개혁론 : 지주제 개선 및 철폐 : 경자유전의 자영농 육성 주장

중농학파와 중상학파의 특징

중농학파		중상학파	
	유형원 : 균전론		홍대용 : 균전론
	이익 : 한전론, 균전론		
	정약용 : 정전론, 여전론		박지원 : 한전론
	서유구 : 둔전론		

- 신분제 개혁 : 사농일치, 양반과 상민 차별 철폐, 노비제 개선(노비제 철폐는 아님)
- 과거제 개혁 : 과거제 개선 내지 폐지
- 상공업 억제 : 억말론, 근검 중시
- 폐전론 : 전황과 고리대로 인한 농촌 피폐
- 자유방임주의 배격 : 중농주의+중상주의=공통

● 유형원(1622-1673) : 호(반계) : 실학의 체계화, 북벌완수 주장, 화성 필요성 강조
- 반계수록(숙종 : 1670) : 국가제도 개혁론, 영조(1770) : 왕명으로 간행, 백과전서(X)
- 균전론 : 고대 정전제 모방 : 토지국유제하 사농공상 차등분배
- 상공업 통제 : 자영농 육성
- 노비세습제 비판, 노비제도 인정
- 농병일치 군사제도, 사농일치 교육제도
- 과거제 폐단→천거제(공거제) 주장, 문음제도 인정

● 이익(1681-1763) : 호(성호) : 학파형성(근기남인학파), 허목의 학풍 계승
- 성호사설 : 백과전서 : 군주와 재상 권한 강화 : 군주가 친병(親兵)소유
- 농민 최소 토지(영업전), 점진적 토지소유 평등(균전론), 토지소유 상한(한전론)
- 화이론 세계관 부정, 삼한정통론 주장
- 6두론 : 노비, 과거, 문벌, 기교(사치, 미신), 승려, 나태 : 노비 소유 상한제
  과거주기(3년→5년), 과천합일제 주장
- 폐전론 : 고리대와 화폐유통 폐단 주장
- 사창제도 : 환곡제 문란 해결책
- 역사 : 선승악패의 윤리적(주관적)해석보다→ 객관적 해석 중시
- 역사 : 통치자의 재덕이 아닌→ 시세(환경)에 의해 성패가 결정

- **정약용(1762-1836)** : 호(다산, 여유당, 사암), 실학 집대성, 성리학을 잡학으로 폄하
  - 여유당전서(503권), 경세유표, 목민심서, 흠흠신서
  - 토지개혁론 : 여전론(농자득전 불농자부득전), 정전론, 지주전호제 철저히 부정
  - 신분타파 : 군주 선거제, 대중에 의한 천자 교체는 반역이 아니다.
  - 고액권 화폐 발행 : 중국으로 금 유출 방지 목적
  - 기술개발 : 한강 주교, 화성(수원성)축조 거중기, 기예론, 종두법(마과회통, 종두방서)

  사진기원리(칠실관화설), 물의 굴절현상, 이용감 설치 주장
  - 목민심서 : 안정복 임관정요 참조 : 목민관이 백성을 다스리는 도리 서술
  - 경세유표 : 중앙정치제도 폐해 지적, 개혁방안 제시 : 서문 방례초본 : 정전론
  - 흠흠신서 : 형옥관련 법률정치서, 조선법제 연구에 중요한 자료
  - 탕론 : 백성이 나라의 근본 : "천자는 민중이 추대하였다."
  - 원목 : "목은 민을 위해서 있는 것이지 민이 목을 위해 있는 것은 아니다"
  - 전론 : 여전론 : 지주전호제 비판
  - 아방강역고(장지연 : 대한강역고)
  - 아언각비 : 한국 속어 연구, 한자 사용 착오 시정
  - 천체전중변 : 기해예송 이후 서인과 남인의 예론 비판

- **윤휴 : 백호독서기**

- **박세당 : 색경, 사변록**

- **홍만선 : 산림경제**

- **서유구 : 의상경계책 : 둔전제 : 국영농장제**

- **우하영 : 호(취석실) : 천일록, 관수만록, 수차보급, 백지징세 근절, 상업적 농업 주장**

- **중농학파 영향 : 보수적이고 유교적 이상국가론 머뭄**

중상학파(이용후생학파, 북학파, 후기 실학파, 연암학파)
- 18세기 후반 : 서울의 도시적 분위기 성장, 노론 집권층 중 낙론계열 다수 배출
- 청은 타도, 배척의 대상이 아니라→ 존경, 배움의 대상이라는 인식이 확산
- 농업기술 혁신 관심 : 농업 생산력 향상, 기술혁신 주장 : 농업의 개량화, 전문화
- 상인통제 : 사상(도고) 횡포 규제, 자유방임주의 배척→중농학파, 중상학파 : 공통 주장
- 해외통상론 : 국제교역, 개화철학 선구
- 지주제 긍정 : 토지 소유 상한선 제시 − 용전론 : 상평통보 유통 주장

- **유수원(1694-1755) : 호(농암)**
  - 중상학파 선구자 : 우서, 소론, 나주괘서사건(1755) 처형
  - 사(私)주전 금지→화폐유통 장려, 합작을 통한 경영규모 확대, 사상 횡포 방지
  - 선대제 주장 : 상인 물주가 수공업 지배
  - 사민분업 사민일치 : 직업의 전문화, 분업화
  - 상인의 지역사회개발 제안 : 학교, 교량, 방위시설 구축 제안
  - 농업의 전문화, 상업화 주장
  - 노비제 비판 : 노비제 모순 비판 but 노비제 폐지 주장 아님

- **홍대용(1731-1783) : 호(담헌)**
  - 한국의 갈릴레오 : 동양 최초 사설 천문관측소 : 농수각 설치, 혼천의 제작

- 북학파 선구자 : 북경 사행, 담헌연기, 의산문답(지전설), 임하경륜(균전제 : 성인남자 2결)
- 성리학 극복이 부국강병의 근본 : 사민개학론(사농공상 자제 교육)

● 박지원(1737-1805) : 호(연암)
- 북학론 집대성 : 노론 출신, 정조 북경 사행 : 열하일기(정조 : 문체반정운동)
- 신분제 비판 : 양반전, 허생전, 호질 : 패관소품제 한문소설 : 문체혁신 시도
- 한전론 계승 : 과농소초, 한민명전의 : 이익 한전론 계승 : 토지소유 상한선 제시
- 농업 생산력 진흥 주장, 지주제 인정
- 열하일기 : 사원간접자본 확충 차원(수레, 선박 이용 주장), 화폐유통, 상공업 진흥
- 양반문벌제도 비생산성 비판, 농상공 이념을 포함한 선비의 학문이 실학

● 박제가(1750-1805) : 호(초정)
- 북학파 형성 : 규장각 검서관, 북학의, 존주론(북벌론 비판)
- 소비가 생산 촉진(우물물 비교, 여공도 비단옷 착용), 수레, 선박, 벽돌 사용
- 놀고 먹는 양반 상업종사 주장
- 국제무역론 : 동남아, 서양과 국제통상, 서양 기술자 초빙 주장
- 평가 : 정약용에 영향 : 실학집대성 기여

● 우정규 : 경제야언, 은점 장려, 환곡변통론 주장

● 중상주의 영향 : 중농학파 이상국가론 탈피 : 적극적 부국강병책 제시→개화사상 영향
: 19세기 전반 : 북학사상의 심화단계로 김정희 실사구시학파 대두

국학파

- 양란 후 : 민족 전통과 현실의 당면 문제 관심 : 우리문화 관심 : 역사, 지리, 국어 : 국학 발달

● **실학자의 역사인식**

- 역사학 독자성 추구 : 경사일체(사림파)→경사분리(실학자) : 사학(역사)이 경학으로부터 독립
- 중화부용적 역사 서술 탈피→한국사 독자성 강화(고구려, 발해사 연구)
- 15세기 : 동국통감(서거정) : 단군조선→기자조선→위만조선 : 3조선 정통론
- 18세기 : 동사강목(안정복) : 단군조선→기자조선→마한–문무왕–왕건 : 성리학적 정통론 입각:

    : 삼한(마한)정통론→중국계 정복 왕조인 위만조선, 4군, 2부 : 종래 화이사관 탈피[135]

- 고대사 연구 : 객관적, 과학적 서술 전개
- 과거 과목 : 한국사 포함 주장

조선 실학자 역사서 편찬

저서	저자	내용
동사회강 (1711)	임상덕 (편년체)	삼국사기, 고려사, 여사제강, 동사찬요 : 한국 역사책+중국 역사책 : 삼국-고려 공민왕 역사 : 강목체 : 동사강목 영향
동사강목 (1778)	안정복 (편년체)	고조선-고려말 : 단군 → 기자 → 마한 → 삼국통일후 신라 → 고려 : 삼국무통 고증사학 토대 : 삼한정통론 : 한국사 체계화
동사(東史) (1780)	이종휘 (기전체)	단군 → 기자 → 삼한 → 후조선(위만) : 본기 : 수산집 수록 고구려 : 단군 혈통+기자 문화 = 동시 계승 : 최초 단군조선 : 본기 서술
발해고 (1784)	유득공	발해사만을 최초 다룬 사서 : 대조영 아버지(속말말갈인) : 고증 오류 남북국시대 첫 언급 : 한국+중국+일본=사서 24종 참고

---

135 성리학적 정통론 : 성리학이라는 학문자체의 정통론 강조
　　화이사관 : 중국에 대한 현실적 종속관계 인정

저서	저자	내용
연려실기술 (1797)	이긍익 (기사본말체)	400종 참조 : 조선시대 정치와 문화 정리 : 실증적, 객관적 서술 사견(私見)없이 사관(史觀)에 입각 : 불편부당 공정 서술
해동역사 (1820)	한치윤 (기전체)	동국문헌비고(홍봉한) + 중국 + 일본 = 500여종 참조 : 단군조선-고려 역사 세기-지-전기 : 3부분 : 본기(X) → 세기

● **지리서와 지도**

- 지리지 : 동국여지지(유형원), 택리지(이중환)[136], 강계고+산경표(신경준)[137]

    대동수경+아방강역고(정약용)[138], 대동지지(김정호)

    해동명장전(홍양호) : 고조선의 강역(요동)

- 지도 : 조선전기 : 행정, 군사적 목적 제작(제작 방법 : 회화식, 동양화식)

  : 조선후기 : 경제, 문화적 목적 제작(제작 방법 : 백리척식, 방안도식, 경위도식)

  : 숙종 : 비변사 : 요계관방도 : 10폭 병풍 국방지도 : 내수외양 북벌정신 표현

  : 숙종 : 관상감 : 건상곤여도 : 병풍지도 : 마테오리치(곤여만국전도)참조

  : 영조 : 정상기 : 동국지도 : 민간학자 최초지도 : 100리 1척(백리척 사용)

  : 철종 : 김정호 : 비변사소장 지도+기존 지도=수선전도(한양지도), 청구도, 대동여지전도, 대동여지도(22분첩지도 : 10리마다 눈금, 목판, 162,000분의 1 축척)

● **국어학 연구**

- 신경준(영조 : 18세기) : 훈민정음운해(훈민정음도해)

---

136 택리지(이중환) : 팔역지 : 붕당 원인(이조전랑직), 4대강(한강, 금강, 낙동강, 영산강)수운 중요성, 생태적 측면
137 산경표(신경준) : 조선 산맥 체계를 수계와 연결 : 현재 일반적으로 사용하고 있는 일본인이 분류, 명명한 산맥구분과는 다르다. 현재 산맥 명칭 이전, 조선 전통적인 산지분류 체계 파악 가능
      : 대동여지도는 대간, 정맥, 산줄기를 가늘게 그림 : 산경표 체계를 지도상에 구현
138 대동수경(정약용) : 신경준(산경표) : 한반도의 산맥을 중심으로 국토의 구조를 체계적 정리한 책
      : 대동수경은 강을 중심으로 국토의 구조를 체계적 정리한 책 : 여유당집 수록:
      : 현재 임진강 이북의 하천만 기록, 한강 이남 부분은 후세에 상실 가능성
      : 하천을 하나의 생활과 문화이자 역사와 예술의 일부 생각

- 유희(순조 : 19세기) : 언문지(초중종성 : 음운연구서)
- 어휘 수집 : 재물보(이성지), 대동운부군옥(권문해), 고금석림(이의봉), 아언각비(정약용)

조선 백과사전의 특징

백과전서	저자	시대	내용
대동운부군옥	권문해	선조	단군–선조 역사, 예술, 문학, 인물, 지리 : 총망라 중국+한국서적(삼국사기, 계원필경) : 운자 차례 서술
지봉유설	이수광	광해군	한국+중국+동남아+유럽=소개 : 20권 3400항목 구성 정치, 경제, 사회, 문화, 재해, 천문 : 모든 분야 망라
성호사설	이익	영조	천지, 만물, 경사, 시문, 인사(사회개혁 내용) : 5개 부분
동국문헌비고	홍봉한	영조	한국 정치, 경제, 사회, 문화 : 서술체제(중국 예 : 13고) 고종 : 증보문헌비고 간행
청장관전서	이덕무	정조	이덕무의 시문 : 아들 수집, 편찬 영·정조대에 꽃핀 학문과 문화운동의 성과를 잘 반영
오주연문 장전산고	이규경	헌종 19C	한국 + 중국 : 정치, 경제, 사회, 문화 : 모든 영역 망라(1400 항목), 변증법 서술 : 서양 의술과 발전기 소개
동국통지	박주종	고종	한국 역사 14개 지(志) 구분 : 기전체 양식 이종휘(동사)영향, 우리역사상 발해가 가장 전성기

● **실사구시학파**
- 청(淸)나라 초기에 고증학(考證學)을 표방하는 학자들이 공리공론(空理空論)만을 일삼는 송명이학(宋明理學)을 배격하여 내세운 표어이다.
- 김정희 : 철종 : 추사체, 금석과안록 저술, 북한산비와 황초령비(진흥왕 순수비 입증)
- 오경석 : 삼한금석록 저술, 해국도지를 탐독한 최초 개화사상가

- **실학의 한계성**
    - 실학은 정권에서 소외된 농촌선비나 재야 지식인에 의해 주도
    - 국가정책에 반영되지 못하고, 역사의 흐름을 바꾸지 못했다는 한계성
    - 실학의 정책반영 : 군역문제, 대동법 실시, 노비제도 개혁문제 : 부분적 정책 반영

- **실학의 역사적 의의**
    - 화이론 극복 : 실학에는 민족주의적 성격
    - 근대지향적 성격 : 토지개혁론, 자주적 통상론
    - 실학은 피지배층의 처지를 대변하고 옹호
    - 고증사학 : 근대학문의 토대
    - 실학 한계 : 문음제도, 노비제도 인정 : 성리학적 기반을 청산하지 못하고, 학문적 수준 멈춤

4. 조선후기 문학과 예술

- **서민문학의 대두**
    - 조선전기 : 성리학적 윤리관 강조, 양반들의 교양이나 여가를 위한 것
    - 17세기 이후 : 문학작품 주인공 : 영웅적인 존재→서민적인 인물로 전환
        : 문학 배경 : 비현실적 세계→현실적 세계 이전
        : 홍길동전+허생전 : 조선왕조 부정, 사회부정 고발 : 이상사회 제시
    - 지식과 예술의 상품화 현상 : 세책방과 화방 등장

- **한글소설과 사설시조**
    - 홍길동전(허균) : 최초의 한글소설 & 설공찬전(중종 : 채수)[139], 춘향전(한글소설)

---

139 설공찬전 : 중종반정에 참가한 신흥사림파 비판, 불교윤회사상 강조, 여성의 공직기용 주장 : 금서

- 조선전기 시조 : 사대부 기상이나 절의 : 김종서, 남이, 길재, 원천석
- 17세기 이후 시조 : 서민 중심, 서민 생활상, 남녀 사랑, 현실 비판→사설시조 변화
  : 국조시산(허균 : 선조 : 1605) : 조선초-선조까지 35명 880수 시조집
- 18세기 시조 : 시조 작가 : 김천택(청구영언), 김수장(해동가요)
- 판소리 : 18세기 이래 : 판소리 등장
  : 19세기 : 신재효 : 판소리 사설의 창작과 정리
  : 사대부 문학+서민 문학=결합 : 사대부+민중=환영
  : 12마당이 있었으나, 현존 5마당(춘향가, 심청가, 흥부가, 적벽가, 수궁가)
- 탈놀이 : 향촌에서 마을 굿의 일부 공연
- 산대놀이 : 가면극 : 승려들의 부패와 위선 풍자, 말뚝이와 취발이 등장 : 양반 허구 폭로
- 위항문학 : 17-18세기 경아전 출신의 위항인 : 역관과 서리에 의한 문학
  : 사대부문학에 비해 혁신적은 것은 아니고→아류적, 주변적 성격 : 기교면 발달, 소시민적 기호 접근(이언진, 이상적)
- 한문학 : 한문소설 : 사회 부조리를 날카롭게 비판 : 박지원(양반전, 예덕선생전, 마장전, 호질, 광문자전, 허생전, 민옹전)
  : 양반 위선 풍자, 이상사회 제시 : 실학정신 간접적 표현
  : 한문체이지만 옛 틀에서 벗어나 자유로운 문체 개발 : 문체혁신 시도
  : 정약용 : 방언을 시어 사용, 노인일쾌사(조선풍 한시 주장), 애절양(군정문란)
  : 하일대주 : 군정, 환곡, 과거, 신분제도 : 조선후기 사회문제 고발
- 19세기 문학 : 서민들의 창작 활동 활발 : 시사조직[140] : 정수동, 김병연(김삿갓) : 풍자시인

---

140 시사조직 : 조선후기 : 중인, 상민, 천인 조직

조선후기 예술의 새 경향

- **회화의 특징**
  - 15-16세기 : 자연속에서 서정적 아름다움 추구 화풍
  - 17세기 : 산수화 유행 : 김명국(통신사 : 달마도), 변상벽(묘도, 묘작도)
  - 18세기 전반 : 윤두서, 정선, 심사정, 최북, 김두량
  - 18세기 후반 : 김홍도, 신윤복 : 민족회화사 절정기

- **18세기 전반 회화**
  - 정선 : 잔반출신, 중국 산수 모방하던 화풍 배격→우리나라 풍경을 묘사 : 진경산수화
    : 조선중화주의 : 계상정거도, 금강전도, 인왕제색도, 박연폭포

  @ **진경시대 : 조선후기 조선의 고유한 문화 :** 문화적 절정기
    : 숙종(1674-1720)-정조(1776-1800) : 126년간

  @ **진경산수화 : 조선후기 유행 :** 우리나라 산천을 소재로 그린 산수화
    : 고려+조선전기+조선중기+중국 남종화법+북종화법=수용 : 한국적 화풍 창출
    : 실경 소재 : 금강산과 관동지방, 서울근교 경관
    : 정선(경교명승첩, 금강전도, 인왕제색도), 강희언(인왕산도), 김윤겸(영남명승첩)
    김응환(금강산화첩), 김석신(도봉산도), 심사정(경구팔경도), 김홍도(사군첩)
    강세황(송도기행명승도첩) : 한국회화 르네상스 시기

- **18세기 후반 회화**
  - 김홍도 : 서양화 음영화법 도입, 농촌서민 생활(산수배경 생략하여 생산현장 긴장감 강조), 집짓기도(기와이기), 씨름도, 타작도, 경작도, 무동, 월야선유도, 길쌈도, 빨래터, 장터길, 점심, 서당도, 대장간도, 활쏘기도, 총석정도, 주막도, 행려풍속도(산수배경)
  - 신윤복 : 도회지 양반 풍류생활, 부녀자 모습(산수배경), 선유도, 유락도, 단오풍정(단오도), 주막도, 무무도(쌍검대무), 월하정인(에로티시즘)
  - 김득신 : 야공도, 파적도(야묘도추도), 노상알현도, 귀시도

  @ 서양 화풍 : 강세황(영통골 입구도 : 명암법, 원근법), 김수철(송계한담도)

  @ 반차도 : 정조의 화성행차를 그린 국가 행사도 : 김홍도, 김득신, 이인문 참가

- **19세기 회화**
  - 실학적 화풍이 시들고, 복고적 문인화풍 유행
  - 김정희(세한도, 불이선란), 신위(대그림), 장승업(군마도, 수상서금도), 대원군 이하응(난초), 조희룡(묵매도, 묵란도)

  @ 동궐도 : 순조(1820년대) : 동궐(창덕궁+창경궁)전각을 서양의 부감법+평행사선구도 기법

  @ 서궐도 : 순조(1820년대) : 서궐(경희궁)전각을 서양의 부감법 기법

  @ 북궐도 : 고종(19세기말) : 북궐(경복궁)전각을 그린 평면배치도

- **민화의 발달**
  - 조선후기 경제적 부를 축척한 서민층의 문화적 욕구충족과 관련 : 민화 유행
  - 민화(속화) : 일반적 정식 그림교육을 받지 못함 무영화가나, 떠돌이 화가들에 의해 그려짐
  - 다양한 색상을 사용하여 해, 달, 나무, 꽃, 동물, 물고기, 농경+무속=풍속
  - 민화는 서민의 오랜 생활양식과 밀착되어 형성 : 창의성보다는→형식성(인습적 계승)
  - 민화는 족자, 화첩보다는→여염집(일반백성)의 병풍, 족자, 벽에 사용
  - 이규경 : 오주연문장전산고 : 민화를 속화라 명명
  - 민화는 정통회화에 비해 수준과 시대 차이가 더 심함

- **서예**
  - 18세기 : 이광사 : 석봉체+명대 서체 가미 : 동국진체=원교체 창안
  - 19세기 : 김정희 : 고대 금석문에서 서도의 원리 : 추사체 창안

- **공예**
  - 도자기 공예 : 백자가 민간에 널리 사용
  - 조선후기 : 색상 가미 : 청화백자, 철사(철화)백자, 진사(동화)백자 발달
  - 도자기 용도 : 제기와 문방구 등 생활용품이 많음
  - 서민들은 옹기를 많이 사용
  - 화각공예 유행

- **조선후기 건축**
  - 신분질서 유지와 사치방지 목적 : 규모를 신분에 따라 차등(세종 : 법령 제정)
  - 작고 검소, 주위 환경 조화 모색

14세기, 15세기(조선전기) 건축

- 숭례문(석왕사 응진전 모방), 개성 남대문, 평양 보통문, 팔만대장경 장경판전(해인사 경판고), 창덕궁(유네스코 세계문화유산), 돈화문, 창의문(자하문), 창경궁 홍화문 및 명정전, 신륵사 조사당, 신륵사 석탑, 원각사지 10층석탑, 무위사 극락전

16세기(조선중기) 서원건축

- 유불교체 표현 : 주택건축양식+사원건축양식+정자건축양식=배합(혼합)
- 경주 옥산서원(이언적), 안동 도산서원(이황), 해주 석담 소현서원(이이)

17세기 사원건축

- 금산사 미륵전, 화엄사 각황전, 법주사 팔상전(국내 유일 목조5층탑)
- 다층건물 대부분, 내부는 하나로 통하는 구조 : 불교 사회적 지위 향상, 양반지주층 경제적 성장

17세기 종묘건축

- 임진왜란 소실, 선조(개기입주 : 착공), 광해군(중건)
- 종묘(유네스코 세계문화유산), 종묘제례 & 종묘제례악(유네스코 세계무형유산)

18세기 건축

- 평양 대동문, 불국사 대웅전, 화성(수원성)
- 사회적 부상한 부농과 상인 지원 : 장식성이 강한 사원 건축 : 논산 쌍계사, 부안 개암사, 안성 석남사

19세기 건축

- 흥선대원군 : 경복궁 근정전, 경회루 중건

- **음악**
    - 양반층 : 종래의 가곡, 시조 애창
    - 서민층 : 민요 애창
    - 직업적인 광대나 기생 : 판소리, 산조와 잡가 : 창작하여 발전
    - 전반적으로 감정을 솔직하게 표현하는 경향이 강함

- **조선후기 예술의 성격**
    - 서민을 주체로 하는 새로운 영역이 개척되면서 지배층의 문화는 서서히 퇴조

5. 과학과 기술의 발달
- 조선전기와 조선후기 : 과학기술 발달
- 조선중기 : 과학기술 침체

- **서양문물의 수용**
    - 조선전기 : 통치의 한 방편으로 과학이 연구
    - 조선후기 : 백성 생활과 관련된 현실 문제가 주된 관심 : 서양 과학기술 수용, 자연과학 발달
    - 조선의 사신들은 중국의 예수회 선교사로부터 서양의 과학지식과 문물 수용

- **천문학**
    - 17세기 초 : 이수광 : 지봉유설 : 일식, 월식, 조수의 간만 언급
    - 지전설 : 김석문, 이익, 박지원[141], 홍대용, 정약용 : 성리학 세계관인 천동설 비판
    - 역학도해 : 숙종 : 김석문 : 최초 지전설, 삼환설(태양, 지구, 달 : 둥글다)

---

141 박지원 : 열하일기 중 혹정필담에서 김석문과 홍대용 소개 : 지전설 주장

- 의산문답 : 정조 : 홍대용 : 자전설, 구체설, 무한우주론, 우주인설 : 실옹과 허자 문답형식
- 기측체의, 신기통, 추측록 : 헌종 : 최한기 : 경험적 철학서적
- 지구전요 : 철종 : 최한기 : 지구학 및 세계지리지 : 해국도지+영환지략 : 초록 : 코페르니쿠스 지동설+뉴턴 만유인력+알파벳=소개
- 성변등록 : 영조 : 관상감 : 핼리혜성(이동경로, 길이, 색깔 기록)

● **지리학**
   - 김정호 : 대동여지도 : 산맥, 하천, 포구, 도로망 정밀

● **수학**
   - 최석정 : 구수략 : 무한대와 무한소 해명
   - 황윤석 : 전통수학 집대성, 기하원본 수입
   - 홍대용 : 주해수용 : 중국+서양 수학의 연구성과 정리, 구구단 수록
   - 홍길주 : 나눗셈과 뺄셈만으로 제곱근을 구함

● **의학**
   - 종래 한의학 관념적인 단점 극복→실증적 태도에서 의학이론과 임상일치 주력

조선 의학서의 특징

허준	광해군(17세기 초)	동의보감 : 동양의학 집대성
허임	광해군(17세기 초)	침구경험방 : 침질과 뜸질
정약용	정조(18세기)	마과회통, 종두방서 : 종두법
황필수	고종(19세기 말 : 1884)	방약합편 : 한의학 처방서 대중화 기여
이제마	고종(19세기 말 : 1893)	동의수세보원 : 사상의학(태양, 태음, 소양, 소음)

- **농업기술 분야**
  - 조선전기 : 농업기술 연구에 한정
  - 조선후기 : 농업기술 연구+농업정책, 토지제도, 농업경영 확대

- **조선후기 농서**
  - 농가집성(효종 : 1655) : 신속 : 조선전기 수전농업 집대성(쌀중심), 이앙법 보급, 인분이용
  - 색경(숙종 : 1676) : 박세당 : 채소, 과수, 화초, 목축, 양잠 소개 : 농가집성 비판, 견종법 보급, 지주제적 경영 부정
  - 산림경제(숙종) : 홍만선 : 농업+임업, 축산, 비상식량 추가 : 농의학 사전 저술
  - 증보산림경제(영조) : 유중림 : 추비농법 소개, 지주전호제 부정, 중국농서 참고
  - 해동농서(정조) : 서호수 : 농가집성+증보산림경제+중국농서=조선시대 농학 종합, 중국농서 : 우리나라 자연, 지역사정에 맞는 농법 선택 강조
  - 과농소초(정조) : 박지원 : 전세, 농기구, 수리, 영농 : 한전론 : 농서 중 체계 완벽, 수리조항 최초 신설
  - 응지농정소(정조) : 박제가 : 북학의 내용 발췌 상소문
  - 임원경제지(순조) : 서유구 : 농촌생활백과사전(임원십육지), 경영형부농 경영원리 바탕: 임노동하 지주제 구상 : 의상경계책(정조 대유둔 계승 : 국영농장 주장)
  - 감저(고구마) : 감저보(강필리), 감저신보(김장순), 종저보(서유구)
  - 농정회요(순조) : 최한기 : 종합농업기술서, 임원경제지 다음 가는 방대한 농서, 19세기 대표 : 실학자 농서 의의
  - 농정신편(안종수 : 1885) : 최초 근대적 농서 : 최초 서구 농법 소개, 전통적 농서 참고X
  - 농정촬요(정병하 : 1886) : 토양과 비료 중점, 실학파 농법이 아닌 서구(일본)농법 소개

조선시대 농서

시기		농서	참고
전기	15세기	농사직설, 사시찬요, 금양잡록	수전농업 중심 서술 (성리학적 농서)
	17세기 중반	농가집성	
후기	17세기 후반	색경, 산림경제	여러 분야 농법 다양 서술 (실학적 농법)
	18세기	해동농서, 과농소초	
	19세기	임원경제지, 농정회요	

● **어업**
- 어살(대나무 발)을 설치하는 어법이 실시, 어망의 재료도 면사로 변화
- 17세기 : 전라도 중심 : 김(해태)양식 기술이 개발되고 보급
- 18세기 후반 : 냉장선 등장 : 어물 유통 활발
- 어보 : 우해이어보(김려 : 1803) : 우해(진해) : 우리나라 최초 어보
       : 자산어보(정약전 : 1814) : 우이도(흑산도) : 어류학 신기원

● **화학**
- 오주서종(이규경 : 헌종) : 조선 유일 화학기술서 : 내용(박물고변, 신기화법, 신기수법)

조선 역사의 세기별 특징

1. 15세기 : 건국기, 중앙집권강화, 부국강병 추구기, 사대부 정치기
2. 16세기 전반 : 훈구파와 사림파 갈등(사화), 통치사상 수정기(사림 향촌자치제 주장)
3. 16세기 후반~17세기 : 붕당정치의 전개, 회춘·의리의 시대, 양란극복기
4. 18세기 : 탕평책의 실시(왕권강화 모색), 신진대사 고착시대(노론 일당전제), 실학사상기
5. 19세기 : 종교적 사회운동기, 천주교·미륵신앙·감결신앙·동학 보급, 민란의 시기

1. 근대사회로의 모색

- **피지배층의 개혁 방안**
  - 소극적·개인적 입장에서→적극적·집단적 입장으로 변화 : 항조, 거세 운동
  - 19세기 : 농민항쟁(민란) 활발히 전개 : 1894년 농민전쟁에서 절정

- **지배층의 개혁 방안**
  - 19세기 전반 : 무력으로 진압 : 곡산민란(1811.2), 홍경래의 난(1811.12) : 효수
  - 19세기 중엽 : 대응책 다양 변화 : 임술민란 후(1862.2) 삼정이정청(1862.5)개혁안 제시→실효 전무

- 보수파 : 삼정문란 문제의 해결에만 급급
- 진보파 : 실학자들의 토지개혁방안(토지균분)을 계승 : 토지문제 해결 시도→ 실효 없음
- 흥선대원군의 개혁정치 : 보수 좌파적 입장 : 민생안정 추구

2. 세도정치(1800-1863)

● 세도정치 배경
- 임오화변(1762) : 나주괘서사건(1755) : 노론 일당전제화 : 사도세자 모함 사망
- 시파 : 세자 외척 : 홍봉한, 홍국영
- 벽파 : 영조 외척 : 홍인한, 김구주
- 홍국영 : 정조 즉위 후 : 도승지 중용
- 탕평책 한계 : 노론 중심 일당전제화 : 견제세력 없어 정권(노론)의 도덕성 붕괴

● 세도정치의 전개
- 순조(1800-1834) : 정순왕후 김씨(영조 계비) : 수렴청정 : 노론벽파 집권, 신유박해(1801)
   : 장용영 혁파(1802) : 안동 김씨 김조순 집권(순조 장인, 규장각 출신 시파)
- 헌종(1834-1849) : 조만영(헌종 장인), 조인영 : 풍양 조씨 집권
- 철종(1849-1863) : 김문근(철종 장인), 김좌근 : 안동 김씨 집권

민기요람(순조 : 심상규, 서영보) : 국왕 정치 참고서 : 재용편(전세, 세법), 군정편(우편, 봉수)

세도가 : 서울의 도시적 분위기 생활 : 도시 귀족 체질, 규장각에서 학문을 연구
        정권을 잡은 후 : 고증학 치우쳐 개혁의지 상실, 지방사회 어려운 사정 이해 못함

- **세도정치의 영향**
  - 정치기강 문란 : 비변사 모든 권력 독점 : 의정부와 6조(기능 상실 : 형식적 부서 전락)
  - 고위직만 정치적 기능 발휘 & 언관들의 언론 활동은 기능 상실 : 행정실무만 담당
  - 매관매직 성행 : 전라도와 평안도 극심 : 수령에 문관 참상관이 아닌 음관직, 무관직 임명
  - 과거의 문란, 삼정의 문란→정약용의 목민심서 저술
  - 암행어사 파견(실효 없음), 농민의 몰락, 민란 봉기

조선후기 수취체제의 문란

1. 삼정의 문란

- **전정**
  - 전세의 과징, 남징 : 법정 전세액 : 20.2두→비총법 : 실세액 : 100두, 무명잡세 40종
  - 면세지, 탈세지 증가
  - 문란 사례 : 진결, 은결, 백지, 도결(정액 이상의 세를 추가 징수)

  도결제 : 19세기 : 종래 조세책임자인 호수 대신→수령이 직접 조세를 수취
  쌀이나 면포로 거두던 조세를→돈으로 거둠(전황 : 수령이 차액 차지)
  도결의 폐단 극심→민란의 한 배경

- 군정
  - 신분제 붕괴, 양반수 증가, 양인수 감소 : 이정법 : 총액제 수취방식 : 빈농 과도한 부담
  - 문란 사례 : 족징, 인징(동징), 강년채, 마감채(일시불), 황구첨정, 백골징포

- 환곡
  - 초기 : 진휼책, 점차 : 관청의 경비조달→고리대 변화
  - 환총제 : 생민절골지막 : 삼정의 문란 중 폐단이 가장 심함
  - 문란 사례 : 늑대, 반작(허위장부), 가분(저장분 대여), 허류, 입본(미곡시세 : 돈으로 받음)
    : 증고(고가이자), 탄정(흉년 정상징수, 차액수취), 분석(쌀+돌+겨 : 반백, 분백)
    : 백징(생징) : 환곡 의무가 없는 사람 : 이자 부과

2. 삼정문란의 결과

- 계의 조직
  - 농민은 자위 수단으로 계를 조직
  - 가족주의(종계, 문중계, 동족계), 친목(친목계), 공제(혼상계, 향도계), 농사(농계, 우계)
    인보단결(동계, 호포계, 제언계), 영리(식리계), 비밀결사(대동계, 살주계, 검계)
    검계+살주계=노비조직(숙종 : 17세기 이후) : 핵심조직(도가 운영)

- 도적과 기민의 속출
  - 농촌을 떠난 농민 : 유민, 화전민, 도적(화적, 수적, 채단, 서강단)

- 서강단(서울마포), 폐사군단(평양), 유단(거지 : 유민), 채단(광대)
- 광대+사당패거리=민란의 연락책 기능

● **삼정이정청 설치**
- 임술민란(1862.2) 이후→삼정문란 시정 : 세재개혁위원회 : 삼정이정청 (1862.5)→효력없음

농민봉기와 종교계 변화

1. 농민봉기

● **시대적 배경**
- 19세기 재난과 질병의 만연 : 1820년 전국적 수재, 1821년 중국 유입 콜레라 유행
  - 1833(순조) : 한양 : 경강상인+시전상인 농간=쌀값 폭등 : 도시빈민 폭동
- 비기, 참위설의 유포 : 정감록, 관서비기(1804) : 민심 불안
- 도적 출현, 이양선 출몰, 세도정치, 탐관오리 횡행, 지주와 대상인 횡포
- 농민의 참상 : 유인(거지), 화전민, 간도나 연해주 이주(요동X)
- 처음 : 소청, 방서, 괘서운동 전개→이후 : 민란

● **민란(농민항쟁)의 발생**
- 1808 함경도 단천, 북청 : 농민봉기
- 1811.2 황해도 곡산 : 곡산부사 축출

- **홍경래의 난 : 평안도(관서)농민전쟁 : 1811.12 – 1812.4**
  - : 정부의 서북인에 대한 차별, 사족층 형성 미흡, 신향층(신흥상공업자)성장
  - : 서울 특권상인의 이권 보호를 위해 평안도 상공업 통제
  - : 지도층 : 몰락양반(잔반, 아전)과 부상(신흥상공업자)
  - : 홍경래, 우군칙, 이희저, 김창시, 김사용, 홍이팔, 이제초
  - : 초기 참가층 : 몰락농민, 광산노동자 중심
  - : 정주성싸움 이후 : 빈민을 중심으로 농민층
  - : 이전의 반봉건 항쟁과는 달리 뚜렷한 정치적 목적, 계획적, 장기적 준비

- **동학 창도 : 1860년**

- **민란의 전국적 확대(1862년 임술민란) : 철종(1849-1863)**
  - 단성민란(1862.2.4) : 환곡의 폐단 항거 : 단성현감 임병묵→이원정 교체
  - 진주민란(1862.2.14) : 경상우병사 백낙신+진주목사 홍병원 : 탐학과 토호의 학정
    - : 주도세력 : 잔반 유계춘, 김수만 : 백건당의 난
    - : 안핵사 박규수, 암행어사 이인명, 영남선무사 이참현 : 진압
  - 개령민란(1862.4) : 경북 김천(개령) : 잔반 김규진 : 현감 김후근의 탐학과 부정에 저항
    - : 이방은 농민편에 가담, 정부는 현감 파면
  - 전국적 확대 : 1862년 5월 이후 : 함흥-제주 : 전국적으로 70여건 발생
  - 한계 : 당시 잔반, 전직관료는 민란을 통해 읍권을 장악하려는 정치적 성향은 가졌으나, 수령을 해치지는 않고, 모욕을 주거나, 군현 경계까지 축출→농민들의 정치의식이 아직 왕권 부정단계까지는 나아가지 못했음

: 신분제 타파와 지주제 개혁 주장은 없었음→동학농민군 주장
    - 농민항쟁의 의의 : 갑오농민전쟁 계승

2. 천주교

- **사회불안과 민간신앙의 성행**
    - 19세기 초 : 비기, 도참, 정감록, 무격신앙 등 감결신앙이 유행, 정부비방의 벽서사건이 빈발

- **천주교의 전래**
    - 천주교 전래 : 16세기 말 - 17세기 초 : 선교사 입국 없이 부연사행을 통해 전래
    - 서양학문의 일부로 서학으로 불리었으며 북인 학자들이 관심

- **신앙운동**
    - 18세기 후반 : 학문적 대상이었던 천주교가→신앙으로 수용되기 시작
    - 남인 학자들이 관심 : 도시 중심으로 중인, 부녀자 대상 포교활동 시작
    - 천주교 소개 서적 : 지봉유설(이수광), 어우야담(유몽인)
    - 천주교 배척 서적 : 서학변(신후담), 천학고+천학문답(안정복)

- **천주교 교리 특징**
    - 삼강오륜 부정, 조상숭배 거부, 평등사상, 조선왕조(유교국가)부정, 내세사상과 구세복음

- **천주교의 확대**
    - 이벽 : 한국 천주교회 창립자, 성조

- 권철신 : 교리연구회 : 명도회 조직
- 이승훈 : 최초 영세를 받고 귀국 : 영세명 : Peter→한국천주교 원년
- 김범우 : 최초 교회 : 명례동교회

● **정부의 천주교 박해(사옥)**
- 을사추조적발사건(정조 : 1785) : 김범우 집 예배 적발 : 천주교를 사교로 규정하는 금지령
    : 김범우(토마스) : 고문 후유증 사망
- 반회사건(정조 : 1789) : 김석대(사형), 천주교 서적 소각령 : 천주교 3흉(이승훈, 정약용, 이가환)
- 신해박해(정조 : 1791) : 윤지충 모친상 신주소각 사건 : 정조는 남인 시파 우대, 천주교 관대
    : 윤지충, 권상연 처형(진산사건)←남인의 신해통공에 대한 노론 반격
- 신유박해(순조 : 1801) : 노론 벽파가 남인 시파 타도 수단 : 천주교 탄압
    : 사형(이승훈, 이가환, 주문모, 정약종)
    : 유배(정약전, 정약용)
    : 황사영 백서사건
- 을해박해(순조 : 1815) : 경상도+강원도 : 천주교 박해
- 정해박해(순조 : 1827) : 전라도 : 천주교 박해
- 조선교구 독립(순조 : 1831) : 정하상[142] 노력 : 북경교구로부터→조선교구 독립
- 기해박해(헌종 : 1839) : 풍양 조씨 집권 : 프랑스 신부(모방, 샤스탕, 앙베르 : 3인), 정하상 학살
    : 척사윤음 반포, 5가작통법 부활
- 병오박해(헌종 : 1846) : 최초 신부 김대건 : 순교

---

142 정하상 : 정약종 아들 : 그는 죽기전 우의정 이지연에게 바친 상재상서(호교론)

- 병인박해(고종 : 1866) : 흥선대원군 : 프랑스로 러시아를 견제 : 실패→프랑스 신부 9명 처형
    : 천주교인 중 남종삼 포함 3분의 1인 약 8천명 처형
    : 병인양요의 배경(1866)

● 영향
- 천주교는 조불통상조약으로 공인(1886년)

3. 동학의 창도

- 세도정치, 삼정문란, 민란발생 : 중세 봉건제사회 모순 심화
- 서양문물 유입 및 천주교 유포 위기의식 고조
- 동학의 창도(철종 : 1860) : 경주 잔반 최제우 : 민간신앙 바탕+유교+도교+천주교 교리 : 종합
- 2대 교주 최시형 : 동경대전(한문경전), 용담유사(한글찬송가)
- 주기론, 샤머니즘+도교=부적과 주술 중시, 인내천, 후천개벽 지상천국, 반제국주의
- 반봉건적 성격, 반군주(X)
- 최제우 사형(1864) : 혹세무민 구실
- 2대 교주 최시형 : 충청도 보은 : 포[143], 접 교단정리
- 반봉건 사회개혁사상, 반제국주의 민족사상 : 갑오농민전쟁 중요한 기반

---

[143] 포(包) : 행정기구 : 6임제 : 교장, 교수, 도집, 집강, 대정, 중정

흥선대원군의 개혁정치와 통상수교 거부정책

1. 흥선대원군의 등장(1863-1873)

- 내부 : 세도정치, 삼정문란, 임술민란→외척 세도 제거, 전제 왕권강화 추구
- 외부 : 서양세력의 침투→통상수교거부정책

● 정치개혁
- 안동 김씨 제거, 당파에 관계없이 인재 등용, 과거에 종친과 특설, 남인+북인 비율 증가
- 무신의 등용으로 문치주의 폐단 시정 노력
- 비변사 폐지, 의정부+삼군부=부활, 금위영 강화, 정무와 군무 분리
- 대전회통, 육전조례(조선 유일 행정법전), 오례편고, 종부조례

● 경제개혁
- 중농적 실학 계승 : 환곡→사창제 전환(1867)
- 군포 : 동포제→호포제 전환(1871) : 인두세 폐지, 상민이 양반의 1.5배 부담[144]
- 영전사업 실시 : 은결 적발, 토호 토지겸병 금지
- 상공업 통제 : 도고 매점매석 금지, 청과 일본 무역 통제, 홍삼 밀무역 금지

● 사회개혁
- 서원 철폐 : 1인 1원 원칙 : 47개 남기고, 600개 철폐 : 화양서원(만동묘)철폐
  →서원 : 면세혜택 폐지
- 복제 개혁 : 양반 큰 갓, 넓은 도포, 긴 담뱃대를 제한, 검정 가죽신 장려

---

144 호포제 : 고려 후기(1296 : 충렬왕) : 홍자번의 주장에 따라 처음 실시, 고려 후기- 조선 전기 : 잡공(雜貢)을 없애기 위해 실시, 조선 후기 : 양반도 군포(軍布)를 부담

- 군제 개혁 : 1결당 1두 : 심도포량미 징수 : 해안포군 양성
- 경복궁 중건 : 영건도감 설치(1865) : 경복궁 중건(1867)→결두전, 4대문 문세, 원납전(기부금)
  : 원납전 징수(이항로, 대원군 정책 최초 비판)
- 당백전 : 소재가치 : 5, 6배, 액면가치(실질가치) 상평통보 100배 고액전→실패
- 당백전 실패→대안 : 청나라 동전 수입 : 가경통보, 동광통보, 동치통보→실패
- 이필제의 난(흥선대원군 : 1871) : 1. 최시형 동학교도와 연결, 영해부 습격 : 영해부사 이정 처 단(영해민란) : 최초 수령 처단, 2. 동학 최초 교조신원운동 3. 문경봉기 주도하다가 체포 처형

● **대원군의 하야(1873)**
  - 고종의 친정 : 고종이 성년
  - 민비 척족세력 성장 : 민승호, 이최응, 조영하
  - 최익현 : 1873년 호조참판 : 대원군 탄핵→대원군 실각 결정적 계기

2. 대원군 통상수교거부정책과 열강 침략적 접근

- 중국 식민지 과정 : 난징조약(1842), 북경 함락(애로호사건)
- 천주교 만연으로 민심불안 : 병인박해(1866), 병인양요(1866) 발발
- 병인양요(1866.9) : 병인박해(1866.1-3) 후 프랑스 로즈(Roze) 침입
  : 문주산성(한성근), 정족산성(양헌수) : 외규장각 의궤류 340여권 약탈[145]
- 오페르트 도굴 사건(1868 : 충남 예산) : 오페르트(독일상인), 젱킨스(미국), 페론 신부(프랑스)

---

[145] 병인양요 때 프랑스 약탈 문화재 : 국왕의 어람용 왕실 의궤 약탈

- 신미양요(1871) : 제너럴 셔먼호 침몰사건(1866) : 북경주재 미국 공사 로우+
  로저스(Rodgers)
  　　　　　 : 광성진, 갑곶(어재연) 격퇴
- 척화비 건립 : 신미양요 이후 건립 : 서울(임오군란 후 철거), 지방(1920대 존속)
- 해문방수비 : 강화 광성진 발견
- 척화사상 고조 : 이항로, 기정진 : 척사상소

대원군의 자주적 근대화 시도
- 서양의 기술, 문화에 대해 호의적 반응, 처음에는 최한기, 김정희 등과 교류
- 해국도지 영향 : 전함과 최초의 어뢰(수뢰포)제작(1867) : 노량진 진수식 거행, 방탄복 제작

근세조선정감(조선정감, 정감)
- 박제형(1886) : 헌종–개항 이전 : 정치적 이면사
- 개화파 출신 : 대원군을 당대의 인걸 묘사
- 일본인들에 의해 왜곡된 대원군의 평가를 바로잡으려는 의지

통상개화론의 대두

개화세력의 형성

북학파	박제가	외국과 통상, 동남아, 서양과의 대외무역 확대 주장(1778)
통상 개화론자	이규경	영국 상선 로드 암허스트호 : 최초 통상 요구에 통상수교 주장(1832)
	최한기	서양 문물 수용 이론체계 확립 : 인정(人政) : 인재등용, 통상, 직업교육
	강위	서양 기술 습득하여 부국강병 : 서양에 대항할 것을 주장

- 개화사상 본질 : 내부 : 실학의 북학론 계승, 외부 : 선진문물 수용, 부국강병 : 자강개혁사상
  : 봉건적 사회체제 타파하고, 부르주아 시민사회 건설
- 개화사상 형성과 전파 : 박규수 비롯한 개명 관료+오경석, 유홍기 등 중인 세력 큰 역할

● 박규수(1807-1877)
- 연암 박지원 손자 : 집권당 노론 출신, 진주민란 당시 안핵사 파견, 정부 삼정이정청 건의
- 제너럴셔먼호 사건 당시 평양감사, 러시아 견제(대미개국론), 연행사(개화사상 기초 마련)
- 해국도지 참조 : 지구의 제작

● 오경석(1831-1879)
- 최초 개화사상가, 강화도조약 당시 신헌 휘하 사역원 당상관 활동

● 유홍기(1831-1884)
- 일명 유대치, 한의사, 개화사상가, 백의정승 칭호, 불교선종+개화사상=접목 시도
- 이동인(?-1881)
- 봉원사 개화승, 후쿠자와 유키치 접촉, 2차 수신사 김홍집 동행
- 탁정식(?-1884)
- 백담사 승려, 개화당 일원, 1880년 고종 밀명(이동인 함께 도일 : 주일청국공사와 연미사 논의)

후쿠자와 유키치
- 정한론자, 탈아입구론, 서양사정, 문명론의 개략, 친일파 양성 주력, 사회진화론 보급

● 개항 전 개화사상에 영향을 준 서적(기효신서 : 임진왜란)
- 해국도지(청, 위원 : 1882) : 세계지리지
- 영환지략(청, 서계여 : 1848) : 세계지리지, 일명 영해지략
- 이언(청, 정관응) : 서양 정치, 제도, 국방, 경제 소개
- 만국공법(미국 선교사 : W. Martin) : 국제법
- 격물입문, 박물신편(영국 의사 : Holson) : 자연과학 서적

● 개항 후 : 조선책략(1880)

한국인 저술 개화서적
- 지구전요(최한기), 기화근사+치조약론(김옥균), 지구도경(박영교), 농정신편(안종수), 농정촬요(정병하), 건백서(박영효)

2. 개강 전의 국제정세

- 19세기 전반기 : 영, 불, 러, 미 : 서양 열강 산업혁명 완성, 근대자본주의 국가 발전
   : 상품시장, 원료공급시장 획득→아시아 진출
- 중국 : 난징조약(1842 : 영국 강제 문호 개방), 베이징 점령(애로호 사건 : 1860 : 영, 불 연합군)
   : 중체서용 : 근대화 운동, 양무운동 : 이홍장, 증국번 추진
- 일본 : 에도막부 말기 : 미일화친조약(1854), 메이지유신(1868) : 근대국가 성장

: 1870년대 : 통상요구, 흥선대원군 거절, 정한론 대두

이양선(황당선)
- 영국 : 로드 암허스트호 : 최초 통상 요구(순조 : 1832)
- 기록상 최초 이양선 : 정조(1787) : 프랑스 해군대령 페루즈, 부솔호 : 제주도, 울릉도 해안 측량 : 동승한 사관학교 교수 디즐레 : 울릉도(디즐레도)

강화도조약과 일본의 무역 독점

1. 강화도조약과 개항

- 19세기 중엽 전후 : 영국(인도), 프랑스(베트남), 러시아(시베리아), 미국(쿠바, 필리핀) : 경쟁
- 조선은 구미 열강의 관심대상이 되지 않았으나, 19세기 중엽 이후 : 점차 주목 대상
- 통상개화론 형성 : 박규수, 오경석, 유홍기, 강위 : 19세기 중엽 : 서양 서적 소개
- 국왕(고종) 관심 : 국왕이 개화에 대한 식견
- 운요호사건(1875) : 대원군 하야(1873) 이후, 일본 포함외교, 강화도조약 체결
- 대일개선론 : 이유원, 박규수 등은 대일관계 개선론 제기

강화도조약(병자수호조약, 한(조)일수호조규 : 1876. 2)
- 자주국 명시 : 청의 종주권 부인, 개국(開國)연호사용
- 사신 파견 : 일본정부 15개월 후 수시 서울에 사신 파견
- 조차권 : 토지임차, 가옥건축, 주택임차 허용 : 영토주권 침해

- 부산외 2항구 개항 : 부산(1876 : 경제), 원산(1880 : 군사), 인천(1883 : 정치)
- 조선연해 자유측량권 : 연안 측량권, 해도작성권 허용 : 영해주권 침해
- 일본인 통상활동 허가 : 양국 자유무역 : 무관세 : 관세특권 상실[146]
- 영사재판권 인정 : 치외법권 조항 : 조선 사법권 배제(독소조항)

수호조규부록과 통상장정(1876. 7)
- 수호조규부록 : 일본 외교관 여행자유, 개항장 일본거류민 거주지역설정(10리), 일본화폐 유통
- 통상장정 : 무역 비과세(무관세), 양곡 무제한 유출 허용

조일수교조규속약(1882)
- 개항장 일본거류민 거주지역설정 : 10리(1876)→50리 확대(1882) : 2년후 : 100리 확대(1884)

조미수호조약과 조청상민수륙무역장정(1882)
- 관세권 규정 : 최초 관세 자주권 인정
- 최초 최혜국조관(최혜국대우)규정

조일통상장정 및 해관세칙(1883)
- 관세권 규정, 방곡령 1개월전 통보, 4도 어채권 허용(전라, 경상, 강원, 함경도) 아편수입 금지, 일본상인 최혜국조관 부여

2. 일본의 경제적 침투

- 일본의 중계무역 : 영국 면제품을 상해 매입→조선 판매

---

146 불평등 조약 저항 : 1878년 부산에 조선상인을 대상 : 해관(세관)설치 : 부산 두모진 해관 수세사건

- 일본과 청의 치열한 경쟁 : 임오군란 후 정치적인 면에서 약화, 경제적인 면에서 강화
- 일본상인의 내륙 진출 : 1890년대 전후 : 곡물수매 주력(1889년 일본 흉년)
- 제일은행 : 일본은행 한국지점 : 은행업무+세관+화폐정리사업=일본 경제적 침략 첨병역할[147]
- 개항 초기 일본상인 : 쓰시마와 규슈지방 출신의 몰락상인과 불평 무사층 : 일본 정책지원

● 제1차 개항기(1876-1882)
- 일본의 무역 독점기 : 조선경제에 미치는 영향은 미미
- 불완전 무역 : 독자적 무역구조가 아니라, 정치적 변동에 크게 영향
- 개항장 일본거류민 거주지역설정 : 10리(1876)→50리 확대(1882) : 2년후 : 100리 확대(1884)[148]
  : 보부상, 객주, 여각 : 조선인 상인 매개 거류지 무역 형태
- 감리서(1882) : 개항장 섭외통상사무와 육로통상사무 담당 : 을사조약 후→ 지사서(부사, 군수 겸직)

● 제2차 개항기(1882-1894)
- 임오군란 후 : 조청상민수륙무역장정(1882)체결 : 청의 상권 확대 : 일본 무역수지 악화
- 1890년대 초 : 수입면 : 청과 일본 경쟁관계 유지(수출면 : 일본 절대적 우위) : 청일전쟁 배경
- 외국상인 내지 통상권 허용 : 개항장-서울-지방 연결 : 외국상품 단일유통권 형성:

147　제일은행 : 부산 : 사설 제일은행(1876)→국립 제일은행(1878), 사설 제일은행 폐지
　　　　: 부산+원산+인천+서울=전국 주요도시, 지점과 출장소 설치
148　1885년 외국인 내륙 지방 여행 가능, 1889년 내지 통상권 전면적 허용

: 보부상, 개주, 여각 : 상권 위협
- 무역수지 악화 : 1893년 조선 무역수지 악화, 수입액이 수출액의 2배 : 국내 산업 몰락의 길

● **무역구조**
- 수출품 : 쌀, 콩, 우피(전 3자 수출액 70%), 금(밀수출), 은
- 수입품 : 옥양목, 한랭사 등 영국 면제품(서양목) 중심
- 가공무역 : 조선 목화 싼 값 수출→옷감 수입 : 가공무역
- 밀수출 금 : 일본 금본위제 확립(1897)기여, 조선의 근대적 화폐제도 확립 불가능[149]

● **조선의 상권 장악(1880년대)**
- 청국상인 : 남대문로와 수포교 일대 중심
- 일본상인 : 충무로 일대 중심

● **일본의 경제적 침투 결과 및 영향**
- 약탈무역 : 저율관세와 부등가 교환, 국내시장과 농업부문 막대한 손실
- 미면교환체제 : 갑오농민전쟁(1894) 전후 : 곡물상품화+전통적 토포생산구조 존속, 수입자본제 상품이 국내시장을 잠식하는 가운데도 수입 방적사를 통한 면포 생산이 일부 존속, 그러나 점차 미면교환체제로 불리는 일본과의 무역체제가 정착되고 강화[150]
- 수공업 위축 : 국내산 직물류 등 상품→외국 기계제 상품 대체
    1894년 갑오농민전쟁 패배 기점 : 농촌 내의 면포 수공업과 다른 수공업 위축

---

149 조선 : 은본위제(갑오개혁), 금본위제(광무개혁 시도, 메가타 : 1905-1909 시행)
150 러일전쟁(1904-5)이후 : 면화 재배지 대폭 감소

- 곡가 등귀 : 쌀 수출로 인한 곡물가격 등귀(1883-1894 : 경인지역은 7배, 지방 2-3배 폭등)

        소작농과 도시 빈민의 몰락을 가속화, 1882년 하급군인과 도시 빈민 폭동 : 임오군란 발발

- 지주 수탈 : 일부 지주층 쌀의 수출, 이윤 추구 : 여기서 얻은 수익을 토지 매입 재투자

        농민에 대한 착취와 수탈 강화

- 쌀의 유출 촉진 : 1897 : 고종 칙령 : 무안·목포 명칭변경, 개항

        1899 : 군산, 마산 개항 : 호남지역 & 영남지역 쌀 유출 촉진

조선시대 정리 문제

1. 다음 중 근세사회의 특징으로 볼 수 없는 하나는?
    ① 무과의 출현으로 문·무 양반 제도가 확립되었다.
    ② 대간(臺諫)들이 서경, 간쟁, 봉박 등으로 왕권을 견제하였다.
    ③ 모든 군과 현에 지방관을 파견하여 중앙집권을 강화하였다.
    ④ 모든 군과 현에 향교를 설치하여 교육 기회를 확대하였다.

    ※ 정답 ※ ② 대간) 제도는 고려시대에도 존재
    ☞ 근세 사회 : 조선 초기(15C)와 중기(16C)
    士大夫 ─ 혁명파 ⇒ 초기 : 관학파(훈구파) - 성균관 → 문과 → 집현전
              중앙 집권, 부국 강병, 탄력적(불교와 도교를 비판과 보호)
              단군 중시 → 강화도 마니산 〈참성단〉의 〈초제〉(제천행사)
              사장(詞章)중시→ 한문학 발달, 진취적, 낭만적, 자주성- 동문선(東文選)

              ☞ 직전법 전후(15C 말, 세조) - 농장(農莊) 확대 → 중소농민의 몰락, 국가
                                                              재정의 문제점
                    ─ 성종 ─ 관수관급제 : 개인의 수조권 박탈,
                            ─ 사림파 등용(김종직) ⇒ 〈사화, 士禍〉 예고(연산군)

          └ 온건파 ⇒ 중기 : 사학파(사림파) - 서원 → 문과 → 삼사(三司)
              지방 분권, 왕도정치, 서정적, 개성적, 존화주의(尊華主義)
              단군보다 기자 중시, 성리학 이외 사상 부정, 소격서 폐지
              경학(經學)중시 → 문학은 대체로 저조, 서정적, 개성적
                              형식은 다양, 작가층의 확대, 성리철학 발달

2. 조선 사회의 일반적인 모습을 서술한 다음 내용을 통하여 내릴 수 있는 해석은?

> · 민본주의에 바탕을 둔 유교 정치의 추구
> · 대부분의 관리가 과거 제도를 통하여 등용
> · 양인의 수가 고려 시대보다 큰 폭으로 증가
> · 교육의 기회가 크게 확대되고 도서 출판의 활성화

① 내재적 역량에 의한 근대사회로의 진전
② 피지배층의 성장을 통한 서민 의식의 향상
③ 전반적인 발전을 통한 새 사회로의 이행
④ 양인들이 사회를 이끄는 민본주의의 실현

정답 ③ 근대 사회는 조선 후기

3. 다음 중 조선 초기의 대외 관계에 관한 설명으로 틀린 것은?

① 여진족에 대해서는 화·전 양면책을 시행하였다.
② 일본에 대해서는 왜구 침입을 막는 강경책을 시행하였다.
③ 명과의 사대 정책은 명분을 주고 실리를 추구하는 관계이다
④ 태평관, 동평관, 북평관 등의 사신 유숙소를 운영하였다.

정답 ② 일본과도 왜구 침입을 방지하기 위한 화전(和戰) 양면책(교린 정책)
☞ 조선 초기에는 류큐, 사이암, 자바 등 동남아시아와도 교류하였다.(O)

4. 다음의 사실을 종합하여 추론할 수 있는 16세기 상황으로 적절한 것은?

> · 지방에 많은 서원이 건립되었다.
> · 향촌 자치 규약인 향약이 널리 보급되었다.
> · 학벌, 지방 의식과 연결된 붕당정치가 시작되었다.

① 중앙 집권화가 강력하게 추진되었다.
② 사림 세력이 급격히 성장하였다.
③ 학문이 지방 사회까지 확산되었다.
④ 성리학이 정치 지도 이념으로 정착하였다.

정답 ②④는 조선 초기

5. 국조오례의(國朝五禮儀, 성종, 신숙주)에 포함되지 않는 하나는?
   ① 군례(軍禮)　　　　　　　② 흉례(凶禮)
   ③ 혼례(婚禮)　　　　　　　④ 길례(吉禮)

   정답 ③ 혼례는 가례에 포함된다. ☞ 빈례(賓禮), 가례(嘉禮)를 포함(O)

6. 훈구파와 사림파의 설명으로 틀린 것은?
   ① 사림파의 세력 기반은 서원과 향약이었다.
   ② 훈구파는 불교와 도교도 비판과 보호를 함께 하였다.
   ③ 경학(經學)을 중시한 사림파는 성리철학 발달 기여하였다.
   ④ 사장(詞章)을 중시한 훈구파는 서정적, 개성적 작품을 남겼다.

   정답 ④ 진취적·낭만적·자주적 작품, 16세기에 서정적·개성적 작품

7. 조선 초기의 사실로서 틀린 것은?
   ① 건물의 규모를 법적으로 규제하여 사치를 방지하였다.
   ② 국가 소속의 무당을 제사와 질병 치료에 이용하였다.
   ③ 강화도 마니산의 참성단에서 도교행사인 초제(醮祭)를 거행하였다.
   ④ 환곡은 의창에서 상평창으로 넘어가 점차 고리대(高利貸)로 변하였다.

   정답 ④ 16세기부터 상평창에서 담당

8. 조선 초기 토속 신앙에 관한 설명으로 옳지 않은 것은?
① 재정 낭비를 막기 위하여 도교 행사를 금지하였다.
② 토속 신앙을 통하여 서민층은 정서 생활을 즐겼다.
③ 수도를 옮기는 데는 풍수지리설이 중요한 역할을 했다.
④ 국가에서 무당을 채용하여 제사와 질병치료에 이용하였다.

   정답 ① 도교 행사를 대폭 줄였다. 완전 금지는 사림파 조광조

9. 조선시대 역사 서술의 경향을 순서대로 배열한 것은?

> ㉠ 존화주의적, 왕도주의적 정치의식이 반영되었다.
> ㉡ 성리학적 대의명분을 중시하는 사서가 편찬되었다.
> ㉢ 우리나라 역사의 정통성을 강조하는 사서가 편찬되었다.
> ㉣ 자주적 입장에서 고려사와 동국통감이 편찬되었다.

① ㉡ - ㉣ - ㉠ - ㉢
② ㉡ - ㉠ - ㉣ - ㉢
③ ㉣ - ㉡ - ㉠ - ㉢
④ ㉣ - ㉠ - ㉡ - ㉢

정답 ① / ㉠ 16C ㉡ 15C 전반(태조, 태종) ㉢ 18C 실학자 ㉣ 15C 후반(세종이후)
☞ ㉮ 정도전의 '고려국사', 권근의 '동국사략' ㉡
㉯ 용비어천가, 고려사, 삼국사절요, 동국통감 ㉣
㉰ 율곡의 기자실기 ㉠
㉱ 실학자의 역사서 ㉢

10. 조선 왕조 실록의 사초(史草)를 기록하는 사관(史官)으로 볼 수 없는 관직은?

① 봉교(奉敎)
② 대교(待敎)
③ 검열(檢閱)
④ 전랑(銓郞)

정답 ④ 이조 전랑, 병조 전랑은 각각 문·무관의 인사 관리
☞ 사관(史官)들의 소속 관청은 예문관이었다.(O), 춘추관(X, 인쇄기관)

11. 현재까지 남아 있는 조선왕조실록 둘? (전주사고본 → 마니산 → 규장각)

① 춘추관, 오대산 사고(史庫)
② 오대산, 태백산(太白山)사고
③ 태백산, 정족산 사고(史庫)
④ 정족산, 적상산(赤裳山)사고

정답 ③

12. 조선 왕조 실록의 설명으로 잘못된 것은?

    ① 왕조실록과 사초는 왕도 함부로 검열할 수 없었다.
    ② 세계문화유산에 등록되어있는 기전체(紀傳體) 정사(正史)이다.
    ③ 태종 때 만들은 태조 실록부터 시작하여 철종실록까지만 있다.
    ④ 왕의 사후(死後) 편찬되며, 사관의 사초(史草)가 중요한 자료이다.

    ※ 정답 ※ ② 편년체의 대표, 기전체(분류사)의 대표 둘은 삼국사기와 고려사
        ☞ ㉠ 실록이 두 권씩 있는 경우는 붕당정치와 연관이 있다.(O)
           ㉡ 연산군과 광해군은 실록으로 부르지 않고 일기라고 부른다.(O)
           ㉢ 실록의 내용을 압축(국왕의 선행과 선정의 기록)하여 경연(經筵)의 참고서로 '국조보감'을 편찬하였다.(O)
           ㉣ 초초(初草), 중초(中草), 정초(正草)의 편집과정을 거쳐 세초(洗草)함 (O)

13. 조선 초기의 요동(랴오 둥) 수복 계획에 대한 잘못된 설명은?

    ① 정도전은 진도(陣圖)를 마련하여 요동 수복 계획을 추진하였다.
    ② 당시의 대륙의 정세인 명·청 교체가 배경이 되었다.
    ③ 이로 인하여 대명(對明)관계는 악화(惡化) 되었다.
    ④ 이방원에 의한 왕자의 난의 한 원인을 제공하였다.

    ※ 정답 ※ ② 원·명 교체기, 왜란의 영향이 명·청 교체
        ☞ 김통정이 이끈 삼별초의 항쟁지 중 하나는 진도(珍島) 용장성이다.(O)

14. 요서(랴오 허)지방이 우리 영역이었던 시기가 아닌 하나는?

    ① 고구려   ② 백제
    ③ 고조선   ④ 동방문화권

    ※ 정답 ※ ① 고구려는 요동까지, 백제 근초고왕(4세기 중엽)은 요서지방, 산동반도까지
        ☞ ㉠ 요녕 지방이란 요동 지방과 요서 지방을 합하여 부른 것이다.(O)
           ㉡ 요녕식 동검(비파형 동검 = 북방식 동검)은 미송리식 토기와 함께 고조선의 세력권을 보여주는 유물 중 하나이다.(O)

15. 조선 전기 대일(對日)관계의 설명으로 바른 것은?

　① 대마도를 정벌 후 계해 약조를 맺어 3포를 개항하였다.
　② 3포 왜란을 진압한 후 정미약조를 체결하였다.
　③ 사량진 왜란을 진압 후 기유약조를 맺었다.
　④ 을묘왜란 후 국교를 단절하고 비변사를 상설 기구화 하였다.

　정답 ④ ① 3포 개항 후 계해약조 ② 임신 약조 ③ 정미 약조

16. 순서대로 배열하면?

> ㉠ 계해약조　㉡ 기유약조　㉢ 3포 개항　㉣ 임신 약조

　① ㉠ - ㉡ - ㉢ - ㉣　　　② ㉠ - ㉢ - ㉣ - ㉡
　③ ㉢ - ㉠ - ㉡ - ㉣　　　④ ㉢ - ㉠ - ㉣ - ㉡

　정답 ④
　☞ ㉮ 세견선 50척, 세사미두 200석, 3포의 일본인의 숫자 제한 ㉠
　　㉯ 세견선(歲遣船) 25척, 세사미두(歲賜米豆) 100석, 제포만 개항 ㉣
　　㉰ 세견선 20척, 세사미두 100석, 부산포만 개항, 왜란 후 통상 재개 ㉡
　　㉱ 처음 개항한 3포는 부산포, 염포, 제포이다. (O)
　　㉲ 고려 말 창왕 때 박위, 세종 때 이종무가 대마도를 정벌하였다. (O)

17. 왜란의 영향으로 잘못 설명한 것은?

　① 일본에서 토요토미 히데요시의 무신정권이 수립되었다.
　② 만주에서는 여진족의 세력이 성장하고 있었다.
　③ 조선에서는 후금(後金)과 명(明)사이에 중립외교가 시행되었다.
　④ 광해군은 국가 재정의 확보와 방납 폐단을 막기 위한 대동법을 시행하였다.

　정답 ① / 도쿠가와 막부(바쿠후=무신정권)=에도 막부, → 천황 중심이 메이지유신

18. 다음은 조선 후기 정상적인 붕당정치를 행하던 당파의 설명이다. 틀린 설명은?

> ·서인(西人) – 인조 반정 후 집권, 정계와 학계를 주도
> ·남인(南人) – 향촌에서 영향력, 도전 세력

① 효종 사후(死後), 남인이 예송논쟁을 제기하였을 것이다.
② 서인들은 대신들이 주도하는 정치를 선호하였을 것이다.
③ 남인들은 수취체제의 완화와 자영농민의 육성을 강조하였다.
④ 청을 정벌하자는 북벌(北伐)에는 두 붕당이 찬성하였을 것이다.

정답 ④ 서인은 인조 반정(광해군 추방) 이후 집권
☞ ㉠ 상업과 기술 발달에 호의적(서) ㉡ 수취 체제의 완화 주장(남)
㉢ 왕권강화와 정책비판 기능 중시(남) ㉣대신들이 주도하는 정치를 선호(서)
㉤ 왕사부동례(王士不同禮)(남) ㉥ 왕사동례(王士同禮)(서)
㉦ 북벌(北伐)주도, 국방력 강화(서인) ㉧ 북벌 비판(남인)

19. 다음 중 정조가 탕평책의 일환으로 서얼 출신을 임명한 규장각의 검서관 출신이 아닌 인물은?
① 박제가   ② 이덕무
③ 유득공   ④ 이종휘

정답 ④ ① 북학의 ② 청장관전서(백과사전 류) ③ 발해고 ④ 동사(東史)

20. 영조의 탕평책 이후 새롭게 등장한 시파와 벽파의 설명으로 틀린 것은?
① 사도 세자의 죽음을 계기로 출현한 새로운 당파이다.
② 시파(時派)는 온건파로서 또한 천주교에도 관대하였다.(신서파, 信西派)
③ 벽파(僻派)는 과격파로서 사도세자의 죽음을 정당화하였다.
④ 세도 정치를 행한 안동 김씨 또한 벽파로서 천주교를 박해했다.(공서파, 攻西派)

정답 ④ 안동 김씨는 노론 시파, 정순 왕후(순조 초기)와 풍양 조씨가 벽파

21. 다음은 대동법의 영향을 잘못 설명한 것은?

　　① 사상(私商)인 공인(貢人)의 활동으로 상공업이 발달하였다.
　　② 공납이 전세화(田稅化)되어 국가 재정 수입이 증가하였다.
　　③ 방납의 폐단이 줄어 많은 가난한 농민들에게 도움이 되었다.
　　④ 상공만 폐지되었고 별공(別貢)과 진상(進上)은 다시 부활되었다.

　　정답 ① 공인은 사상(私商. 난전)이 아닌 관허 상인(어용 상인)

22. 다음은 대동법의 실시 과정을 설명하고 있다. 그 원인을 추론하면?

> 대동법은 선조 말년, 광해군 즉위 원년(1608년)에 이원익, 한백겸의 주장으로 우선 경기도에서 시행되어 숙종(1708년) 때 평안도와 함경도를 제외한 전국에 시행되는데 100년이 소요되었다.

　　① 교통과 통신 등 운송 수단의 미비　　② 진황전(陳荒田), 면세전 등의 존재
　　③ 가난한 농민들의 담세 능력의 한계점　　④ 양반 지주층의 끈질긴 방해와 저항

　　정답 ④ 공납이 토지세(田稅化)로 변하여 양반 지주들이 반발

23. 대동법에 대한 설명으로 잘못된 것은?

　　① 비록 일부지만 조세 금납화(金納化)가 시작되었다.
　　② 현물 징수가 전세화된 것은 세제의 발전이었다.
　　③ 상평창을 선혜청으로 개편하여 대동미를 징수하였다.
　　④ 상공업의 발달, 도시의 성장, 화폐유통은 농민을 몰락시켰다.

　　정답 ④ 상공업의 발달은 도시의 성장과 도시민의 증가로 농민에게도 도움이 됨

24. 조선 후기 사회의 인과(因果)관계가 잘못 연결된 것은?

　　① 도조법(賭租法)의 첫 출현 – 지주제의 강화
　　② 설점수세법(設店收稅法) – 광업의 민영화(民營化)
　　③ 광작(廣作)과 도고(都賈) – 신분간의 계층분화
　　④ 이앙법(移秧法)의 보급 – 농민의 소득증대에 기여

　　정답 ① 도조법은 소작인(전호)의 지위 향상, ④ 이모작의 시행으로 소득 증대

25. 다음 중 조선 후기 상공업의 설명으로 잘못된 것은?

　　① 상인이 물주가 되는 선대제 수공업이 일반적 현상이었다.
　　② 납포장(納布匠)들도 화폐, 야철 등 제조 분야에 진출하였다.
　　③ 국내 상공업과 국제무역의 번성은 국가재정에 도움이 안되었다.
　　④ 금난전권과 공장안이 폐지되는 등 점차 국가 통제에서 벗어났다.

　　정답 ② 상인이 물주(선대제) – 화폐, 야철, 종이 분야, 납포장 – 장도, 모자, 유기

26. 다음 중 연결이 잘못된 것은?

　　① 대동미(大同米) – 1결당 12두
　　② 영정법(永定法) – 1결당 2두
　　③ 정액지대(定額地代) – 타조법(打租法)
　　④ 정률지대(定率地代) – 도조법(賭租法)

　　정답 ② 영정법은 4두, 결작(군포 보충세)이 2두

27. 조선 후기 의주에서 대청(對淸) 무역을 담당하던 상인은?

　　① 송상(松商)　　② 경강(京江)상인　　③ 만상(灣商)　　④ 유상(柳商)

　　정답 ③ 대일(對日) 무역은 동래의 내상, 중계 무역은 송상(개성 상인)

28. '안성맞춤'의 기원이 되었던 조선 후기 수공업의 물품은?
    ① 유기(鍮器)   ② 도자기   ③ 부채   ④ 칠기

    정답 ① 전주 부채, 통영 칠기

29. 조선 후기 국제 무역의 발달은 민생과 국가 재정에 도움이 되지 못하였다. 다음 중 공무역(개시, 開市)과 밀무역(후시, 後市)이 동시에 성행하던 곳은?
    ① 중강   ② 경원   ③ 회령   ④ 책문

    정답 ① 압록강 구, 최초의 개시(開市), 두만강 유역은 경원과 회령(북관 개시)

30. 다음은 농민의 국역을 도표화한 것이다. 빈칸의 내용이 바르게 연결 된 것은?

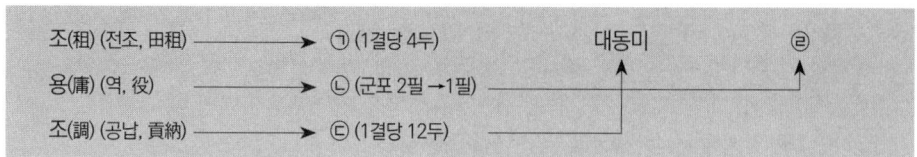

① ㉠ 영정법 – 풍·흉에 관계없이 징수하여 많은 농민들에게 도움이 되었다.
② ㉡ 균역법 – 양역변통론(良役變通論)이 절충되면서 정조 때 시행하였다.
③ ㉢ 대동법 – 모든 공납이 폐지되고 토지세로(전세화, 田稅化) 전환되었다.
④ ㉣ 결작 – 군포 보충세의 일부도 전세화되어 토지세의 부담이 늘었다.

정답 ① 영정법은 지주나 자영농민에게 유리, 소작인은 지주에게 지대(地代) 납부

31. 다음 중 방군수포제(放軍收布制)의 설명은?
    ① 양인 농민 장정은 12개월에 2필씩의 군포를 납부하게 한 것
    ② 대립제를 담당자가 묵인하여 농민들이 현역에서 제외된 것
    ③ 보인에게 받은 조역가로 다른 사람을 대신 군대에 보내는 것
    ④ 정병(正兵) 한 명에 보인(保人) 두 명을 묶어서 도와주는 법

    정답 ② ① 군적수포제 ③ 대립제 ④ 세조 때 마련된 보법(保法)
    ☞ 순서 : ㉠ 군역의 요역(搖役)화 ㉡ 대립제(代立制)
    ㉢ 방군수포제(放軍收布制) ㉣ 군적수포제(軍籍收布制)

32. 조선 후기에 양인의 군포를 줄여주자던 양역변통론을 양반들이 반대한 명분은?

① 군포를 내면 양반과 상민들의 구분이 없어지기 때문이다.
② 대동미의 부담이 양반지주들에게 이미 큰 부담이 되기 때문이다.
③ 양인개병제(良人皆兵制)와 농병일치 제도의 붕괴를 우려했기 때문이다.
④ 직업 군인의 숫자를 줄이는 것은 국방상의 문제점을 초래하기 때문이다.

정답 ① 17, 18세기 농민의 가장 큰 부담은 군포, 19세기 70%가 양반

33. 다음의 자료에서 추정될 수 없는 것은?

> 임진왜란을 계기로 5군영의 효시인 〈훈련도감〉에서 장번(長番)급료(給料)병인 삼수병(포수, 사수, 살수)을 모집하여 결과적으로 의무병제인 농병일치제가 모병(募兵)제 = 용병(傭兵)제 및 상비군(常備軍)체제로 바뀌는 계기가 되었고. 5군영의 설치로 직업군인(수포군, 收布軍)이 증가하니 농민은 현역이 면제되는 납포군(納布軍)화 되었고. 또한 농민에게 징수하는 군포(軍布)도 5군영의 군사비로만 사용하지 않고 일반경상비로도 사용하였고. 징수 또한 단일 관청이 아닌 5군영, 중앙정부, 감영. 병영까지도 독자적으로 징수하여 농민은 이중, 삼중으로 부담하게 되었다.

① 17, 18세기 가장 극심한 농민의 부담은 군포였을 것이다.
② 영조는 균역청을 설치하고 균역법을 시행하였을 것이다
③ 양인의 역(役)을 고쳐주자는 양역변통론이 제기 되었을 것이다.
④ 직업 군인제의 시행으로 농민의 번상(番上) 의무는 모두 없어졌을 것이다.

정답 ④ 모두 없어진 것은 아니다.

34. 다음의 양역변통론 중에서 가장 합리적인 방법이라고 생각되는 것은?

① 감군액(減軍額) - 훈련도감과 금위영을 폐지하여 직업 군인의 숫자를 줄이자.
② 유포론(遊布論) - 관직이나 일정한 직역(職役)이 없는 사람에게도 받자
③ 결포론(結布論) - 양역 2필을 1필로 감액하고 그 차액을 토지세에 부과하자
④ 호포제(戶布制) - 가호(家戶)를 대, 중, 소 3등으로 구분하여 베나 돈으로 받자
⑤ 공전제(公田制) - 모든 토지를 국유화한후 관리와 사·농·공·상에게 차등 지급하여 자영농을 육성하여 농병일치제로 복귀하자

정답 ④ 영조도 찬성했으나 양반층의 반대로 실패, 대원군이 시행 ⑤ 유형원

35. 조선 후기의 중앙군인 5군영 중 직업군인과 농민의 번상병(番上兵)으로 조직된 것은?

① 어영청과 금위영   ② 총융청과 수어청   ③ 훈련도감과 어영청   ④ 어영청과 총융청

정답 ① ②는 각각 북한산성, 남한산성을 지키는 속오군으로 구성
☞ 5군영은 종합 계획에 의해 순차적으로 설치되었다.(X)

36. 다음의 주장을 담고있는 작가와 작품이 바르게 연결된 것은?

> 직업의 평등화와 전문화를 주장하면서 상인간의 합자를 통하여 경영 규모를 확대하여 대상인을 육성한 후 그들이 번 돈으로 지역사회 개발에 투자하자

① 홍대용의 '의산문답'   ② 박제가의 '북학의'
③ 유수원의 '우서'(迂書)   ④ 박지원의 '열하일기'

정답 ③ 중상 실학의 선구자의 저서

37. 다음 실학자의 토지 개혁론이 잘못 연결된 것은?

① 유형원의 균전론   ② 이익의 한전론   ③ 홍대용의 한전론   ④ 정약용의 정전제

정답 ③ 홍대용은 균전론을 주장

38. 일제 하 '조선학 운동'을 주도하면서 실학이란 용어를 처음으로 사용한 인물은?

① 박은식   ② 신채호   ③ 정인보   ④ 문일평

정답 ③ 정인보(민족 얼, 신채호의 사학에 영향), 문일평은 조선 심(心)

39. 실옹과 허자의 대화를 통하여 지금까지 믿어온 고정관념을 상대주의 논법으로 비판한 작가와 작품은?
   ① 홍대용의 '의산문답'   ② 박지원의 '과농소초'
   ③ 정약용의 '기예론'   ④ 이익의 '성호사설'

   정답 ①

40. 다음 중 중상적 실학인 이용후생학파의 주장으로 볼 수 없는 것은?
   ① 직업의 평등화와 전문화를 통한 신분제도의 폐지
   ② 농업의 전문화와 상업화를 통한 생산성 향상
   ③ 자영농의 육성의 육성으로 농촌 경제의 안정
   ④ 국가 통제에서 벗어난 자유 상공업의 발달

   정답 ④ 국가에서 통제할 것을 주장(한계점)

41. 다음 중 실학자의 3대 사서(史書)가 아닌 것은?
   ① 해동역사   ② 발해고   ③ 동사강목   ④ 연려실기술

   정답 ②① 한치윤 - '동이문화권' 주장, ② 유득공 ③ 안정복 ④ 이긍익
   ☞ 특정 사건의 원인과 결과를 서술한 기사본말체로 서술된 작품 ④

42. 다음 인물들의 공통점이 아닌 것은?

   ·이익 ·홍대용 ·정약용

   ① 모두다 경세치용(經世致用) 학파이다.   ② 지전설(地轉說)을 주장하였다.
   ③ 중국 중심의 역사관을 비판하였다.   ④ 모두다 토지제도의 개혁을 주장하였다.

   정답 ① / 이익과 정양용은 중농파(경세치용학파), 홍대용은 중상파(이용후생 학파)

43. 조선 후기 사상계의 변화를 잘못 설명한 것은?

① 강화도에 거주하던 정제두는 우리나라 양명학을 완성시켰다.
② 윤휴와 박세당은 주자와는 다른 해석으로 사문난적으로 몰렸다.
③ 인내천, 후천개벽을 주장하는 동학이 창시되어 급속히 전파되었다.
④ 선교사를 통하여 전래된 천주교가 하층민 사이에 전파되었다.

정답 ④ 서학(천주교)는 17세기 북인들에 의해 학문 목적으로 소개, 남인이 신앙

44. 다음은 조선 후기 사회 변화와 맥락을 같이하는 것이 아닌 것은?

· 각지에 장시가 발달하고 정보 교환의 장소가 마련되었다.
· 모내기법이 널리 보급되어 농업 생산성이 향상되었다.

① 한글 소설과 사설 시조가 유행하였다.
② 서원의 설립으로 지방 문화가 발달하였다.
③ 한국적 정서를 담은 민화(民畫)가 그려졌다.
④ 농민들의 의식수준이 향상되어 민란이 발생하였다.

정답 ② 서원은 16세기, 전국적 보급은 조선 후기지만 이미 변질되었다.

45. 다음 내용의 작가와 작품이 바르게 연결된 것은?

㉠ 한국사의 독자적 정통성을 확립, 고증(考證)사학의 토대를 닦았다.
㉡ 고대사의 시야를 만주로 확대, 반도 사관의 탈피하였다.
㉢ 조선의 사회와 문화를 실증적, 개관적 방법으로 서술하였다.
㉣ 400여 종의 외국 자료를 인용 국사 인식 폭을 확대하였다.

① ㉠ - 안정복의 동사강목
② ㉡ - 한치윤의 해동역사
③ ㉢ - 이종휘 동사, 유득공 - 발해고
④ ㉣ - 이긍익의 연려실기술

정답 ① ㉡ 이종휘(東史 - 고구려사), 유득공 ㉢ 이긍익(연려실기술) ㉣ 한치윤 ☞ ㉠ '기예론'에서 기술 개발을 강조한 이는 여유당이다.(O)
㉡ "세상의 많은 이치를 어찌 주자(朱子)만 알고 나는 모른단 말이냐 공자, 맹자가 다시 태어나면 나의 학설이 옳다고 할 것이다" 윤휴
㉢ "사회를 어지럽히는 자는 공자가 다시 태어나도 그냥 두지 않겠다. 대원군

46. 다음은 조선 시대 유행한 화풍의 변천이 바르게 연결된 것은?

　　㉠ 원근법과 명암법 등 서양 화풍이 소개되었다.
　　㉡ 단원과 혜원을 대표하는 한국 회화의 절정기
　　㉢ 관념적 산수화에서 벗어난 진경산수화의 유행
　　㉣ 중국 화풍이 부활하는 복고적 화풍의 유행

　① ㉢ - ㉣ - ㉠ - ㉡　　　　② ㉡ - ㉠ - ㉣ - ㉢
　③ ㉢ - ㉡ - ㉠ - ㉣　　　　④ ㉡ - ㉢ - ㉠ - ㉣

　정답 ③ ㉠ 18C 말 ㉡ 18C 후반 ㉢ 17C 말 ~ 18C 전반 ㉣ 19C
　☞ ㉮ 정선의 「인왕제색도」, 「금강전도」 ㉢
　　㉯ 서민생활을 소재로 간결, 투박한 필치로 산수 배경을 생략한 산수화풍(단원)
　　㉰ 도회지 양반과 부녀자를 소재로 섬세, 세련된 필치로 산수 배경을 삽입(혜원)
　　㉱ 김정희의 「세한도」, 장승업의 「군마도(群馬圖)」「수상서금도」 ㉣
　　㉲ 강세황의 「영통골입구도」 ㉠

47. 조선 후기 경기도 광주(廣州)에 있던 사옹원 분원에서 생산한 가장 대표적인 도자기는?

　① 철사백자　　② 청화백자　　③ 진사백자　　④ 분청사기

　정답 ② 일명 '분원자기', 푸른색이 도는 백자 ① 조선초, 청자와 백자의 과도기

1. 조미수호통상조약(1882)

- 미국의 수교 요청 : 조선(거절), 일본(거절), 청(이홍장 : 수교 알선)
- 조선책략의 연미론 영향 : 수교 필요성 대두
- 고종이 주도 : 민영익, 김윤식(영선사 파견 후원), 김홍집 : 온건개화파 역할 담당, 청의 알선

● 조약의 내용
- 거중조정 : 청의 주장으로 명시, 영문 누락, 가쓰라 태프트 밀약(1905 : 일본 지지)
- 불평등조약 : 치외법권, 조차지, 최초 최혜국조관 규정
- 관세권 규정 : 최초 관세자주권 인정(수입 10%, 수출 5%)
- 영토권 인정 : 거류지(개항장)에서 외국인 토지소유 허가 BUT 내지 소유권 불인정
- 조선의 곡물수출 금지권 인정, 조선 사법기관 완비되면 철폐한다는전제하 치외법권 조항

- 보빙사 파견(1883-1884) : 전권대신(민영익) 홍영식, 서광범 등 수신사(보빙사)
  미국파견 : 미국 초대 전권공사(푸트 : Foote)부임

2. 기타 국가와 통상조약

- 청의 알선 : 영국(1882), 독일(1882) 체결→1883년 청의 알선 배제하고 영국, 독일 재조인
- 직접 수료 : 러시아(1884), 프랑스(1886)

3. 비준체결 지연 원인

- 영국 : 고율관세와 아편수입 문제 지연 : 일부 수정 1883년 정식 조인
        : 일본+미국= 전권공사 파견
        : 영국+독일+러시아=전권공사가 아닌 총영사 파견 : 청의 조선 영주권 인정
- 독일 : 1883년 청의 알선 배제 체결 : 개항장에서 서양인 종교행사 자유 보장
- 프랑스 : 천주교 포교권 문제지연 : 조불통상조약(1886) : 천주교 포교자유 인정

개화운동과 척사운동

1. 개화운동

● 개화사상의 성장
  - 1870년대 초 : 내부 : 실학, 북학파 사상 발전적 계승

: 외부 : 청(양무운동), 일본(문명개화론) 영향
- 수신사 파견 : 제1차 수신사(1876, 김기수), 제2차 수신사(1880, 김홍집), 제3차 수신사(1882, 박영효)
- 개화세력 진출 : 1880년대 정부 개편이후, 개화파 인물 정계 진출

● **개화정책 추진**
- 통리기무아문(1880)설치, 그 아래 12사(1882년 : 사대사+교린사=동문사)
- 감성청(1882) : 불필요한 재래기관 인원 및 비용절감 목적(6개월 존속)
- 별기군(교련병대, 왜별기 : 1881)창설, 5군영→2영(무위영, 장어영)개편, 별도 100명 사관생도
- 일본과의 종속관계보다도→청과의 종속관계 폐기 시도
- 박문국 창설(1883) : 한성순보 창간
- 신사유람단 파견(1881) : 일본 문물시찰단(박정양, 어윤중, 홍영식 : 윤치오+유길준=일본유학)
- 영선사 파견(1881) : 김윤식 : 유학생 경비, 청 : 최초 부채(차관)도입→기기창 설치(1883)

● **초기개화파 구상**
- 군주권 제한 : 입헌군주제 지향
- 자유주의적 자본주의체제 수립 주장→but 지주제 인정 한계성
- 신분제 초월 인재등용 주장, 국한문 혼용, 종교활동 자유

유길준 : 서유견문
- 개화의 등급 : 인륜의 개화(불변), 학술, 법률, 기계, 물품의 개화(변화)

고종 : 개화교서(1882) : 서양의 종교는 사악, 그러나 서양의 기술은 유익

- **동도서기파**
  - 채서사상 : 1880년대 : 동도서기론(오도이기론) : 중국(중체서용론), 일본(화혼양재론), 온건개화파 주장
  - 위정척사(척양, 왜양일체론)→왜양분리론 : 내재적 자강론 지향
  - 새로운 외교 범주 : 조공사행 폐지, 조선사신의 북경주재 주장
  - 곽기락 상소(1881) : 위정척사파(이민손, 강진규 등) 엄벌 주장
  - 윤선학 상소(1882) : 학기수도론(學器守道論)
  - 지석영 상소(1882) : 원(院)설치 : 개화서적 구입, 수차, 직조기, 화륜기, 병기 수입 : 원에 비치
  - 김윤식, 변옥(1882) : 서양기술 도입, 야소교 엄금

- **개신유학파(유교혁신파)**
  - 1890년대 : 남궁억, 정교 : 독립협회 참여

- **한계**
  - 기(器)를 서양의 합리주의와 민주주의에 토대한 것이 아닌 외형적 결과로 나타난 부국강병의 개념으로만 이해

2. 위정척사운동(북벌론→천주교 배격(사옥)→통상수교거부정책)

- 보수 유행 : 숭정학 벽이단, 존중화 양이적 : 위정척사, 존왕양이, 파사현정 주장

- **제국주의 침략에 대한 인식**
  - 이항로, 최익현 : 서양교류의 폐단 : 정신적, 문화적 폐단 & 경제적 폐단
  - 화이관의 부분적 변화 : 1876년 개항 전후 척사론 : 화이인수지별(서양과 일

본 : 금수)

: 1894년 갑오개혁 이후 : 서양과 일본 : 사람모양의 금수 : 이적(夷狄)

- 개화파의 독자적 개혁운동 부정, 제국주의 침략 : 개화망국론

● 현실문제에 대한 대응책

- 상소 : 내수외양 – 제국주의 침략도 국내 개혁으로 해결 : 양화배척, 양물금지, 양적(洋賊)전쟁
- 처변삼사 : 거의소청, 거지수구, 치명수지 : 유인석 : 거의소청 강조

● 1860년대

- 통상반대운동, 척화주전론
- 이항로(벽계아언, 진소회소, 화서집) : 서양인(無君無父 짐승), 용덕인 등용
- 기정진(노사집)

● 1870년대

- 개항불가론, 왜양일체론
- 최익현 : 개항 오불가소, 지부복궐척화의소, 흑산도 유배
- 유중교, 김평묵, 유인석, 전우(천주학 배척)

● 1880년대

- 개화반대운동(정부의 개화정책과 조선책략 유포 반발)
- 유원식(정부 개화정책 최초 상소)
- 이만손(영남만인소), 홍재학(만언척사소) : 신사척사운동(1881)[151]
- 신섭, 유기영, 김순진, 홍시중, 한홍렬, 고정주

---

151 홍재학의 신사척소문 : 양물과 양서 소각, 통리기무아문 폐지, 5위제 복설 주장

- **1890년대**
    - 을미사변과 단발령(1895) 이후 : 을미의병으로 계승

- **1900년대**
    - 만국공법체제 : 일제침략에 대한 국제적 압력 : 외교의 필요성 인식
    - 기삼연, 이석용, 곽종석(3.1운동 후 파리장서사건, 1차 유림단 사건)

- **역사적 의의**
    - 사회보존론, 중세적 질서유지, 반외세 운동
    - 광의 : 민족주의
    - 협의 : 민족모순과 과제를 해결하지 못해 민족주의가 되지 못하는 한계성

개화와 보수의 갈등

1. 임오군란(1882)

- 군제개혁 이후 : 구식군대와 신식군대(별기군) 갈등
- 이재선 역모사건 : 국왕폐위 역모사건(1881) : 안기영, 권정호 : 대원군 서자 이재선 왕 추대 : 대원군 권좌 복귀 시도 : 실패→신사 척사상소 기세 위축
- 일본으로 쌀 유출로 미곡가 폭등, 식량부족 현상
- 13개월 체불 임금을 모래 섞은 백반 지급 : 무위영 소속 군졸+빈민=폭동
- 도봉소 습격→선혜청 당상 민겸호+경기 관찰사 김보현+별기군 교관 호리모토=살해 : 도봉소사건
- 대원군의 재집권 : 국장도감(민비 장례), 통리기무아문 혁파, 5군영과 삼군부 부활 : 도고혁파, 각종 잡세 폐지, 주전남발 철폐

청의 내정간섭 초래
- 김윤식 요청 : 청의 오장경 출동 : 대원군을 청으로 압송(3년간 감금 : 1885년 귀국)
- 고문 추천 : 묄렌도르프(외교, 세관), 마건상(정치), 하트(재정), 위안스카이(군사)
- 군사권 장악 : 위안스카이 : 신건친군영 설치, 청나라식 군대 훈련
- 조청상민수륙무역장정(1882) : 상무 감독 : 총영사관 : 총판조선상무위원(진수당)
  - : 조선을 청의 속방으로 규정, 육로통상권(의주, 회령)
  - : 청 상인의 내지 통상권, 치외법권 확대, 홍삼수출(고율 관세)
  - : 청상인은 영국산 면제품 중계무역, 대규모 직수입 직거래
- 통리기무아문 폐지 : 통리교섭통상사무아문(외아문) & 통리군국사무아문(내아문) : 설치

제물포조약(1882)
- 일본공사관에 경비병 120명 주둔 허용→최초 외국군인 조선 주둔 허용 : 비용(조선국 부담)
- 피해보상금 50만원(매년 10만원)
- 사죄사 파견 : 박영효(제3차 수신사), 김옥균, 민영익 : 일본파견[152]

2. 갑신정변(1884. 10)

- 개화파 형성 : 박규수 지도 : 김옥균, 박영효, 서광범, 김윤식, 유길준 : 1880년대 정계 진출

---

152 태극기 : 임오군란 후 1882년 수신사 일행(박영효, 이용준, 김옥균, 민영익) 일본도착 태극기 게양 : 1883년 정식으로 국기로 채택, 공포

- 개화파 양분 : 임오군란(1882) 계기 : 민씨정권에 대한 인식, 개화방법, 외교
  노선 : 견해 대립
    : 온건개화파 : 김홍집, 어윤중, 김윤식 : 청과 사대외교 유지, 민씨
      정권 타협
    : 급진개화파 : 김옥균, 박영효, 서광범 : 청과 사대관계 종식, 일본
      메이지 유신 모델

개화파 계보

통상개화론의 실학자(19세기)
박제가, 이규경, 최한기, 강위
↓
초기 개화사상가(1860-1870년대)
박규수, 오경석, 유홍기, 이동인
↓
개항 후 : 개화파의 형성(1870년대)
김옥균, 박영효, 서광범, 김윤식, 유길준
↓
임오군란 후 : 개화파 양분(1880년대)
↓

온건개화파(수구당)	**급진개화파(개화당)**
김홍집, 김윤식, 조영하, 어윤중, 민영익, 민태호, 민승호, 이조연 개량적 개화파, 동도서기파 사대당(친청)	김옥균, 박영효, 박영교, 서재필, 홍영식, 서광범 변법적 개화파(반청, 친일)

- 임오군란 후 박영효가 3차 수신사 파견 : 박문국 설치, 일본에 유학생 파견,
  우정국 설치

갑신정변(1884. 10)
- 임오군란 후 청의 내정간섭 심화 : 민씨 척족세력은 친청 수구 경향
- 민씨세력과 개화세력의 대립 : 변법개화세력의 소장 관료들을 요직 축출
- 묄렌도르프 건의 : 전환국에서 1883년 당오전 발행

- 김옥균(악화주조 반대) : 울릉도, 제주도의 어채권 담보, 일본 차관도입 시도
  : 실패
- 개화당 정변구상 : 미국공사관 도움요청(거절), 일본공사 다케조에가 개화당 접근
- 청불전쟁(안남전쟁 : 1884. 5)발발 후 청군 3천여명 중 절반 베트남 전쟁 투입 위해 철군
- 개화당은 우정국 개국식 축하연 계기 : 사대당(민태호, 민영목, 조영하) 살해 : 정변
- 청 군대 : 위안스카이 진압 : 실패(3일 천하)
- 한성부민 : 일본공사관 공격
- 박영교, 홍영식 : 정변 실패 후 : 살해
- 김옥균, 박영효, 서재필 : 인천항을 통해 일본 망명(우정국사건)

● **갑신정변 참여층**
- 양반사대부 가문 청년, 중인층, 지주층+시전상인층=재정 후원
- 도시상공인+농민=참여 안함

● **개혁의 분석**
- 청국 종속관계 폐지, 입헌군주제, 문벌폐지, 능력 따른 인재등용, 인민평등권(계급제도 폐지)
- 지주전호제 유지, 농민과 유리된 지조법 개혁(토지가격 세금부과 : 일본영향)
- 규장각 혁파(민씨세력 장악 : 왕권약화), 내시부 혁파, 환상정지, 순사파견, 친군영(4영→1영)
- 근위대 설치, 재정(호조담당 : 국가재정과 왕실재정 구분)[153], 용관 폐지

---

153 재정담당 부서 : 갑신정변(호조), 갑오개혁(탁지아문), 독립협회(헌의6조 : 탁지부), 대한제국(내장원)

김옥균 저술
- 치도약론 : 1882년 : 인재등용, 재용절제, 사치억제, 국토개척, 영해방위, 외교문제
  : 아시아 선진국 치국 3조항 : 위생(의약)+농상+도로(교량 : 급선무 강조)치중 역설
- 회사설, 갑신일록, 기화근사, 치심유서, 지운영사건규탄소, 여이홍장서

● 갑신정변 실패 원인
- 민중적 기반 부족, 일본의 침략 의도 파악 부족으로 일본에 이용만 당함

● 갑신정변 영향 및 한계
- 급진개화파 몰락, 청의 내정간섭 강화(진수당 후임 : 위안스카이 : 조선총리교섭 통상사의)
- 지주층 입장 옹호(지주전호제 유지), 위로부터의 개혁
- 부르주아 시민혁명 선구, 청일대립 격화
- 근대화를 서구화, 일본화로 잘못 이해
- 외세 의존적, 국민들은 이들을 친일파로 인식

한성조약(1884. 11)
- 김홍집 & 이노우에
- 일본 사죄, 배상금(11만원)지급, 일본대위 살해범 처벌, 공사관 신축지 비용(2만원)부담, 부지사용

천진조약(1885. 4)
- 이토 히로부미 & 이홍장→주청 영국공사 파크스(Parkes) : 중재
- 거문도사건(1885. 3)직후 : 청일간의 현상유지책

- 양국은 4개월 이내 조선 공동철병, 양국은 조선에 군사교관 파견 안함, 조선에 군사파견시 사전 통고하고 해결되면 즉시 철수
- 일본은 조선에서 청과 대등한 위치 유지→이 조약은 청일전쟁(1894-1895)발발로 결렬

열강세력의 침투

1. 정치적 침투

- 러시아 남하정책 : 베이징조약(1860)으로 연해주 차지, 블라디보스토크 군항 개설
- 거문도사건(1885. 3) : 아프가니스탄 대립, 영국과 러시아 긴장 : 한반도 확장
  : 영국의 거문도 점령 : 해밀턴항→러시아 견제
  : 청 이홍장 중재 : 영국군 철수(1887)
  : 청은 영국이 조선에 대한 청의 종주권 승인 대가로 영국의 거문도 점령 상호승인
- 제1차 조러밀약설 : 러시아가 영흥만을 조차하려는 밀약설 대두
  : 청은 대원군 석방(1885) : 친러적인 조선정부 견제
  : 반청친러 경향 : 묄렌도르프 파면→데니 후임 파견[154]
- 제2차 조러밀약설 : 러시아 공사 웨베르와 민비 : 조선의 분쟁시 러시아 군함 파견 밀약설
  : 청의 압력으로 폐기
- 조러육로통상장정(1888) : 경흥 개방, 러시아 두만강 자유항행 인정, 조선인

---

154 데니 : 청한론 : 묄렌도르프와 같이 연로책(친러책) 주장

　　　　노령 활동 인정
　　　　　　: 일명 : 두만강 국경지역의 통상에 관한 규정

　　갑신정변 이후의 국제 정세
　　　　- 독일 부영사 부들러 : 거문도사건(1885. 3) 직전(1885. 2) : 스위스 모델 : 한반도 영세중립화 건의(김윤식)
　　　　- 유길준(1885) : 중립화론 : 벨기에와 불가리아 모델 : 한반도 중립론 구상
　　　　- 김옥균(1886) : 일본 망명 중 청의 이홍장 공개서한 : 한반도 중립화 주장
　　　　- 독립협회(정동구락부) : 보호중립론
　　　　- 대한제국(1904. 1) : 러일전쟁(1904. 2-1905) 직전 : 국외중립 선언

2. **일본의 경제적 침투와 방곡령 사건**
　　　　- 임오군란과 갑신정변 이후 : 일본 : 정치적인 면(약화), 경제적인 면(강화)
　　　　- 중계무역 : 일본은 조선을 상품시장 및 원료공급지로 확보
　　　　- 1890년대 초 : 조선의 일본으로의 수출액(90%), 수입액(50%) : 일본의 경제 침투 강화
　　　　- 일본상인들은 입도선매, 고리대 형식의 곡물수매 등 : 조선 농촌 피폐

　　방곡령사건
　　　　- 소극적인 민생 안정책 : 정부와 지방관의 직권 실시
　　　　- 일본상인의 농촌침투와 지나친 쌀, 콩 등의 반출을 막기 위한 조치
　　　　- 실시 지역 : 함경도(콩), 황해도(쌀) : 전국적 현상
　　　　- 조일통상장정(1883) : 방곡령 실시 1개월전 일본영사관 통고 규정
　　　　- 외교적 마찰 : 황해도 관찰사 조병철(1889), 함경도 관찰사 조병식(1889)
　　　　　　　　황해도 관찰사 오준영(1890) : 일본에 배상금 지급
　　　　- 1881년 인천항 개항 조건 : 인천항 방곡 시행권 확보 : 인천항을 통한 곡물

수출 금지

　　　　1890년대 이후 : 인천항을 통한 곡물 수출이 증가
- 지방관 수탈강화 : 수령들은 방곡시행, 곡가 하락시 매매 : 외획(外劃)→관료 자본 : 조선은행[155]
- 제주민란(1889-1892) : 1887년 제주 어채권 허용 이후 반발
- 철시동맹(1890. 1) : 서울(시전상인, 육의전 상인)중심, 청과 일본 외국상인 점포를 인천항 제한, 조선상인의 한성 전담 주장, 외국상점 폐쇄의 철거 주장 : 파업(장터 민족주의)

갑오농민전쟁

1. 농민전쟁 배경
    - 19세기 이후 : 외세 경제적 침략 심화 : 입도선매, 고리대 성행, 차관도입 후 원리금 적체로 그 부담 농민 전가 : 농민의 부담 가중
    - 봉건체제의 모순 심화 : 관직의 매매, 관리의 농민수탈, 은결 토지 확대 : 민란 발생
    - 동학교세 확장 : 최제우 사형 후 : 2대교주 최시형, 충청도 보은 중심, 삼남지방 빈농+잔반 : 충주(중앙기관 : 법소), 각지(도소), 그 아래(포, 접) 설치

- **교조신원운동(종교적 성격)**
    - 공주, 삼례집회(제1차 : 1892) : 서병학, 서장옥 : 공주, 삼례 중심, 교조신원과 탄압중지 요구
    - 복합상소(제2차 : 1893) : 서울 광화문, 교조신원 상소

155　조선은행(1896) : 관료자본을 토대 : 관료자본+지주자본=대한제국시기 식산흥업운동 물적 토대

- 정치운동의 전개(종교적 성격→정치적 성격)
  - 보은집회(제3차 : 1893) : 북접 중심, 충청도 보은 : 제폭구민, 척왜양창의
  - 금구취회(1893) : 남접 중심 : 전라도 금구 : 전봉준, 서장옥
  - 밀양집회(1893) : 남접 연결 : 경상도 밀양→삼남집회 개최

2. 농민전쟁의 전개

- 고부민란(1894. 1)
  - 고부군수 조병갑, 보(保) 수세 징수 : 제폭구민, 보국안민 : 농민전쟁 서막
    (1893년 고부민란 계획 : 사발통문)
  - 정부는 조병갑 파면, 박원명 교체 : 당시 장흥부사로 안핵사 이용태의 농민 탄압 : 1차봉기 배경

제1차 농민전쟁(3월 기포 : 1894. 3-5) : 반봉건(제폭구민)
  - 남접 주도 : 무장(창의문)→김제→백산(4대강령과 백산격문 : 농민군 지휘부 : 제중의소 설치)
    →황토현전투(전라 감영군 격파)→장성 황룡촌전투(홍계훈 경군 격파)[156]
    →전주성 점령

- 전주화약과 집강소 활동(1894. 5-10)
  - 전주화약 : 전라 관찰사 김학진 & 전봉준 : 관민상화지책 약속, 폐정개혁 27개조 제시

156　동학농민군 12개조 기율 발표

농민군 폐정개혁	
• 전운소(조세운반선) 혁파	• 미곡무역 금지
• 균전어사(토지등급 측정관리) 혁파	• 국태공(대원군) 국정 복귀
• 전보국(전봇대 관리)	• 외국상인 도성 시장 출입 금지
• 노비문서 소각	• 7반천인 대우 개선
• 과부 개가 허락	• 무명잡세 폐지
• 관리채용 지벌타파 인재등용	• 왜와 간통한 자 엄벌
• 공사채 기왕의 것 무효	• 토지의 평균분작(초간본 : 두레법 장려)

- **집강소**
  - 집강소 : 조선전기 향촌조직으로 고을의 접주를 집강이라 부른 데서 유래
  - 혁명위원회 성격, 우리나라 최초 민정기구, 농민 향권 구현
  - 운봉, 남원, 나주 등을 제외한 전라도(전주 : 대도소) 53개소 군+충청도+경상도 일대 설치
  - 조직 : 집강+서기, 성찰, 집사, 동몽 임원
  - 임무 : 신분제폐지, 삼정개혁, 고리채 무효화, 지주제개혁, 조세징수, 치안유지 : 폐정개혁 담당

제2차 농민전쟁(9월 기포 : 1894. 10-11) : 반일(축멸왜이)
  - 1차 농민전쟁 후 북접 최시형 : 고절문 작성, 남접 토벌 위한 벌남기 제작
  - 일본군 경복궁 점령(1894. 6. 21)과 청일전쟁(1894. 6. 23-1895) : 중도파 오지영 중재
  - 남접(전봉준)+북접(손병희)=합세 : 조일전쟁 양상
  - 논산→공주 이인전투(농민군 승리)→공주 우금치전투(일본군, 관군 승리)
    →광주, 장흥전투(남접군), 영동, 보은전투(북접군)
  - 김개남 청주전투 패배→손화중 나주성전투 패배→전봉준 체포
    →전봉준, 손화중, 김덕명, 최경선 등 교수형(1895. 3)

- **농민전쟁 참가 계층**
    - 엽관파 : 서병학(교조신원운동, 보은집회 주동→정치집회로 전환 모색) : 몰락양반, 체제 반항
    - 종교파 : 최시형, 손병희, 손천민, 박인호 : 북접파 중심 : 봉건정부와 타협, 종교로 공인 모색
    - 개혁파 : 전봉준, 김개남, 손화중, 서장옥, 최경선, 김덕명 : 남접파 중심 : 반봉건 투쟁
        : 정치, 사회개혁 추구, 동학 지도부 불만(종교파와 농촌대지주에 대한 투쟁 전개)

반농민전쟁의 흐름 : 보수 유생층 : 집강소, 민보군, 유회군 조직↔동학농민군 대항
        : 나주, 운봉, 남원 : 집강소 설치 반대하는 향리, 유생 : 수성군 조직

- **갑오농민전쟁의 성격, 실패원인, 역사적 의의**
    - 반봉건적 성격 : 민씨정권 퇴진과 대원군 섭정 요구, 신분제 폐지[157], 토지 평균분작
    - 반제국주의 성격 : 미곡의 일본 유출금지, 일본상인 폐해 제거, 일본세력 축출
    - 농촌사회의 역량 분산 : 농민군은 일차적 적대세력이 아닌 지주, 부호, 양반 : 공격
    - 아래로부터의 근대사회 지향 : 농민적 토지소유(맹아적 사회주의 구상)의 지향

---

157 박은식 : 한국통사 : 갑오농민전쟁을 개혁의 선구 평가

갑오, 을미개혁

1. 갑오개혁
- 일본정부 : 1894. 6. 1 : 조선정부에 내정 개혁안 5개조 요구
- 조선정부 : 1894. 6. 11 : 남산 노인정회담(1894. 6. 8)이후 독자적 개혁 : 교정청(1894. 6. 11)
- 일본 : 1894. 6. 21 : 경복궁 침입(갑오왜란), 반일적인 민씨정권 축출
  : 대원군 섭정 : 친일 김홍집 1차 내각 조직(일본의 왕실 무력화 시도)
- 조선 : 1894. 6. 25 : 문관+무관 당상 : 군국기무처 설치, 일본 오오도리 가에스케 주도

제1차 갑오개혁(제1차 김홍집내각 : 1894. 7)
- 군국기무처에서 208건 개혁안 의결 : 중앙의 정치, 행정제도 개혁 중점
- 일본은 국제적 간섭과 조선인 반발 : 급진적인 개혁은 하지 않음(김홍집, 이준용 내각)

군국기무처 의정안

- 연호 : 개국기원 사용
- 연좌제 폐지
- 과부재가 허용
- 관료 퇴직 후 상업활동 자유
- 문벌(양반, 상민, 천민)폐지, 인재등용
- 조혼금지(남자 : 20세, 여자 : 16세)
- 공사노비법 혁파, 인신매매 금지
- 부세의 금납제

제2차 갑오개혁(제2차 김홍집내각 : 1894. 11)
- 청일전쟁에서 우위 확인 : 일본은 적극적인 간섭정책 전환
- 이노우에 카오루(주한공사) : 이집트에서의 영국정책 모방 : 조선의 보호국화 목표
- 대원군은 개혁 불만을 품고 일본을 제거 계획(반일 쿠데타 계획)→일본은 대원

군 제거
- 일본 : 박영효, 서광범 등의 친일세력 입국 : 김홍집, 박영효 연립내각 : 군국기무처 폐지
- 40여명 일본인 고문관 입국 : 개혁 주도 : 지방제도, 군사, 사법, 교육 중점
- 홍범 14조 반포 : 근대적 성문헌법 효시, 입헌군주제, 자주독립선언 최초 선언
- 국왕(고종)반포 : 홍범 14조+독립서고문, 경국대전체제 붕괴(군국기무처 반포X)

홍범 14조

- 청과 단절, 자주독립 기초 확립
- 왕실사무(궁내부)와 국정사무(의정부) : 분리
- 국가재정 예산제도[158]
- 우수한 인재 해외 유학
- 민법, 형법 제정(국민 생명과 재산 보장)
- 종친과 외척 구별, 왕위계승은 왕조만
- 납세 법제화(조세법정주의)
- 지방관리 권한 제한
- 징병제도, 군제 확립
- 문벌 타파, 인재등용

갑오개혁의 개혁안

● **정치개혁**
- 청의 종주권 부인 : 개국 503년 연호 사용 : 주상전하→대군주폐하(광무개혁 : 황제)
- 내각제로 군주권 제한 : 입헌군주제 지향, 왕실과 정부를 분리
- 행정개혁 : 18등급→12등급, 일본식 관리임용법 제정, 문무차별 폐지
    : 2부(궁내부, 의정부), 8아문(1차 갑오개혁)→7부(2차 갑오개혁)
    : 경무청 신설, 과거제 폐지, 삼사언론기관 폐지
- 사법권 독립 : 사법권을 행정권 분리 독립 : 근대 사법 시작

---
158 갑오개혁(홍범14조): 국가재정의 예산제도 확립
     독립협회(관민공동회) 헌의6조): 예산과 결산을 인민에게 공표

: 재판소구성법, 법관양성소 규정 공포 : 2심제 원칙

           : 1심 재판소 : 지방재판소, 개항장재판소

           : 2심 재판소 : 고등재판소, 순회개판소

           : 군수의 사법권 유지 : 군수의 1심 재판 관할 유지

           : 의금부→의금사 개칭, 법무아문 소속, 각 재판소의 상소 담당

     - 지방제도 개혁 : 8도→23부 개편 : 종래 부, 목, 군, 현→군 통합(군현제 폐지)

           : 행정구역에 면을 포함 : 면 단위 향회 조직

           : 지방관의 사법권과 군사권 박탈→행정관 전락

     - 민권 위축 : 대간제도, 상소제도 : 폐지, 경찰제도 확립으로 민권 억압

● **경제개혁**

   - 군국기무처 : 신식화폐발행장정 공포 : 은본위제 채택 : 백동, 적동, 황동 보조화폐
   - 화폐개혁으로 일본화폐가 국내유통, 일본상인의 백동화 위조유통 : 경제혼란 가중
   - 재정의 일원화 : 갑신정변(호조), 갑오개혁(탁지아문), 독립협회(헌의6조 : 탁지부), 대한제국(내장원)
   - 도량형 통일 : 척관법(척근법)[159]
   - 갑오개혁(홍법14조 : 예산제도 확립)→독립협회(헌의6조 : 예산과 결산의 공표)
   - 궁방전의 면세 특혜 폐지 : 탁지아문 수세
   - 잠정합동조관 체결 : 조선과 일본 : 경부선, 경인선, 전신선 이권부여, 전라도 연해 개항 요구

---

159 한국의 척근법 : 1905년 대한제국 고종 때 대한제국 법률 제1호로 도량형 규칙을 제정 공포, 척관법을 서양에서 사용하는 미터법 및 야드-파운드법과 혼용 사용

- **사회개혁**
  - 사농공상의 4민제도 폐지+공사노비제 폐지+과부 재가 허용=갑오개혁과 동학농민군 공통
  - 노비 매매금지, 관리 임용시 신분차별 폐지, 조혼금지, 적서차별 폐지, 양자제도 개선, 연좌법과 고문(태형)금지

- **군사개혁**
  - 종래 군영 혁파→군무아문 소속
  - 공수동맹 체결 : 일본과 한일양국동맹 체결
  - 훈련대 창설 : 일본의 무력기반 : 훈련대 창설(1895), 사관양성소 설치 시도
  - 한계 : 일본은 조선의 군사력 강화와 군제 개혁 외면

- **교육개혁**
  - 교육입국조서 반포 : 실용주의 교육 강조
  - 교원양성, 학교제도 정비 : 한성사범학교 관제 공포(최초 교원양성 관학 : 1895), 외국어학교 관제, 소학교령(1895)제정
  - 유학정책 시도 : 200여명 유학생 일본 유학
  - 한글채택 : 칙령 제1호 : 공문식 공포 : 한글을 국가의 공식문자 채택(1895)

- **갑오개혁의 성격 및 한계**
  - 법제상의 근대화의 출발점, 진보적 변혁운동
  - 일제의 침략을 위한 타율적 개혁→백성들은 반발
  - 불완전한 개혁 : 군제개혁에 소홀, 토지제도 개편 미흡
  - 종이 위의 개혁 : 청일전쟁 후 시모노세키(하관, 마관)조약, 삼국간섭, 박영효 실각 등 국내외 상황은 개혁을 좌절

김홍집 내각의 변천

김홍집 내각	성격	연대	중심인물	업적
제1차 내각 (청일전쟁)	친일	1894	대원군, 김윤식, 어윤중	군국기무처, 갑오개혁 착수
제2차 내각 (삼국간섭)	친일	1894	박영효, 서광범, 박정양	홍범14조, 갑오개혁 완수
제3차 내각 (을미사변)	친러	1895	김윤식, 이완용, 안경수	러시아 이권 획득
제4차 내각	친일	1895	김윤식, 서광범, 유길준	군제개편, 단발령

청일전쟁(1894. 6-1895. 4)
 - 이홍장 & 이등박문 : 시모노세키조약 : 일본은 요동반도와 대만 할양, 최혜국조관, 전쟁배상금 : 은(2억냥) : 조선의 자주국 승인(청의 종주권 완전 부인)

삼국간섭(1895. 4)
 - 청일전쟁 후 : 독일+러시아+프랑스=삼국이 일본 견제 : 요동반도 반환, 러시아 만주 진출

국내정세 변화
 - 친러파 대두 : 민씨정권 : 인아거일책→일본 고립상태
 - 박영효가 훈련대로 왕궁호위 시도 : 국왕 거부로 실패
 - 국왕, 왕비 암살음모로 박영효 등 친일파 : 음도불궤죄 : 일본 재차 망명
 - 친러내각 성립 : 이범진, 이윤용, 이완용→제3차 김홍집, 박정양 연립내각 : 1895)

을미사변(1895. 8)
 - 삼국간섭 후 고립된 일본이 세력만회를 위한 비상수단 강구
 - 일본공사 미우라+일본군+일본 낭인배+훈련대(우범선)=민비시해
 - 제4차 김홍집내각 수립 : 급진적 개혁 추진

2. 제3차 갑오개혁(을미개혁)

- 일본의 강요에 의한 갑오개혁의 연장 : 아관파천(1896)으로 중단
- 태양력(양력), 일세일원(건양 : 연호), 단발령, 양복착용, 종두법, 소학교설치, 우편제도 실시
- 군제개혁 : 중앙군(훈련대+시위대=친위대), 지방군(평양, 전주 : 진위대)
- 민중과 유생 반발 : 을미사변과 단발령 공포(1895) : 최익현, 김복한 : 을미의병 봉기

열강의 각축과 이권 침탈

1. 열강의 각축

- **춘생문 사건(1895)**
  - 친러, 친미파(이범진 주도) : 국왕을 미국 공사관으로 옮기고 김홍집 내각 타도 계획 : 실패
  - 아관파천 성공 : 친일파 살해(김홍집, 어윤중), 일본망명(유길준)

- **아관파천(1896-1987)**
  - 미국 공사 알렌+러시아 공사 웨베르+이범진=국왕을 러시아 공사관 옮김 : 친러내각 조직
  - 박정양, 이범진, 이완용 : 정동구락부 중심 : 친러, 친미 내각 구성↔친일조직 : 조선협회 대립

친미개화파
- 1890년대 형성된 정동파 : 박정양, 이완용, 윤치호 등
- 박정양 : 1887년 초대 주미전권공사 임명(이완용 동행) : 최초 미국견문기 : 미속습유 저술
- 주미공사관은 서양에 설치한 최초 상주 공사관→청의 압력 : 박정양 1889년 소환

● **제1차 러일협상(웨베르 & 고무라 각서 : 1896. 5) : 경성의정서**
- 일본은 러시아의 정치적 우위 인정 : 러시아가 조선에서 일본과 같은 군대 수를 보장
- 일본은 서울–부산간 전신선, 서울과 개항장 일본 거류민 보호 명목 : 군대 계속 주둔
- 일본인 고문, 무관 대신→러시아인 군사, 재정고문(알렉세프) 교체

● **제2차 러일협상(로바노프 & 야마가타 의정서 : 1896. 6) : 모스크바 의정서**
- 러시아 & 일본 : 두나라 군대사이 용병지역(완충지대)확정, 조선이 러일 양국의 공동보호령
  : 일본은 38도선 국토 분할 제의, 알렉세프(한러은행) : 조선 재정 악영향

● **제3차 러일협상(로젠 & 니시 협정 : 1898) : 동경의정서**
- 러시아 & 일본 : 대한제국의 주권과 완전 독립 확인
- 상공업면에서 일본의 경제적 우위 인정 : 세력 균형 협정, 러일전쟁 전까지 효력 유지

2. 제국주의 열강의 이권 침탈

- **열강의 경제적 침탈**
    - 청일전쟁 후 : 조선에 대한 열강의 경제적 침탈 강화
    - 아관파천 후 : 러시아 이권 강화 : 다른 나라도 최혜국 대우조항 근거 : 경제 침탈 강행
    - 광산채굴권만 우선 확보 : 나중에 광지를 선정 : 약탈적 방법

- **운산금광**
    - 미국 : 평안도 운산금광(1896-1938) : 동양광업개발주식회사(Allen & Morse)운영
    - 처음 : 주식의 일부를 조선왕실에 지급→이후 : 미국인 주주 이전
    - 채굴권이 일본에 양도(1939)

- **korean syndicate :**
    - 러일전쟁 후 : 영국인 피어스(Pearse)+미국+일본=광산개발 : 인터네셔널 컴퍼니(다국적 기업)

열광들의 이권 침탈

- 경인철도 부설권(미국·일본 : 1896)
- 서울전차 부설권(미국 : 1898)
- 은산(평남) 금광채굴권(영국 : 1898)
- 창성(평북) 금광채굴권(1901)+평양 무연탄채굴권(1903)=프랑스
- 경의철도 부설권(프랑스·일본 : 1896)
- 경부철도 부설권(일본 : 1898)
- 직산(충남) 금광채굴권(일본 : 1900)

독립협회와 대한제국

1. 독립협회(1896. 7) : 사교단체→계몽단체(개신유학파 가담)→정치단체(자주호국선언)

- **조직의 배경**
  - 서구시민사상(서재필, 윤치호)+개신유학사상(장지연, 남궁억, 정교)+중재역할(이상재)
  - 양반이 중심, 중인세력 참여

- **조직 및 발전**
  - 건양협회(유길준 등 갑오개혁 주도세력)+정동구락부(친미, 친러 : 안경수, 이완용, 서재필)
  - 청과의 사대관계 청산 : 전근대적 악습과 폐해 독립(독립문, 독립관, 독립공원)
  - 회원가입 자유(도시상인, 광산노동자, 부두노동자, 농민, 백정, 여성, 승려)
  - 최초 공주 지회, 민중적 사회단체로 성장
  - 초대회장(안경수), 초대위원장(이완용), 고문(서재필)

- **활동**
  - 토론회 개최 : 영은문→독립문, 모화관→독립관(토론회 : 1898년 2월 21일 구국선언상소 기준: 이전(계몽적 주제)→이후(정치, 사회적 현안 주제)변화
  - 독립신문 간행(1896. 4. 7) : 일본 민간지 한성신보가 아관파천 비난↔대응책 독립신문 간행, 서재필(주필)+주시경(조필)+유길준, 박정양(갑오개혁 담당 개화파 인사)=정부의 후원(지원), 한국을 위한, 한국에 의한, 한국의 신문 표방
  - 대조선독립협회 회보 간행(1896) : 공식기관지 & 비공식기관지(독립신문, 황성신문)
  - 독립협회에 참가한 개신유학파(유교혁신파) : 황성신문 대변지 구실

- 만민공동회 개최(1898) : 1898년 2월 21일 자주호국선언(구국선언 상소문, 이상재 작성)

    1898년 3월 : 종로 : 서울 소시민 중심 : 최초 민중대회 만민공동회 개최→러시아 침략 규탄

    조선의 자주 독립권을 지키자는 내용의 결의안 채택→정부 건의→정부 수락(관철)

    만민공동회 회장 : 미곡상인 : 현덕호

- 자유민권운동 : 생명, 재산의 자유권, 언론, 집회 자유권, 국민 평등권, 국민주권론
- 신기선 등 수구파 내각의 봉건 악법인 노륙법(연좌법)부활 반대 : 수구파 내각 퇴진

    →진보적 내각 수립 : 박정양, 민영환, 한규설, 윤웅렬 등

- 관민공동회(1898) : 만민공동회에 정부대신 합석 : 종로 : 관민공동회 개회

    헌의6조+5개조 조칙 발표 :

헌의6조

- 외국인 의존 금지, 관민 협력, 전제황권 견고(인사권과 이권 양여부문)
- 정부와 외국 간의 조약 : 각부대신+중추원 의장=합동 서명 날인
- 재정일원화 : 탁지부, 예산과 결산의 공표
- 중죄인 : 진술기회, 공개재판
- 황제 : 칙임관 임명 : 의정부 자문+과반수 동의=임명
- 장정(홍범14조 및 각 부처의 세칙)을 실천할 것

5개조 조칙

- 중추원 장정 개정하여 실시
- 전직+현직 지방관이나 지방대장 : 공공재산 사취+민간재산 탈취=처벌
- 협회와 신문에 대한 규칙 제정
- 어사나 시찰원 가운데 폐단을 일으키는 자 : 처벌
- 상공학교 설립 : 민간산업 권장

- **의회설치**
  - 서구 상원제 모방 : 의회식 중추원 관제 : 50명(25명 : 관선, 25명 : 독립협회 회원 중 27세 이상, 선거)
    - 결과는 50명 중 민선 17명이 선출 : 역사상 최초로 의회가 설립될 단계

- **독립협회의 이권수호운동**
  - 러시아 절영도 조차요구+한러은행+프랑스 광산채굴권→좌절

- **찬양회=순성회(1898)**
  - 독립협회가 주도한 최초 여성단체 : 순성여학교 설립 운동 전개
  - 최초 여권선언문 : 여성통문 발표(독립신문, 황성신문)

- **협성회(1896)**
  - 서재필이 조직 : 근대적 학생단체

- **정부의 독립협회 탄압 해산(1898)**
  - 조병식, 이용익 : 보수세력은 익명서 사건 날조(1898) : 독립협회가 왕정을 폐지하고, 박정양(대통령), 윤치호(부통령)선출해 공화정 실시 : 무고→박정양 내각 해산, 독립협회 해산
  - 정부 : 보부상의 내지 행상 독점권 담보 : 황국협회 이용→만민공동회 탄압 (1899년까지 존속)

황국협회(1898)
  - 보부상을 중심으로 궁중 보수파 조직한 보수어용단체 : 조병식, 이기동, 길영수, 홍종우
  - 기관지 : 시사총보(최초 문예현상모집 공고)

- 만민공동회 해산을 주도한 보부상 단체 : 백민회

- **독립협회의 한계성**
    - 사회진화론 영향 : 열강의 침략은 문명 전파의 수단으로 인정
    - 의병운동 배척 : 항일의병운동을 무모한 운동이라 비판
    - 상원 설치안 주장 : 인민의 참정권 능력 부인 & 황국협회(하원 설치안 주장)
    - 러시아+프랑스 이권 침탈 철저히 반대 & 친영+친미+친일단체=이권침탈 적극적 반대안함
    - 개항장 증가 주장 : 자유무역주의 원칙, 방곡령 시행에 비판
    - 지주제 인정
    - 시민혁명의 가능성 부인 : 정치의식이 왕권 부정단계에 이르지 못함
    - 민권신장운동이 아닌→국권수호운동 치중 : 결정적 실패요인

2. 대한제국과 광무개혁

- **대한제국 성립배경**
    - 아관파천(1896-1897)후 고종은 러시아공사관→경운궁(덕수궁) 환궁(경복궁X, 창덕궁X)
    - 국호(대한제국), 연호(광무), 대군주폐하→황제 : 원구단 즉위식(1897)
    - 개화유생(칭제 찬성), 보수유생(칭제 반대), 독립협회(칭제 반대)
    - 일본(최초 승인), 청(최후 승인)

광무개혁
- 구본신참 : 박정양, 서재필, 이상재 참여 : 복고적 경향, 왕권강화 주력
- 타율적, 급진적 개혁(갑오개혁, 을미개혁)→자주적, 점진적 개혁(광무개혁)
- 황실의 재무부 : 내장원 중심 개혁

- **관제개혁**
  - 지방 23부(갑오개혁)→13도(광무개혁) 환원, 의정부 부활, 평양 : 서경 격상, 행궁(풍경궁)건립

- **군제개혁**
  - 서울(시위대, 친위대, 호위대), 지방(진위대) : 무관학교 창설
  - 군주의 통수권 칭령 반포 : 원수부 창설(황제 직접 군대관할), 징병조례(1903)
  - 일본에서 최신식 군함 : 양무호(최초 군함 : 1903), 광제호(1904) : 근대적 해군 건설 계획[160]

- **외교개혁**
  - 간도를 함경도 영토 편입(북만주 편입계획) : 이범윤 : (북)간도관리사 파견
  - 블라디보스토크(통상사무관 설치), 한청통상조약(1899 : 최초 중국과 대등한 외교관계)

- **경제개혁(식산흥업정책 : 국가통제(국가승인)하 상공업 진흥정책)**
  - 양전사업(1898-1904) : 양지아문(양전사업 : 1898), 지계아문(지계발급 : 1901)
  - 전 국토의 3분의 2를 대상 조사 : 지계(토지문권)발급(러일전쟁 : 지계발급 중단)
  - 근대적 토지 소유권제도 확립 시도(광무개혁에서 가장 중시한 사업)
  - 지주전호제 유지, 외국인 내지(개항장 밖)토지소유 금지, 화폐조례 공포(1901 : 금본위제 시도)
  - 실업교육 강조, 기술교육기관 설립, 최초 산업자본 육성 시도
  - 이채연 : 서울의 도시개조사업 : 미국 워싱턴 모델 : 덕수궁 앞 도로 정비, 방사상 도로체계

---

160 근대 해군계획 : 임오군란 후 기연해방영 설치(1883)→해군학교 설치령 공포(1893)

- 이용익 : 서북철도국 설치(1902) : 경의선 부설 시도
- 황실 재정확보 주력 : 백동화 남발[161], 홍삼전매(삼정사), 역둔토 조사사업, 보부상 단체 :
  - 상무사+대상인, 기업=독점 경영권 부여→궁내부 최대기구 : 내장원
  - (상납금 징수)

● 사회개혁
- 신분 대신→직업을 기재하는 새 호적제도 제정, 교통, 통신시설 확충, 단발령 폐지, 음력부활

● 교육개혁
- 신교육령 반포 : 소학교, 중학교, 사범학교, 외국어학교 설립

● 대한국 국제 9조 제정
- 대한제국은 교정소(교전소 개칭)설치 : 대한국국제 9조 제정(1899)

대한국국제(大韓國國制)
● 대한국은 세계 만국이 공인한 자주독립제국
● 대한국 정치 : 만세불변 전제정치
● 대한국 황제 : 무한한 군권(君權)
● 황제 : 육군과 해군 통솔
● 황제 : 법률제정, 대사, 특사, 감형, 복권 행사, 조약체결, 선전, 강화 체결

---

161 백동화 : 대한제국시기 황실 재정 확보 목적 : 황실직속 전환국(이용익) : 상평통보 25배 가치 주조
주조이익 절반 황실흡수, 궁내부는 주조액 1/3-1/2 특허세 상납조건 : 내외국인 주조 허용
위조 백동화로 상도덕 문란, 전국적 유통 안 됨(경상도+전라도+함경도=유통 안 됨)
일제 화폐정리사업(1905-1909) : 백동화 2/3폐기 처분

- **개혁의 중단**
    - 한일의정서(1904)체결 : 일제 내정간섭→광무개혁 중단

- **광무개혁의 역사적 의의**
    - 근대사회로의 지향
    - 황실중심의 개혁 : 내장원 중심의 개혁 : 황실의 재정 풍부 & 정부의 재정은 악화
    - 지주와 특권세력 권익 옹호 : 소상인, 소농민의 항세, 항조운동 발발
    - 한계 : 독립협회와 같은 진보적 개혁운동 탄압 : 신참원칙 위배, 국민적 결속 실패

3. 광무농민전쟁

- **동학당**
    - 갑오농민전쟁 이후 반봉건, 반개화, 반외세 : 독자적 노선 추구

- **활빈당(1900-1906)**
    - 1900년 충청도 최초 봉기+경기도+강원도+영남+호남=전국적 확대
    - 동학농민군 잔여세력+화적=중심, 행상, 유민, 노동자, 걸인 : 참여
    - 활빈당 명칭(홍길동전 유래) : 지도부 명칭(맹감역, 마중군)
    - 의적 표방, 의병활동 참가 : 대한사민논설 13조목 발표(1900)
    - 반봉건 투쟁이었으나, 유가적 왕도사상 농후, 봉건사상을 완전히 탈피하지는 못함

대한사민논설 13조목	
● 요순 공맹의 효제안민의 대법 행함 ● 시장에 외국상인 출입 금지 ● 금광채굴 금지, 철도부설권 양여 금지 ● 곡가 폭등 방지, 악형 폐지	● 방곡령 실시, 구민법 채용 ● 행상인에게 징세폐단 금지 ● 사전 혁파, 균전의 구민법 채택 ● 도우(소 살해)금지

- **남학당**
  - 충남+전북지역 포교가 시작→제주 확산
  - 제주 : 지방관과 결탁한 일본상인의 곡물수출+화전세, 마장세 증액 원인= 방성칠의 난(1898)
  - 제주 화전민에게 후천개벽의 남학 포교 : 제주도에 독자적 왕국건설 정치적 구상
  - 천주교의 강압적 유포+잡세수탈=이재수의 난(1901)→프랑스+조선군=토벌

- **영학당**
  - 전북지역 중심 : 이화삼 등 동학의 남접 잔여세력이 조직
  - 계조직, 서울의 만민공동회 모방한 민회개최, 서울 공격 계획

4. 근대문명의 수용과 생활모습의 변화

- **과학기술의 수용**
  - 개항이전 : 17세기 이후 실학자 관심, 흥선대원군 집권기 : 무기 제조기술 관심(수뢰포 제작)
  - 개항이후 : 무기기술+다양한 산업기술 도입, 외국기술자 초빙
  - 갑오개혁 이후 : 해외 유학생 파견, 교육시설 정비
  - 경성의학교, 철도학교, 광업학교 : 각종 근대적인 기술교육 기관 설립

- **근대시설의 수용**
    - 신사유람단(일본), 영선사(청) : 박문국(신문발행), 기기창(무기제조), 전환국(화폐주조)
    - 박문국(한성순보), 광인사(민간출판사 : 한성순보 속간 시도, 최초 서양농법 소개 : 농정신편 : 안종수)
    - 농무목축시험장 : 보빙사(미국) : 최경석 : 근대적 농장 겸 목장 : 미국(농기구, 종자, 가축 수입)
        : 최경석 사망 후 : 정부 : 2년제 농무학당 설립

- **통신시설**
    - 전신 : 청 : 1885년 최초 가설(서울-인천, 서울-평양-의주), 이후 중국과 일본 : 국제 통신망
    - 전화 : 경복궁 최초 가설(1896), 이후 서울시내 민가 설치(1902)
    - 우편 : 갑신정변 중단→을미개혁 후 운영(1895), 만국우편가입(1900)

- **교통시설**
    - 철도 : 경인선(1899 : 노량진-제물포) 최초 부설(미국 : 모스→일본)→완전개통(1900)
        경부선+경의선 : 러일전쟁 중 일본의 군사적 목적 부설[162]
    - 전차 : 황실과 콜브란(미국) : 합자 : 한성전기회사 설립(1898) : 전차운행(1899 : 서대문-청량리 홍릉)
        : 서울 종로 전등 가설(1900)
    - 자동차 : 황실용 도입(1903)

---

162 1904년 경부선 철도 부설에 노동자 징발 항의하여 경기도 시흥 주민의 항쟁

● **의료시설**
  - 종두법 : 지석영 : 우두신설 저술(1885)
  - 광혜원(1885) : 미국 선교사 알렌 : 최초 근대식 왕립병원(정부지원)→제중원 개칭
  - 내부병원(1899)→보시원(1900)→광제원→중앙 : 대한의원(1907) : 지방 : 자혜의원(도립병원 효시)
  - 세브란스병원(1904) : 미국 선교사 에비슨 : 본국 세브란스 기금 기부 받아 건립

● **근대건축**
  - 독립문(1896) : 프랑스 개선문 모방
  - 명동성당(뾰죽집 : 1898), 정동교회(1898) : 중세 고딕양식 모방
  - 러시아 공사관(1890), 덕수궁 석조전(1910) : 르네상스양식 모방

● **생활모습의 변화**
  - 갑오개혁 : 복식제도 개혁 : 도포착용 폐지→공사예복에 신분 상하 구별 없이 두루마기 착용
  - 문관복장 규칙(1900) : 관복과 군복 : 양복착용, 검은색 서양 의복(거센 반발)
  - 여성 장옷(쓰개치마) 폐지
  - 손탁호텔식 커피숍, 민병호(동화약방 : 활명수 개발 : 1897)
  - 외국음식 전래 : 독상→겸상 또는 두레상 변화

● **국외 이주 동포의 증가**
  - 간도 : 19세기 후반 : 함경도와 평안도 주민들이 이주하기 시작
         : 1900년대 : 청조가 한인 거주 인정 : 이주 증가
  - 연해주 : 러시아 한인 입국 허용 : 함경도 지역 빈민들이 이주

: 1905년 이후 : 이주 급증 : 신한촌 형성
- 하와이 : 1902 : 알렌 주선, 최초 합법적 이민 : 제물포항 121명 하와이(호놀룰루) 이민[163]
         : 1905 : 일본의 압력으로 이민 금지령 : 7천여명 이주 : 사탕수수 농장, 철도공사, 개간
- 멕시코 : 1905 : 애니깽(용설란 : 밧줄) 농장 : 1천여명 이주
- 미국 본토 : 1903-1907 : 1천여명
- 쿠바 : 1921 : 280여명

---

163 포와 유람기(1909) : 현순 : 1903-1907 : 하와이(포와) 한인들 이주과정과 미국주도 태평양시대 저술

일제의 국권침탈

1. 러일전쟁

- 삼국간섭(1895)
  - 독일+러시아+프랑스 : 러시아 요동반도의 여순, 대련 조차 : 여순 군사기지 건설

- 마산, 목포 조차 시도(1899)
  - 러시아 마산과 목포 조차시도 : 일본 방해 실패

- 의화단사건(1900)
  - 러시아 만주에 군대파견 : 청+의화단↔서양 기독교 : 대립

- 영일동맹 체결(1902)
  - 영국과 일본 : 청+조선 : 상호이권 승인, 러시아군의 만주 철병요구 좌절

한반도 분할 논의
- 로바노프 & 야마가타 의정서 : 제2차 러일협상(1896) : 일본의 38도 제의
- 러시아(1902) 39도 제의

● 용암포사건(1903)
- 러시아가 압록강 하구 및 용암포 조차 시도 : 일본 방해 실패→러일전쟁 도화선

● 러일전쟁(1904. 2-1905. 9)
- 일본은 선전포고 없이 러시아(여순) 선제 공격(1904. 2)
- 제1차 러시아혁명(피의 일요일 사건)발발(1905. 1) : 전쟁수행 불가능
- 미국 루즈벨트 중재 : 러일간 포츠머스조약 체결(1905.9) : 열강의 일본의 한국지배 승인

● 가쓰라 & 태프트 밀약(1905. 7)
- 필리핀에서 미국의 독점권 인정 & 한국에서 일본의 독점권 인정

● 제2차 영일동맹(1905. 8)
- 인도에서 영국의 독점권 인정 & 한국에서 일본의 독점권 인정

● 프츠머스조약(1905. 9)
- 러일강화조약 : 일본의 한국지배권 국제적 인정
- 러시아는 요동반도와 사할린 남부를 일본에 할양

2. 일제의 국권 침탈

- **한일의정서(1904. 2)**
    - 러일전쟁(1904. 2)발발 전 조선정부는 국외중립선언(1904. 1)
    - 시정개선(내정간섭) 충고정치, 제3국과의 조약 동의권, 전략상요지점령권(군사시설이용권)

- **대한방침 및 대한시설강령(1904. 5)**
    - 한일의정서의 시정개선에 관한 충고를 구체화, 한국 식민지화 계획한 확정

- **제1차 한일협약=한일협정서(1904. 8)**
    - 고문정치 : 재정고문(일본인 : 메가타), 외교고문(미국인 : 스티븐스)
    - 협정사항에 없는 고문관을 한국정부가 자진 초청 형식 : 군부, 내부, 궁배부, 학부고문
    - 대외 한국인 공관원 철수 및 일본공사관 이용 명시

- **제2차 한일협약=을사조약(1905. 11)**
    - 러일전쟁 승리 후 : 일본은 외교권 박탈(각국 주한 공사관 철폐 및 외교관 철수)
    - 통감부 설치(1906 : 초대통감 : 이토 히로부미) : 보호정치 실시
    - 이 조약은 비준서가 없는 국제법상 불법조약(을사늑약) : 고종은 서명, 날인하지 않음
    - 독일, 프랑스, 러시아 : 유럽공관에 을사조약의 부당성 호소
    - 대한제국 전면 문호개방 계획을 담은 훈령(공문) 전달

최익현 : 포고팔도사민(1905) : 을사조약 부당성 호소

을사 5적 : 박제순(외부), 이지용(내부), 이근택(군부), 이완용(학부), 권중현(농상공부)

- **조선인의 저항**
    - 장지연(시일야방성대곡 : 황성신문)
    - 신채호(시일야우방성대곡 : 대한매일신보)
    - 을사의병, 병오의병 재연
    - 전명운+장인환 : 외교고문 스티븐스 사살(1908)
    - 을사 5적 암살단 : 나철(나인영), 오기호 : 일진회 습격[164], 나철(대종교 창도 : 1909)
    - 이토 히로부미 살해(1909. 10) : 안중근
    - 이완용 살해 시도(1909. 12) : 이재명
    - 헤이그 특사 사건(1907. 6) : 네덜란드 헤이그 : 제2차 만국평화회의 : 이상설(정사), 이준(부사), 이위종 파견 : 회의장 참석 실패→고종 강제 퇴위[165]
    - 외교 지원 : 헐버트 : 워싱턴 파견(1905), 헤이그 파견(1907) : 실패

- **제3차 한일협약=한일신협약=정미 7조약(순종 : 1907. 7)**
    - 인사권+행정권=박탈
    - 일본인을 각부 차관 임명 : 차관정치

- **군대해산(1907. 8)**
    - 순종의 군대 해산 조칙 발표
    - 군통수권 박탈, 시위대 1연대 1대대장 박승환 자결, 해산군인 의병합류(정미의병)

---

164 유신회(송병준 : 국민신보)+진보회(이용구 : 친일동학 : 시천교)→일진회(1904 : 합방촉진성명발표) & 헌정연구회(1905) : 대항
165 고종의 강제 퇴위 : 대한자강회 반대운동

- 헌병경찰제도 규정(1907. 10) : 조선인을 무력 통치

● 기유각서(1909. 7)
- 사법권 박탈, 일제가 감옥사무 관장

● 경찰권 박탈(1910. 6)
- 경시청 폐지와 경무통감부 설치 : 헌병경찰제 확립

● 한일 합방조약(1910. 8)
- 주권박탈 조약(이완용 & 데라우치 통감), 경술치국 발표

3. 일제의 차관 제공 정책과 토지 약탈

● 일제의 차관 제공 정책
- 청일전쟁 이후 : 조세 징수권+해관세 수입 담보= 차관 제의 : 실현
- 러일전쟁 이후 : 화폐정리 명목 : 차관 강요, 국채 누적
- 결과 : 원리금 미상환 적체는 백성 전가 : 농민전쟁 배경, 차관망국론 대두

● 일본의 토지 약탈
- 청일전쟁 후 : 일본 대자본 : 전주, 군산, 나주 : 한국농업(주), 한국흥업(주)
  : 대규모 농장 경영
- 러일전쟁 후 : 일본의 토지 약탈 본격화
- 철도부지+군용지 확보 구실 : 토지 약탈 자행
- 경부선+경인선 : 국유지(무상 약탈), 사유지(조선정부가 소유자 구매 제공)
- 경의선 : 경부선 철도부지에 비해 복선선로 부지 확보, 정거장 면적 확대
          : 철도 궤간 : 일본 협궤보다 넓은 중국 궤간 채택 : 중국진출 획책

- 결과 : 일본은 조선의 황무지 개간과 역둔토 수용에 의한 토지 약탈, 조선 식민지 기초
    : 통감부 : 토지에 대한 사유권 : 지계제→등기제 전환 : 토지약탈 정당화

4. 간도 문제와 독도 문제

- **간도 문제**
  - 청나라 : 간도지역을 시조의 땅으로 중시 : 봉금지역→19세기 말(1881) 봉금 해제
  - 백두산 정계비(숙종 : 18세기 초 : 1712) : 조선(박권) & 청(목극동)
  - 감계 담판 : 1883년 : 어윤중 : 서북경략사 : 간도 영유 확인, 1885(을유담판), 1887(정해담판)
  - 토문 해석 : 1885년 : 이중하 : 토문감계사 : "내 목을 쳤으면 쳤지 국경선을 좁힐 수 없다."
  - 관리사 파견 : 1902년 : 이범윤 : (북)간도 시찰원
      : 1903년 : (북변)간도관리사 : 한국주재 청국공사 통보 : 간도 소유권 주장
      : 수세(收稅)와 사포대(私砲隊)조직
  - 간도협약(1909. 9) : 을사조약 : 통감부 : 통감부출장소(임시출장소)설치(1907)
    : 한국영토 인정
      : 일본+청 : 간도협약 : 일본은 청의 영토 인정,
      : 청으로부터 안봉선 철도부설권+푸순탄광 이권 획득

- **독도 문제**
  - 삼국사기 : 신라 지증왕 본기 이사부 열전

- 고려사 : 고려 고종 최우 우산국에 사민정책 시도 : 실패
- 조선 태종 : 공도정책(군역, 세금 회피자 방지)
- 세종실록 지리지 : 강원도 울진현조 : 무릉도(울릉도), 우산도(독도) : 형제섬으로 처음 기록
- 동국여지승람, 신증동국여지승람 : 조선시대 인문지리서 지리책을 담아 놓은 조선의 역사 문화
- 조선 숙종 안용복 : 울릉도와 독도를 우리영토로 확인
- 조선 정조 : 프랑스 : 해군대령 페루즈+교수 디즐레 : 울릉도 : 디즐레도
- 조선 고종(1883) : 공도정책 포기 : 김옥균 동남제도개척사 겸 관포경사 : 육지 주민 이주
- 조선 고종(1900) : 대한제국 칙령 : 울릉도→울도(군) 개칭
   : 도감→군수 개정
   : 대한제국 정부 총무국 관보 게재(10월 25일 독도의 날)
- 1905년 일본은 러일전쟁 중 : 독도→다케시마 개칭 : 시마네현 편입
- 1906년 일본이 울릉군수 심흥택에게 독도의 시마네현 편입 고시(통보)
   → 대한매일신보+황성신문=항의, 황현은 매천야록, 오하기문에서 비판
- 1914년 행정구역 개편 : 강원도 울진현→경상북도 편입
- 1946년 1월 : 연합국 최고사령부지령 : 울릉도+독도+제주도=일본영토 제외
- 1950년 연합국의 구일본 영토처리에 관한 합의서 : 독도는 한국 영토 판정
- 1951년 샌프란시스코조약(대일평화조약) : 일본이 합병한 영토는 포기 명시
- 1952-1953년 6.25전쟁 중 일본이 독도 편입시도 : 홍순칠 등이 독도 의용 수비대 조직
- 2005년 일본 시마네현의 다케시마의 날 선포→한국 대마도의 날 선포

항일의병전쟁

1. 의병전쟁의 전개

- 주도층 : 위정척사사상 무장 : 유학자
- 참여층 : 동학군에 가담했던 농민 주축 : 상인, 노동자 등 다양

● **을미사변 이전**
- 일본군 경복궁 점령(1894. 6)과 갑오개혁의 일본강요 : 서상철(안동), 김원교(평남 상원)

● **을미의병(1895) : 발단 : 고종 해산권고 조칙 : 종식**
- 전기 의병 시작 : 을미사변, 단발령 반대, 과거제 폐지 반발 : 영남, 강원도, 충청도 중심
- 호남지역 부진 : 갑오농민전쟁 이후 관군과 일본군에 의해 농민군 제거
- 위정척사 : 존왕양이적 성격 : 농민층의 호응을 받지 못함
- 의병장 : 유생중심 : 문석봉, 유인석, 허위, 이소응, 민용호, 김복한, 기우만, 윤희순[166]
- 친일파 처단 : 친일 관찰사와 군수 공격, 처형

● **을사, 병오의병(1905-1906) : 재연(본격화) : 항일구국투쟁**
- 후기 의병 시작 : 러일전쟁과 을사조약 후 : 유생과 의병 합세
- 의병장; 평민의병장 출현 : 민종식, 최익현, 유인석, 신돌석, 정용기, 원용팔, 고광순

---

166 윤희순 : 여성 의병장, 춘천 의병활동 후원, 강점 후 만주에서 독립운동

- 후기 의병 성격 : 전기의 위정척사적 지도이념→반봉건, 반외세운동 전환

- **정미의병(1907) : 격화(전쟁) : 항일구국전쟁**
  - 고종 강제 퇴위와 군대해산 이후 : 해산군대 의병합류 : 의병전쟁 격화
  - 평민의병장 확대 : 경북+강원도(신돌석), 함경도(홍범도, 차도선), 황해+경기도(김수민)
  - 호남의병 고양됨 : 호남평야와 영산강 일대 : 일본인 농장 집중 분포 : 전해산, 전기홍, 기우만
  - 함경도+평안도 의병활동 부진 : 중앙정부의 인재등용 거부 : 기독교 확산 : 계몽운동 주력

- **의병의 전국적 확대**
  - 13도 창의군 : 총대장(이인영), 군사장(허위), 관동, 호서, 교남, 진동, 관서, 관북, 호남창의군
  - 서울진공작전 : 1907년 12월 말(양주), 1908년 1월(동대문 밖 30리까지 진격)
  - 13도 의군(1910) : 유인석 : 서울탈환의 무모성 지적 : 연해주 이주, 고종에게 아령파천 권유(망명정부 수립 시도)

- **남한 대토벌 작전**
  - 일본군의 호남 의병 초토화 작전 : 교반작전(살광, 탈광, 소광 : 3광작전 : 1909. 9-11)
  - 국내 의병활동→유격전술 전환 : 일부 간도, 연해주 이동

국시유세단 : 1909년 이완용 중심, 친일단체, 보부상 매수하여 의병진압, 한일합방 주장

- **성원호소문 발송**
  - 서울 주재 각국 영사관에 의병을 국제법상 교전단체로 승인해 줄 것을 요구 서신 발송
  - 외교권 박탈로 국제적 지원 받지 못함

- **국내진공작전**
  - 홍범도, 이범윤, 이진룡, 안중근 : 간도, 연해주 일대 의병 중심 전개

- **항일 의거**
  - 한국의군 참모중장 안중근 : 일본 추밀원 의장 이토 히로부미 사살(1909. 10)

- **1915년까지 지속**
  - 국내 의병전쟁은 1915년까지 지속되어 일제 무단통치 근거
  - 1914년 임병찬 : 독립의군부 검거
  - 1915년 채응언 : 평안도 성천 : 마지막 의병장 체포

- **의병관련 문헌**
  - 유인석 : 소의신편(1902)
  - 최익현 : 의거소략(1906)
  - 이범윤 : 의병규칙(1908)
  - 황현 : 매천야록(1910)
  - 임병찬 : 대마도일기(1906)

2. 역사적 의의

- 의병부대는 계급적으로 상충되는 이념적 갈등을 통일된 역량으로 결집시키지 못함

을사조약 후 민족운동의 2대 방향
- 의병전쟁----생존권 사수----무력투쟁----의병
- 애국계몽운동---국권회복---실력양성---산업(자본)+교육(계몽)

애국계몽운동

1. 계몽운동의 배경

- **개화파의 개혁이념과 독립협회의 계몽운동을 기반으로 함**
  - 갑신정변의 주동자들과 갑오개혁의 주동자들 : 민중을 기반으로 개혁을 추진하지 못함
  - 독립협회의 지도자들 : 민중을 기반으로 국권, 민권, 개혁운동 추진

- **계몽운동의 목표**
  - 국권회복과 근대국가 건설 : 실력양성과 국민계몽운동

- **계몽운동의 사상적 기반**
  - 일본 문명개화론 수용 : 사회진화론
  - 유길준 : 서유견문 : 사회진화론 소개

- 계몽운동의 성격
    - 문화적, 점진적 운동

2. 계몽운동의 전개

정치, 사회운동

- 보안회(1904)
    - 러일전쟁 중 일본의 황무지 개척권 요구 : 송수만+원세성=반대운동 : 일제 탄압, 해산
    - 농광회사 조직→협동회 발전(회장 : 이상설)

- 진명회→공진회(1904)
    - 황국협회 중심 인물 조직(회장 : 이준) : 혁신운동 전개

- 헌정연구회(1905)
    - 이준, 윤효정, 양한묵 : 일진회의 반민족 행위를 규탄하다가 해산
    - 제왕이나 정부도 헌법과 법률에 근거(입헌군주제), 국민은 법률에 규정된 권리 보장

- 헌정연구회(1905)→대한자강회(1906)
    - 사회단체와 언론기관 주축 창립 : 윤치호, 장지연, 윤효정
    - 교육과 산업의 진흥, 월보 간행
    - 을사조약 계기 : 국정개혁을 위한 헌정연구→국권회복을 위한 자강운동 전환
    - 국채보상운동 : 적극적 참여 결의
    - 3개항 건의 : 의무교육실시+봉건폐습 금지 및 색깔 있는 복장 착용+단발

시행
- 한계 : 고문 : 일본 : 오가키 임명 : 정한론의 재포장 : 아시아연대론 주장
- 해체 : 고종 황제의 양위 반대운동 주도

● 헌정연구회(1905)→대한자강회(1906)→대한협회(1907)
- 조선 독립보다는→실력양성운동 전개 주력
- 일제 보안법 공포(1907) : 합법적인 활동 곤란 : 비밀결사단체 조직

● 공립협회(1905)→신민회(1907-1911)
- 공립협회(1905) : 샌프란시스코 : 안창호, 이대위 조직
- 신민회(1907) : 평양 : 안창호, 양기탁, 신채호, 이동휘, 이동녕 : 언론, 종교, 실업가 등 조직
- 점조직 출발 : 비밀결사조직 : 회장(윤치호), 부회장(안창호), 총감독(양기탁)
- 국권회복과 왕정폐지의 공화정체 국민국가 수립
- 대내적 : 문화적, 경제적 실력양성운동
- 대외적 : 독립군 기지 건설에 의한 군사력 양성 기도(성격유사 : 대한광복회)
- 교육진흥(대성학교, 오산학교, 서북학회) : 청소년 교육
- 상공업 진흥 : 평양(자기회사), 서울+평양+대구(태극서관), 안악(연초공장, 방직공장)
- 합법단체 : 청년학우회 조직(1908) : 소년 잡지 간행
- 비합법단체 : 대동청년단 조직
- 해외 독립운동기지 건설 : 의병전쟁과 상호보완관계 : 서간도 삼원보(경학사), 밀산부 한흥동(밀산사관학교), 블라디보스토크(신한민촌)
- 언론활동 : 대한매일신보와 신한청년보 발행 : 외곽출판단체(조선광문회)
- 강점 후 : 항일노선 : 독립전쟁론 채택
- 해체 : 일제 안명근 데라우치 총독 암살미수사건 날조 : 105인 사건 해체

(1912)[167]
- 해체 후 : 샌프란시스코 : 안창호 : 흥사단(본부 : LA)조직(1913) & 국내조직
  : 수양동우회(1926)
        : 국외 흥사단+국내 수양동우회=동우회(1929)

경제 자립운동

- **근대적 상업자본 성장**
  - 개항 이전 : 일부 상업자본 형성, 외국 자본주의 침략 앞에서 다양하게 변모
  - 서울 시전상인 : 황국중앙총상회 조직(1898) : 독립협회 공조 : 노륙법 부활 저지운동+상권수호운동 전개
        : 해체 후 : 보부상 단체인 상무사 흡수 : 중당 명칭
  - 경강상인 : 일본 증기선 대항 : 증기선 구입하여 정부의 세곡운반 : 실패
  - 토착상인 : 객주, 여각, 보부상 : 개항 이후 크게 활동 : 보부상은 일본상인 결탁(매판적 성격)
        : 문호개방 초기 : 개항장과 내륙시장 연결, 유통 : 일부 상인 : 상회사 설립
        : 1880년대 초기 : 초기 회사는 동업조합(객주회)성격 : 상회사→점차 주식회사 설립
        : 1890년대 후반 : 정부 식산흥업 정책 : 개명관료 회사설립 주도, 내국인 활동 활발
        : 일본 자본가 : 대규모 운수회사 설립 : 해상과 육상의 운수업 지배
  - 영향 : 국내 기업가들은 외국의 증기선 구입 : 외국세력 대항
        : 국내 기업가들은 해운회사, 철도회사, 광업회사 설립 : 민족자본의 토대 마련

---

[167] 안명근사건(안악사건) : 데라우치 총독 암살미수사건 날조 : 황해도 민족운동가 체포
105인 사건(신민회사건) : 데라우치 총독 암살미수사건 날조 : 평안도 민족운동가 체포

- **산업자본과 금융자본**
    - 합자회사 설립 : 개항 이전 발달했던 유기(놋그릇)공업과 야철공업 계승 : 조선유기상회 설립
    - 각종 공장 설립 : 대한직조공장, 종로직조사, 연초공장, 사기공장
    - 민족은행 설립 : 최초 조선은행(1896) : 관료자본이 중심 민간은행
        : 대한천일은행(서울 거상), 한일은행(조선인 상업회의소)

일제 화폐정리사업

- 일제 화폐정리사업 : 메가타(1905-1909) : 금본위제 통화개혁
    - 화폐정리법 공포와 실시 : 3일간 여유
    - 정리순서 : 백동화 정리, 엽전(상평통보) 정리, 제일은행권 신화폐 발행
    - 백동화 정리 : 탁지부령 의거 : 갑종(2전5리), 을종(1전), 병종(2/3 : 폐기)
    - 엽전 : 구리의 국제시가 상승 : 엽전을 회수하기보다는 일제가 매입
    - 화폐정리사업+토지조사사업=일제 식민지 자본 축적 기반

- **경제적 구국운동**
    - 방곡령 시행, 보안회(1904)
    - 국채보상운동(1907) : 대구 : 국채보상기성회 조직 : 서상돈, 김광제, 양기탁
        : 대한매일신보, 황성신문, 제국신문, 만세보 : 언론사 후원
        : 대한매일신보의 의병활동 보도 : 일제는 양기탁 보상금 횡령 구속
        : 보상금은 후일 민립대학설립운동 사용
    - 시장세 반대 : 평안도(영변, 순천, 용천) : 판매가 1/100 시장세 반대운동(1910)

언론활동

- 언론기관은 국민계몽과 애국심 고취 및 일제의 국권침탈에 항거
- 일제 : 신문지법(1907), 보안법(1907), 출판법(1909) : 악법제정, 사전검열제
- 친일언론 : 한성신보, 매일신보, 국민신보, 대한신문, 경성일보

- 한성순보(1883) : 박문국 : 최초 신문, 순한문
- 한성주보(1886) : 박문국 : 한성순보 부활, 국한문 혼용, 최초 상업광고
- 독립신문(1896) : 독립협회 : 최초 민간신문(격일지→일간지)
- 황성신문(1898) : 남궁억 : 장지연, 주시경, 신채호 : 논설, 국한문 혼용, 숫신문
- 제국신문(1898) : 이종일 : 하층민과 부녀자층 대상, 순한글, 암신문
- 매일신문(1898) : 협성회 : 학생단체(배제학당) 간행 최초 일간지, 순한글
- 대한매일신보(1904-1910) : 베델, 양기탁 : 국문과 영문 간행, 신민회 연결, 의병운동 호의적
- 만세보(1906) : 천도교 : 일진회 공격, 최초 신소설(신문 연재소설 : 혈의 누)
- 대한민보(1909) : 대한협회 : 최초 신문 만화 연재 : 국민신보 대항
- 국민신보(1906) : 이용구 : 이완용 내각의 친일지
- 경향신문(1906) : 천주교 : 민족자각, 일제침략 규탄
- 경남일보(1909) : 김홍조 : 최초 지방(진주)신문, 영남유림 주도

교육단체와 학회 활동

- **근대교육의 발전**
    - 원산학사(1883) : 문예반(50명)+무예반(200명)=학문+무술 : 사립학교 효시 : 외국어, 지리 등
    - 동문학=통변학교(1883) : 외아문 설립 : 통역관 양성 관립 영어강습기관
    - 육영공원(1886) : 보빙사(민영익)건의 : 최초 현대식 관립학교 : 상류층 자제+양반관료 교육

- **교육입국조서 반포(1895)**
    - 교육의 3대 강령 : 지육+덕육+체육 강조
    - 소학교+사범학교+외국어학교 설립
    - 실용주의 교육을 강조

- **사립학교**
    - 크리스트교 계통 학교 : 유교적 사고 타파+서양 문명 보급 : 수신+도덕과 목 중시 : 애국주의
    - 민족운동가들의 학교 : 서전서숙(북간도 용정 : 이상설→김약연 : 명동학교 개명) 신흥무관학교(서간도 : 이시영), 서울 보성학교(이용익), 양정의숙(엄주익)
    - 일제 민족교육 억압 : 사립학교령 제정(1908), 교과용도서검정규정 공포(1908)

- **학회의 활동**
    - 국민교육회(1904) : 최초 : 외형(교육단체), 실상(국권회복 목적 : 정치+교육 : 구국운동단체)
    - 서북학회(1908) : 서우학회(관서)+한북흥학회(관북)=병합 : 안창호, 이동휘, 이갑 중심
        : 농림강습소+협성학교 설립 육영사업 공헌
        : 김진초 : 농회 설립 : 농법개량, 신문과 잡지 열람, 국문야학, 측간개량

국학 연구의 진전

- **국학의 연구와 보급**
    - 실학에 원류를 둔 국학운동 : 근대적 민족주의 발전하여 국학 민족주의 성립

● **국사연구와 고전간행**
  - 안종화 : 동사취요(1878) : 단군-고려말, 단군중심 고대사 체계 계승 발전
  - 국사 교과서 편찬(1895) : 학부 : 조선역사+조선역대사략+조선약사 편찬
  - 1899년 3서 편찬 : 동국역대사략+대한역대사략+보통교과동국역사
  - 신채호 : 대한매일신보 50회 연재 : 독사신론(1908) : 민기(民氣)강조 :
      : 단군조선-부여-고구려 계통의 부여정통론, 임나일본부와 일선동조론 비판
  - 고전간행 : 조선광문회(1910) : 박은식, 최남선 : 삼국사기+삼국유사+동국통감+발해고+동사강목 : 5종류 역서서 편찬
  - 항일저작물 : 월남망국사(현채 번역, 주시경 간행), 미국독립사(현은), 이태리독립사(김덕균), 이태리건국삼걸전(신채호 번역), 금수회의록(안국선 : 언론출판규제법 : 판매금지)
  - 근대 계몽사학 특징 : 영웅전기, 외국흥망사, 고대사 관심, 민족고전 간행, 사회진화론 영향

● **외국인 역사연구**
  - 헐버트 : 대동기년, 한국통사, 대한제국멸망사, 사민필지(한국 최초 세계지리 교과서)
  - 그린피스 : 은둔의 나라 한국
  - 맥켄지 : 한국의 비극
  - 그라잔제프 : 근대한국
  - 게일 : 한국의 민간설화, 코리언 스케치, 조선민족사, 최초 한영사전

● **국어연구**
  - 교과서 발행 : 국한문 혼용 교과서 발행
  - 서유견문 : 유길준 : 사회진화론 소개

- 대한문전(1909) : 유길준 : 최초 국어문법서인 조선문전(1897-1902)을 8번 개고 편찬
  : 국어문법서 완결판 : 서론, 언어론, 문장론 : 3편 구성
- 학부에 국문연구소 설치(1907) : 지석영(신정국문), 주시경(독립신문사 안에 국문동식회 조직 : 국어문법), 최광옥, 이봉운(국문정리)

문학과 예술의 새 경향

● 문학의 새 경향
- 신소설 : 순한글, 언문일치 표방, 미신타파, 봉건윤리 타파 : 계몽문학 성격
  : 이인직 : 혈의 누(최초 : 대동아공영권 주장), 은세계(의병투쟁 비판)
  : 이해조 : 자유종(여성해방 주장), 빈상설(축첩 폐단 지적)
  : 최찬식 : 추월색(자유연애, 신결혼관 : 단성사 공연)
- 신체시 : 최남선 : 해에게서 소년에게(1908) : 소년 창간호 발표
  : 신채호 : 시론 : 천희당시화 : 대한매일신보 17회 연재

● 예술계의 변화
- 음악 : 황제탄신경축가, 학도가, 권학가, 경부철도가 : 창가와 찬송가 보급
- 연극 : 민족가면극, 시극운동, 원각사 건립(은세계가 최초 공연)
  : 신파극단 : 혁신단 창단(1911)
- 미술 : 서양화풍 소개, 유화기법 도입
- 영화 : 단성사 건립(1907)

종교운동의 변화

- **대종교=단군교**
    - 단군(한얼님) : 삼신일체(환인=환웅=환검) : 단기 사용, 중광단 조직 : 만주독립군 정신적 지주[168]

- **천주교**
    - 애국계몽운동 전개 : 안중근 의거를 살인행위로 규정

- **개신교**
    - 성경번역으로 한글보급 기여, 교육, 문화면 기여, 일제침략의 정당화 일익 담당
    - 황성기독교청년회(1903) : 교육, 계몽 선교 기여
        : 운동회 결성(1905)→우리나라 근대 체육의 보급에 선구적 역할

- **동학**
    - 손병희(천도교), 이용구(친일 동학 시천교) : 1907년 시천교에 의해 교조신원 인정 : 동학공인

- **원종교**
    - 김중건 : 동학+태극설+음양오행설=융합 : 만주에서 창도(1915), 손병희 천도교 비판
        : 무장단체 : 대진단 조직(만주 : 1920)

---

[168] 동학 : 인내천 사상(시천주 : 한울님) & 대종교 : 단군(한얼님)

- **유교와 불교의 혁신운동**

    - 박은식 : 유교구신론(1909) : 이완용, 신기선 : 친일유림단체 : 대동학회 설립→대항 : 대동교 창도

        : 유교를 구국의 정신적 지주+종래 유교인 성리학의 보수성 탈피

        : 지행합일의 양명학적 실천방법 도입

    - 한용운 : 조선불교유신론(1910) : 불교에서 토속적, 미신적, 부자연적 요소 제거

        : 승려 교육 3가지 강조 : 보통학+사범학+외국유학

왜색불교의 침투

- 1877 : 일본 동본원사 부산, 원산, 목표 별원 설치
- 1895 : 일제와 일본 승려의 노력 : 승려의 도성 출입 금지가 해제
- 1906 : 국사원 관리규칙 공포 : 일본에서 조선 사찰 관리
- 1911 : 사찰령 정비 : 조선총독부가 한국 불교 장악 : 친일적, 어용적 경향

조선불교혁신론 : 박중빈(원불교)

3. 계몽운동의 역사적 의의와 한계

- 개혁의 주체를 지배층 한정 : 농민층의 힘을 개혁의 동력으로 이끌어내지 못함
- 우민관 입각 : 항일의병전쟁을 비문명적 폭력으로 간주 : 철저히 무시
- 지주전호제 유지 : 외자를 도입하여 산업진흥
- 사회진화론 매몰 : 계몽단체들이 일본인을 고문(대한자강회), 일진회와 유착관계 유지

대한제국 정리문제

1. 대원군의 집권 시기가 아닌 하나는?

　① 갑오개혁　　② 을미사변　　③ 고종의 즉위　　④ 임오군란

　정답 ② 임오군란과 갑오개혁(1차)은 일시 재집권, 임오군란 후 청에 납치됐다가
　　　　　민비의 친러적 경향 때문에 청이 자진하여 귀환시킴

2. 다음과 같은 비석의 내용과 같은 사상은?

> 양이침범(洋夷侵犯) 비전즉화(非戰卽和) 주화매국(主和賣國)
> 계오만년자손(戒吾萬年子孫) 병인작(丙寅作) 신미입(辛未立)

　① 이용후생(利用厚生)　　　② 동도서기(東道西器)
　③ 위정척사(衛正斥邪)　　　④ 경세치용(經世致用)

　정답 ③ 개화 반대 사상

3. 다음 중 흥선대원군의 집권의 외국의 정세가 잘못 설명된 것은?

　① 일본은 오랜 무신정권을 끝내고 천황 중심의 입헌군주국이 되었다.
　② 청은 군수공업 중심의 근대화 운동인 양무운동을 추진하고 있었다.
　③ 러시아는 청으로부터 베이징 조약에 의하여 연해주를 얻었다.
　④ 일본은 사이고우 다카모리 등 과격파들이 정한론을 주장하였다.

　정답 ③ 베이징 조약은 흥선대원군 집권 이전(1860년)

4. 다음 흥선대원군 시대 승전지이다. 시기가 다른 하나는?

① 한성근 – 문수산성 ② 어재연 – 광성진, 갑곶
③ 양헌수 – 정족산성 ④ 이용희 – 통진

정답 ②

5. 대원군과 관계없는 하나는?

① 당오전 ② 결두전
③ 원납전 ④ 당백전

정답 ④ ① 전환국(1880년대 정부의 개화정책)에서 발행
  ☞ 1870년대 : 강화도 조약 = 개항(開港) = 개국(開國) = 문호 개방 = 병자수호조약
    ↳ 배경 – 운요호(운양호,)사건 = 초지진(草之鎭) 사건(1875.12)
    ↳ 역사적 의의 – 최초 근대식 조약, 불평등 조약
  1876.7 – ①일본 외교관의 여행 자유
  ②일본인의 개항장에서의 유보(遊步)지역은 사방 10리
  ③일본 화폐의 통용 허용
  조·일 통상 장정)1876.7 – ①수출입 상품의 비과세
  │②양곡의 무제한 유출 허용
    ↳ 개정 및 해관 세칙(1883.7) – 청과 상민수륙무역장정(1882) 후
      ①관세 부과(10% 수입세, 선박세) ②유보 거리 확대
      ③방곡령은 1개월 전에 일본 영사관에 통고 후 시행
      ④일본 상인에 최혜국조관(제3국보다 차별 대우X) 부여
      ⑤전라, 경상, 강원, 함경도의 어업권(魚採權) 인정
      ⑥아편 수입 금지 – 영국과 조약 지연 이유 중 하나(치외법권)

6. 강화도 조약(부속 조약 포함)의 내용에 대한 설명으로 잘못된 것은?

① 일본 화폐의 조선 내 사용을 허가한다
② 조선 거류민의 영사 재판권의 인정한다
③ 조선 연해 측량과 지도작성을 허용한다
④ 일본 군대의 개항장 주둔을 허용한다.

정답 ④ 일본 군대 주둔 허용은 임오군란 후 제물포 조약
  ☞ 강화도 조약에는 최혜국 조관도 들어있다.(O)

7. 치외법권의 허용을 일제가 가장 악랄하게 악용한 사례는?
   ① 임오군란　　② 갑신정변　　③ 갑오개혁　　④ 을미사변

   정답 ④ 명성황후의 시해

8. 3개항은 부산을 시작으로 일제의 필요성으로 하나씩 개항되었다. 이 중 우리들이 가장 반대하며 2차 수신사 김홍집을 파견하였던 곳은?
   ① 부산　　② 원산　　③ 인천　　④ 군산

   정답 ③ 정치적 목적으로 한강으로 항해하는 배를 감시

9. 다음 중 최익현의 개항 5 불가소에서 언급되지 않은 것은?
   ① 경제 파탄의 우려　　② 천주교 전파의 우려
   ③ 왜양 일체론　　④ 러시아 세력의 침투

   정답 ④ 강화도 조약의 반대 상소
   ☞ 1880년대 : 정부의 개화 정책 – 2차 수신사 김홍집 귀국(1880), '조선책략' 배포
   ↳ 일본(신사유람단), 청(영선사)에 문물 시찰단 파견
   ↳ 추진 기구? 통리기무아문과 12사(청 제도) 구호? 동도서기(東道西器)
   ↳ 반발과 반발 중체서용(中體西用), 화혼양재(和魂洋才)

   ☞ ① 위정척사의 절정기 – (영남)만인소(萬人疏)(이만손), 만언척사소(홍재학) 등
   ② 이재선 사건(1881) – 외세 배격(討倭義擧)과 고종과 민비 제거 기도, 실패
   ③ 임오군란(1882) ← 청군(淸軍 – 민비의 요청)의 진압과 내정 간섭 시작, 개화 정책의 타격 ← 갑신정변의 배경

10. 임오군란(壬午軍亂)의 원인으로 볼 수 없는 것은?
    ① 개화파와 보수파의 갈등　　② 대원군과 민비의 갈등
    ③ 신식군대와 구식군대의 차별대우　　④ 청의 지나친 내정 간섭

    정답 ④ 청의 내정 간섭은 결과

11. 임오군란(도시 빈민도 가세)의 결과가 아닌 것은?
    ① 민비의 일시 추방 ② 대원군의 일시 재집권
    ③ 청일 양군의 주둔 계기 ④ 개화 정책의 재 시도

    정답 ④ 개화 정책의 타격

12. 다음 중 공통점이 없는 하나는?
    ① 우정국 사건   ② 갑신정변   ③ 영선사   ④ 3일 천하

    정답 ③ 청에 파견한 사절단

13. 임오군란과 갑신정변(1884)의 공통점으로 볼 수 없는 것은?
    ① 보수파와 개화파의 갈등이 표출되었다.
    ② 청군(淸軍)의 진압으로 두 번 다 실패하였다.
    ③ 청·일 양국 군대가 들어와, 충돌할 뻔하였다.
    ④ 반발 속에서도 정부는 개화정책을 밀고 나갔다.

    정답 ④ 개화 정책의 좌절

14. 정부가 개화 정책을 추진과정에서 영선사 출신이 근대식 무기를 제작하던 곳은?
    ① 우정국   ② 전환국   ③ 기기창   ④ 박문국

    정답 ③ 영선사로 청에 파견됐던 귀환자 중심(실효를 거두지는 못함, 피상적 개혁)
    ☞ 박문국:최초의 근대식 신문(순한문)인 한성순보를 제작하던 곳

15. 정부에서 '조선책략'을 전국에 배포한 이유는?
    ① 러시아 남하에 대한 경각심을 고취하기 위하여
    ② 백성들에게 개화 의식을 심어 줄 필요성 때문에
    ③ 온건 개화파인 김홍집의 사상이 결집된 책이므로
    ④ 보수적 유생층인 위정척사파들의 반응을 보려고

🎗️**정답**🎗️ ② 그러나 보수적 유생들의 반발로 역효과
☞ 위정 척사(衛正斥邪) 사상 – 보수적 양반층(주리론, 主理論)
장점) 반외세적 자주 운동
단점) 봉건 체제의 유지, 역사 발전에 역기능

(1) 1860년대 – 척화주전론(斥和主戰論), 통상불가론(通商不可論) 내수외양(內修外攘) – 기정진
(2) 1870년대 – 개항 5 불가소 = 병자지부(持斧)상소 = 강화도조약 반대상소
왜양일체론(倭洋一體論), 통상불가론
(3) 1880년대 – 절정기, "조선책략" 유포에 반발 : 이만손, 홍재학
(4) 1890년대 – 의병 활동 : 을미의병(1895) – 명성황후 시해, 단발령(斷髮令)

16. 다음은 조선책략의 유포에 대한 반발인 이만손의 만인소(萬人疏)에서 발췌한 것이다. 두 나라가 바르게 연결된 것은?

> ㉠은 우리가 잘 모르는 나라입니다. 돌연히 ㉡의 종용하는 바에 의해서 풍랑과 험악한 바다를 건너오는 그들을 끌어드린다면 우리 백성을 피폐케 하거나 우리 재물을 고갈시키게 될 것입니다.

① ㉠ – 러시아 ㉡ – 청   ② ㉠ – 러시아 ㉡ – 일본
③ ㉠ – 미국 ㉡ – 일본   ④ ㉠ – 미국 ㉡ – 청

🎗️**정답**🎗️ ④ / 청의 외교적 건의, 친중국, 결일본, 영미방

↳청의 내정간섭의 시작 :〈임오군란〉┐→일본의 정치적 후퇴
청의 내정간섭의 극심 :〈임오군란〉┘ └→경제적 침투 강화 : 우리의 반발
 ↳ 민비의 친러적 경향 농촌(방곡령) 어촌(제주도 민란)
조·러 통상조약(1884) – 〈 베베르 〉공사

☞ 영국의 거문도 점령(1885~1887) – Hamilton 항
목적)〈러시아〉의 남하 방지책
철수 이유) ①청의 중재 ②러시아의 각서 제출(군대 파견X)
영향) 영세중립국 건의 – 독일 부영사〈부들러〉, 유길준, 박정양(미국파견)

17. 외국 군대의 주둔 순서를 배열하면?

> ㉠ 영국 ㉡ 일본
> ㉢ 청 ㉣ 러시아

① ㉡-㉢-㉠-㉣   ② ㉢-㉡-㉣-㉠   ③ ㉡-㉢-㉣-㉠   ④ ㉢-㉡-㉠-㉣

정답 ④
☞ ㉠ 청·일 양군의 주둔의 계기는? 임오군란
㉡ 청·일 양군의 동시 철수 계기는? 텐진(천진)조약
㉢ 청·일 양군의 재 주둔의 계기는? 동학농민운동
㉣ 러시아는 을미사변 후 을미개혁, 을미의병의 어수선한 틈을 타서
공사관 보호라는 명분하에 군대 파견, 아관파천 준비 (O)

18. 개항 이후 외국 군대가 없었던 시기 두 번을 제외하면 현재까지 항상 외국 군대가 주둔하여 우리 역사의 아픔을 보여 준다. 그 시기 두 번은

① ㉠㉡   ② ㉠㉢   ③ ㉡㉢   ④ ㉡㉣

정답 ② 영국의 거문도 철수 후 잠시 동안 외국군대가 없었다.

19. 다음의 연결이 바르게 된 것은?

> ㉠ 집강소 ㉡ 통리기무아문, 12사(司) ㉢ 군국기무처 ㉣ 교정청

① ㉠ – 1880년 대 정부의 개화정책 추진 기구
② ㉡ – 갑오개혁(1차)의 추진 기구
③ ㉢ – 동학군이 정부와 합의한 폐정 개혁을 시행하기 위해 설치한 자치기구
④ ㉣ – 동학농민운동으로 들어온 일본군이 내정 개혁을 요구하자 우리가 설치

정답 ④ ①-㉡ ②-㉢ ③-㉠

20. 임오군란으로 폐지된 통리기무아문 소속의 12사 중 가장 많이 부문은?

① 재정 관계　　② 국방 관계　　③ 외교 관계　　④ 산업 관계

정답 ②

21. 다음은 갑신정변의 14개조 개혁요강이다. 이 중 갑신정변이 위로부터의 개혁이었음을 단적으로 보여주는 부분은?

① 청에 행하던 조공의 허례를 폐지한다.
② 문벌을 폐지하여 인민 평등의 권리를 세운다.
③ 지조법(地租法)을 개혁하여 관리의 부정을 막는다.
④ 모든 재정은 호조에서 통할한다.

정답 ③ 당시에 가장 민중들에게 시급한 문제는 토지 개혁이었다.

22. 사건과 조약을 연결하시오

〈사건〉 ① 운요호 사건　② 임오군란　③ 갑신정변　④ 청·일 전쟁　⑤ 러·일 전쟁

〈조약〉 ㉠ 제물포 조약　㉡ 한성 조약　㉢ 강화도 조약　㉣ 텐진 조약
　　　 ㉤ 상민수륙무역장정　㉥ 포츠머드 조약　㉦ 시모노세끼 조약　㉧ 조미수호통상조약

㉮ 청일 양군의 동시 철수, 군대 파견시 사전 통고
㉯ 일본 공사관은 신기지로 옮기고, 조선국은 기지와 건물을 제공
㉰ 조선은 자주국 규정, 최초 근대식 조약, 불평등 조약
㉱ 일본군의 최초 주둔 허락, 수신사를 파견, 배상금 지불
㉲ 청의 종주권 인정, 청의 경제 침략 확대
㉳ 조선은 자주국 규정, 배상금 2억냥, 타이완 할양, 요동 반도(뤼순, 다롄)할양
㉴ 미국의 중재로 체결, 사할린 남부 할양, 요동 반도 반환, 대한 제국 지배권
㉵ 나라가 어려울 때 서로 돕자(거중조정, 居中調整), 최초 최혜국조관 인정
㉶ 거류지 무역에서 처음으로 내지(內地) 통상권을 인정한 조약

정답 〈사건〉 ①-㉢, ②-㉠·㉤, ③-㉡·㉣, ④-㉦, ⑤-㉥
　　 〈조약〉 ㉠-㉱, ㉡-㉯, ㉢-㉰, ㉣-㉮, ㉤-㉲·㉶, ㉥-㉴, ㉦-㉳, ㉧-㉵

23. 다음 중 청의 내정 간섭 하에서도 민비에 의해 직접 조약이 추진된 나라는?
    ① 미국   ② 영국   ③ 러시아   ④ 프랑스

    정답 ③ ☞ 독일인 외교고문 뮐랜도르프의 알선이 있었다.(O)

24. 다음과 같은 사항의 전개에 관한 배경은?

    • 조·러 수호 통상 조약(1884) - 베베르 공사 파견
    • 조·러 비밀 협약(1886, 파기) - 비상시 군대 파견
    • 조·러 육로 통상 조약(1888) - 두만강 입구의 경흥 개항

    ① 일본의 경제 침투   ② 미국의 외면   ③ 청의 내정 간섭   ④ 영국의 거문도 점령

    정답 ③ 러시아와 조선의 밀월 관계의 배경
    ☞ 1890년 대 - 동학 농민 운동부터 시작 : 성격 - 반봉건 운동, 반외세 운동

    ```
           ┌─ 일    →    러    →    일    →    러
           갑오개혁(1894)   (1895)      (1895)     (1896~97)   (1897~1910)
           시모노세끼조약⇒반발  삼국간섭⇒반발  을미사변⇒반발  아관파천 ⇒ 대한제국
           조선은 자주국    민비 재기    민비 시해    친러 내각    광무개혁
           배상금 2억량    친러 내각    친일 내각    이권 침탈    구본신참
           타이완 할양              을미 개혁              러일전쟁
           요동반도 할양  →  반환    을미 의병    독립협회 활동
    ```

25. 일본 세력이 강성해 지는 것을 꺼려 동양 평화를 위한다는 명목으로 시모노세끼 조약을 간섭하여 요동 반도의 뤼순, 다롄을 중국(청)에 반환케하여 일본의 국제적 망신을 초래한 삼국 간섭과 관계없는 나라는?
    ①영국   ②러시아   ③프랑스   ④독일

    정답 ① 독·불·러

26. 다음 중 우리 역사상 열강의 이권(利權) 침탈 극심했던 시기는?
    ① 임오군란   ② 갑오개혁   ③ 을미개혁   ④ 아관파천

    정답 ④ 미국에게 처음 인정한 최혜국 조관의 악용

27. 동학운동이 외세배척, 탐관오리의 숙청을 요구하는 등 정치적 성격으로 바뀐 시기는?
   ① 고부 민란   ② 삼례 집회   ③ 복합(伏閤)상소   ④ 보은 집회

   정답 ④ 2대 교주 최시형이 주도하는 북접 중심, 남접의 전봉준은 금구집회
   ☞ 보은 집회는 남접과 북접이 합세하여 일으킨 것이다.(X)

28. 다음은 동학농민운동은 4기로 구분한 것이다. 그 시기가 잘못 연결된 것은?
   ① 1기 – 교조 최제우의 억울한 누명을 벗기자는 신원(伸寃)운동기
   ② 2기 – 황토현 전투의 첫 승리를 시작으로 한 제폭구민(除暴救民), 보국안민(輔國安民)을 내세운 절정기
   ③ 3기 – 외국군의 진주로 전주에서 정부군과 휴전한 전주화약기
   ④ 4기 – 논산에서 남·북접의 합세로 반외세 운동을 일으키고, 공주(우금치)전투에서 관군과 일본군에게 패퇴한 시기

   정답 ① 1기는 고부 민란, 교조 신원 운동은 동학 농민 운동 이전
   ☞ 동학이 농민세력의 규합이 가능했던 이유는 교단조직을 갖추고 있었기에 (O)

29. 동학 농민 운동 당시의 구호가 아닌 것은?
   ① 보국안민(輔國安民) – 국가를 보좌하고 백성을 편안케 한다.
   ② 내수외양(內修外攘) – 스스로 고치면서 외세를 물리친다.
   ③ 제폭구민(除暴救民) – 포악한 정치를 배제하고 백성을 구한다.
   ④ 구병입경(驅兵入京) – 군대를 이끌고 서울로 처들어가자

   정답 ② / 위정척사의 주장
   ☞ 무장(茂長)에서 발표한 창의문(격기문) – 보국안민, 제폭구민

   > "우리가 의(義)를 들어 여기에 이르렀음은 그 본의가 결코 다른데 있지 아니하고, 창생을 도탄(塗炭)중에서 구하고 국가를 반석에 두자 함이다. 안으로 탐학한 관리의 머리를 베고 밖으로 횡포한 강적을 쫓아 내몰고자 함이다 ……"

   ☞ 백산(白山)에서 발표한 4대 강령
   ① 불살인(不殺人), 불살물(不殺物)
   ② 충효상전(忠孝雙全), 제세안민(濟世安民)
   ③ 축멸양왜(逐滅洋倭), 징청성도(澄淸聖道)
   ④ 구병입경(驅兵入京), 멸진권탐(滅盡權貪)

30. 다음을 바르게 연결하시오.

> ① 갑신정변의 14개조 개혁안 ② 동학의 폐정개혁 12조
> ③ 갑오 개혁(홍범 14조) ④ 독립협회 헌의 6조

㉠ 모든 재정은 호조에서 담당한다
㉡ 모든 재정은 탁지아문(탁지부)에서 전담한다
㉢ 모든 재정은 탁지부에서 전담하고, 예산과 결산을 공표하라
㉣ 무명 잡세를 일체 폐지한다
㉤ 납세는 법으로 정하고 함부로 징수하지 않는다.
㉥ 지조법(地租法)을 개혁한다
㉦ 토지는 평균하여 분작한다
㉧ 문벌(門閥)을 타파하여 인민 평등의 길을 넓힌다
㉨ 지벌(地閥)을 타파하고 인재 등용을 고르게 한다
㉪ 문벌을 가리지 않고 인재 등용의 길을 넓힌다.
㉱ 청에 행하던 조공의 허례를 폐지하고, 대원군을 송환하라
㉲ 왕실 사무와 국정 사무를 분리한다
㉳ 외국인에게 의지하지 말라
㉴ 왜놈과 내통자는 처벌한다.

정답 ㉠-①㉡-③㉢-④㉣-②㉤-③㉥-①㉦-②
㉧-①㉨-②㉪-③㉱-①㉲-③㉳-④㉴-②

31. 갑오·을미개혁은 일본의 강요로 이루어진 타율적인 측면이 있음에도 불구하고 제한적이지만 긍정적 측면도 있었다. 그 긍정적인 부분은?
① 갑신정변을 주도한 개화파 인사들이 대거 참여하였다.
② 개화 지식인 유생, 농민층의 광범위한 지지가 있었기 때문이다.
③ 갑신정변과 동학농민군의 개혁안이 부분적으로 시행됐기 때문이다.
④ 청의 종주권이 부정되고 자주 독립의 기초를 닦았기 때문이다.

 ③

32. 독립협회가 처음으로 주장한 내용으로 묶인 것은?

> ㉠ 의회의 설립 ㉡ 입헌군주제의 실시
> ㉢ 봉건적 신분제도의 폐지 ㉣ 언론·집회의 자유 보장

① ㉠㉡   ② ㉡㉢   ③ ㉢㉣   ④ ㉠㉣

정답 ④ 입헌군주제는 갑신정변, 갑오개혁에서도 주장

33. 독립협회가 이전의 개화사상과 확연히 구분되는 점은?
　　① 재정 개혁의 주장　　　② 신분제도 폐지 주장
　　③ 민중의 계몽과 기반　　④ 독립신문과 독립문 건립

정답 ③

34. 광무개혁의 내용으로 잘못된 것은?
　　① 구본신참(舊本新參)을 구호로 교전소(校典所)에서 추진하였다.
　　② 근대적 토지소유권 제도를 마련하기 위해 지계(地契)를 발급하였다
　　③ 간도관리사 이범윤을 보내 간도를 함경도로 일시 편입하였다.
　　④ 대한국국제 9개조가 발표되어 입헌군주정이 완성되었다.

정답 ④ 황제권은 무한하다는 전제군주정, 왕권을 제한하는 입헌군주정과 차이점
　　☞ ㉠ 상공업의 지원책으로 식산흥업정책을 추진하였다.(O)
　　　㉡ 교정소(校正所)에서 제정한 대한국국제(大韓國國制, 나라에서 제정한) 9조는 아관파천에서 돌아온 직후가 아닌 독립협회를 해산한 후 제정되었다.(O)

35. 다음 비석과 관계없는 사항은?

> 서위압록(西爲鴨綠) 동위토문(東爲土門)
> 고어분수령상(故於分水嶺上) 늑석위기(勒石爲記)

① 간도 협약　　② 안봉철도 부설권　　③ 송화강 상류　　④ 요동 지방

※ **정답** ④ / 백두산 정계비(18C 숙종)는 간도(두만강 이북)문제
☞ 1900년 대 - 러·일전쟁부터 시작, 일제의 식민지화 과정

1) 1901 : 러시아의 만주 점령 - 청의 의화단의 난(부청멸양, 扶淸滅洋) 계기
2) 1902 : 1차 영·일 동맹 - 러시아의 만주 철수 요구, 일본→조선, 영국→청
3) 1903 : 용암포 사건 - 압록강 입구의 항구를 러시아 군대가 점령
       일본군의 출동, 영국의 엄중 항의로 일단 철수
       러·일 간의 협상 - 한반도의 39도 선 분할제의(러시아)→일본의 거절
4) 1904 : 러·일 전쟁의 발발 - 대한 제국의 국외 중립 선언
       ① 한일 의정서 ②보안회 활약 ③대한 시정 강령 ④제1차 한일협약
5) 1905 : ①테프트·가쓰라 밀약 ②2차 영·일 동맹 ③포츠머드 조약
       ④을사 5 조약 = 2차 한일 협약 = 외교권 박탈 = 보호 정치 = 통감 정치
6) 1907 : ①정미 7 조약 = 한일 신협약 = 행정권 박탈 = 차관(次官)정치, 차관(借款) X
       ②군대 해산
7) 1909 : 기유 각서 = 사법권, 감옥 사무 박탈 간도협약, 안중근 의거
8) 1910 : 경찰권 박탈 = 치안유지권 박탈 국권강탈(8. 29) 한일합방(X)

36. 다음과 관계가 있는 조약은?

·러시아의 만주 철수를 요구
·청과 일본에 대한 각국의 우월권 보장

① 1차 영·일동맹   ② 2차 영·일동맹   ③ 태프트·가쓰라밀약   ④ 포츠머드 조약

※ **정답** ① 2차 영·일 동맹은 영국은 인도, 일본은 조선에서의 각각의 우월권 인정

37. 다음 중 의병의 항쟁이 발단과 본격화를 지나 절정기에 도달한 계기는?
① 명성황후 시해   ② 군대 해산   ③ 단발령   ④ 을사조약

※ **정답** ② / 군대 해산(1907년 정미년) 후 박승환의 자결이 도화선
☞ ㉠ 평민 출신의 의병장(신돌석 등)이 출현한 시기는? 을사의병
  ㉡ 13도창의군의 서울진공작전을 이끈 인물은? 허위 왕산로(旺山路)

38. 우리 역사상 최초로 공화정을 주장한 단체는?
① 보안회   ② 중광단   ③ 독립협회   ④ 신민회

※ **정답** ④ ② 대종교도들이 만주에서 결성

39. 우리의 전시(戰時) 중립이 무효화되고 러시아와 맺은 모든 조약이 파기되고 일본에게 군사기지를 제공함으로써 일제 식민지화의 첫걸음이 되었던 조약은?

① 1차 한일 협약   ② 2차 한일 협약   ③ 한일 신협약   ④ 한일의정서

정답 ④ 일제 침략의 첫걸음은 강화도조약

40. 다음은 19세기말에서 20세기 초 사이에 우리나라에서 쓰여진 글의 일부이다. 이러한 이념을 바탕으로 전개된 운동이 시작된 계기는?

> 자강(自强)의 방도는 교육을 진작하고 산업을 일으키는 데 있으니, 무릇 교육이 일어나지 않으면 인민의 지식이 열리지 않고, 산업이 일어나지 않으면 나라의 부(富)가 강해지지 못하는 것이다.

① 국권 강탈   ② 을사 조약   ③ 의병 전쟁   ④ 물산장려운동

정답 ② 을사 5조약 이후의 애국계몽운동, 대한자강회의 취지문

41. 러시아 남하 방지를 위한 여러 나라의 대책으로 볼 수 없는 하나는?

① 일본의 원산항 개항 요구   ② 황준센의 조선책략
③ 삼국간섭에 의한 견제 시도   ④ 영국의 거문도 점령 사건

정답 ③ 삼국간섭은 러시아가 주도

42. 다음에 기술한 일본의 경제침탈에 대한 우리의 대응은?

> 청·일 전쟁 이후 조선에 대한 내정간섭을 시작한 일본은 조세징수권과 해관세 수입을 담보로 차관을 제의하여 실현시켰고, 러·일 전쟁 이후에는 화폐정리의 명목으로 차관을 강요하였다.

① 국채보상운동   ② 물산장려운동   ③ 독립협회의 이권수호운동   ④ 보안회의 활동

정답 ① 1907년 대구에서 서상동, 김광제 등이 시작하여 전국에 퍼진 운동

43. 일본이 우리의 국권을 빼앗는 과정이다. 시기적으로 세 번째 것은?
    ① 차관 정치   ② 보호 정치   ③ 총독 정치   ④ 고문 정치

    정답 ① ① 정미 7조약(1907) ② 을사 5조약(1905) ③ 국권 강탈 후(1910) ④ 1차 한일협약(1904)

44. 신민회의 활동 중 가장 중요한 것은?
    ① 민족 산업의 육성 ② 민족의식의 고취 ③ 해외독립운동기지 건설 ④ 입헌 공화정의 주장

    정답 ③ 대표 둘 – 남만주(서간도) 삼원보, 북간도 밀산부의 한흥동

45. 다음은 대한제국 말기에 민중 사이에 널리 읽혀진 다음의 저서들에서 나타난 성격과 가장 거리가 먼 것은?

    • 을지문덕전, 강감찬전, 동국거걸 최도통전   • 이태리 건국 3걸전, 애국 부인전
    • 미국 독립사, 월남 망국사

    ① 민중계몽사상   ② 민족주의 사학   ③ 실증사관   ④ 영웅주의

    정답 ③ 실증 사관은 일제하 진단학회

46. 일제에 대항한 우리의 경제 주권을 지키려는 노력 중 세 번째 것은?
    ① 금융 침투에 저항한 국채 보상 운동   ② 황무지 개간권 요구에 반대한 보안회의 활동
    ③ 열강의 이권 침투에 저항한 독립협회의 활동 ④ 국내 산업 육성을 위한 물산 장려 운동

    정답 ① ① 1907년 ② 1904년 ③ 1896 ~ 1898년 ④ 1922년

47. 다음 중 사건의 전개 순서가 잘못 나열된 것은?
    ① 임오군란 – 갑신정변 – 동학농민운동 – 갑오개혁
    ② 삼국간섭 – 을미개혁 – 아관파천 – 대한제국
    ③ 강화도조약 – 한성조약 – 제물포조약 – 텐진조약
    ④ 한일의정서 – 1차 한일협약 – 을사조약 – 정미7조약

    정답 ③ 제물포조약과 한성조약이 바뀜

1. 조선총독부와 중추원

- **조선총독부**
    - 1910년 국토 강점 후 : 일본은 통감부(1906~1910) 폐지→조선총독부 설치
    - 총독 : 한국의 입법권+사법권+행정권+군대통수권 장악(외교권 : 일본국왕 권한)
    - 조선총독 : 일본국왕 직속 : 일본내각의 통제를 거의 받지 않은 절대군주적 존재
    - 총독 아래 정무총감(5부와 9국 통솔), 경무총감(치안담당 : 헌병사령관)

합방 직전 한국에 대한 시정 방침 결정의 건(1910. 6)

- 합방 후 조선에는 일본헌법을 적용하지 않고→천왕의 대권(칙령)으로 통치
- 일체의 정무를 무관총독의 명령(제령)으로 독재
- 통치기구 : 가능한 간단히 할 것
- 총독부의 회계 : 특별회계

- 중추원
  - 총독부의 자문기관 : 한국인을 정치에 참여시키는 형식→친일적 인물을 회유 : 명목상 기관
  - 의장(일본인 정무총감), 부의장(한국인) : 고문, 참의 : 71명 구성 : 3.1운동까지 공식회합 없음

2. 무단통치의 실시

  - 무단통치의 목적 : 치안의 확보+경제정책의 실현

- 헌병경찰제도 실시
  - 직제 : 중앙 경무총감(헌병사령관), 각 도 경무부장(헌병대장)
  - 헌병경찰 임무 : 헌병이 일반 경찰의 업무를 대행 : 의병토벌과 독립운동가 처단 : 중요 임무
  - 조선총독 권한 : 왕족(경비)+조선귀족 감독권
  - 조선인 채용 : 헌병보조원+순사보(1910년대) & 밀정제도(1920년대)
  - 조선총독부 지방관 관제령 반포(1910) : 지방행정 : 13도 12부 317군 정비:
    : 군(郡)→면(面) 개편 : 전통적 공동체조직 분해
    : 도, 부의 간부(일본인), 면장, 면의 관리(조선인)

일제시대와 항일운동의 특징

세계사조		1910-1919 제국주의	1919-1931 민족자결주의	1931-1941 전체주의	1941-1945 파쇼체제 강화
일제	통치 방식	무단통치, 헌병경찰 무력지배정치	문화정치, 보통(고등)경찰 민족분열화 정책	민족말살정책 황민화정책	민족말살정책 강화
	농업 정책	토지조사사업 식민 지배기반구축	산미증식계획 개발수탈기	농촌진흥정책 남면북양정책	쌀공출제 전시통제기
	경제 정책	회사령(허가제)	회사령 철폐(신고제)	병참기지화 정책 농공병진 추진	기업정비령 병참기지화 강화
항일	민족 운동	국내 : 의병, 비밀결사 국외 : 해외기지건설	민족해방운동 분화 무장항일 & 민족협동전선	소작, 노동쟁의 민족통일전선	광복군 조선어학회
	중심 기구	대한광복군정부	대한민국임시정부	조선혁명당 한국독립당	한국독립당 조선독립동맹

법률제도

● **집회단속법(1910. 8)**
- 합방 직전 공포 : 모든 정치집회 금지, 단체 해산
- 범죄즉결례(제령) 공포 : 경찰서장, 헌병분대장 : 즉결권 부여

● **신문과 출판 규제**
- 통감부(1906-1910)시기 : 신문지법(1907), 출판법(1909)

● **조선교육령(1911)**
- 사립학교 폐쇄 : 1908년(5000개)→1910년(1900개)→1919년(740개) 축소
- 군국주의 교육정신 강화 : 보통교육+실업교육+전문교육 한정(고등교육 불허)

- **조선형사령(1912 : 제령)**
  - 불경죄 : 일본 황족에 대한 불경을 범죄로 규정
  - 피의자 구속 : 현행범이 아닌 사건 : 검사에게 피의자 구속 권한 부여
  - 잔혹성 : 피의자가 소리를 지르면 젖은 수건으로 입을 막는다.

- **조선 민사령(1912 : 제령)**
  - 개인의 사유재산권 : 절대적 권리로 인정

- **조선태형령(1912 : 제령)**
  - 조선 형법대전 계승 : 조선태형령 부활 : 조선인 인권 무시
  - 야만적 형벌 : 조선인에 한해 적용
  - 3.1운동의 원인 : 1920년 폐지
  - 경찰범 처벌규칙(1912) : 방랑하는자, 진로를 방해하는자, 스토크, 명령 불복종 : 태형 부과

3. 식민지 경제 구조 재편성

- **동양척식주식회사**
  - 1908년 한일 합작특수국책회사 : 한국 경제 독점, 착취+일본 농업이민자 한국 유치정책추진
  - 토지 매수 주력 : 5할 고율 소작료
  - 해방 후 : 신한공사 발족(1946) : 일본인 재산인 적산 관리

조선 토지조사사업(1910-1918)

- **토지조사사업 목적**
  - 토지제도와 지세제도 확립 : 식민지 재정 확보 목적
  - 토지 소유권 조사 중심 : 소유권 장부 : 등기부 작성

- **신고주의 원칙 : 불복자(증거주의)**
  - 개인 명의 신고 인정 : 공유지는 신고 받지 않음
  - 왕실토지+문중토지+신고 빠진 토지=총독부 소유지 편입
  - 농민의 경작권, 도지권, 입회권 : 모든 권리 부정→지주의 소유권 유일한 배타적 권리 인정

- **토지조사사업 결과**
  - 대한제국시기(270만 정보)→일제시대(480만 정보) : 농지면적 증가
  - 총독부 지세수입 급증 : 식민지 지배 뒷받침 : 1911년(600만원)→1920년(1100만원) : 2배 증가
  - 1930년까지 총독부 소유한 토지 : 전 국토 40% 해당
  - 지세령(1914) : 총액제적 수취제도 폐지, 조선 부동산등기령(1914-1918)
  - 지세령 개정(1918) : 결부제 폐지, 과세지가제 도입
  - 농민 : 토지소유권+관습상 영구 경작권→박탈 : 기한부 계약 소작농 전락
  - 지주 : 토지 모든 권리 확보 : 소작농 마음대로 교체(타조법, 정조법, 집조법) : 지주제 강화
  - 농민의 몰락 : 화전민, 날품팔이 노동자, 토막민, 만주, 연해주 이주
  - 일본인 지주 양산 : 총독부 : 동양척식주식회사와 불이흥업회사→일본 이민자 토지 불하

회사령 공포(1910)

- 허가제 : 조선의 기업과 자본 성장 억제+일본 자본 진출 억제(조선에 있는 일본인 보호)
- 1년 기준 : 일본인 회사와 한국인 회사 허가비율 : 25 : 1
- 1920년 : 허가제→신고제 전환

총독부의 산업 독점

- 임업 : 전 산림의 50% 이상 : 총독부와 일본인 점탈
- 어업 : 어업령 공포(1911) : 일본 어민들 조선총독부 후원 어장 잠식
- 광업 : 전체 광산의 80% 일본인 차지
- 총독부 기업 독점 : 철도, 항공, 통신 : 독점 경영(담배+인삼+소금=전매)
- 조선에서의 일본 공업경영 : 1910년대 : 영세한 매뉴팩처 단계→1920년대 : 공장제 기계공업

● **도로망 건설**

- 사회간접시설 건설 : 철도, 도로, 항만 : 재정지출 40-50%(치안유지비 : 12%)
- 경제적 목적+군사적 목적
- 도로수축 7개년사업 : 1911-1917년까지 : 2700km 도로망 완성

● **식민지 재원 확보**

- 기존 세입(시장세, 포구세)+1909년부터(가옥세+주세+연초세 : 신삼세 추가 징수)
- 연초세 : 최초의 보편적 소비세 : 소매가 10% 부과

● **총독부의 수취체계**

- 국세와 지방세 구분
- 국세 : 총독부에서 직접 수세 : 직접세(수익세+소득세), 간접세(소비세+교통세)

- 지방세 : 도, 부, 면에서 수세 : 국세의 부가세와 특별세로 운영
- 1910년대 : 지세 중심 : 수익세가 조세의 중심 : 누진세를 적용하지 않음(친일파 지주 보호)
- 1920년대 : 지세 감소 : 주세+연초세+사탕수수세=소비세 급증
- 1930년대 : 법인세+이자세+개인소득세=소득세가 조세 수입 중심

- **1910년대 민족자본 동향(1917년 기준)**
  - 자본비율 : 한국과 일본 15:77(1:4)
  - 공장수 : 한국과 일본의 차이가 크게 나지 않음
  - 자본금 : 18분의 1
  - 생산액 : 10분의 1
  - 한국인의 민족 산업 대부분 : 소규모의 영세 공장

4. 식민지 문화정책

- 동화와 차별 : 우민화 교육 : 일본인의 하등 부용 국민화
- 학교의 교장과 교감 등 관리층 : 일본인 독점

> - **일제의 교과서 편찬 방침**
> - 조선교육령 : 충성스럽고 선량한 일본적 국민성 함양
> - 수신 교과서 : 일본 천황에 대한 충성심 고양
> - 국어 : 일본어
> - 국사 : 일본의 역사와 지리
> - 중학교 교과서+전문학교 교과서=정부 직접 편찬

- 민족주의 교육 억압 : 사립학교규칙, 서당규칙 제정
- 고등교육 기피 : 보통교육+실업교육+전문교육 중심
- 민족사 변조 : 고대사부문의 왜곡 심하여 단군조선 부정

일제의 교육령 변경

- **조선교육령(1911)**
  - 칙령으로 공포
  - 보통교육+실업교육+전문교육 한정(고등교육 불허)
  - 보통교육 : 국어(일본어)보급 목적
  - 각급 학교 설치 및 폐지 : 조선 총독 허가

- **제2차 조선교육령(1922)**
  - 한국인과 일본인의 수업 연한 : 동일
  - 학교 교육체계 : 차별 : 한국인 학교(일본어 사용 안함) & 일본인 학교(일본어 사용)
  - 종래 초등학교(보통학교) 수업연한 : 4년→6년 연장(지방사정 : 4년, 5년 가능)
  - 종래 고등보통학교 수업연한 : 4년→5년 연장
  - 남녀 사범학교 신설, 일본인 학교와 한국인 학교의 교원을 별도로 양성
  - 조선인과 일본인의 공학을 원칙 : 조선인의 일본고등학교 진학 허용
  - 대학에 관한 규정 마련 : 경성제국대학 설립
  - 학과목 : 조선어 첨가

- **제3차 조선교육령(1938)**
  - 소학교 : 충량한 황국신민 육성
  - 심상 소학교 교과목 : 국어(일어), 조선어(수의과목 : 선택과목)
  - 우리말과 우리역사 교육 : 일절 금지
  - 보통학교→소학교, 고등보통학교→중학교, 여자고등보통학교→고등여학교 개칭

- **제4차 조선교육령(1943)**
    - 군부에 의한 교육 통제
    - 전시비상조치령
    - 중학교와 고등여학교의 수업연한을 4년으로 축소
    - 제3차 조선교육령 : 조선어 수의과목→조선어가 교육과정 완전히 삭제
    - 초·중등학교 : 체련과 중시

  기타 교육령
    - 서당규칙(1918) : 총독부 편찬 교과서 사용, 역사교육 금지, 도지사 인가 조건 강화
    - 국민학교제 실시(1941) : 소학교→국민학교 개칭(수업연한 6년 통일)
    - 전시교육령(1945) : 전학교 학도대 조직(교육의 군사화)

1910년대 민족운동

1. 국내 민족운동

- **대한독립의군부(1912)**
    - 임병찬 : 고종 밀조 : 전라도 지방(유생+의병출신) : 복벽주의 지향의 국권회복운동
    - 1914년 일본 총리대신과 조선총독 : 국권반환요구서 제출, 조직 발각 해산
    - 형태(비밀결사), 지도부 활동방향(전형적인 의병운동)

- **대한광복단(1913)→대한광복회(1915)**
    - 박상진, 김좌진 : 대구 조선국권회복단+풍기 광복단=통합 : 군대식 비밀결

사조직
- 상해, 만주 독립운동가 연결, 독립군기지 건설 : 공화주의 표방
- 군자금 모금(부호들 포고문 발송), 악질 관공리와 친일반역자 숙청
- 1918년 일본 경찰 발각 해산

● 조선국권회복단(중앙총부 : 1915)
- 대구 윤상태, 서상일, 이시영 : 경북유생 중심 : 경남 마산 지부
- 유생토론회 가장, 단군(대종교)신봉, 상해임시정부 군자금 모금+파리강화회의 독립청원서 작성

● 조선국민회(1915)
- 대조선국민군단(하와이 : 박용만)의 국내지부 : 장일환 중심 : 평양 숭실학교 학생+기독청년 중심
- 공화주의 표방 : 간도, 중국과 연결 무기수입, 주권회복 투쟁
- 1918년 발각되어 검거

● 기성단(1914)
- 대성학교 출신 학생 중심

● 조선산직장려계(1914)
- 경성고등보통학교 부설 교원양성소 중심 : 경제자립단체, 실력양성론
- 1920년대 초 물산장려운동 계승

● 선명단(1915), 자진회(1918)
- 친일인사와 총독부 고관 암살 계획
- 공화주의 표방

- **민단조합(1918)**
    - 이동하, 이은영 : 유생중심, 복벽주의 운동 : 군자금 모집

- **송죽회(1913)**
    - 평양 숭의여학교 여교사 중심 : 핵심회원(소나무형제)와 하부조직(대나무형제)
    - 해외 독립운동기금 모집

- **역사적 의의**
    - 국내 비밀결사운동 : 1918년 대한광복회의 검거로 와해
    - 3.1운동 당시 대중적 기반을 형성하는데 기여

2. 국외 민족운동

간도 지방

- **독립운동기지화**
    - 서간도 삼원보 : 이회영, 이시영, 이상룡 중심
    - 밀산부 한흥동; 이상설, 이승희 중심

- **경학사(1911)→부민단(1914)→한족회(3.1운동후)**
    - 경학사 산하단체 : 군정부→서로군정서 발전(1919)
    - 이회영, 이시영 : 서간도 삼원보 : 최초 자치기구
    - 구국운동 인재양성 노력, 백서농장 건설(훈련+농사)

- **보약사(1913)**
    - 의병장 유인석 : 집안현 : 국내 연락, 일본군과 유격전 전개

- 신흥강습소(1911)→신흥무관학교(1919)
    - 신민회 : 서간도 경학사 : 신흥강습소 설치(1911)→신흥무관학교(1919) 개칭
    - 독립군 기간요원 양성

- 중광단(1911)→북로군정서 발전
    - 대종교 중심 : 서일 중심 : 무오독립선언 발표(1918), 북간도 왕청 조직
    - 대한정의단 조직(1919)

- 한민교육회→간민교육회(1911)
    - 북간도 용정 : 명동학교, 정동중학교 설립

연해주 지방

- 국내진공작전
    - 1906년 이상설, 이동녕 : 해삼위(블라디보스토크) 망명 : 의병활동, 국내진공작전 전개

- 한민회(1905)
    - 한인자치기구 : 한민학교(이승희 : 1909), 해조신문, 대동공보 발행 : 교육 및 언론활동

- 성명회(1910)
    - 이상설, 유인석, 이범윤 : "광복의 그 날까지 피의 투쟁을 결행하겠다" 선언문 채택

- **권업회(1912)**
  - 이상설, 홍범도, 이종덕 : 대전학교(광복군 양성), 권업신문
  - 대한광복군정부 수립 추진
  - 러시아 정부의 공인을 받고 조직→1914년 러시아(1차 대전 : 일본과 동맹) 강제 해산

- **광복회(1912)**
  - 신채호, 이동휘, 이갑 : 무쟁투쟁론, 서북간도 지부 설립

- **대한광복군정부(1914)**
  - 시베리아 이민 50주년 기념 : 이상설(정통령), 이동휘(부통령) : 민간정부 단서 군정부 수립
  - 권업회의 핵심 회원들이 주도 : 만주에 사관학교 설립, 무장항일 투쟁 터전 마련

- **전러한족회 중앙총회(1917)→대한국민의회(1919)→노령임시정부(3.1운동후)**
  - 잡지 : 대한인정교보 간행 : 윤해+고창일=파리강화회의 파견

중국 관내 지방

- **동제사(1912)**
  - 신규식 · 박은식 · 신채호 · 조소앙 · 문일평 · 김규식 · 윤보선 · 여운형 · 홍명희 : 손문 친교
  - 상하이에 본부 : 베이징 · 톈진 · 만주 등 중국지역과 구미(미국과 유럽), 일본에 지사
  - 본부의 이사장(신규식)과 총재(박은식)

- 중국 국민당 요인 가입 : 신아동제사 개편
- 1913년 박달학원 설립, 잡지 진단 간행
- 1915년 베이징 독립지사 연대 신한혁명당 결성, 대동보국단 조직
- 1917년 스톡홀름 제1차 만국사회당대회 참가하기 위해 조선사회당 개칭
- 1918년 조직내 소장파 신한청년당 결성
- 1919년 수립된 상해임시정부의 정책방향과 활동에 중추적인 역할

● 대동단결선언(1917)
- 신한혁명당 : 신규식, 박은식, 박용만, 조소앙, 신채호 중심
- 공화주의 : 군주권 소멸, 민권보장 : 임시정부와 같은 독립운동 구심체 결성 제창
- 대동단결선언 : 계몽운동+의병운동=최초 통합 시도 의의

● 신한청년당(1918)→대한민국임시정부(3.1운동후) 발전
- 동제사 모체 : 조직내 소장파 구성 : 여운형, 김구, 이광수
- 파리강화회의 : 김규식 대표 파견
- 신한청년보 발행

미국 지방

● 공립협회(1905)→대한(인)국민회(1910)
- 안창호, 이승만 : 미국 샌프란시스코 조직, 기관지(신한민보)
- 1917년 뉴욕 세계약소국동맹회 : 박용만 파견
- 1919년 미국 대통령 윌슨 : 청원서+미국 상원 : 한국 독립문제 제출
- 1919년 재미교포 애국성금 30만 달러 : 상해 임시정부 제공
- 이승만과 박용만 노선대립 : 활동 부진

- **흥사단(1913)**
  - 안창호 : 신민회 후신 : 미국 샌프란시스코 조직, 잡지(동광) 간행
  - 국내 조직 : 수양동우회(1926)
  - 흥사단+수양동우회=동우회 개칭(1929)

- **대조선국민군단(1914)**
  - 박용만 : 하와이 조직
  - 국내 조직 : 조선국민회(1915)

멕시코 지방
  - 숭무학교 : 독립군 양성

일본 지방
  - 동아동맹회(비밀결사)
  - 조선유학생학우회(합법단체 : 학지광 발표)
  - 조선학회(웅변대회 : 정치적 계몽)
  - 1919년 2·8 독립운동 기반

국외 민족운동의 평가
  - 독립군 기지건설운동의 한계 : 국내 독립운동가 체포, 독립자금 전달되지 못함
  - 국외 망명 독립운동가들 노선 대립 : 1910년대 중반 이후 독립운동 한계 직면

3·1 독립운동

1. 시대적 배경

- 민족자결주의 허구성 노출
- 신한청년당 : 김규식 파리강화회의 파견 : 독립 호소
- 국내 독립운동가 독립운동 계획 : 3원칙 : 대중화, 일원화, 비폭력노선
- 고종 황제 승하 : 황제 독살설
- 민중생활 피폐 : 1918년 유행성(스페인)독감(14만명 사망), 쌀값 폭등
- 러시아 혁명 : 레닌 : 모든 민족의 자유로운 자결권선언 : 민족자결원칙 소개
- 무오(대한)독립선언서(1918) : 최초 독립선언서 : 만주 길림 : 중광단 중심(조소앙 작성)
- 2·8 독립선언서(1919) : 일본 유학생 : 송계백, 최팔용 : 조선청년독립단 중심(이광수 작성)
- 천도교 자주독립선언문(1922) : 천도교 : 제2의 3·1 운동 계획

2. 3·1 독립선언 및 전개

- **발단**
  - 고종의 인산일 계기 : 유림 제외 : 천도교, 기독교, 불교 : 종교계 대표(33인 중 29명 참석)
  - 파리장서사건(유림단사건) : 3·1 운동 후 : 호서유림(김복한)과 영남유림(곽종석, 김창숙)등 유림대표 137명 : 한국독립 정당성과 당위성 : 파리강화회의 김규식 전달하려다 발각된 사건

● 전개
- 일제 시위 첫 날부터 : 무자비한 탄압
- 1919년 3월 8일 : 서울 용산 조선총독부 인쇄공 : 시위운동
- 1919년 3월 9일 : 서울 전차회사 직원(경성철도노동자) 동맹파업
- 3월 상순 : 북부지방 중심 전개 : 평안도+경기도=시위 가장 활발
- 3월 중순 이후 : 남부지역 시위 촉발
- 지역별 연대 투쟁 : 리(里)단위 연대, 면(面)단위 연대, 군(郡)단위 연대
- 처음 : 비폭력과 평화적 방법으로 시위 전개
- 이후 : 일제의 무자비한 학살 : 폭동화
- 일부 지도층 : 자치의 획득선에서 평화적 방법으로 독립운동을 하려는 한계
- 친일파+예속자본가+일부 대지주계급→참여하지 않음
- 무장투쟁의 필요성 대두 : 외교독립론 등 외세의존적 운동관 : 파산선고
- 대한제국 부활의 복벽운동 도태→공화제 임시정부 수립
- 사회주의 세력의 대두 : 러시아 혁명 성공과 노농계급 성장 : 신사상인 사회주의 사상 확산

3·1 운동 이후 민족해방운동의 분화

- 민족주의 좌파 : 일제의 식민통치에 대해 비타협적 항일운동 전개
- 민족주이 우파 : 일제가 허락하는 범위 내에서 타협적 실력양성론 전개
- 사회주의 계열 : 반제국주의와 반봉건주의(토지문제해결 : 지주제 폐지)통한 민족해방

1. 임시정부 수립

- 신한혁명당 : 대동단결선언(1917) : 보황주의 청산과 공화주의 중심 : 독립운동 구심체 주장

임시정부의 구성

- 노령임시정부(연해주) : 대한국민의회 개편 : 대통령(손병희), 부통령(박영효), 국무총리(이승만)
- 대한민국임시정부(상해) : 신한청년당 발전
- 한성정부(대조선공화국 : 국내) : 집정관 총재(이승만), 국무총리(이동휘)
- 군정부(만주 서간도 삼원보) : 서로군정서
- 군정부(만주 북간도 왕청) : 북로군정서

- 연해주+상해+국내 임시정부=대한민국임시정부 단일정부 구성

임시정부 수립의 특징

- **통합정부 수립 원칙**
  - 국내에서 13도 대표가 창설한 한성정부를 계승
  - 정부의 위치 : 상해
  - 상해에서 설립한 정부가 실시한 행정 : 유효임을 확인
  - 정부 명칭 : 대한민국임시정부
  - 현재의 각원을 총사퇴 : 한성정부가 선임한 각원들이 정부 인계

- **임시정부 출범체제**
  - 정부(국무원)와 의회(임시의정원) 구성
  - 국무원 총리(이승만), 의정원 의장(이동녕), 내무총장(안창호 : 국무총리 대리)
    군무총장(이동휘), 외무총장(김규식)

- **헌법 제정**

5차 개헌과 지도체제

개헌	지도체제	비고
1차개헌 (1919)	대통령제	대통령(이승만), 국무총리(이동휘) : 국무원+의정원+사법=3권분립
2차개헌 (1925)	내각책임제	국무령(이상룡→김구)중심 : 사법조항 삭제
3차개헌 (1927)	집단지도체제	국무위원회 중심 : 장기존속체제 : 이당치국(유일당운동)
4차개헌 (1940)	주석중심체제	주석지도체제 : 강력한 지도력 발휘
5차개헌 (1944)	주석·부주석체제	김구+김규식(좌우합작 연합정부) : 환국체제 : 심판원(사법조항 부활)

- **초기 임시정부 진통**
    - 임시정부는 전체 독립운동가들의 동조는 얻지 못함 : 국민대표회의 소집 (1923)
    - 국민대표회의 결렬 후 : 2차개헌(1925) : 김구가 국무령 선출 : 취임거부, 자퇴 : 내각구성 난황
    - 헌법 적용 범위 : 전체국민→광복운동자 제한
    - 임시정부 : 전체적 통괄정부가 아닌→개별 독립운동단체 침체
    - 1920년대 후반 : 구심체 역할을 하지 못함→국내 신간회 결성 배경

- **국민대표회의 소집**
    - 임시정부 : 독립운동 방향 : 대통령 이승만(외교독립론) & 국무총리 이동휘(무장독립전쟁론)
    - 1923년 국내외 135개 단체 참석(임시정부 고수 : 옹호파 불참) : 논의
    - 개조파(상해파) & 창조파(북경파) : 대립
    - 개조파 : 여운형, 안창호, 김동삼 : 임시정부 개혁 : 실력양성론
    - 창조파 : 신숙, 박용만, 신채호 : 임시정부 폐지 : 신조직(위원회 정부)수립 : 무장투쟁론
        : 국호 : 한(韓), 연호 : 단군기원→블라디보스토크 이동 : 소련과 관계 단절 : 실패
    - 임시정부 : 개조파가 임시의정원 장악 : 정풍운동 주도 : 공산주의(상해파 고려공산당)장악

2. 임시정부의 활동

- **연통제**
    - 신민회 비밀결사 계승 : 내무부 소관 도, 군, 면 비밀연락망 : 서울(총판), 도

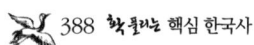

(독판 : 감독)

군(군감 : 총감), 면(면감 : 사감) : 함경도+평안도+황해도 설치(전국적 설치X)
- 인구세 징수 : 20세 이상 남녀 1인당 1원씩 : 충청남도+경상도+제주 : 시행되지 못함

● 교통국 설치
- 임시정부 교통부 소속 : 국내외 연락, 군자금 전달 임무 수행

● 군자금 조달
- 만주 이륭양행, 부산 백산상회[169], 애국독립공채발행

● 외교 활동
- 신한청년당에서 파리강화회의에 파견한 김규식→외무총장 겸 파리위원 임명 : 파리위원부 설치
- 1919년 스위스 제네바 제2차 만국사회당 대회 : 조소앙, 이관용 파견 : 한국독립안 결의
- 구미위원부(1919) 이승만 : 워싱턴 조직 : 친한파 미국인 중심(한국친우회 조직) 영문잡지(한국평론)
- 한국통신부 : 서재필 : 필라델피아 조직
- 소련과 교섭 : 국무총리 이동휘 : 시베리아 주둔 일본인(포조군)견제 : 공수동맹 체결(1920)
    : 독립군 양성 지원금 받음

---

[169] 백산상회(1914) : 안희제 : 영남지방 지주자본 설립 : 백산무역주식회사 발전
 : 대종교 신도 : 1933년 만주 : 발해수도(동경성) : 발해농장, 발해학교 건립

- **독립신문 간행(1919. 8-1926. 11)**
    - 안창호, 이광수 중심 : 임시정부 기관지 : 독립신문 간행(초대 사장 : 이광수)

- **사료편찬소 설치**
    - 일제의 조선사편수회 대항 : 안창호, 이광수 : 한일관계 사료집 간행

- **무장활동**
    - 육군무관학교 : 상해 설치 : 독립군 양성
    - 임시정부 군무부 직할 : 광복군사령부 결성(1920)
    - 육군주만 참의부(1924)
    - 한인애국단(1926 : 김구)
    - 신흥무관학교 출신 청년 중심 : 한국광복군 조직(1940)

3. 임시정부 역사적 의의와 한계

- 1920년대 전반 : 고립, 분산적 독립운동 조직적 지휘 : 구심체 역할 담당
- 1920년대 후반 : 이념적 대립, 운동방법 차이 : 분열과 대립 : 구심체 역할 하지 못함
- 외교독립론 지향 : 1919년 2월 25일 이승만 : 국제연맹이나 미국 위임통치 청원서
- 1925년 이승만 탄핵안 통과 : 임시정부 2차 개헌 실시 : 내각책임제
- 기호파 : 외교독립론(이동녕, 신규식, 이승만, 여운형)
- 서북파 : 무장독립론과 절대독립론(노백린, 이동휘, 문창범)
    : 관북 이동휘계 & 관서 안창호계
- 임시정부 청사 : 7차례 이동 : 마지막 : 중경(1940-1945) : 광복군 창설

1. 기만적 문화정치 실시

- **총독부 관제의 개정(1920년대)**
    - 총독 무관제 폐지 : 문관 출신도 총독이 될 수 있다는 규정
    - 헌병경찰제도와 순사보제도(1910년대) 폐지→보통(고등, 사법)경찰제도 변경
    - 특별고등경찰(특고)제도와 밀정제도 : 제정
    - 일반관리와 교원의 금테 제복과 대검착용 : 폐지
    - 1면(面) 1소(所) 제도 : 1군 1경찰서, 1면 1주재소 설치

- **민족계 신문발행 허용**
    - 조선일보+동아일보+시사신문=3대 민간지 창간

- **지방자치제 표방(1920)**
    - 의결권이 없는 자문기관 불과 : 도평의회, 부협의회, 면협의회, 학교평의회
      : 임명 또는 선거
    - 도평의회 : 3분의 2 : 면협의회 의원들이 선출+3분의 1 : 친일도지사 임명
    - 부협의회 : 일본이 거주자 다수 : 완전 선거제

- 면협의회 : 24개(지정면) : 선거제+2500개(보통면) : 친일군수 임명
- 지방자치제 실시 : 친일파 양성책+민족분열책 일환
- 부, 지정면 협의회 의원 선거자격 : 25세 이상+세금 5원이상 납부자 제한 : 농민+노동자 참가 못함

● **치안유지법 제정(1925)**
- 일본법률 공포 : 조선에도 적용
- 총독부 : 반정부, 반체제운동(소작쟁의+노동쟁의+사회주의자+무정부주의자) 탄압 목적 제정
- 6·10 만세운동+광주학생운동+조선어학회사건=치안유지법에 따라 처벌
- 1928년 치안유지법 개정 : 적용 범위 확대+처벌규정에 사형이 포함

2. 민족분열책 실시

- 합방 이전 : 고급관리 일부 매수 : 친일파 양성 : 합방 과정 이용
- 합방 이후 : 극히 일부만 식민지 통치 관여
- 3·1 운동 이후 : 새로운 친일파 보호 육성 정책 : 독립운동 분열, 조장

● **사이토 마코토(1919-1927 : 3대 총독 ~ 1929-1931 : 5대 총독)**
- 사이토 마코토(해군대장) : 한국인 : 배일파 & 친일파 구분
- 친일 관료 양성, 친일 인물 양성, 친일 종교단체 결성(친일파 : 최고 지도자 & 일본인 : 고문)
- 성균관 폐지(1911)→경학원 설립 : 양반과 유생을 친일화
- 부호와 노농계급 대립 조장 : 조선인 부호 : 노동쟁의와 소작쟁의 통해 노동자, 농민과 대립
- 친일 농민단체 결성 : 교풍회+진흥회+수제회 : 국유림 불하+입회권 부여 : 회유+이용

- **친일파 보호, 육성, 이용정책 시행**
  - 회사령 철폐+언론기관 허가=민족개량주의 세력 대두 : 민족운동 왜곡, 분열화 획책
  - 대지주 위주 산미증식계획+소작쟁의 지주 옹호=친일 지주를 미곡수탈과 농촌지배 이용

- **민족분열정책의 결과**
  - 친일 여론조성 : 교풍회, 국민협회, 대동동지회
  - 대지주계급과 예속자본가 친일단체 : 대정친목회, 노동상애회, 유민회(박영효)
  - 유생 친일단체 : 대동사문회, 유도진흥회
  - 유생 생활비 : 상치은금
  - 농민운동 약화 어용단체 : 조선소작인상조회(송병준)
  - 일제가 친일단체를 통한 민족개량주의 정책 : 민족성 개조+실력양성+자치

식민지 수탈 경제의 강화

1. 산미증식계획(1920-1934)

- 1차 세계대전 계기, 일본은 독점자본 급성장 : 농촌 희생강요 : 쌀값 폭등, 전국 쌀소동(1918)
- 일본 : 식량문제가 중요한 정치적, 경제적 문제 대두→식량부족 문제 : 조선 식량 공급지 전환
- 1920년부터 30년 계획 : 1차 계획 15년 기간 시작

- **토지개량**
  - 계획 : 수리관개시설 확충 : 미간지 개간, 천수답의 수리답화
  - 실제 : 수리지역 소작료 인상, 수리조합비 소작농 전가 : 미곡수탈과 대일 반출 강화
  - 대지주 위주 토지개량사업→중소지주 및 자작농, 자소작농 몰락 : 지주와 소작농 계급 양극화

- **농사개량**
  - 1차 시행(1920-1925) : 민간자본 유치 실패
  - 2차 시행(1926-1934) : 관 주도, 본격적 시도(산미증식 갱신계획)

- **수리조합 : 수리조합령 공포(1917)**
  - 반관제조직 : 총면적 2/3 토지소유자 동의 설립, 대지주 일방적 결정 조합 결성
  - 농민 : 토지 상실+강제 편입 : 과중 수리조합비 부담

- **산미증식계획이 예정되로 실시되지 못한 원인**
  - 일본자본 토지의 개량과 개간 등 농사개량보다→토지매입경영 높은 이윤 : 토지겸병 적극
  - 조선 농민의 강력한 반대 : 소작쟁의
  - 대공황 여파 : 1930년대 이후 : 정부 알선 자금 급격히 감소, 쌀값 하락, 수리조합 경영 악화
    : 일본농민 보호 : 조선 쌀 수출 금지 : 조선토지개량주식회사 해산
    : 산미증식계획 중단

- 산미증식계획 결과
    - 식량증식계획 실패→미곡은 목표량대로 수탈
    - 조선 : 쌀 수탈, 과중 수리조합비, 비료대금 전가 : 농민들은 만주나 연해주 이주, 화전민 전락

- 산미증식계획 영향
    - 한국 절대 식량 부족, 벼농사 편중 농업형태, 수리시설 혜택 논 증가 : 농민층 분해 촉진
    - 1929-1930년 일본 수탈량 감소 : 경제공항, 일본 농민 보호, 일본 쌀값 하락 방지
    - 조선쌀 산술적 생산량 증가 비율→일본 수출비율 기하 급수적 증가 : 만주 좁쌀+수수+콩 : 수입량 증가
    - 수리조합 : 1919년(12개) 1934년(192개) : 혜택입은 농지면적 20만 정보 초과

- 농업구조 재편성
    - 미작개량사업 추진, 면화, 양잠 개량종 보급
    - 일본 자본주의 발달 : 일본 노동자 저임금, 저곡가정책 유지 : 무단농정 실시 : 쌀 수탈

만보산사건(1931. 7)
    - 만주 길림성 만보산지역 : 한중 양국 농민간 유혈사건, 일본 관동군의 만주 침략 술책
    - 만주사변 발발 원인(1931. 9)

2. 회사령 철폐(1920 : 허가제→신고제=계출제)

- 1차 세계대전 이후 : 일본은 산업혁명 완성, 동남아 시장 잠식, 토지조사사업 통한 자금력 동원 : 일본 독점자본의 본격적 진출
- 1920년대 : 일본 재벌(미쯔이, 미쯔비시, 노구치)진출
- 1930년대 : 만주사변(1931)이후 : 군부와 결탁하면서 본격적 진출
- 신은행령(1927) : 한국인 소유 중소은행→강제로 일본은행 합병
- 일부 조선인 기업 존재 : 방직, 양조, 제분
- 김성수 : 경성방직, 중앙중학교, 보성전문학교, 동아일보

● 관세 철폐(1923)
- 한일 양국간 관세 폐지 : 한국을 일본의 상품시장, 원료공급지 전환

● 도정업 발달
- 1920년대 일본자본 적극적 침투 : 조선과 일본의 공업격차 확대
- only : 경공업 : 식료품 가공업 발달 : 전체 공업생산액 64% : 도정업 대부분

● 1920년대 민족자본 동향
- 회사령 철폐 이후 조선인 자본가도 성장
- 조선인 자본의 상대적 지위는 격하 : 투하자본 대부분 상업과 금융업 집중
  → 근대적 산업자본 축척에는 한계

민족해방운동의 분화

1. 부르주아 민족운동의 분화

- 일제의 분열 정책 : 일제는 1920년대 중반부터 자치론 : 민족개량주의 세력 결집→ 사회주의세력과 비타협적 민족주의세력의 연합을 견제 : 민족의 독립의욕 단절

● **민족주의 운동의 노선 분화.**
- 3.1운동 이후 : 부르주아 민족주의(우익) & 사회주의(좌익) : 분화
- 1924년 이광수 : 민족적 경륜 발표 : 민족주의 좌파 & 민족주의 우파 : 분화
- 민족주의 우파 : 선 실력 양성 후 독립
- 민족주의 좌파 : 선 독립 절대 독립
- 사회주의 계열 : 국제연대 기초 반제, 반봉건투쟁 통한 민족해방

민족주의 우파

- 3.1운동 실패 후 일부 국내 민족주의자 : 적극적 반일투쟁 대신→실력양성운동 치중

● **이념적 기반**
- 이광수 : 민족개조론(1922), 민족적 경륜(1924 : 동아일보 : 전국적 불매운동 초래)
- 최남선 : 조선민시론(1922), 역사를 통하여 본 조선인(1928)
- 조선 독립 부정의 논리 제공

- **인물과 활동**
  - 동아일보계(김성수, 송진우 : 해방후 : 한국민주당)+천도교 신파(최린)=선 실력양성 후 독립
  - 1920년대 : 소수 명망가 중심 전개
  - 1930년대 : 대중운동 발전
  - 일본정부의 내지연장주의 정책 좌절

- **단체**
  - 국내 : 연정회, 조선농민사, 흥업구락부, 수양동우회, 시중회(1934 : 천도교 신파)
  - 국외 : 흥사단, 동지회(1921 : 하와이 호놀룰루 : 이승만, 민찬호 : 국내조직(흥업구락부)

- **물산장려운동**
  - 관세철폐(1923)후 : 조선 자본가 위기의식 : 인도 토산품 장려운동(스와데시운동)모방
  - 조선물산장려회(1923) : 조만식 : 평양 : 평양물산장려회(1920)조직
  - 친일파, 친일관료(박영효, 유성준) : 적극 참여
  - 사회주의 계열 : 이념상 반대
  - 민족주의 우파 : 민족자본 상층 중심 : 동아일보계 경성방직, 중소자본가 : 총독부 타협, 자치운동
  - 민족주의 좌파 : 민족자본 하층+소상품 생산자 중심 : 사회주의자들과 민족협동전선 모색
  - 제1기 실행조건 : 남자(두루마기 착용), 여자(치마 염색 착용), 일용품은 조선인 제품 사용
         : 소비절약, 금주, 금연운동

: 식염+설탕+과일+청량음료 : 제외한 토산품 애용

                : 일본상품 배격이나 외화 배척은 주장하지 않음

  − 자작회 운동(1922) : 연희전문학생 중심, 국산품 애용운동을 통한 민족정신 순화
  − 결과 : 전국적 확산 추진 BUT, 일제 탄압과 다협, 1920년대 말에 와해
  − 실패원인 : 기업이윤과 민족이익을 일치시킨 운동의 허구성

           : 절대궁핍의 민중에게 상품소비운동은 동떨어진 발상

           : 상인들의 농간으로 특정 상품가격 상승

● **민립대학 설립운동**
  − 조선교육협회(한규설, 이상재 : 1920)중심 : 조선민립대학기성회(1922)조직
  − 천만원 모금운동 : 대홍수(1923), 대가뭄(1924) : 성과 없음
  − 일제 : 2차 조선교육령 개정(1922) : 경성제국대학 설립(1924) : 조선 독자적 민립대학 불허
  − 경성제국대학 학생모집 범위 : 한국+일본+만주+대만+중국 : 학생수(한국〈일본)
  − 사회주의자 비판 : 시급한 것은 과다한 문맹 인구 퇴치 : 고등교육(엘리트주의적 성격)

● **문명퇴치운동(1926-1934) : 민족말살정책 대항(X)**
  − 야학운동 : 노동야학, 농촌야학, 부녀야학 : 민중 문자 보급 기여
  − 문명퇴치운동 : 조선일보 문자보급운동(1929) : "아는 것이 힘이다, 배워야 산다."

           : 동아일보 브나로드운동(1931→1933 : 계몽운동 개명)

           : 총독부 억압 중단(1935)

1930년대 전반의 문화운동

- 1934년 조선학운동(정인보, 안재홍, 문일평)
- 만주동포 구제운동
- 고적 보존운동(동아일보 : 충무공 유적 보존, 단군릉 중수작업 : 단군유적 순례)
- 정약용 서거 99주년 기념사업 준비 : 여유당전서 간행(1934-1938)

● **일장기 말소사건**
- 조선중앙일보(사장 : 여운형) : 유해붕 체육부 기자(1936)→폐간
- 동아일보 : 이길용 체육부 기자(1936)→정간 : 1937년 복간

민족주의 좌파

● **인물**
- 조선일보, 중외(중앙)일보(신석우, 안재홍)+천도교 구파
- 안재홍 : 조선공산당+고려공산청년회 : 공산주의운동=배격
  : 조선사정연구회 조직(1925) : 반좌익 입장→좌익(개량주의 대응, 전술적 차원 감수)

● **사상**
- 민족주의 우파 비판 : 사회주의자 연합전선 결성 : 반일정치투쟁 전개

● **신간회(1927-1931)**
- 사회주의자 연대 : 민족협동전선 : 신간회 결성
- 신간회 해체이후 : 민족운동 공백기 : 일부 개량화, 친일화

● **조선학운동(1934 : 정인보, 안재홍, 문일평)**
- 민족사 연구나 실학자 문집 간행 : 단군조선과 실학연구 매진

- **신민족주의**
    - 안재홍 : 신민족주의와 신민주주의

2. 사회주의운동(좌익=공산주의+무정부주의)
    - 3.1운동 이후 : 사회주의 사상이 급속히 확산
    - 외적 조건 : 1917년 러시아혁명의 성공, 윌슨 민족자결주의 허구성 확인
    - 내적 조건 : 3.1운동에서 부르주아 민족주의자들의 한계 폭로
              : 1920년대 전반기 노동쟁의와 소작쟁의 고양 : 노농계급 성장
              : 일제 가혹한 식민통치 : 민족적, 계급적 모순 극도로 첨예화

- **사회주의 운동가 활동**
    - 대중단체 결성 : 무산자동지회(1922), 최초 사회주의 잡지(신생활 : 1922 : 박희도)
                : 적기단, 조선노동총동맹(1924), 조선청년총동맹
                : 조선공산당(1925 : 화요회+북풍회)
    - 코민테른 승인 : 조선공산당 산하단체 : 고려공산청년회 조직
    - 조선공산당 재건운동 : 1925년 이후 3년 동안 네 차례 검거(치안유지법) : 개건
    - 지식인 중심 : 당시 사회주의 운동은 지식인 중심 운동 : 쁘띠 부르주아적인 면
    - 부르주아 민주주의 혁명 주장 : 당시 사회주의 운동은 부르주아 민주주의 혁명에서 사회주의 혁명으로의 비약적 전환은 아니고, 민족의 독립과 토지문제 해결을 당면과제로 하는 부르주아 민주주의 혁명단계 주장

국내 사회주의 운동

- **서울청년회(1921) : 이영, 김사국 : 화요회+북풍회=대립관계**

- 토요회(1923) : 민태흥, 현칠종 : 북성회(일본 : 유학생)의 국내조직

- 신사상연구회(1923 : 홍명희, 윤덕병, 김찬)→화요회(1924)
    - 이르쿠츠크파(조봉암)+상해파(박헌영)+일본유학생=결합
    - 서울청년회와 대립관계, 북풍회와 협조관계

- 북풍회(1924) : 김약수, 김종범 : 북성회(일본 : 유학생)의 국내조직

국외 사회주의 운동

- 동제사(신규식 : 상해)→조선사회당(1917)
    - 스웨덴 스톡홀름 제1차 만국사회당대회(제2차 인터내셔널) 대표단 파견 계획
      →무산 : 폐지

- 한인사회당(1918 : 러시아 : 이동휘)→상해파 고려공산당(1921 : 상해 : 이동휘)
    - 러시아 망명 조선인 중심

- 전로한인공산당(1919 : 러시아 : 김철훈)→이르쿠츠크파 고려공산당(1921 : 김철훈)
    - 고려혁명군정의회 조직, 러시아 귀화 한인 2세 중심
    - 코민테른 해체 결정(1922)→코민테른 극동총국 민족부 산하 코르뷰(고려국) 흡수(1923)

- 조선고학생동우회(1920)→흑도회(1921)
    - 김약수, 박렬, 김사국 : 동경유학생 중심
    - 최초 계급투쟁선언 : 동우회선언(1922)

- **북성회→일월회(1925)**
  - 흑도회(1921 : 일본)→흑우회(1921 : 박렬 : 무정부주의[170])+북성회(1923 : 김약수 : 공산주의자)
  - 기관지 : 척후대, 전진
  - 국내조직 : 북풍회(1924)

조선공산당 4차 당 재건운동
  - 서울계 공산당(1924 : 김사국), 서울계 공산청년회(1924 : 이정윤)
  - 화요회계 공산당(1925 : 김재봉), 화요회계 공산청년회(1925 : 박헌영)
  - 2개 공산당과 2개 공산청년회 : 난립→코민테른 : 화요회계 중심 당 인정 : 일국일당 원칙 : 서울계는 화요회계 공산당에 가입 지령

- **제1차 조선공산당(1925. 4)**
  - 김재봉 책임비서 : 화요회계+북풍회계=중심(서울청년회 배제)
  - 박헌영 : 상해 조봉암 비밀문서 발각(신의주사건) : 붕괴(1925. 11)

- **제2차 조선공산당(1925. 12)**
  - 강달영 책임비서
  - 코민테른 : 서울청년회+화요회=동시 승인(1926)
  - 조선공산당 선언문 발표(1926. 7 : 조봉암, 김단야, 김찬) : 민주공화국 건설+민족유일전선결성 촉구
  - 6.10만세 사건 붕괴(1926. 6. 10)

---

170 무정부주의 : 자본주의+공산주의=모두 부정, 민중 폭력투쟁노선, 좌우합작 민족유일당운동 비판

- 제3차 조선공산당=ML당(1926. 9)
    - 김철수 책임비서→안광천→김준연→김세연
    - 화요회계+서울청년회+무파벌사회주의자=통일공산당
    - 김철수 모스크바 파견 : 코민테른 승인 : 코민테른 단일 국민당 결성 지령→ 신간회+근우회 조직
    - 제3차 공산당 사건 붕괴(1928)

- 제4차 조선공산당(1928. 3)
    - 차금봉 책임비서
    - 신간회 긴민한 관계 유지 : 코민테른 자금 : 제6차 국제공산당대회 대표 파견
    - 제4차 공산당 사건 붕괴(1928) : 차금봉 검거, 옥사

- 1925년 이후 4차례 조선공산당
    - 지식계급+학생 결합체=지식인 중심 공산당
    - 코민테른 서기국 : 1928년 12월 테제 : 조선의 농민 및 노동자의 임무에 관한 테제 발표
        : 지식인 중심 당조직 해체→노동자, 농민 중심 당조직 재조직 지시
        : 조선공산당 승인 취소 문건

- 조선공산당 해체(1928. 10) 이후
    - 1930년 전후 일국일당 방침 : 중국공산당과 일본공산당 가입, 활동

- 경성콤 그룹
    - 1939년 박헌영, 이관술, 김삼룡, 이현상 : 국내 최대 규모 공산주의 단체
    - 인민전선부, 노동조합부, 가두부, 학생부 조직

- 서울 중심 : 각급 학교 : 독서반+학교별 위원회 조직
- 해방 후 : 조선공산당 재건(1945. 9)

3. 신간회운동(1927-1931)

- 좌우합작 민족유일당 운동(통일당 운동) 대두
- 한국독립유일당 북경촉성회, 상해촉성회, 혁신의회, 국민부

● 신간회 결성 배경
- 민족주의 우파 : 자치운동 & 민족주의 좌파+사회주의자=반자치운동
- 사회주의운동 노선 변화 : 계급지상주의, 국제연대주의→민족협동전선(제2차 공산당 주요사업)
- 조선민흥회 창립(1926. 10) : 서울청년회계(사회주의자)+조선물산장려회계(민족주의 우파)
- 정우회(1926. 4)=화요회+북풍회+조선노동당+무산자동지회 : 정우회 선언 (1926. 11)

    : 조선공산당 표면단체 : 분파투쟁 청산, 사상단체 통일, 경제투쟁→정치투쟁 전환[171]

    : 사회주의운동 방향 전환 : 신간회 결성 계기
- 대한민국임시정부 기능 침체 : 새로운 대체 조직(기능) 필요성 대두
- 후쿠모토주의 영향 : 지식인의 체계적인 노동자 교육의 필요성 제고

● 신간회 조직의 성립
- 우익세력(민족주의 좌파)+좌익세력(사회주의)=연합

---

171 정우회 선언 : 경제적 투쟁→계급적, 대중적, 의식적 정치형태 전환
    : 비타협적 민족주의자 공동전선

- 민족유일당 운동 일환 : 합법단체
- 단체 본위 조직이 아닌→개인 본위 조직 출발→대중적 협동전선조직 발전
- 우익(이상재, 권동진)+좌익(홍명희, 김준연, 허헌)+조선일보(기관지 역할)
- 민족주의 우파 일부 참여 : 주요한(신간회 평양지회), 송진우(신간회 경성지회)
- 신간회 비율 : 농민(54%), 노동자(22%), 상인(11%), 지식인(5%), 기타

● **신간회 3대 강령**
- 정치적+경제적 각성 촉진
- 단결 견고히 함
- 기회주의 배격

● **신간회 활동**
- 전국(일본+대만)적 지회 조직 : 6대 악법 철폐운동, 원산총파업, 단천농민투쟁, 광주학생운동, 갑산, 화전민 학살사건(1929)진상조사
- 중앙본부(민족주의 좌파 우세), 지회(사회주의 우세 : 중앙본부에 비해 활발한 활동)
- 근우회 창립(1927) : 신간회 산하 전국적 여성조직
    : 우익측(기독교계) : 김활란, 유영준, 최은희, 유각경, 황신덕
    : 좌익측(여성동우회) : 주세죽, 허정숙, 정종명
    : 기관지 : 근우

● **신간회 주요 정책(1927)**
- 일체 학교 교육의 조선인 본위(일본과 동등한 교육X)
- 단발령 지지(단발 주장)
- 염색옷 착용

- **신간회 해소 배경**
    - 신간회 내부 갈등 : 사회주의 세력 & 민족주의 세력
    - 일제 탄압과 사회주의 노선 변경 : 중국 제1차 국공합작 결렬, 민족통일운동 부정적 인식
    - 코민테른 신간회 비판 : 프로핀테른(국제적색노동조합) : 조선에 있어 혁명적 노동조합운동의 임무에 관한 결의(9월 테제 : 1930) : 신간회를 민족개량주의 단체로 규정

- **신간회 역사적 의의**
    - 최초 민족통일전선운동
    - 합법적 공간의 붕괴
    - 민족주의 좌파 친일화, 개량화

4. 농민운동(소작쟁의)

- 초기 : 일본인 지주와 친일파 지주 대항 : 농민 생존권 투쟁
- 후기 : 일제 수탈 항거 : 항일민족운동 성격

- **제1단계(1919-1924) : 농민운동 태동기 : 면, 리 단위 소작인 조합**
    - 소작인조합 중심 : 소작농의 대지주 투쟁 : 소작권 이전, 고율 소작료 저항
    - 1920년대 소작쟁의 발생 원인 : 소작권 이동반대〉소작료 인하
    - 조선노농총동맹 결성(1924) : 전국적 농민, 노동자 운동단체
    - 암태도 소작쟁의(1923-1924) : 전남 무안(신안) 암태도, 아사동맹, 8할 소작료 (4할 하향조정)
    - 황해도 재령 동양척식회사 농장 소작쟁의(1924-1925)

- **제2단계(1925-1929) : 농민운동 본격화(소작인조합→농민조합)**
  - 농민조합(자작농 포함) 발전
  - 투쟁규모 확대, 투쟁형태도 대중적 폭동형태 변화 : 총독부 탄압 강화
  - 조선농민총동맹(1927) : 조선노농총동맹→조선농민총동맹과 조선노동총동맹 : 분리
  - 공산주의운동 연결(1925-1928) : 12월 테제(1928)로 조선공산당이 해체될 때까지 연계

- **제3단계(1930-1935) : 농민운동 고양기**
  - 기존 농민조합 중심 : 일본인 지주 상대 : 농민운동
  - 적색 농민조합 중심 : 적색(혁명적)농민조합 주도 : 토지혁명 추구, 일제 저항(항일농민폭동)
  - 조선농민층 회유 : 농촌진흥운동 일환 : 자작농지 창설, 유지사업과 조선소작조정령 공포, : 조선농지령 공포
  - 불이농장 소작쟁의(1929-1931) : 평북 용천 불이흥업회사 소속 서선농장 소작쟁의
  - 1930년대 : 혁명적(적색)농민조합운동 : 함경도 정평, 명천 : 활발히 전개

- **나주 궁삼면 사건(1908-1945)**
  - 동양척식주식회사 토지 약탈 불만 : 전라도 나주 : 소송, 쟁의, 청원 : 최장기간 농민 항쟁
  - 일제시대 최대 사회문제 : 동양척식주식회사의 죄악사

5. 노동운동(노동쟁의)

  - 일본인 경영하는 공장 : 반제, 반일투쟁 : 정치적 성격

- **제1단계(1920-1924) : 노동운동 태동기**
  - 임금 인하 반대, 임금 인상 요구
  - 부산 부두노동자 총파업(1921) : 부산 제네스트
  - 조선노동공제회[172]→조선노동연맹회(1922 : 1923년 5월 1일 May Day 행사)→조선노농총동맹(1924)
    - →조선노동총동맹(1927)

- **제2단계(1925-1929) : 노동운동 본격화**
  - 조선노농총동맹(1924)→조선노동총동맹(1927)
  - 원산노동자 총파업(1929) : 함남 덕원군 라이징 영국인 석유회사 문평주유소 (구타사건)
    원산노동연합회 지도⇔자본가단체 : 원산상업회의소 : 대립관계
    일본+중국+프랑스+소련=외국노동자 격려 전문 : 일본 노동자들도 동조 파업

- **제3단계(1930-1935) : 노동운동 고양기**
  - 파업투쟁 격렬(공장 점거, 습격)+비합법적 적색(혁명)노조운동 전개[173]
  - 제4차 함경도 태평양노동조합사건(태로사건 : 1931-1934)
  - 신흥군 장풍 탄광 노동쟁의(1930)
  - 평양 고무공장 노동자 총파업(1930)
  - 1930년대 후반 이후 : 일제의 탄압으로 노동조합 강제해산 : 노동운동 잠복기
  - 사회주의세력 주도 : 산업별+직장별 노동조합운동 활발 전개
  - 적색 노조 지도자 : 이재유(서울 : 1933-1936), 이주하(원산 : 1936-1938)

---

172 조선노동공제회 : 김약수 : 최초 전국적 노동자 단체 : 최초 소비조합상점 설치 : 잡지(공제)
173 10월 서신(1931) : 코민테른이 적색(혁명적)노동조합운동을 지지하기 위해 보낸 지침
 : 원명 : 조선에서의 범태평양 노동조합 비서부 지지자에 대한 편지

적색 노조, 농민운동 한계
- 당시 지나치게 과격성 : 민족주의 인사+중소자본가+중소지주+부농=외면
- 민족역량 분산 : 공산주의자들의 입지가 좁아짐

● **형평운동(백정해방운동)**
- 조선형평사(진주 : 1923) : 일본 관서지방 수평운동 영향(1922) : 강상호, 장지필, 이학찬
- 피혁회사 설립, 기관지(형평, 정진, 세광)
- 변절 : 1935년 대동사 개칭 : 일제 부역세력 전락, 1938년 비행기 대동호 헌납식

농청 : 형평운동 대항 : 농민+머슴 조직, 우육 불매운동 전개

● **민족기업의 성장**
- 3.1운동 이후 : 소규모 공장 건설
- 지주출신 기업 : 경성방직주식회사(김성수), 부산 백산무역주식회사(안희제)
- 서민출신 기업 : 평양 메리야스공장, 양말공장, 고무신공장(기독교 영향)
- 민족기업 : only 한국인 운영
- 금융업 : 3.1운동 이후 : 민족계 은행 : 경남합동은행, 삼남은행, 경일은행, 호남은행

6. 학생운동

● **민족운동의 선봉**
- 1919년 2.8선언과 3.1운동 주도 : 1920년대 민족운동 중추적 역할 수행

- **동맹휴학**
    - 1920년대 전반기(1923년 까지) : 부르주아 민족주의 영향 : 배일(排日)정서 위주
    - 1920년대 후반기(1924년 이후) : 사회주의 영향 : 주의적(主義的)맹휴

- **6.10만세운동(1926)**
    - 전문학교 학생+사립 고등보통학생(조선학생과학연구회)+사회주의계(제2차 공산당)=각각추진
    - 순종 인산 당일 : 대규모 군중시위운동 전개
    - 6.10만세운동 이후 : 민족주의계열+사회주의계열=대립, 갈등 극복 계기 : 민족유일당운동 전개

- **광주학생 항일운동(1929. 11-1930. 3)**
    - 성진회(1926)→독서회(1929 : 사회주의 조직) 중심 : 전국학교 파급
    - 동맹휴학→가두시위 발전
    - 신간회 지원 : 진상조사단 파견, 민중대회 계획

- **소년운동**
    - 천도교 청년회 : 소년부 설치→천도교 소년회 독립(1921 : 어린이날 제정)
    - 색동회(1923) : 동경 : 방정환, 윤극영 조직

7. 여성운동

- 종교적, 계몽주의적 성격(1920-1922)
- 조선여자교육회, 여자고학생상조회(정종명), 조선불교여자청년회, 천도교부인회
- 우익 : 조선여자기독교청년회연합회(1922 : YWCA : 김활란, 김필례, 유각경)
- 좌익 : 조선여성동우회(1924 : 주세죽, 허정숙, 정종명 : 최초 사회주의 여성단체)

- 1925년 화요회(경성여자청년동맹)+서울청년회(경성여자청년회)=1926년 중앙 여자청년동맹 통합

  여성해방+사회주의운동 결합 노력 ⇔ 민족주의계열(계몽운동 주력)
- 민족주의계 여성운동 : YWCA→ 일본 YWCA 통합(1938)
- 사회주의계 여성운동 : 근우회 이후 : 독자적인 여성조직체 지양 : 노동조합 +농민조합+기타 계급적 조직 내에서 부인부 조직 활동
- 여성잡지 : 신여자(1920 : 김원주 : 최초 여성이 만든 여성잡지)

  : 신가정(1921 : 기독교 계열), 신여성(1923 : 천도교 계열)

8. 인구증가와 생활모습 변화

- **대한민국 인구**
  - 1910년대 말 : 1700만명
  - 1930년대 : 2000만명
  - 1942년 : 2600만명

- **서울(경성) 인구**
  - 1920년 24만명
  - 1940년 93만명

- **도시의 변화**
  - 총독부 : 서울 도시 개수 계획
  - 1930년 : 서울(경성) : 10만명 일본인 거주
  - 청계천 경계 : 남촌 : 남쪽 일본인 거리 : 서울 정치와 상업 중심지 : 관공서, 은행, 백화점 : 근대도시 모습

    : 북촌 : 북쪽 한국인 거리 : 근대시설 없음

- **의식주 양식 변화**
  - 직장인 중심(양복)+ 대부분 사람(한복)=한식+양식 : 혼합
  - 1910년대 : 대부분 여성(쪽진 가르마머리), 도시 : 블라우스, 스커트, 단발머리, 파마머리
  - 1940년대 : 전시체제 : 남녀복장 변화
    : 남자 : 한복+양복→국방색 국민복, 전투모에 각반
    : 여자 : 치마→몸뻬 바지(일본 농촌 여성 작업복)
  - 1910년 이후 : 케이크, 비프스테이크, 수프, 아이스크림 : 서양음식 : 대중들 본격 소개
    : 서양 식품 소비 : 도시 상류층 한정
  - 1920년대 이후 : 상류층(문화주택), 중류층(개량한옥), 중, 하류층(영단주택)
  - 1920년대 개량한옥 : 사랑방과 문간방 소멸, 대청마루에 유리문, 니스, 페인트칠 : 혼합형 가옥
  - 1930년대 문화주택 : 2층 양옥, 복도와 응접실, 침실, 아이들 방 : 개인 독립 공간
  - 1940년대 영단주택 : 도시민, 서민 주택난 해결 : 국민 연립주택
  - 서울 변두리 : 빈민(토막집)

주택공간의 변화
  - 문화주택, 개량한옥 새로운 건축양식 등장
  - 남녀 주거공간 : 전통적인 양반가 주택(남녀 독립공간)→남녀 같은 공간 생활

항일무장투쟁 전개

1. 국내 항일무장투쟁
- 3.1운동 후 : 항일무장투쟁 본거지 : 만주와 연해주 중심
- 국내 : 독립군부대 결성, 일본군경 치열한 전투 전개

국내 항일무장투쟁

보합단(1919)	평북 의주 동암산 : 1920년대 만주 독립군 합류
천마산대(1919)	평국 의주 천마산 : 최시홍(구한말 군인), 만주 광복군총영 협조, 대한통의부 편입
구월산대(1920)	황해도 구월산 : 친일 군수 처단

- 일제 식민통치기구 파괴, 일본 군경 교전, 친일파 제거, 군자금 모집 : 항일 무장 투쟁 전개

2. 결사운동과 애국지사 활동

- **의열단(1919)**
  - 김원봉 : 길림성→북경→상해 : 세력 확대
  - 신채호 : 조선혁명선언 선언서 작성(1923)
  - 외교론+준비론=배척→민중 직접혁명론 : 5파괴 7가살 : 폭력혁명 추구
  - 1926년 이후 : 군대양성 방향 전환 : 황포군관학교(교장 : 장제석) : 군사교육 +공산주의사상 영향
  - 박재혁(부산경찰서 투탄), 김익상(조선총독부 투탄), 김상옥(종로경찰서 투탄), 나석주(동척)
  - 김원봉 : 조선혁명군사정치간부학교, 조선민족혁명당(1935), 조선민족전선연맹(1937) : 조선의용대(1938)

조선민족혁명당(1935) : 좌우합작

- 김원봉+조소앙 : 한국독립당+신한독립당+조선혁명당+대한독립당+의열단=한국대일전선통일동맹(1932)
- 한국대일전선통일동맹+조선민족해방운동자동맹+조선청년전위동맹+조선혁명자연맹=조선민족혁명당
- 임정고수파 불참 : 김구, 이동녕 : 1935년 한국국민당 창당
- 한국독립당+조선혁명당=일부세력 탈퇴
- 좌파 중심 : 조선민족혁명당(1937)+조선의용대(1937 : 한커우 : 군사조직)
- 강령 : 토지 국유제+대규모 생산기관과 독점적 기업 : 국영+국가 계획경제

● **한인애국단(1926)**
- 김구 : 상해 : 침체된 임시정부 활로 개척 조직 암살단
- 이봉창(일본천왕 투탄 : 1932)→상해사변(1932)
- 윤봉길(상해 홍커우공원 투탄 : 1932)→중국정부 임시정부 지원 계기 : 한중 연합 항일운동
- 유상근, 최흥식(관동사령관 대련역 투탄 : 1932)
- 유진만, 이덕주(조선총독암살미수사건 : 1932)
- 정정화 : 한국 잔다르크, 일대기(장강일기 : 홍구공원 윤봉길 의거 기록)

● **다물단(1925)**
- 김창숙 : 영남지방 청년 50명 비밀단체 : 아나키스트 : 신채호 취지문 작성

● **불령사(1923)**
- 박렬, 가네코후미코 : 재일 비밀결사, 일본황태자 히로히토 암살시도

● **병인의용대(1926)**
- 나창헌, 이유필 : 상해 : 일제 밀정(한국인 주살)

- **남화한인청년동맹(1930)**
  - 재중국 조선무정부주의자연맹 개편, 남화통신 발행, 일본영사관 폭파

- **애국지사 의거**
  - 강우규(1919) : 대한국민노인동맹단(블라디보스토크 : 박은식 주도) : 사이토 총독 폭탄 투척
  - 조명하(1928) : 일본 육군 특명검열사 자살(대만 타이중 의거)

3. 국외 항일무장투쟁

- 독립군 군자금 조달 : 1차 세계대전 이후 다량의 콩 등 만주산 잡곡 수출 많은 이득이 자금 군자금 조달 이용 : 무기구입

- **서로군정서(1919)**
  - 지청천(이청천 : 본명 : 지대형)
  - 경학사 산하단체 : 군정부→서로군정서 발전(1919)
  - 임시정부가 군정서로 허가(임시정부 관할)

- **북로군정서(1919)**
  - 서일, 김좌진
  - 대종교 중심 : 중광단 산하단체 : 대한군정서(군정회)→북로군정서 발전(1919)
  - 청산리대첩 승리

- **대한독립군(1919)**
  - 홍범도 부대(의병출신 대부분) : 최초 갑산, 혜산진 : 일본 병영 습격 : 국내진

공작전 감행
- 대한독립군(홍범도)+군무도독부(최진동)+국민회군=대한국민군(안무)=연합부대 결성
- 연합부대(대한북로독군부 : 1920) : 삼둔자전투+봉오동전투=승리

● 대한독립단(1919)
- 박장호, 조맹선 : 유인석 문인 의병장 출신 : 복벽주의 표방
- 서간도 조직 : 국내진공작전 계획
- 대한독립단+대한청년단연합회=연합 : 광복군총영(1920)개편 : 임시정부 산하 군단

● 대한독립군비단(1919)
- 이동백, 김찬 : 만주 조직
- 국내진입작전 전개, 북로군정서 협조체계
- 1921년 : 대한독립군비단+태극단+광복단+대진단+흥업단=통합 : 임시정부 산하 : 대한국민단

● 광복군총영(1920)
- 남만주 서간도 일대 : 임시정부 광복군사령부(1920) 개편
- 오동진 중심 : 공화주의 표방

● 대한통군부(1922)
- 남만주 서간도 일대
- 1922년 : 서로군정서+대한독립단+벽창의용대+광북군총영+보합단+광한단=통합 : 대한통군부

- **대한통군부→통의부(1922)**
  - 군사조직+자치행정조직
  - 공화주의 표방(양기탁 : 대한민국 연호 사용)+복벽주의 표방(전덕원 : 융희 연호 사용)=갈등
  - 전덕원 계열이 양기탁 계열 공격 : 홍묘자 유혈사태(1922)
  - 전덕원 계열 : 의군부 조직
  - 채찬, 김승학 : 통의부+의군부=반대파 조직 : 임시정부 산하 육군주만참의부(1924)

- **봉오동전투(1920. 6)**
  - 대한독립군(홍범도)+군무도독부군(최진동)+국민회군(안무)=연합부대

- **훈춘사건(1920)**
  - 일본군이 훈춘 소재 일본영사관을 중국 마적들로 하여금 고의로 습격 음모 (1920. 10. 2)
  - 일본군 대규모 병력 출동 빌미 : 훈춘의 조선인과 독립운동가 대량 학살 사건(1920. 10. 17)

- **청산리대첩(1920. 10. 21-10. 26 : 6일간)**
  - 북로군정서군(김좌진)+대한독립군(홍범도)+국민회군(안무)=연합부대

- **간도참변(경신참변 : 1920. 10월-12월 : 3개월)**
  - 청산리대첩 이후 : 만주 한민촌 습격, 방화, 대량 학살

- **(북)간도국민회=대한국민회(1919)**
  - 3.1운동 이후 : 북간도 지역 : 대한독립군(홍범도)+군무도독부군(최진동)=통합

- 1920년까지 한국독립군 최대 군대 보유
- 사령관(최진동), 부관(안무), 연대장(홍범도)
- 상해 임시정부 밀접한 관계 유지

● **자유시참변=흑하사변(1921)**
- 청산리대첩 이후 : 김좌진과 홍범도 독립군 : 밀산부 이동 대한독립군단 조직(총재 : 서일)
- 한인부대 사할린의용대(대한의용군 : 상해파)
- 한인보병 자유대대(고려혁명군 : 이르쿠츠크파)+러시아 적군=연합부대
- 대한의용군과 고려혁명군 : 상호충돌 : 고려혁명군 승리
- 군사지휘권 문제 : 이르쿠츠크파 고려공산당 & 상해파 고려공산당 : 파쟁
- 한국 공산주의운동 악영향
- 러일 양국조약(1922) : 러시아 내에서 일본에 대한 적대행위 금지
  고려혁명군 : 항일독립군→러시아혁명 반대세력 진압군 : 변질

독립군의 통합운동
- 타격을 받은 독립군은 서간도(남만) 중심 : 참의부, 정의부, 신민부 등 3부로 통합

● **(육군주만)참의부(1924)**
- 압록강 집안현 : 채란, 김승학 : 광복군총영(1920 : 오동진) 재편
- 임시정부 직할하 소속
- 통의부+의군부=갈등→반대파 조직(채란, 김승학) : 임시정부 산하 육군주만 참의부
- 국내진공작전(보험대 조직), 사이토총독 승선 선박공격(1924)

- 정의부(1925)
  - 남만주 일대(길림과 봉천) : 오동진, 지청천 : 통의부+서로군정서=통합
  - 3부 중 규모가 가장 크며, 재판(3심제 채택)

- 신민부(1925)
  - 북만주 일대(영안현) : 자유시참변 이후 소련에서 돌아온 독립군 중심 조직
  - 북로군정서(1919) 후신 : 김좌진, 김혁
  - 전북 지리산 왕래(일본군 배치 상황조사)
  - 신민부 : 군정파 & 민정파 : 분열 - 민정파 : 정의부 가담→국민부 전환

- 3부의 특징
  - 민정기관+군정기관=사실상 정부기능 수행

- 미쓰야협약(1925)
  - 총독부 경무총감 미쓰야 & 친일 만주 군벌 장작림 : 독립군 탄압 협약
  - 중국군이 독립군 체포 : 일본군 현상금 지급 : 독립군 큰 타격

- 민족유일당운동 전개
  - 유일당운동 : 국외 : 북경촉성회(1926) & 국내 : 신간회(1927)
  - 만주 3부 통합운동 : 참의부+정의부+신민부=혁신의회+국민부 : 양립
  - 혁신의회(1928) : 개인본위 통합 주장 & 한국독립당(한국독립군)
  - 국민부(1929) : 단체본위 통합 주장 & 조선혁명당(조선혁명군)
  - 이전 군정부와는 달리→통치조직+당+군대 정비 : 당 중심 운영(이당치국 시도)

한.중 연합군 활약

- 만주사변(1931)이후 : 일본세력에 반대하는 중국군 : 한.중 연합군 결성

- **한국독립군(지청천)**
  - 중국호로군 연합 : 쌍성보, 대전자령(가장 큰 성과), 동경성, 동녕현성, 경박호, 사도하자전투

- **조선혁명군(양세봉)**
  - 중국의용군 연합 : 영흥가, 흥경성

민생단사건과 동북항일연군

- **민생단사건**
  - 일제 간도 일본영사관 조종하 : 친일 스파이조직 : 민생단 조직(1932) : 독립운동 방해

- **반민생단 사건**
  - 중국 공산주의 운동 내부 : 민족배타주의 경향 : 조선인 반일 독립지사 : 민생단원 혐의 희생
    → 반민생단투쟁(송영감사건 : 1932)→코민테른 지시 : 반민생단투쟁 중지(1936)
  - 동북인민혁명군 : 제2군의 군세가 확대

- **동북항일연군(1936)**
  - 중국공산당 동북인민혁명군(중국인 : 양정우 : 1933) 확대 개편 무장단체
  - 한국군 다수 : 1군-11군 조직

- 동북항일연군 함경도 갑산군 보천보전투(1937) : 조선인 부대 국내진입작전
  : 김일성 활동

- **(재만한인)조국광복회(1936)**
  - 동북항일연군 조선인 간부+민족주의자+천도교+학생+지식인=민족통일전선운동단체
  - 동만주 조직 : 좌우합작 : 10대 강령 채택
  - 조국광복회 국내조직 : (한인)민족해방동맹 결성 : 함경도 갑산 보천보전투 승리(1937)[174]

- **조선독립동맹(1942)**
  - 화북조선청년연합회(1941) 개편 : 화북 연안 : 조선민족혁명당(사회주의자)+조선의용대원(김원봉 노선 거부)
  - 조선청년혁명학교+조선의용군 창설+중경 임시정부+국내 조선건국동맹=연락
  - 민주공화국 표방 : 민족주의 좌파+사회주의자=좌우합작 통일전선→광복 후 : 북한 조선신민당(연안파)
  - 김두봉, 김무정, 최창익, 허정숙 : 호가장전투(1941)=조선의용군+중국팔로군 연합
  - 반소탕전(1942)

---

174 보천보전투(1937) : 동북항일연군 제2군(조선인민혁명군) : 보천보 급습 : 조국광복회 10대 강령, 일본군대에 복무하는 조선인 형제에게 고함 : 격문 살포 : 압록강 넘어 철수
동아일보 보도 : 민중들에게 희망
일제 : 보천보전투 이후 : 혜산진사건(1937-1938) : 조국광복회 조직 검거

4. 임시정부와 한국광복군

- 중일전쟁(1937)발발 : 임시정부 : 군사위원회 설치 : 중국정부 지원
- 한국광복군 창군(중경 : 1940) : 총사령(지청천), 참모장(이범석)
- 중경(1940)→서안(1941) 이동

임시정부의 좌우합작 시도

● 전국연합진선협회 결성
- 김구+김원봉 : 공개통신(1939) : 우익 : 한국광복운동단체연합회(광복진선 : 1937) 좌익 : 조선민족전선연맹(민족전선 : 1937)
- 우익+좌익=통합 : 전국연합진선협회(1937) 결성
- 10개 정강 발표 : 민주공화제, 토지 농민분배, 토지 매매금지, 의무교육+직업교육=국가부담
- 이후 : 7당, 5당 대회 결렬→우익 통합 : 한국독립당(1940) 창당

● 조선의용대 광복군 편입
- 조선민족혁명당(1935) 산하 : 조선의용대(김원봉 : 1938)→광복군 편입(1942)
- 좌파인사→임시의정원 참여 : 좌우합작 실현

● 임시정부 건국강령 공포
- 조소앙 삼균주의(정치+경제+교육) 채택 : 건국강령 공포(1941)
- 건국강령 : 보통선거, 의무교육, 토지국유화, 대규모생산기관 국유화(중소기업 사영화 허용)
  농민+노동자=의료비 면제, 사회보장제 주장

● **대일, 대독 선전포고**

　　– 태평양전쟁(1941) : 임시정부 : 대일선전포고(1941. 12), 대독선전포고(1942. 2)

　　– 미얀마, 인도전선 : 광복군 공작대 : 영국군 연합작전(1943)

　　– 인도 임팔전선 투입(1944)

● **국내진입작전 계획**

　　– 광복군 총사령관(지청천), 지대장(이범석) : 재중 미군(OSS : 전략첩보기구) 연합
　　　국토수복작전(독수리작전) : 국내 정진군 특수훈련 실시

　　– 화북 연안 조선의용군+연해주 한인부대(88보병여단 : 교도려)=연합 : 국내진공작전 계획

1. 민족말살정책

- 만주사변(1931) 이후 : 일본을 전시체제 개편 & 한국 : 병참기지화정책+민족말살정책 시작
- 중일전쟁(1937) 이후 : 국가총동원법(령) 공포(1938) : 인적+물적 수탈 강화 : 민족말살정책 강화

● 정신적 수탈

- 조선 7대 총독 미나미 지로(1936-1942) : 일선동조론, 황국신민화 : 구호
- 국체명징+내선일체+인고단련=3대 교육 방침
- 신사참배(1936 : 신사규칙 제정 : 1면 1신사원칙)
- 황국신민 서사암송(1937)
- 우리말과 우리 역사교육 금지(1938)
- 궁성요배, 정오묵도, 창씨개명(1940)

- **물적 수탈**
    - 전쟁물자 조달 : 식량 공출(1940), 공출제도(금속제 그릇)
    - 식량배급제도(임시미곡배급규칙)

- **인적 수탈**
    - 중일전쟁(1937) 이후 : 지원병제도
    - 태평양전쟁(1941) 중 : 보국대, 징병, 징용제도
    - 육군 특별지원병령(1938) : 17세 이상 조선청년(대부분 소작농 아들) : 일본군 지원
    - 국민징용령(1939) : 조선인 강제 동원
    - 학도지원병제(1943) : 조선인 전문학교생+대학생 : 학병 지원
    - 징병제(1943)
    - 여자정신대 근무령 공포(1944) : 위안부(1938년 징발)→위반 : 국가총동원법 처벌(징역, 벌금형)

2. 병참기지화정책

- 1920년대 : 농업정책(산미증식), 철도건설, 식료품 공업 주력
- 1930년대 : 일본 방직공업 육성 : 한국 공업원료 증산정책 : 남면북양정책, 농공병진정책[175] : 북선개척사업 : 압록강+두만강 지역 : 삼림자원 개발
    : 광물 증산정책(산금장려)
- 부전강 수력발전소(1926)
- 조선질소비료주식회사 흥남 공장(1927)
- 군수공장, 광산개발, 중화학공업 육성

---

175 농공병진정책 : 제6대 우가키 총독(1931-1936) : 일본(정공업지대), 조선(조공업지대) : 만주(농업지대) : 3자 협력, 분업관계 형성

- **일제의 농촌진흥운동(1932-1940)**
    - 1930년대 소작쟁의 활발, 혁명적 농민조합운동 확산→농촌진흥운동 전개
    - 반공주의 농업정책 : 춘궁퇴치, 빚퇴치, 차금예방 : 농가갱생계획 전개
    - 자작농지 창설, 유지사업 실시(1932)
    - 조선소작조정령(1932 : 소작인 조정신청권 부여), 조선농지령(1934)공포
    - 율곡 해주향약 발전 : 끄나풀조직 : 농촌 통제
    - 결과 : 농가부채 증가, 농가 경제 궁핍화 심화
        : 체제안정화 정책 전개→전시체제하 : 전쟁동원책의 일환 변질

일제의 공업정책

전 기	후 기
식료품 위주 : 경공업 주력	군수공업체제 개편 : 중화학공업 장려
한국 : 일본 공업상품시장, 원료공급지, 식량공급지	한국 : 일존 자본투자시장(만주사변후 : 군수공업)
광업 : 금광 위주(석유, 고철, 기계 : 수입 결제)	광업 : 철, 석탄, 중석 : 군수자원(미일전쟁 이후)

- **광공업 비중 강화**
    - 병참기지화 정책 추진 : 1939년 기준 : 광업(6%)+공산업(39%)=광공업 한국 산업 1위(45%)

- **조선으로의 일본자본 유입실태**
    - 1920년대 : 철도건설과 산미증식 : 정책자금 유입 중심
    - 만주사변기(1931) : 정책자금 유입 상대적 정체→민간자본 유입 확대(유통+광공업+전기)
    - 중일전쟁(1937)이후 : 임시자금조정법 : 민간자본 유입 현저히 증가
    - 태평양전쟁기(1941) : 자금유입+자금유출 : 함께 격증

- ● 결과
  - 공업시설 한반도 북부 편중 : 지역적 편재성 극심 : 공업과 농업 불균형 초래
  - 해방 후 국토 분단 : 민족경제 악영향

- ● 1930년대 민족자본 동향
  - 1930년대 일본 독점자본 조선진출 확대 : 조선인 자본 위축
  - 조선기업 : 평화산업 집중 : 전시경제통제정책 실시에 따라 조선인 자본은 몰락
  - 원료와 자금면에서 국방산업 중심 지원
  - (중소)기업정비령 : 대기업의 하청업체화
  - 기업정비령(1942) : 조선기업을 강제 해산→일본기업에 합병

3. 민족문화 수호운동

한글진흥운동(학부 국문연구소(1907)→조선어연구회(1921)→조선어학회(1931)→한글학회(1949))

- ● 조선어연구회(1921)
  - 임경재, 장지영 주도 : 한글연구와 강습회 : 한글 잡지 간행 : 가갸날(→한글날) 제정(1926)

- ● 조선어학회(1931-1942)
  - 이희승, 최현배 : 한글 교재 출판, 한글맞춤법통일안+표준어 제정(1933)
  - 우리말큰사전 편찬 착수→1957년 완간(출판)
  - 조선어강습회 전국적 전개→조선어학회사건 날조 해체(1942)

한국사 연구

- **민족주의사학**
  - 1920년대 : 한민족 기원+우리 문화 우수성+한국사 주체적 발전 강조⇔식민사학 대항

민족주의사학자	
박은식	한국통사(일본 한국 침략 과정), 한국독립운동지혈사(독립투쟁사), 민족정신(혼)
신채호	고대사 연구 치중, 조선상고사, 조선상고문화사, 임시정부(독립신문)대항⇔신대한 창간
정인보	조선사연구(5천년간 조선의 얼), 광개토대왕 비문 연구, 양명학연론
문일평	근대사 연구 치중, 조선학의 의의, 한미 50년사, 호암전집, 조선심
안재홍	조선상고사감, 신민족주의와 신민주주의, 불함철학대전, 조선철학
장도빈	잡지(서울), 조선역사대전, 발해사연구 개척(연해주 확대)
최남선	조선역사, 고사통, 아시조선, 불함문화론

- **사회경제사학**
  - 1930년대 : 백남운, 이청원 : 유물사관 입각 : 사회경제사학 대두⇔정체성 이론 대항

- **실증사학**
  - 진단학회(1934) 조직 : 이병도, 조윤제(민속학연구), 손진태, 신석호 : 진단학보 발간
  - 일제 : 청구학회 : 왜곡된 한국사 연구 반발(저항)

- **계명구락부(1931)**
  - 최남선, 박승빈, 오세창, 이능화 : 민족계몽단체
  - 삼국유사, 금오신화 : 고전 간행 : 대중 교화 기여

- **문화재 보존**
  - 전형필 : 최초 사립박물관 : 보화각(→간송박물관) 건립(1938)
  - 고유섭 : 한국 탑파 연구 개척자 : 한국의 미 : 무기교의 기교

종교활동

- **개신교**
  - 신사참배 거부 : 숭의학교+숭의여학교, 주기철 목사

- **천주교**
  - 만주 : 항일운동단체 : 의민단 조직(1919)
  - 잡지 : 경향 간행

- **대종교**
  - 민족교육+무장항일투쟁 : 만주 : 중광단, 북로군정서 조직

- **천도교**
  - 자주독립선언문(제2의 3.1운동 계획(1922)), 언론, 출판(개벽)

- **불교**[176]
  - 한용운 : 조선불교유신회(1921), 만권당(1930) 결성

---

[176] 일제 식민지 불교정책 : 사찰주지 조선총독 임명, 사재관리권+처분권+인사권=주지 위임
: 사찰들이 대지주 위치 차지 : 불교의 친일화

- 불교잡지 : 유심(1918), 불교(1931)
- 불교개혁 : (조선)불교유신론(1913) 저술

- **원불교**
  - 박중빈 : 조선불교혁신론(1935)
  - 개간사업(제언사업), 공장과 과수원 경영, 저축운동(저축조합 설립), 남녀평등
  - 허례허식 폐지 : 새생활운동 전개

문학활동

- **현대문학 선구**
  - 이광수 : 현대소설(무정 : 매일신보 : 1917)
  - 최남선 : 신체시 개척

- **전통문학의 현대문학 승화**
  - 한용운(님의 침묵)
  - 신채호(꿈하늘, 용과 용의 대격전, 새벽의 별)
  - 김소월(진달래꽃)

- **저항문학 발달**
  - 심훈(상록수, 그날이 오면)
  - 이육사+윤동주+이상화(빼앗긴 들에도 봄은 오는가)

- **아동문학**
  - 방정환, 조철호(조선소년군 창설→보이스카웃 전신(1922) : 소년운동+문학활동
  - 어린이날 제정(1922.5.1→1946.5.5 개정), 잡지(어린이)발간(1923)

- **계급문학(신경향파문학)**
    - 1920년 중반 : 임화, 김기진, 박영희, 최서해(학송) : 카프(KAPF) 결성
    - 사회주의 영향 : 식민지 현실 고발, 계급의식 고취⇔대항 : 순수문학 대두(예술성+작품성)
    - 문학의 사회적 기능 중시

- **문예사조**
    - 자연주의(창조), 퇴폐주의(폐허), 낭만주의(백조), 신경향파(KAPF : 1925 : 문학의 사회적 기능 중시) 순수문학(시문학 : 정지용, 김영랑 : 1930년대)

- **친일문학론**
    - 1930년대 후반 : 이광수, 최남선, 최재서(국민문학론)
    - 조선문인협회(1939 : 이광수+주요한+김동환) : 친일 어용단체→조선문인보국회 발전(1943)

예술활동

- **음악**
    - 작곡가 : 안익태, 홍난파, 윤극영, 현제명
    - 윤심덕 : 최초 소프라노 가수
    - 1920년대 : 일본 엔카 영향→대중가요 트로트 유행

- **미술**
    - 안중식(장승업 제사 : 한국 산수화(동양화)+이상범(한국화 발전)+김복진(김제 금산사 미륵대불 제작)
    - 고희동(최초 서양화가→동양화가 변신)+이중섭(서양화가)+나혜석(서양화가)

- **연극**
  - 토월회(1923), 극예술연구회(1931) : 신극단체
  - 최초 신극 운동가 : 김우진 : 일본 대중문화 장한몽(일본명 : 황금야차)소개 : 신파극 유행
  - 최초 연극 전용 극장 : 동양극장(1935)
  - 조선연극사(김재철 : 1933)발간
  - 무용 : 최승희 : 한국 고전무용 현대화, 세계 순회 공연

- **영화**
  - 윤백남 : 월하의 맹서(1923 : 최초 극영화)
  - 나운규 : 아리랑(1926), 풍운아(1926)
  - 윤봉춘 : 큰무덤(1931)
  - 이규환 : 임자없는 나룻배(1932)
  - 1930년대 중반 : 춘향전(1935) 시작 : 무성영화 시대→발성영화 시대 전환
  - 일제 : 조선영화사 : 영화를 침략전쟁 찬양 도구 전락
    : 조선영화령(1940) : 우리 영화 탄압 강화
  - 조선키네마주식회사(1924) : 우리나라 최초 영화기업 : 영화 전문 제작사 : 첫 작품(해의 비곡)

과학활동

- **과학대중화 운동**
  - 발명학회+과학문명보급회 창립(1924) : 잡지(과학조선 : 1933)간행
  - 과학의 날(4.19)제정(1933) : 1934년 4월 첫 과학의 날 행사 추진

- 김용관(1897-1967)
    - 과학대중화운동 주도, 요업 전문가, 발명학회 창립과 과학지식보급회(1934) 산파역

민족의 광복과 남북의 분단

1. 정부수립 과정

- 대한민국임시정부
    - 민족주의계열 : 한국독립당 : 대한민국 건국강령 제정, 공포(1941)
    - 삼균주의(정치+경제+교육 균등)+보통선거 민주공화국 수립 규정

- 조선독립동맹(1942)
    - 중국 화북 연안지방 : 사회주의계열(김두봉, 김무정, 최창익, 허정숙)
    - 임시정부와 유사 : 건국강령 공포

- 조선건국동맹(1944)→조선건국준비위원회(1945)
    - 중도 좌파 중심 : 좌익+우익 : 좌파적 성격 강함
    - 3불원칙 : 불언+불문+불명
    - 경기도 용문산 : 농민동맹 결성 : 일제 식량공출+군수물자 수송+징용+징병=방해 활동
    - 노농군+유격대+치안대 편성 준비
    - 여운형(1886-1947) : 조선독립동맹과 연합+조선의용군 사령관 김무정(유격대 편성)
        →국내 진입계획(1944) : 군사위원회 조직(1945)

2. 남북의 분단

- **카이로선언(1943)**
    - 루즈벨트+처칠+장개석(한중연합 계기 : 한국독립 주장) : 한국독립 최초 약속

- **얄타협정(1945. 2)**
    - 루즈벨트+처칠+스탈린
    - 소련 대일 참전
    - 38도선 분할+신탁통치 : 잠정 결정

- **포츠담선언(1945. 7)**
    - 트루먼+처칠+장개석+스탈린
    - 카이로선언 재확인
    - 38도선 : 미소합의(밀약)

- **국토 분단과 군정 실시**
    - 미군정 선발대 : 총독부 체제 유지 주장
    - 38도선 경계 : 북(소련군 진주 : 8.12) & 남(미군 진주 : 9.6) : 군정 선포(9.9)

- **해외 지도자 환국**
    - 이승만 : 독립촉성중앙협의회(1945 : 한국민주당+국민당+조선공산당=통합)
        →대한독립촉성국민회(1946 : 총재(이승만), 부총재(김구, 김규식) 개편
    - 김구, 김규식 : 임시정부 요인 : 미군정이 임시정부를 정부로 불인정 : 개인 자격 입국

- **모스크바 3상회의(1945. 12)**
  - 모스크바 3상회의 전 : 미국(신탁통치 강조) & 소련(임시민주정부 수립 강조)
  - 한국 임시 조선민주주의 정부수립+정부수립 위한 미소공동위원회 설치
  - 최고 5년간 미+영+중+소 : 4개국 신탁통치 결의

- **반탁운동**
  - 박헌영 중심 : 좌익세력 : 반탁→찬탁 급선회
  - 여운형, 김규식 : 좌우합작 중도세력 : 신탁통치 문제 보류→통일정부 수립 주장
  - 민족주의 내부 : 반탁(김구, 이승만) & 찬탁(송진우)

- **남조선 대한국민대표 민주의원 선출**
  - 신탁통치 반대 : 국민총동원중앙위원회 결성
  - 미군측 제의 : 비상정치회의(김구)+독립촉성중앙협의회(이승만) : 합작=비상국민회의(1946)
  - 남조선 대한국민대표 민주의원(미군정자문기관) 선출(1946 : 28명 : 의장(이승만), 부의장(김구, 김규식)

민주주의 민족전선(민전 : 1946)
- 좌익 통일전선 : 여운형, 허헌, 박헌영, 김원봉, 백남운 참여
- 모스크바 3상회의 총체적지지 주장
- 우익통일전선 : 비상국민회의 대립

- **제1차 미소공동위원회(1946. 3-5)**
  - 소련 : 반탁운동 주장하는 정당, 사회단체를 임시정부 협의대상 제외 주장
    : 회담 결렬

- 이승만 : 정읍발언(1946. 6) : 남한 단독정부 수립 주장

- 제2차 미소공동위원회(1947. 7)
    - 미소간의 협의대상 선정문제+인구비례 입법의원 선출 문제 : 회담 결렬

- 한국문제 유엔 상정
    - 한국문제 유엔 상정(1947. 9)
    - 유엔 감시하 총선거안 통과(1947. 11)

대한민국 정부 수립

1. 과도정부 수립과 남북협상

- **조선건국동맹(1944)→조선건국준비위원회(건준 : 1945)**
  - 위원장(여운형), 부위원장(안재홍) : 치안대+보안대+조선학도대+식량대책위원회 결성
  - 민족주의 좌파+사회주의=참여(민족주의 우파 : 송진우, 김성수 : 불참)

- **조선인민공화국(1945. 9)**
  - 조선건국준비위원회(건준) 중심 조직 : 해방 후 최초 공화국
  - 안재홍(조선국민당 창당) : 우익 탈퇴→대표성 약화
  - 조선인민공화국의 약점 보완 : 주석(이승만), 부주석(여운영), 국무총리(허헌) : 추대
  - 지방 건준 지부→인민위원회로 개편 : 시군면까지 조직
  - 미군정 : 미군정 유일한 정부(1945. 10 : 아놀드 군정장관 성명) : 조선인민공화국 해체
  - 여운형 : 조선인민당 결성(1945. 11)

- **좌우합작**
    - 미군 : 3상회의 결정 : 한국문제처리 : 중도세력 중심 : 좌우합작 추진
    - 이승만 : 정읍발언(남한 단독정부 수립지지 : 1946.6)발표
    - 우익 : 김규식, 원세훈, 안재홍(우익 8원칙)+좌익 : 여운형, 정노식, 이강국(좌익 5원칙)
        = 좌우합작위원회 구성(1946.7) : 토지문제+친일파 문제 : 중도적 입장 : 합작 7원칙 발표
    - 조선공산당+한민당 : 좌우핵심세력 외면 : 실효 없음
    - 트루만 독트린(1947 : 공산세력 확대 저지) : 미국정책 : 단정 수립+이승만, 김구 불참+여운형 암살(1947)=좌우합작 실패

좌우합작 7원칙(1946.7)

- 3상 결정 : 남북 좌우합작 : 민주주의 임시정부 수립
- 미소공동위원회 속개 요청 : 공동성명 발표(2차 미소공위)
- 토지개혁 : 몰수+유조건 몰수+체감매상 : 농민 무상 분배
- 중요산업 국유화, 지방자치제 확립
- 친일파+민족반역자 처리 조례 : 본 합작위원회에서 입법기구에 제안 : 입법기구 결정
- 정치운동자 석방 노력, 남북좌우 테러적 행동 자제
- 입법기구의 권능과 구성방법, 운영에 관한 사항 : 본 합작위원회에서 작성한 것을 실행
- 언론+집회+출판+교통+투표의 자유 : 절대보장

- **미군정 시책**
    - 총독부체제 온존과 활용+ 친일파 중심의 한민당 선택
    - 친일관료+식민경찰+일제군인=반민족행위자 : 미군정청 고용
    - 제1차 미소공동위원회 결렬 이후(1946) : 한국인 관료 대거 참여
    - 미군정 인사정책 : 좌익배제+우익등용 : 기본방침
    - 치안유지법+사상범예방구금법=철폐
    - 신문지법+보안법=존속

- **남조선 과도정부 수립**
  - 제1차 미소공동위원회 결렬 이후(1946.5)
  - 민선의원(간선 : 이승만계열+한민당 당선 : 45명)
  - 관선의원(군정 임명 : 좌우합작+중도노선 : 45명)
  - 한국 최초 대의기관 : 입법의원(의장 : 관선 김규식)설치→과도정부(형식상 행정권 이양)
  - 민정장관(안재홍), 대법원장(김용무), 최고의정관(서재필)
  - 미군정의 의도와는 달리 : 신탁통치안 반대 결의+미군정장관 거부권 행사
    =민정장관 무력
        →과도정부 제 기능 발휘하지 못함

- **한국문제 유엔 상정**
  - 제2차 미소공위 : 소련반대 결렬+4개국 외상회의 : 소련측 거부 결렬
  - 한국문제 유엔 상정(1947.9)
  - 유엔 감시하 총선거안 통과+유엔한국위원회 설치 가결(1947.11)

- **유엔 한국임시위원단 도착**
  - UN 한국임시위원단(호주, 캐나다, 중국 : 8개국) : 서울 도착(1948.1)
  - 남북협상 미명하 : 북한입국 거절
  - 김구+김규식 : UN한위 남북협상 방안 제시 : 남한 단독선거+단독정부수립 반대 : 2.7구국투쟁

- **남한 총선거 시행 결정**
  - 북한입국 거절(1948.2) : 유엔 소총회 : 위원단이 접근 가능한 38선 이남 선거 결정(1948.2)

- **남북협상+연석회의 실패**
  - 대한독립촉성국민회(이승만)+한국민주당(김성수)=남한만 선거 환영
  - 한국독립당(김구)+민족자주연맹= 남한 단독선거는 남북 영구 분단 초래 : 반대
    김구+김규식 : 남북협상 제의(1948.3) & 북측 : 연석회의 제의(1948.3)
  - 김구+김규식 : 평양 방문(1948.4) & 김일성+김두봉=연석회의, 남북협상, 4김회담
  - 공산주의 술책 : 실패→5.10총선 후 : 북한은 2차 남북협상 제의 : 김구 불응 실패

- **김구 : 1948. 2.7구국투쟁 이후→3천만 동포에게 읍고함(1948.2.10)**
  - "나는 통일된 조국을 건설하려다가 38선을 베고 쓰러질지언정 일신에 구차한 안일을 취하여 단독정부를 세우는데는 협력하지 아니하겠다."

2. 대한민국 수립

- **총선거 실시(1948.5.10)**
  - 한국 역사상 최초 서구식 보통선거 : 21세 이상 모든 국민 투표권
  - 남북협상파+좌익=제외
  - 북한에 배정된 100석 제외(북한은 선거에 대한 보복으로 전기 공급 중단)
    198명 의원 선출 : 임기 2년 : 이승만계열(독립촉성계열)+한민당계열 =압승
    당선자 소속 : 무소속 85명(최다)
  - 제헌국회 개원(1948.5.31) : 의장(이승만), 부의장(신익희+김동원)
  - 제헌국회 정부형태 초안 : 유진오 초안+권승렬 참고안 : 이승만(대통령 중심제+단원제)채택

- **정부 수립(1948.8.15)**
  - 제헌국회 : 간접선거 : 이승만(대통령), 이시영(부통령), 이범석(겸직 : 국무총리 & 국방장관)
    신익희(국회의장), 김병로(대법원장)
  - 파리 유엔총회 : 46 : 6 한반도 유일 합법정부 공인(1948.12.12)

- **해방 직후 남한 경제 혼란**
  - 일본과의 경제 단절 : 일본 본토와 연결된 식민지 경제구조 붕괴
  - 38도선 의한 산업구조 분리 : 북한(중공업) & 남한(경공업+농업)=상호 보완적 관계 단절
  - 일제 퇴각시 발행 36억원 : 불환지폐 남발 : 심각한 인플레이션 초래
  - 극심한 인구 이동 : 해외 귀국 : 200만명 증가 : 사회혼란 가중

미군정기 경제정책
  - 소작료 개정 : 미군정 최초 시책 : 소작료 3 : 1제 실시 및 지주 일방적 소작계약 해제 : 무효
  - 일본인 소유 토지 : 신한공사 관리 : 남한 경작지 15% 차지[177]

- **귀속재산 불하**
  - 미군정 : 모든 일본인 재산 접수(1945. 12) : 한국인 관리 채용하여 귀속재산 관리
  - 미군정 : 귀속재산 불하 시작(1948. 7) : 총 2200여건 귀속재산 불하
  - 한미간의 재정 및 재산에 관한 협정(1948. 9) : 나머지 귀속재산→이승만 정권 이양

---

[177] 신한공사(1946) : 미군정청 토지관리회사 : 동양척식주식회사 소유 토지와 군정청 소유 토지 : 관리
   : 사장(미군장교), 공사 해산권(군정청)
   : 미군정청은 3 : 1제 소작료 수취

- 이승만 정권 : 약33만건 귀속재산 처리→귀속재산은 친일, 친미 관료나 기업가 양도

● **귀속농지 불하**
- 북한 : 무상몰수 무상분배 : 토지개혁(1946)
- 미군정 : 전면적 농지개혁 : 단독정부 수립 이후 미룸
  : 일본인 소유지만 매각에 착수
  : 신한공사 해체→중앙토지행정처 설치(1948)
- 소작지 또는 소유지가 2정보 이하인 자 대상 : 농지 대가 : 연간 수확고 3배
  : 지불 : 20%씩 15년간 연부 현물납입
- 간척지+산림+과수원=분배 제외
- 미군정 매각, 분배 : 논과 밭 한정 : 이승만정권 수립까지 85% 매각, 분배

● **식량문제 악화**
- 미곡 자유판매제도 실시→식량문제 악화→배급제 전환
- 쌀 부족 해소 : 하곡(보리)+미곡 : 공출제도 실시 : 농민 부담 여전

농지개혁
- 제1공화국 : 소작제도 철폐→경자유전 실현 : 유상매수 유상분배
- 산림+임야+비경작지(과수원+종묘포+상전)+농우+머슴=분배대상 제외

● **농지개혁법 공포(1949. 6)**
- 농지개혁법 내용 : 3정보 초과 지주 토지 : 국가에서 유상 매수→지가증권 발급
  →농지 연수확량 150% 한도 : 5년 보상
- 영세 소작농 3정보 한도 유상분배→5년간 수확량 30%씩 현물 상환

- 보상액=상환액=150%
- 농지개혁법 실시(1950. 6. 23) : 6.25 전쟁 발발 직전 시행
- 농지개혁=소작제 폐지+ 지주 부농화+자작농 증가
- 농지개혁의 장기화 : 해방 당시 소작지의 38% 분배 : 62% 이미 개별적 매매
- 농지개혁의 본래 목적인 자영농 육성 실패

공산당 불법화(1948. 10)
- 공산당 불법화 : 사회안정 노력

지방지치제 규정(1949. 7)
- 최초 규정된 서구식 지방자치제도

1. 북한 공산정권 수립

- 해방 이후 : 평양 : 조만식 중심 : 평남 건국준비위원회 결성(1945. 8)
- 북한 진주 소련군 : 민정부(民政府) 수립→평남 건국준비위원회 해체
- 5도 인민위원회 구성(1945. 10)
- 조선공산당 북조선분국 설치(1945.10)
- 북조선 5도 행정10국 조직(1945. 11)
- 북조선 임시인민위원회 구성(1946. 2 : 위원장(김일성), 부위원장(김두봉)
- 김일성 : 반탁운동 전개하는 조만식세력(조선민주당) 제거
- 김일성 : 국내파 공산당 견제, 탄압 : 김두봉(연안파)+허가이(소련파)=연합 북조선로동당 결성(1946. 8)
- 인민위원회→조선 민주주의 인민공화국 개칭 : 북한 단독정권 수립(1948.9.9)

● **북한의 토지개혁**

- 북조선토지개혁법(1946) : 5정보 이상(대지주 토지+일본인 토지+민족반역자 토지)

: 무상몰수, 소유권이 아닌 경작권 무상분배
- 토지개혁 결과 : 지주계급 청산+부농 위축+소작농과 빈농 : 농촌 주요 계층 성장
- 북조선 임시인민위원회(1946) : 북한 최초 중앙권력기구 : 20개 정강 발표

- 언론, 출판, 집회, 신앙 자유 보장
- 대기업, 운수기관, 은행, 광산, 삼림 : 국유
- 누진적 소득세제 실시
- 전반적 의무교육제
- 노동자(8시간 노동제) : 13세 이하 소년(노동 금지), 13-16세 소년(6시간 노동제)
- 민주적 정당, 노동조합, 민주적 사회단체 활동 보장
- 무상몰수, 무상분재
- 노동자와 사무원 : 생명보험 실시
- 국가병원 확대 : 빈민 무료 치료

2. 6.25 전쟁

- 동서 양대 진영의 대립 : 2차 대전 이후 : 미소 양국 냉전체제 격화
- 대한민국 초기 혼란 : 한민당과 이승만 정권 대립 : 국회와 정부의 대립
- 북한의 공산독재화 : 남침 준비 광분

● 정판사 사건(1946. 5)
- 조선공산당 : 남한 경제 교란 목적 : 1300만원 위조지폐 유통 죄목 기소사건
- 이 사건 계기 : 미군정은 공산당 강경책 실시 : 해방일보 정간
- 조선공산당 대응 : 수세에서 공세로의 전환 : 신전술 채택
  : 9월 총파업+10월 대구 민중항쟁(1946)
- 조선공산당+남조선신민당+조선인민당=좌익 3당 합당=남조선로동당(남로당)결성
  남조선로동당(1946. 11 : 위원장(허헌), 부위원장(박헌영, 이기석)

- 제주도 4.3사건(1948-1949)
    - 남한만 단독선거 반대 : 남조선로동당 주도

- 여수, 순천 10.19사건(1948)
    - 제주도 사태 진압 군대(14연대 반란사건) : 군내부 공산주의자 책동
    - 순천, 구례, 보성 확대 : 경찰관+민간 우익인사 : 대량 학살
    - 국가보안법 제정 직접적 계기(1948.11)

- 5.30총선(1950)
    - 2대 국회의원 선거 : 5.10총선(1948)에 불참한 남북협상파 참여
    - 대한국민당+민주국민당=참패
    - 반여당+반이승만 성향=무소속후보 대거 당선

- 애치슨 선언(1950. 1)
    - 미군이 500여명 군사고문단만 남겨 놓고 철수
    - 미국의 애치슨 선언(한반도가 미국의 극동방위선 제외) : 북한 자극

- 6.25전쟁 중 북한(김일성)에 의한 남한의 토지개혁(정치개혁)
    - 북한 : 「공화국 남반구 지역에 토지개혁을 실시하는 것에 관해서」정령 발표 (1950. 7)
    - 북한 : 남한에 토지개혁 실시
        : 무상몰수+무상분배 원칙, 남한 전체 : 약 80% 실시
        : 농지개혁 실시에 대해 남한 농민은 냉담
    - 인민위원회 설치, 8시간 노동법령 제정, 농업현물세제 실시, 친일파+친미파 숙청, 의용군 모집, 우익인사 처단

- **UN군 참전**
    - 한국군은 UN군에 편입 : 미국은 이승만으로부터 국군 작전지휘권 인수(대전협정 : 1950. 7)
    - 맥아더(UN군 사령관) : 인천상륙작전(9. 15), 서울수복(9. 28), 평양점령(10. 20), 압록강 초산(10. 26)
    - 이승만 정부 : 북한지역에 통치권 행사 계획 : UN군 거절(통치권 행사 못함)
    - UN은 UN한국통일부흥위원단(UNCURK) 구성(1950. 10. 7) : 형식적으로 북한지역 통치 담당

- **중국군 참전**
    - 중국 : UN군의 만주진격 우려 : 압록강 넘어 불법 개입(1950. 10. 25)
    - 소련군 : 중국군으로 가장 : 청천강 이북에 한정하여 공군력 투입
    - 국군+UN군 : 흥남철수 시작(1950. 12), 한강이남 후퇴(1951. 1. 4 : 1.4후퇴)
    - UN군 : 서울 재탈환(1951. 3), 38도선 진격 : 교착상태

- **휴전협정(1953)**
    - 소련 UN대사 말리크 휴전 제의(1951. 6) : 스탈린 사망(1953. 3)
    - 휴전협정 체결(1953. 7. 27) : UN군 수석대표(해리슨) & 북한대표(남일) : 서명
      : UN군 총사령관(클라크) & 북한 김일성, 팽덕회 : 확인 서명

휴전협정 체결 과정

1951.6.23	소련 유엔대사 말리크 휴전 제의
	휴전 반대 범국민운동 전개
7.8	개성 예비회담 : 본회의(7.10)
10.25	판문점으로 회담장소 이전
	휴전회담 중에도 여전히 전투
1952.10.8	포로 송환문제 회담 결렬
1953.3.5	스탈린 사망
4.6	휴전회담 재개
6.8	포로교환협정 조인
6.18	이승만 대통령 거제도 수용 반공포로 석방, 휴전회담 교착상태
7.27	휴전협정 체결
8.8	한미상호방위조약 서울 가조인
10.1	한미상호방위조약 워싱턴 체결

- **국민보도연맹사건(1950.7)**
  - 좌익전향자 조직인 보도연맹원 500여명 경북 문경에서 집단학살, 최초 민간인 학살

- **노근리사건(1950.7)**
  - 충북 영동군 황간면 노근리 : 미군이 민간인 200여명 학살

- **국민방위군사건(1951.1)**
  - 제2국민병 해당 17-40세 국민방위군 사망, 방위군 장교 김윤근 등 4명 총살, 방위군 해산

- **거창양민학살사건(1951.2)**
  - 경남 거창 신원면 민간인 600여명 집단 학살

6.25전쟁의 결과
- 극우 반공 이데올로기 형성
- 김일성 권력집중 : 박헌영 등 남로당 계열 숙청
- 일본 : 병참기지로 조선특수 경제부흥 : 맥아더 지령 경찰예비대 발족 (1950.8), 재무장 계기
- 중국 : 항미원조전쟁 : 모택동과 공산당 지도력 향상 : 대만을 통일할 기회 상실

● **전후 복구**
- 한미상호방위조약(1953.10)
- UNCACK(유엔민사처), UNCURK(유엔통일부흥위원단), UNKRA(유엔재건위원단), GARIOA(미국 점령지역행정구호 원조), CRIK(유엔한국민간구호계획) : 지원

● **제네바정치회의(1954)**
- 한국 통일문제와 인도차이나(동남아시아 : 베트남+캄보디아+라오스)문제 해결 개최
- UN참전 15개국+한국, 북한, 소련, 중국 : 19개국 외상 참가
- 한국측 대표(변영태) & 북한측 대표(남일)

1. 이승만 독재

- **제1공화국과 이승만정권 성격(1948.8.15 - 1960.4.19)**
  - 통치이념 : 건국 직후(북진통일) & 한국전쟁 이후(반공)
  - 정권성격 : 한국민주당+친일세력 : 친일파 청산 대단히 미온적 태도

반민족행위처벌법 제정(1948.9)

- 합병 협력한자+주권 침해 조약과 문서 서약한 자, 모의한자=사형 또는 무기, 재산과 유산의 전부, 혹은 2분의 1 몰수
- 일본 작위 받은자+전직 일본의회 의원=무기, 5년이상 징역, 재산 전부, 2분의 1 몰수
- 독립운동가 살해, 탄압, 지휘한 자=사형, 무기, 5년이상 징역, 재산 전부, 일부 몰수
- 중추원 부의장, 고문, 참의, 칙임관 이상 관리, 밀정행위자=10년 이하 징역, 15년 이하 공민권 정지
- 고등관 3등급 이상, 훈 5등 이상(관리, 헌병, 고등경찰)=공소시효 경과전 공직 제한(기술관 제외)

  - 국회(반민족행위특별조사위원회(반민특위))+법원과 검찰(특별재판부) 조직(1948.10)
  - 이승만정부(경찰) : 반민특위 공격+특경대(반민특위 소속 경찰) 해산(1949.6)
  - 반민족행위특별조사위원회 해산(1949.8)

- 반민족행위처벌법 개정(1949)
    - 공소시효 축소
    - 반민특위 업무→대법원과 대검찰청 이관

- 자유당 조직(1951.8)
    - 이승만 정권 : 5.30선거 참패(1950)→1952년 선거 : 자신지지 기반 필요성
    - 자유당 : 대통령 이승만 당수 : 장택상 · 이범석 · 장면 · 배은희 · 이기붕 · 함태영 : 독립촉성중앙회+한국독립당 탈당파+조선민족청년단(족청)=연합

- 부산정치파동과 발췌개헌(1952.5)
    - 이승만 : 1952년 제2대 대통령선거 재선 목적
    - 부산 : 계엄령 선포, 야당의원 탄압
    - 여당+야당=발췌 : 양원제+정.부통령 직선제+국회 국무위원 불신임제 : 1차 개헌
    - 이승만 : 제2대 대통령 당선(1952.8)
    - 자유당 : 가장 큰 파벌인 조선민족청년단(이범석) : 자유당 축출

- 제3대 국회의원 선거(1954.5)
    - 자유당 : 경찰력 동원, 불법선거 : 압승 : 국회의원 재적수 3분의 2 확보

- 사사오입 개헌(1954)
    - 이승만 : 초대 대통령 중임제한 철폐 개헌
    - 민주당(1955) : 대통령 후보 : 신익희 "못살겠다. 갈아보자." : 투표 10일전 사망
    - 이승만 : 제3대 대통령 당선(1956) & 부통령(이기붕 낙선, 야당 : 민주당 후보 장면 당선)

- 진보당사건(1958)
    - 진보당(1956 : 조봉암) : 혁신정당 : 평화통일론 : '남북한 총선거에 의한 평화통일안' 주장
    - 자유당+민주당=보수연합세력 ⇔ 진보당 견제
    - 조봉암 등 진보당 간부 : 간첩혐의 구속, 기소 : 진보당 해체(1958.1)
    - 조봉암 처형(1959.7)

- 보안법파동(2.4파동 : 1958.12.24)
    - 자유당 : 신국가보안법+지방자치법 개정=야당의원 감금, 여당 단독 통과
    - 신국가보안법 : 대공사찰 강화+언론통제 강화
    - 지방자치법 개정안 : 자치단체장 선임방법 : 선거제→임명제 개정

- 3.15부정선거(1960)
    - 제4대 대통령+제5대 부통령 선거 : 자유당정권 전국적인 부정선거(1960)
    - 민주당(1960) : 대통령 후보 : 조병옥 : 투표 한달 전 사망

- 4.19혁명(1960)
    - 3.15부정선거 독재정권 파탄
    - 미국 경제원조 감소 : 삼백산업(밀가루+설탕+면화)가동률 저하 : 경제난 심각
    - 2.28 대구학생 시위(1960) : 자유당 : 민주당 선거 유세장 참석 금지 : 학생 일요일 등교 조치
    - 1차 마산 시위 : 3월 15일 마산에서 부정선거 항의 시위 : 전국적 확산
    - 2차 마산 시위 : 김주열 사망 : 부정선거 항의 시위→이승만 독재정권 타도 투쟁 전환
    - 고려대학교 학생 시위 : 4월 18일
    - 학생+시민합세 : 4월 19일

- 재야인사 이승만 퇴진 요구 : 4월 22일
- 대학교수단 시국선언문 발표 : 4월 25일 : '4.19의거로 쓰러진 학생의 피에 보답하라'
- 이승만 하야 성명 : 4월 26일
- 이승만 대통령직 사임 : 4월 27일

대학교수단 시국선언문(1960.4.25)

- 경찰은 자유와 민주를 보호하는 국립경찰이 아니라 불법과 폭력을 행사하는 정치집단의 사병이다.
- 3.15선거는 부정선거이다. 공명선거에 의하여 정.부통령을 재선하라.
- 깡패를 철저히 색출, 처단하고 전국적 조직을 분쇄하라.
- 경찰의 중립화를 확고히 하고 학원의 자유를 절대 보장하라.
- 곡학아세의 사이비 학자를 배격한다.
- 정치도구화한 소위 문화인, 예술인을 배격한다.

2. 민주당 정권과 제2공화국 성립(1960-1961)

- 비상시국대책위원회 구성(1960.4.26)
- 허정(수석 국무위원(외무장관)) 내각수반 과도정부 수립(1960.4.28)

과도정부 5대시책(1960.5.3)

- 반공주의 정책을 한층 더 견실, 착실하게 전진
- 부정선거 처벌대상을 책임자와 잔학행위자에게만 국한
- 혁명적 정치개혁을 비혁명적 방법으로 단행
- 4월혁명에서 미국의 역할을 내정간섭 운운하는 것은 이적행위로 간주
- 한일관계의 정상화를 위해 노력하고 일본인 기자의 입국을 허용

- 내각책임제 개헌안 통과(1960.6.15)

- 7.29총선거 실시(1960)
  - 국회 자동 해산
  - 제5대 총선거 실시 : 민의원(하원) & 참의원(상원)
  - 혁신정당(사회대중당+한국사회당+통일당)참패→민주당 압도적 승리

장면내각의 성립(제2공화국 출범)

장면내각의 시정방침(1960.8)

- 일본과 국교 정상화 및 유엔 감시하의 남북한 자유선거에 의한 통일 달성
- 관료제도 합리화+공무원 재산등록+경찰 중립화를 통한 민주주의 구현
- 부정선거 원흉+발포책임자+부정, 불법 축재자 처벌
- 외자도입과 경제원조 확대를 통한 경제개발 5개년 계획수립
- 군비축소+군의 정예화 추진+국방력 강화+군의 정치적 중립성 확보

  - 내각책임제 : 국무총리(민주당 신파 장면) & 대통령(민주당 구파 윤보선)
  - 양원제 : 민의원(하원) & 참의원(상원)
  - 지방자치제 : 광역(시도)+기초(시읍면) : 지방의회+지방자치단체장=직선(선거)

- 2공화국 주요 정책
  - 사법제도 중립화
  - 신문발행허가제 폐지 : 언론 활성화 시도
  - 교원노동조합과 기자노동조합 결성[178]
  - 한미경제협정 체결(1961.2)[179]
  - 국토건설계획
  - 경제제일주의 표방 : 경제성장과 실업자 구제 주력

---

178 전국교직원노동조합 : 노태우정권(1989)
179 한미행정협정 : 제3공화국(1966)

- **민주당 정권 성격**
  - 기존체제 온존
  - 민주당의 분열 : 구파 & 신파
  - 혁명의지 결여 : 민주당 정권의 인적, 이념적 구성 : 한국민주당 계승
       : 진보세력의 통일운동 탄압
       : 반공법+데모규제법 : 2대 악법 제정 시도 : 반공이데올로기 강화 움직임

- **혁명 이후의 통일 논의**
  - 학생운동 : 1960년 초기 : 새생활운동 전개
       : 1960년 말기 : 통일운동 방향 전환, 제3세계 정보 유입
  - 7.29총선거(1960)에서 패한 혁신계 정치인 : 민족자주통일중앙협의회(민자통 : 1960.9)
  - 전국 대학생 결성 : 민족통일전국학생연맹(민통련 : 1960.11)
      '오라 남으로 가자 북으로', '한국문제 한국인 손으로', '소련에 속지 말고 미국을 믿지 말자'
      판문점 남북학생회담 계획 시도
  - 다양한 통일론 형성
  - 진보노선의 활동 : 부진

유신체제와 민주주의 시련

1. 군사정권 등장(1961-1963)

- **5.16 군사정변 배경**
  - 군부 내부의 승진 불만과 숙군 문제
  - 장면정권의 무능력과 유약함

- **군사정권의 성립**
  - 5.16 군사정변 : 혁명공약 발표(반공 : 국시)
  - 장면내각의 총사퇴와 국가재건최고회의 구성(5.19)
      의장(장도영), 부의장(박정희) : 군사혁명위원회→국가재건최고회의 개칭
  - 중앙정보부법, 농어촌고리채정리법, 부정축재처리법, 국가재건비상조치법, 반공법 : 공포
  - 국가재건최고회의 의장에 박정희 취임

- **민정 이양 과정**
  - 민정 이양 계획 발표 : 박정희 군사정권 : 대통령중심제 헌법 제정(1962.12)
  - 2.18성명 : 군인의 민정 불참 선언+정국 수습 9개 방안 제시
  - 정치활동정화법(1963) : 구정치인 4천여명 정치활동 금지
  - 민주공화당 조직(1963.2) : 박정희 : 대통령 후보 지명
  - 4대 의혹사건 : 중앙정보부 공화당 정치자금 확보 : 새나라 자동차사건+빠징고(회전당구)사건+증권파동사건+워크힐사건
  - 삼분폭리사건 : 삼분(밀가루+설탕+시멘트)기업 : 가격조작+세금포탈=공화당 정치자금

2. 제3공화국 성립(1963-1972)

- 대통령선거(1963.10) : 민주당(윤보선) & 민주공화당(박정희) : 박정희 제5대 대통령 당선
- 국회의원선거(1963.11) : 민주공화당 승리
- 제3공화국 국정지표 : 경제개발과 국가 근대화+반공태세와 국가안보 확립
  부패일소와 민생안정+우방과 협력강화 표방
- 대통령중심제+단원제+지방자치제도 폐지

● 한일협정 체결(1965.6)
- 어업에 관한 협정
- 재일교포 법적 지위와 대우에 관한 협정
- 한일 재산 및 청구권 해결과 경제협력에 관한 협정
- 한일 문화재 및 문화협력에 관한 협정
- 독도문제(X)
- 연합국 최고사령부 주선 : 한일간의 예비회담(1951)
- 김종필 & 일본 외무장관 오히라 : 비밀 합의 체결(1962)
- 야당 : 대일굴욕 외교반대 범국민투쟁위원회 결성(1964.3)
- 학생 : 한일굴욕외교반대 투쟁학생총연합회 결성(1964.5)
  : 황소식 '민족적 민주주의 장례식' 거행
  : 4월 혁명의 기치는 반외압세력, 반매판, 반봉건
  : 5월 군부쿠데타는 이러한 이념에 대한 정면 도전
- 전국적 한일회담 반대시위 확산(1964.6.3 : 6.3사태) : 비상계엄령 선포
- 한일협정 정식 조인(제2의 을사조약 : 1965.6)
- 대학휴교+서울지구 대통령령 위수령 발동(1965.8) : 시위 진압

- 한미행정협정(SOFA협정 : 1966)
    - 대전협정(1950.7)개정
    - 한미행정협정 체결(1966.7)
    - 한미행정협정 발효(1967.2)

- 베트남 파병(1965.2 - 1973.3)
    - 한.월남협정(1964) : 베트남 지원을 위한 국군 파견 협정
    - 브라운각서(1966) : 베트남 파병 대가 : 한국군 장비 현대화+차관 제공
    - 비전투부대 : 비둘기부대 시작(1965.2)+청룡부대+맹호부대 파견(1973년까지 : 5만여명)

3. 유신체제와 제4공화국 성립(1972-1979)

- 3선 개헌(1969.10 : 제6차 개헌)
    - 대통령의 연임금지 조항 삭제 : 3번 연임 허용
    - 대통령 탄핵 : 발의 정족수(30명→50명), 의결 정족수(과반수→2/3) 상향조정
    - 국회의원 : 행정부 장·차관 겸직 허용
    - 국회의원 최대정수 : 200명→250명 증가

- 닉슨 독트린(1970.2)
    - 미국 : 강대국의 핵위협의 경우를 제외 : 내란이나 침략에 대해 아시아 각국 스스로 대처

- 제7대 대통령선거(1971.4)
    - 3선 개헌 후 : 신민당(김대중) & 민주공화당(박정희) : 박정희 제7대 대통령 당선

● **유신체제**
- 국가보위에관한특별조치법 공포(1971.12) : 국가비상사태 선포
- 10월유신(유신특별선언)단행(1972.10) : 전국 계엄령 : 대학 휴교
- 유신헌법 제정(1972.12) : 통일주체국민회의 간접선거 : 제8대 대통령 당선 (1972.12)

● **유신헌법**
- 대통령 중임 제한 철폐
- 통일주체국민회의(의장 : 대통령) : 대통령 선출(임기 6년)+국회발의 헌법개정안 확정
- 대통령 : 국회의원(유정회) 3분의 1 추천권+법관 인사권+긴급조치권+국회해산권
- 통일이 될 때까지 지방의회 구성하지 않음

● **제4공화국 국정지표**
- 한국적 민주주의 토착화+자주국방과 국가안보 확립+조국의 평화적 통일기반 조성+중화학공업화 추진+주체성 있는 민족문화 창달 : 표방
- 언론통제 강화 : 프레스카드제(1971)
- 한국교육개발원(1972)
- 한국정신문화연구원(1978)

새마을운동

- 국민교육헌장 제정, 공포(1968)
- 새마을운동 전국적 전개(1970년 초)
- 농촌 새마을운동 : 농어촌 생활환경 개선+소득증대+근대적 자주자립의식 확립
- 도시 새마을운동 : 10대 구심사업 : 소비절약+준법정신+시민의식+새마을청소+도시녹화 시장새마을운동+뒷골목정비+도시환경정비+생활오수분리+도시후진지역개발

- **유신영향**
  - 반독재 민주화운동 고양 : 대미, 대일관계 악화

민주화운동(반유신체제 운동)

- **재야운동**
  - 장준하 : 개헌청원 100만인 서명운동(1973)
  - 동아일보 기자 : 자유언론실천선언(1974)
  - 재야인사 : 3.1민주구국선언문(1976)
    : 민주주의와 민족통일을 위한 국민연합 조직(1979)

자유언론실천선언(동아일보 기자 : 1974)

- 신문+방송+잡지에 대한 어떠한 외부적 간섭도 배격
- 기관원 출입 엄격히 거부
- 언론인 불법 연행 일체 거부 : 불법연행 자행되면 그가 귀사할 때까지 퇴근하지 않는다

3.1민주구국선언문(명동선언 : 1976)

1. 이 나라는 민주주의의 기반 위에 서야 한다.
   민주주의는 대한민국의 국시. 대한민국의 정통성은 민주주의. 민주주의가 위축되어서는 안 됨
   첫째 : 국민의 자유를 억압하는 긴급조치 철폐하고 국민 의사 표현+언론, 출판의 자유 보장
   둘째 : 의회정치 회복, 셋째 : 사법권 독립
2. 경제 입국의 구상과 자세가 근본적으로 재검토 : 경제력이 곧 국력은 아니다.
3. 민족 통일 우리 겨레 최대의 과제 : 국토분단 비극은 광복 후 30년간 남북에 독재구실 마련,
   국가의 번영과 민족의 행복과 창조적 발전을 위하여 동원되어야 할 정신적, 물질적 자원을 고갈

- **학생운동**
  - 전국민주청년학생총연맹(민청학련)조직(1974 : 민청학련사건 : 제4공화국)

- **노동운동**
  - 전태일 근로기준법 개정 요구 : 분신자살(1970 : 제3공화국)
  - YH사건 : YH무역회사 : 경찰의 강제 해산 과정 : 김경숙 사망(1979 : 제4공화국)

민주주의 발전

1. 제5공화국(1981-1988)

- 10.26사태(1979) : 박정희 사망
- 최규하, 신현확 과도체제(1979.10.26 - 1980.8.28) : 1980년 5월(서울의 봄)

● 신군부의 정권 장악(1979.12.12) : 전두환 보안사령관(12.12사태)
- 비상계엄 확대조치(1980.5.17)
- 국가보위비상대책위원회 설치(1980.5.31) : 위원장(대통령 최규하)
- 국가보위입법회의 구성(1980.10) : 입법활동 지원 : 새정부 수립 기초 마련

● 광주 5.18 민주화운동(1980)
- 신군부 계엄령 반대 학생시위 : 계엄군 과잉 진압 : 시민군 형성
- 광주시 10일간 무정부 상태
- 신군부의 무력사용 : 미국의 방조(방관) : 1980년대 반미운동 출발점 : 부산 미문화원 방화사건(1982)

- 전두환 제11대 대통령 취임(1980.9) : 통일주체국민회의(간접선거)

제5공화국 성립

- 제8차 개헌(1980.10) : 헌법개정
- 대통령 7년 단임제 : 선거인단(간접선거) : 전두환 제12대 대통령 당선, 취임 (1981.3)
- 국정지표 : 민주주의 토착화(정치)+복지사회(경제)+정의사회구현(사회)+교육혁과 문화창달(문화)
- 삼청교육대(1981)

2. 제6공화국 성립(1988-1993)

- 1980년대 민주화운동 : 반미(민족)+반독재(민주)+반자본가(민중)=삼민투쟁
- 박종철(서울대) 고문 치사사건(1987.1)
- 전두환 대통령 호헌조치(1987.4.13)
- 이한열(연세대) 열사 사망(1987.6.9)
- 6월 민주항쟁(6.10항쟁 : 1987)
- 6.29선언(1987) : 대통령 직선제 수용
- 제13대 대통령 선거(직선제 : 1987.12) : 민정당(노태우) & 김영삼(민주당) 김대중(평민당)
- 제13대 대통령 노태우 당선
- 국정지표 : "위대한 보통사람의 시대를 열자" : 민족자존+민주화합+균형발전+통일번영 표방

3. 문민정부 성립(1993-1998)

- 3당 통합(합당 : 1990) : 민주정의당(노태우)+통일민주당(김영삼)+신민주공화당(김종필)
- 제14대 대통령선거(1992.12) : 민주자유당(김영삼) & 민주당(김대중), 통일국민당(정주영)
- 제14대 대통령 김영삼 당선
- 국정지표 : 신한국 창조+깨끗한 정치+튼튼한 경제+건강한 사회+통일된 조국 표방
- 주요개혁 : 금융실명제+공직자 재산등록+부동산실명제+지방자치제 전면 실시
- 한계 : 세계화 정책은 점차 개혁의지 상실+IMF 위기 초래

4. 국민의 정부 성립(1998-2003)

- 제15대 대통령선거(1997.12) : 한나라당(이회창) & 새정치국민회의(김대중), 국민신당(이인제)
- 제15대 대통령 김대중 당선
- 제2건국 운동 추진
- 국정지표 : IMF 위기탈출+중산층과 서민층 안정+부정부패 추방, 국가경쟁력 강화+전쟁방지와 평화유지를 위한 4강외교와 대북 화해, 협력 외교정책(햇볕정책)추진

5. 참여정부 성립(2003-2007)

- 제16대 대통령선거(2002.12) : 민주당(노무현) & 한나라당(이회창)

- 제16대 대통령 노무현 당선
- 김대중 정부(국민의 정부) & 노무현 정부(참여정부)
- 국정지표 : 국민과 함께 하는 민주주의+더불어 사는 균형발전 사회+평화와 번영 동북아시대
- 제2차 남북정상회담(2000. 6. 15) 남북공동선언

6. 실용정부 성립(2008-2013)

- 제17대 대통령선거(2002.12) : 대통합민주신당(정동영) & 한나라당(이명박) & 무소속(이회창)
- 제17대 대통령 이명박 당선
- 창조적 실용주의 실천 이념를 통해 실질적인 성과 중시, 현실적인 적합성, 새로운 목표와 방 법의 창안, 체계적인 문제 인식과 해결
- 국정지표 : 국민을 섬기는 정부+열린 시장경제를 지향+생산적 복지와 맞춤형 복지를 추구 +평생학습 국가를 지향+성숙한 세계국가 및 글로벌 코리아를 지향

통일정책 추진

박정희(제4공화국)

- **남북적십자 회담 제의(1971)**
    - 최두선 대한적십자사 총재 : 1천만 이산가족찾기운동 제의

- **7.4남북공동성명(1972)**
    - 남북한 자주적, 평화적, 민족적 대단결 통일 : 3대원칙 합의
    - 상대방을 중상, 비방하지 않고 무장도발을 하지 않음
    - 서울과 평양 사이에 상설 직통전화 가설
    - 남북조절위원회 구성

- **6.23특별성명(1973)**
    - 조국의 평화적 통일은 민족의 지상과제
    - 남북한은 서로 내정에 간섭하지 않으며 침략을 하지 않음
    - 북한의 국제기구 참여 반대하지 않음(1민족 2국가 체제)
    - 북한과 함께 UN가입 반대하지 않음

- 호혜평등 원칙하 모든 국가 문호 개방
- 대한민국 대외정책 평화선린 기본

• 남북한 상호 불가침협정 체결 제의(1974)
- 절대로 무력침략을 하지 않겠다는 것을 세계 약속
- 상호 내정간섭 하지 않음
- 현행 휴전협정 준수

• 평화통일 3대 기본원칙(1974)
- 남북한 불가침협정 체결
- 남북대화의 성실한 진행과 문호개방
- 토착인구 비례에 의한 자유총선거 실시

• 대북한 식량원조 제의(1977)
• 남북경제협력협의기구 설치 제의(1978)
• 무조건의 대화 재개 제의(1979)

전두환(제5공화국)

• 남북한당국의 최고책임자 상호방문 제의(1.21제의 : 1981)
- 남북한 신뢰회복과+전쟁재발 방지+대화재개 결정적 계기 마련
- 북한 김일석 주석의 서울방문 초청+북한의 초청시 본인도 북한 방문 용의

• 민족화합 민주통일방안 제시(1.22통일방안 제시 : 1982)
- 쌍방 주민의 뜻을 대변하는 남북대표로 민족통일협의회 구성

- 이 기구에서 통일헌법 기초
- 통일헌법 초안을 국민투표 확정+총선거 실시+통일국회와 정부 구성+통일민주공화국 수립

- **20개 시범실천사업 제의(1982)**
    - 서울-평양간 도로연결 개통
    - 설악산, 금강산 자유관광지 설정
    - 인천, 남포항 상호 시범개방

- **남북한 당국 및 정당, 사회단체 대표회의 제의(1983)**
- **남북한 경제회담 제의(1984)**

노태우(제6공화국)

- **민족자존과 통일번영을 위한 특별선언(7.7선언 : 1988)**
    - 남북동포간 상호교류 및 해외동포 자유로운 남북왕래
    - 이산가족들의 생사확인 및 상호방문
    - 남북간 교역 문호개방
    - 비군사적 물자에 대한 우방의 북한교역 용인
    - 남북간 대결외교 종결
    - 북한의 미국, 일본 등과 관계개선 협조
        = 지금까지의 북한과의 체제우위 대립관계 탈피, 선의의 동반자 관계로 발전시키려는 의지
        = 북한을 하나의 민족공동체 아래의 또 다른 체제로 인정
        = 사회+문화+경제부문에서 공동체 통합→이를 바탕으로 정치적 공동체로 발전→통일 실현

- 통일 3원칙 제시(1989) : 자주+평화+민주의 통일 3원칙

- 한민족공동체 통일방안 제의(1989)
    - 완전한 통일민주공화국 실현에 앞서 남북연합 체제를 만들 것을 제의
    - 남북연합 : 최고결정기구(남북정상회의)+정부대표(남북각료회의)+국회의원(남북평의회)
    - 남북정상회담 : 민족공동체헌장 제정
    - 통일국가 : 통일민주공화국 : 단일국가
    - 통일국회 : 상원(지역대표성) & 하원(국민대표성)=양원제

- 남북기본합의서 채택(1991.12)
    - 독일 통일(1990)
    - 남북한 UN 동시 가입(1991.9)
    - 남북간 화해와 불가침 및 교류 협력에 관한 기본 합의서
    - 상호 화해와 불가침 선언+교류협력+핵무기 개발포기 명시
    - '국가적 실체는 인정하되, 국가로는 승인하지 않는다'고 명시
    - 판문점 : 남북연락사무소 설치, 운영 합의
    - 분단 46년만에 남북한 정부 당사자간 공식 합의된 최초 문서

- 한반도 비핵화 공동선언(1991.12)

김영삼(문민정부)

- 3단계 3기조 통일정책(1993)
    - 3단계 : 화해와 협력+남북연합+통일국가

- 3기조 : 민주적 국민합의+공존공영+민족복리

• 남북정상회담 제의(1994)
- 전 미국대통령 카터를 통한 남북정상회담 제의(6.18)
- 북한 수락
- 정상회담 개최 합의(6.28)
- 김일성 사망(7.8) : 남북정상회담 좌절

• 3단계 통일방안(1994.8)
- 한민족공동체 통일방안(1989)+3단계 3기조(1993)=3단계 통일방안(민족공동체 통일방안)

김대중(국민의 정부)

• 금강산 관광길 개통(1998.11)

• 베를린선언(2000.3)

• 6.15남북공동선언(2000)
- 김대중 대통령 & 김정일 국방위원장 : 평양
- 남과 북은 통일문제를 우리 민족끼리 자주적 해결
- 남측의 연합제안과 북측의 낮은 단계의 연방제안 : 서로 공통성 인정
- 이산가족문제+비전향장기수 문제 해결
- 경제+사회+문화+체육+보건+환경 : 제반분야 협력과 교류 활성화

노무현(참여정부)

- **10.4남북공동선언(2007)**
    - 노무현 대통령 & 김정일 국방위원장 : 평양
    - 남북 관계발전과 평화 번영을 위한 종전선언에 대한 합의 도출
    - 서해평화협상 특별지대 설치, 공동어로수역, 평화수역 설정
    - 경제특구 건설과 해주항 활용, 민간선박 해주 직항로 통과, 한강하구 공동 이용
    - 남북경제협력공동위원회 부총리급 격상
    - 개성-신의주 철도 및 개성-평양 고속도로 개보수
    - 백두산관광, 백두산-서울 직항로 개설, 베이징 올림픽 남북응원단 경의선 열차이용
    - 이산가족 영상편지 교환, 상시 상봉 추진

이명박(실용정부)

- 한국 IT산업 경쟁력 3위 → 8위 → 16위
- 사실상 백수 '400만명' 실질실업률 10% 낮아짐.
    경제분야 : MB노믹스-성장우선정책과 규제를 최소화, 투자활성화, 각종 감세정책(줄푸세타고 747)

외교통일안보분야 : 한미동맹강화와 북한의 개혁과 개방을 최우선으로 추구
대북분야 : 비핵개방3000구상-북한이 핵을 포기하고 개방에 나서면 대북투자를 통해 1인당 국민소득을 10년 후 3000달러로 끌어올림.

북한정권의 변천

1. 1950년대 북한정권

- 김일성 유일지도체계 구축
    - 허가이 비롯 소련파 제거(1950.10)
    - 평양 함락 책임 : 연안파 김무정 숙청(1950.12)
    - 남로당 제거 : 당비서 이승엽+부수상 박헌영(1956 : 사형) : 한국의 토착공산주의 세력 제거

- 반종파 투쟁(8월 종파사건 : 1956.8)
    - 김일성 : 중공업+농업=주장
    - 연안파(최창익+김두봉+서휘)+소련파(박창옥+이상조)=경공업+소비재공업+농업=주장
        후르시초프의 스탈린 격하운동 영향→김일성 1인 독재 비판
    - 김일성 : 소련과+연안파=숙청 : 1인 독재 실현(김일성 개인숭배 고조)

2. 1960년대 중소분쟁과 자주노선 강화

- 중국공산당 : 소련을 수정주의 비판
- 소련공산당 : 중국을 교조주의 비판
- 북한 : 소련+중국=동시 비판
- 4대 군사노선 채택(1962)
- 1960년대 초 : 역사연구에서 김일성 교시 등장
- 갑산파(박금철+이효순)숙청(1967)
- 김일성 주체사상 : 로동당 유일사상 규정(1969) : 주체사상=마르크스+레닌사상 : 동등

북한의 시대적 특징

구분	당해년도	사회적 성격	수록 내용상 특징
원시	50만년전-기원전 10세기	원시공동체사회	조선민족 단일성 강조
고대	고조선(부여, 진국 포함)	노예제사회	사적소유, 계급, 국가 형성
중세	삼국-조선	봉건제사회	2천년간 봉건사회
근대	1860년대-	자본주의 관계 발생	반침략, 반봉건 민족운동
현대	타도제국주의동맹:(1926년 10월 17일)	삼위일체(수령.당.인민)	반제, 반봉건 민주주의 혁명단계 진입

3. 1970년대 유일지도체제와 주체사상 정립

- 유일지도체제 확립
- 3대(사상+기술+문화) 혁명소조운동(1973) : 김정일을 후계자로 키우기 위한 운동

● 사회주의 헌법제정과 김일성 국가주석 취임(1972)
- 인민민주주의 헌법→사회주의 헌법 개정
- 주석 소속 : 중앙인민위원회(행정+입법+사법)권력집중 : 1인독재와 개인숭배 강화
- 사회주의 헌법 : 수도 : 평양(민족의 심장부 선전)

● 주체사상
- 1970년대 정립 : 김일성 유일지도체제 이론적 토대
- 주체사상의 지도이념화 : 1970년 조선로동당 제5차대회+1972년 제정된 사회주의 헌법=
    김일성 주체사상을 지도적 지침 규정→북한사회 전체 지배 : 유일한 지도이념 공식화

4. 1980년대 주체사상 심화와 후계체제 강화

- **온 사회의 주체사상화**
  - 1980년 조선로동당 제6차대회 : 사회주의 건설 주요과제 : "육체적 생명은 친부모가 주지만 정치적 생명은 수령이 준다."
  - 김일성 : 온 사회의 주체사상화→사회주의 혁명의 총체적 임무로 규정
  - 1985년 주체사상 확립 : 마르크스, 레닌주의 청산→주체사상 유일사상 천명

- **후계체제 강화**
  - 1980년 조선로동당 제6차대회 : 김정일을 후계자로 공인
  - 1980년대 후반 : 김정일 개인숭배운동+백두산 밀영 탄생 선전

5. 1990년대 김일성 사망과 김정일체제 확립

- 김정일 사망(1994) – 유훈통치시대 개막
- 1980년대부터 추진된 김정일 권력세습→1990년 마무리 : 1992년 공화국 원수 칭호
- 1998년 헌법개정 : 주석직 폐지
- 국방위원장 : 국가최고직책 간주 : 권력승계작업 마무리

- **대외관계 변화**
  - 우리식 사회주의 고수 : 다른 사회주의 국가들과 차별화 주장 : 독자성 강조
  - 중국과는 전통적인 우호관계 유지+서방국가와 관계개선 노력

> **제네바 기본 합의서(1994 : 스위스 제네바 : 미국 & 북한 : 한반도 핵문제 해결)**
>
> - 북한 핵개발 동결+미국 매년 중유 50만톤과 경수로 제공+북한 한반도 비핵화 공동선언 이행+남북대화 재개+북미관계 정상화 추진

- **선군정치**
  - 당(黨)보다→군(軍) 우선시 : 군에 의해 혁명달성
  - 사탕알(경제)보다→총알(군사)을 더 중시

남한경제의 변천

1. 1950년대 원조 경제 체제

- **제1공화국 경제정책**
  - 농업+공업=균형발전
  - 소작제 철폐 : 유상매수, 유상분배
  - 수입 대체 산업화 정책 추진 : 외국에서 수입하던 재화를→국내에서 직접 생산

> **제1차, 2차 통화개혁의 특징**
>
> - 제1차 통화개혁(1953)
>   - 긴급 통화조치령 공포(1953.2) 100 : 1 평가절하(100원을 1환 : 환단위 사용)
>   - 제1차 화폐개혁으로 한국은행권 발행고 수축→물가상승은 억제하지 못함
> - 제2차 통화개혁(1962)
>   - 10 : 1 평가절하(10환 1원 : 원단위 사용)

2. 미국의 원조경제

- 1950년대 미국 원조 : 냉전체제 유지를 위한 군사력 확충
- 미 군정기(4억 달러 원조), 제1공화국(30억 달러 원조)
- 한국전쟁 이후(무상원조 형식), 1957년 이후(유상차관 방식 : 중소기업 파산)
- 소비재 중심 경제원조 : 삼백(밀가루+설탕+면화) 국내 삼백산업 발전→국내 면화+밀 재배 전멸현상

1960·70년대 외자경제체제

1. 외자경제체제 전환

- 5.16군사쿠데타 이후 : 1962년 제1차 경제개발 5개년계획 시작
- 1965년 한일협정 이후 : 상업차관+외국인 직접투자 확대

2. 경제개발계획의 추진과 경제성장

- 박정희 정권 : 경제제일주의 표방 : 국가주도 성장정책
- 경제정책 기본방향 : 외국자본과 기술도입→공업육성+값싼 노동력 이용 : 수출신장+자본축척
- 경제기획원 신설 : 부흥부(1955)→건설부(1961.5)→경제기획원(1961.7)

제1차 경제개발 5개년계획(1962-1966)
- 수출주도형 경제발전전략 : 1960년(3300만 달러), 1966년(2억 5000만 달러) : 연 44% 고속성장

- 독일에 간호사+광부 파견+기간산업+사회간접자본 확충 : 집중적 투자
- 경공업 육성 중심
- 외자의존도 : 60% : 연평균 9.3% 경제성장률
- 1인당 GNP : 1961년(82달러) 1966년(125달러)증가

제2차 경제개발 5개년계획(1967-1971)
- 1964년 울산 정유공장
- 1969년 마산 수출자유지역
- 1970년 경부(호남)고속도로 개통
- 중화학공업 육성 중심
- 수출 : 연평균 33.7% 성장 : 1971년 수출(10억 6000만 달러)
- 경제성장률 : 연평균 10.5% 성장 : 한강의 기적(북한과 필리핀 추월)

제3차 경제개발 5개년계획(1972-1976)
- 1971년 닉슨쇼크 : 미국 국제수지 적자 증대+달러유출 대응 : 긴급조치
- 1973년 제1차 석유파동
- 외자도입+수출 드라이브정책+중동건설 붐 : 극복
- 경제성장률 : 연평균 11% 성장
- 농촌 근대화 역점 : 새마을운동 추진

제4차 경제개발 5개년계획(1977-1981)
- 자력성장구조 확립+사회개발을 통한 형평 증진
- 1977년 수출(100억달러)
- 1981년 수출(200억달러)
- 1978년 물가고+부동산투기+생필품부족=고도성장정책 부작용
- 1978년 제2차 석유파동

- 1979년 10.26 이후 : 인플레이션+경기불황+국제수지 악화=3중고(三重苦)
- 1980년 마이너스 경제성장
- 1981년 회복세 : 경제성장률 : 7% 성장

3. 1970년대 경제발전 성격

- 중화학공업 발전
- 1970년대 전반 : 섬유+신발=경공업 제품 수출
- 1970년대 중반 이후 : 중화학공업 제품 전환
- 지도받는 자본주의 체제 : 정부주도형 추진
- 외국자본의 도입

● 8.3조치(경제의 안정과 성장을 위한 긴급명령 15호 : 1972)
- 1960년대 외자도입에 의한 고도성장정책 한계에 도달
- 1960년대 말 : 차관기업 부실화 속출→정부 : 사채동결+금리인하 : 독점 대기업 재무구조 개선
- 기업은 사채 상환 중단 : 사채규모를 정보에 신고
- 기업은 사채 월리 1.35%, 3년 거치 5년 분할상환의 조건 사용
- 금융기관 : 2천억원 특별금융채권 발행 : 기업 단기 고리대출금 30% 장기 저리대출금 지원
- 정부는 법인세+소득세=감면, 교부세의 법정교부율 폐지
- 1972년부터 1981년까지 시행 : 경제부문 유신 쿠데타 : 민중의 희생으로 독점자본의 위기극복

● 12.7특별조치(1974) : 환율 평가절하+석유류 요금인상

- 부가가치세제 실시(1977) : 세율 13% 단일세

- 수입자유화 허용(1978) : 3차에 걸친 753개 품목

- 부동산 투기억제 조치(1978)

- 석유파동과 한국경제
    - 제1차 석유파동(1973) : 큰 영향 받지 않음
    - 제2차 석유파동(1978) : 극심한 피해
    - 1979년 경제성장률 : 6.5%
    - 1980년 경제성장률 : −4.8%(마이너스 성장) : 물가상승률 30% : 외채문제 심각

- 1970년대 경제발전 문제점
    - 개발독재
    - 농업+공업=불균형 심화 : 공업위주 정책+수출품 가격 경쟁력 확보(저임금 정책) : 저곡가정책
    - 정경유착 : 정부주도형 성장정책 원인
    - 외화 가득률 감소 : 원자재와 기술의 외국의존도가 높은 것이 원인
    - 무역의존도 증가 : 수출 위주의 정책이 원인 : 1975년 74%
    - 무역상대국 편중 : 일본(수입)과 미국(수출) 집중 : 1972년 72%
    - 소득격차 확대
    - 환경문제 발생

1980·90년대 개방경제체제

1. 1980년대 한국경제

- 공장발전법(1986)
- 조세감면규제법(1986)
- 부실기업정리(금융지원+조세감면)
- 1986년부터 3년간 : 저금리+저유가+저달러 : 3저호황 : 중화학부문 주력산업 : 연12% 성장

- **제5차 경제사회발전 5개년계획(1982-1986)**
  - 5공화국 정부 : 양적성장보다는→안정, 능률, 균형 : 국민경제의 장기적 발전 모색

- **제6차 경제사회발전 5개년계획(1987-1991)**
  - 기본목표 : 능률과 형평을 토대로 경제 선진화와 국민복지 증진
  - 경제성장률 : 10%
  - 실업률 : 2.4% : 고용안정
  - 국내 저축률 : 36%
  - 국제수지 : 87억 적자 기록(수출이 증가하였지만, 수입이 더 크게 증가)

2. 개방경제체제 전환

- GATT(관세무역일반협정)→WTO(세계무역기구 : 1995)출범
- 우리나라 : 공산품 수출 확대→쌀시장과 서비스시장 개방
- 미국 압력 : 1989년부터 단계별 농산물 개방

3. IMF사태

- 김영삼정권 : 신경제 5개년계획(1993-1997)표방 : 개혁+자유시장경제+경쟁력 강화
- 금융실명제(1993)+부동산실명제+금융자유화+국영기업 민영화

● **IMF사태 발발(1997.11)**
- 국제적 원인 : 신자유주의 등장(케인즈주의 실패)+다국적 금융자본 지배
- 국내적 원인 : 재벌중심 발전전략(문어발식 확장)+정격유착+과소비 + 무분별한 시장개방(OECD 29번째 회원국 가입 : 1996)

북한경제 변천

1. 1950년대 북한경제

- 1954년 경제부흥 3개년계획
- 1957년 1차 5개년계획
- 중공업+경공업=병진정책 추진(중공업 비중 강조 : 70%)
- 1953-1968 : 농업협동화+개인수공업협동화+상업협동화=사유재산부정+사회주의 기초 마련
- 농업협동화운동(1954-1956) : 생산관계의 사회주의적 개조
- 1954-1960년 연평균 성장률 : 20% 고속성장(남한경제 초월)[180]

---

180 1950년대 후반 : 남한에서는 북진통일론 대신에 평화통일론 대두

- 천리마운동
    - 소련의 스타하노프 운동 모방
    - 주민들의 생산노동 참여를 경쟁시키는 집단적인 노동경쟁운동(모든분야 : 사회개조 운동)
    - 1956년 12월 최초 제창
    - 1957년 시작
    - 1958년 로동당 제1차 대표자회의 본격화
    - 1959년 천리마작업반운동 적극 추진→사회주의 건설에서 당의 총노선 격상
    - 당 지도부가 현장을 방문하여 현지 지도를 중시
    - 천리마운동 : 농업+상공업 적용 : 생산력 향상→1960년대 중반이후 : 생산력 저하

2. 1960-1980년대 북한 경제재건운동

- 제1차 5개년계획(1957-1961)
    - 농장의 집단화 완료
    - 천리마운동 시작
    - 1960년 중반까지 : 남한 경제 추월
    - 청산리 정신, 청산리 방법 : 1960년 김일성 평남 강서군 청산리 현지지도 창조[181]
    - 계획보다 1년 앞당겨 조기 달성

- 제1차 7개년계획(1961-1967)
    - 경공업+중공업+농업=동시발전 강조

---

181 청산리 정신, 청산리 방법 : 상부기관이 하부기관을 도와주고, 윗사람이 아랫사람을 도와주며, 현지 상황을 올바르게 파악, 정치사업 선행, 대중자각과 창발성 발휘하는 사업방법

- 전면적인 경기침체 : 계획보다 3년 연장
- 1961년 중국+소련 : 우호협조 및 호상원조에 관한 조약 체결
- 대안의 사업체계 : 1962년 김정일 대안전기공장 현지지도 창조[182]

● 6개년계획(1971-1976)
- 서방 차관도입 시작 : 12억 달러
- 1970-1976 : 북한 & 서방선진국 무역적자 : 11억5천만 달러 : 계획 실패

● 제2차 7개년계획(1978-1984)
- 인민경제의 주체화+현대화+과학화 기초 실시 : 실패
- 절약운동 강화, 독립채산제 강화
- 10대 전망목표와 4대 자연개조사업 추진

● 제3차 7개년계획(1987-1993)
- 기술혁신+대외무역+경제협력 증대 강조
- 무역수지 적자+소련과의 교역량 대폭 감소 : 북한 경제 어려움

3. 1990년대 개방화 정책

- 1984년 합영법 제정
- 1992년 헌법개정 : 외국과 합영+합작 근거 마련
- 1992년 외국인투자법+합작법+외국인기업법 제정
- 1993년 외국투자기업법+외국인세금법+외자관리법 제정

---

[182] 대안의 사업체계 : 종래의 지배인 유일관리제가 아니라→다수 근로자 참여하는 당위원회 집단적 지도 밑에 공장, 기업소 관리 운영 : 군협동농장경영위원회→도농촌경리위원회→중앙농업위원회 : 일원적 체제

- **자유경제무역지대법 제정(1993)**
    - 제3차 7개년계획(1987-1993)추진 중 제정 : 기존 합영법(1984)에 대한 특별법 성격
    - 나진+선봉(웅기) 일대 자유경제무역지대 설립 : 외국인 투자기업=과세 면제+조세 감면+출입자유

- **합영법 개정과 경제 특구 지정(1994)**
    - 나진+선봉+신의주=경제특구 지정
    - 외국기업과 합작+자본도입 : 적극 추진

북한 현지 투자법인 설립 형태

- **합영사업+합작사업=구분**
    - 합영사업 : 남북한 공동투자+공동경영
    - 합작사업 : 남북한 공동투자+북한 단독경영 & 남한 단독투자+단독경영(현대 금강산 개발)

- **두만강 경제 특구**
    - 북한 두만강 개발계획 일부 : 나진, 선봉 일대 경제무역지대 지정
    - 두만강 개발사업 : 북한(청진)+중국(연길, 훈춘)+러시아(블라디보스토크)참가 대규모 개발사업

- **개성공단(공업지구)**
    - 2000년 현대+북한 : 개발 합의
    - 신의주특구 : 입법+사법+행정권=자율성 보장, 외국기업 대상
    - 개성공단특구 : 행정권=자율성 보장, 한국기업 대상

남한의 교육정책 변화

1. 1950년대 이승만정권 교육정책

- **신교육법 제정(1949)**
    - 정부수립 후 미국식 교육제도 도입 : 6-3-3학제 도입+홍익인간+일민주의
    - 학도호국단 : 중학교 이상 학생(중학교+고등학교+대학교) 군사훈련 실시

- **반공교육 강화**
    - 한국전쟁 이후 국방교육 표방
    - 1인1기(一人一技)교육 시행

- **학제 개편(1951)**
    - 종래 6년제 고등 중학교→3년제 중학교+3년제 고등학교=분리 : 6-3-3-4 학제 수립

- **교육자치제도 실시(1952)**
    - 1952년 한강 이남지역 실시
    - 시도군 교육위원회와 중앙교육위원회 설치

- **4.19이후 학원 민주화운동 : 학도호국단 폐지(1960.5)+교원노동조합 결성(1960.7)**

교육제도 연혁

- o 1948 미군정법령(교육구의 설치, 교육구회의 설치, 공립학교재정경리) 공포
- o 1949 교육법 제정·공포
    - 군지역은 법인으로 교육구 설치
    - 시지역은 합의제집행기관으로 시교육위원회
    - 도지역은 심의기관으로 교육위원회 설치
- o 1952 한강 이남지역에서 지방교육자치 실시
- o 1956 한강 이북지역으로 지방교육자치 확대 실시
- o 1961 문교부훈령 : 교육위원회 기능 정지
- o 1961 교육에관한임시특례법 : 교육위원회 기능 정지
- o 1961 지방 교육 행정기구→일반행정기구 흡수 통합
- o 1962 교육법 개정 : 시·도+시·군 : 의결기구 교육위원회, 집행기관 폐지(일반행정 통합)
- o 1962 개정 헌법 : 교육의 자주성과 정치적 중립성 보장
- o 1963 교육법 개정 : 합의제 집행기관(시·도교육위원회) : 독임제 집행기관(시·군 교육장)
- o 1980 개정 헌법 : 교육의 자주성·전문성 및 정치적 중립성 보장
- o 1987 개정 헌법 : 교육의 자주성·전문성·정치적 중립성 및 대학의 자율성 보장
- o 1988 교육법 개정 : 시·도와 시·군에 의결기관(교육위원회), 집행기관(교육장) : 미시행
- o 1991 교육법 개정 : 지방교육자치 관련 규정 분리 : 지방교육자치에관한법률 제정
- o 1991 교육위원회 개원(224명 교육위원 선출)

2. 1960·70년대 박정희정권 교육정책

- **국민교육헌장 제정(1968)**
    - 박정희정권 지배 이데올로기 강화 목적

- **정부주도 생활개선운동**
    - 가정의례준칙 실천+산아제한+혼분식 장려(분식의 날 1969)+저축운동

- **주체성교육과 안보교육 강화**
    - 1974년 : 대학 : 국사과목 : 교양필수 : 중고등학교 : 국사교과서 국정화

- 국민윤리 교육 강화
- 학도호국단 폐지(1960.5)→학도호국단 부활(1975년 : 고등학교+대학교)→학도호국단 폐지(1985)

● 입시제도 개혁
- 중학교 : 1971년부터 무시험 입학제도 실시 : 학군제 실시
- 고등학교 : 연합고사 후 학교배정 : 추첨제 : 학교 평균화 목표
- 대학교 : 1969년부터 예비고사제 실시 : 이 고사에 합격되어야 대학입학시험 응시가능, 1981년까지 시행→ 대학입학학력고사 대체

3. 1980년대 전두환 & 노태우정권 교육정책

● 7.30교육개혁조치(1980)
- 대학 본고사 폐지+졸업정원제 도입
- 고교내신제 도입+과외 금지

고교입시제도 변천사

① 1945~1953년 : 대학별 단독시험기
② 1954년 : 대학입학국가연합고사와 대학 본고사 병행시기
③ 1955~1961년 : 대학별 단독시험시기
④ 1962~1963년 : 대학입학자격 국가고시와 대학별 본고사시기
⑤ 1964~1968년 : 대학별 단독시험시기
⑥ 1969~1980년 : 대학입학예비고사와 대학별 본고사시기
⑦ 1981년 : 대학입학예비고사와 고교내신제 병행시기
⑧ 1982~1985년 : 대학입학학력고사와 고교내신제 병행시기
⑨ 1986~1987년 : 대학입학학력고사, 고교내신제, 논술고사 병행시기
⑩ 1988~1993년 : 대학입학학력고사, 고교내신제, 면접 병행시기
⑪ 1994년 이후 : 대학입학수학능력고사, 대학별 본고사, 고교내신제, 면접 병행시기

- 전국교직원노동조합(전교조) 결성(1989)
  - 교사들의 참교육 실시 주장 : 정부는 전교조를 불법단체 간주 : 1500여명 교사 해직
  - 교원의노동조합설립및운영등에관한법률(교원노조법)제정(1999) : 전교조 합법단체

4. 1990년대 김영삼정권 교육정책

- 5.31교육개혁조치(1995)
  - 공급자(국가, 학교, 교사)중심 교육체계→수요자(학생, 학부모)중심 : 열린교육체제 전환
  - 절대평가방식 종합생활기록부제 도입
  - 학교운영위원회 설치(1996) : 학부모 참여확대
  - 5살 조기입학제도+조기 영어교육제도+조기 월반제도+대학종합평가인정제+학부제 도입[183]

북한 교육의 특징

- 1975년부터 : 11년 의무교육 : 유치원(높은반 1년)+소학교=인민학교(4년)+중학교(6년)
- 중학교 6년(남한 : 중학교(3년)+고등학교(3년))
- 중학교 6년 : 담임교사가 같은 학생을 6년간 지도
- 수재 : 도별 설치 : 제일중학교 입학 교육
- 중학교 6년 졸업후 진로 : 대학진학+군입대+직장배치=3가지 진로
- 대학진학률 : 10%
- 직장 : 본인의 의사와 상관없이 배치
- 인민학교 : 소년단에 소속 생활(넥타이를 맨 시기 : 규율과 질서교육 강조)
- 중학교 4학년부터 : 사회주의로동청년동맹 생활

---

[183] 학부제 : 1학년 동안 교양 공부한 뒤 2학년 전공 선택, 학과제 : 1학년 때부터 전문적 전공학습 기회

남한의 현대문화의 성장과 발전

- **한국학 연구의 발전**
    - 1955년 국사편찬위원회 : 조선왕조실록 간행 착수
    - 1957년 한글학회 : 우리말 큰사전 완간

- **언론활동의 발달**
    - 이승만정부 : 국가보안법 : 언론통제 강화(경향신문 폐간 : 1959)
    - 4.19혁명 이후 : 장면정부 : 신문발행허가제 폐지 : 언론 활성화
    - 박정희정부 : 프레스카드제(기자등록제)실시(1972)+동아일보 기자(자유언론실천선언 : 1974)
    - 전두환정부 : 보도지침(언론 보도내용 강제 규정)

- **방송의 변화**
    - 라디오 방송(1947) - 전국 TV 방송(1961)
    - 컬러 TV 방송(1980) - 케이블 TV 방송(1994)

1. 대중문화 성장

- **미군정기와 6.25전쟁 이후**
    - 반공일변도 냉전문화 발달
    - 미국 대중문화 급속히 확산(미국식 춤과 노래 유행)
    - 우리나라 대중문화 : 경제발전과 라디오 보급 확산 영향 : 1960년대부터 본격화

- 1970년대 이후
  - 흑백 TV방영 : 가요+드라마+코미디=대중문화 중심
  - 통기타와 청바지 문화=청소년문화 형성
  - 청소년층 본격적인 대중문화 소비 주인공 대두

- 1980년대 이후
  - 컬러 TV 보급
  - 정치적 민주화+사회 경제적 평등 확대 지향=민중 문화활동→대중 문화에 영향
  - 전두환정권 개방화정책 : 통행금지 해제+장발단속 완화+교복 자율화+ 해외여행 자유화 + 3S(Sex, Screen, Sports)정책

- 1990년대 이후
  - 미국 할리우드 영화 대항→한국적 특성이 담긴 영화 제작 : 세계 영화계 각광
  - 한류의 확대

2. 문학+예술+종교+체육+과학기술

- 6.25전쟁 이후 : 서정성 중시 : 순수문학
- 4.19혁명 이후 : 참여문학 : 민족문학 대두
- 1970년대 : 민족문학 확산 : 문학 장르 다양화, 독자층 확대
- 1980년대 : 민주화의 진전 : 민족문학 다양하게 확산

● 체육활동

- 1947년 보스턴 마라톤 대회 : 서윤복 선수 우승
- 1960년대 박정희정부 적극적 지원 : 체육활동 활기 : 태릉선수촌 건립
- 1976년 몬트리올 올림픽 : 양정모 선수 레슬링 금메달
- 1986년 제10회 아시아 경기대회 개최
- 1988년 제24회 하계 올림픽 개최
- 1990년 통일축구대회(평양)
- 1991년 일본 지바 세계 탁구선수권 대회 : 단일 팀 구성 : 우승
- 2000년 시드니 올림픽 : 태권도 공식종목 채택, 북한 한반도기 : 함께 입장

● 과학기술 발전

- 한국원자력연구소 설립(1959)
- 한국과학기술연구소(KIST) 설립(1966)
- 과학기술처 설립(1967) : 경제기획원 기술관리국 확대개편 : 과학기술업무 총괄 : 중앙행정기관

북한의 문화와 예술의 특징

- 아름다움을 추구하는 목적보다는 → 대중에 공산주의 혁명 정신을 가르치는 당의 무기로 발전
- 김일성 주체사상에 입각한 문예이론
- 예술 중에서 특히 영화를 중시
- 사회주의 특징 : 집단체조+카드섹션+서커스(교예) : 집단문화 발전

한국의 유네스코 지정 유산

- 유네스코 유산 : 세계유산+무형유산+기록유산=3가지 분류 : 세계유산 일람표 등록
  - 세계유산 : 문화유산+자연유산+복합유산(문화유산+자연유산) 분류
  - 기록유산 : 2년마다 지정
  - 무형유산 : 정식명칭 : 인류 구전 및 무형 유산 걸작

1. 세계 문화유산(9개)

1) 고인돌 유적(고창+화순+강화)
   - 전라북도 고창군 : 우리나라 가장 큰 고인돌 군집
   - 전라남도 화순군 : 고인돌 축조 과정 : 채석장 발견
   - 인천광역시 강화군 : 우리나라 최대 탁자식 고인돌 발견

2) 경주 역사유적 지구
   - 남산 지구(미륵곡 석불좌상+배리 석불입상+포석정)
   - 월성 지구(신라왕궁 자리+신라시조 김알지 태어난 계림+첨성대)
   - 대릉원 지구(황남리+노동리+노서리 고분군+왕(왕비)무덤+금관+천마도+토기)
   - 황룡사 지구(황룡사지+분황사)
   - 산성 지구(서기 400년 이전 : 명활산성)

3) 석굴암+불국사

4) 해인사 장경판전
   - 세계 유일 대장경판 보관용 건물
   - 대장경판(팔만대장경)+고려각판 포함

5) 종묘
   - 정전 : 5차례 제사
   - 영녕전 : 3차례 제사

6) 창덕궁

7) 수원화성

8) 조선왕릉

- 조선왕릉 모두 42기(40기 : 유네스코 세계문화유산 등재)

- 북한 소재 2기 제외(제릉+후릉)

- 광해군 묘+연산군 묘=제외

9) 안동 하회마을+경주 양동마을

- 한국의 역사마을(민속마을)

- 마을 건축물+전통적 주거문화+세시풍속+전통 관혼상제=보편적 가치

2. 세계 자연유산(1개)

1) 제주 화산섬과 용암동굴

- 화산섬과 용암동굴=한라산+성산일출봉+거문오름과 용암동굴계 : 3개 구역

3. 세계 기록유산(9개)

1) 훈민정음(1443)

2) 조선왕조실록 - 태조-철종(25대 472년 역사)

3) 직지심체요절(1372) 4) 승정원일기(3243권)

5) 고려대장경판과 제경판

6) 조선왕실 의궤 - 현존 의궤 : 모두 임진왜란 이후 작성

7) 동의보감(1613)

- 의학서적 세계 최초 - 16세기 이전 동아시아 의학 집대성 : 의학 백과사전

- 민중에 대한 국가의 의료 공급이라는 보건 이념이 세계 어느 곳보다 먼저 구현

8) 일성록

9) 5.18 민주화운동 기록물

4. 세계 무형유산(11개)

1) 종묘제례 및 종묘제례악(2001년) : 종묘제례악(기악+노래+춤)

2) 판소리(2003년) : 한명 소리꾼(창+아니리+발림) : 솔로 오페라

3) 강릉단오제(2005년) : 높은날+신날+수릿날=농경사회 풍년 기원

4) 강강술래(2009년) : 노래+춤=부녀자 놀이

5) 남사당(2009년) : 남사당패가 농어촌을 순회하며 벌이는 공연

6) 영산재(2009년) : 부처 찬양(노래+춤) : 불교의식

7) 제주 칠머리당영등굿(2009년) : 국내 유일 해녀 굿(마을 수호신+용왕해신부인 : 안녕 기원)

8) 처용무(2009년) : 궁중무용

9) 가곡(2010년) : 우리나라 전통음악 : 삭대엽(數大葉) 또는 노래

10) 대목장(2010년) : 건축 설계+시공+감리 등 나무 재료로 집 짓는 전 과정 책임 지는 장인

11) 매사냥(2010년) : 다국적(11개국) 유산

종합문제 1

1. 다음 자료의 내용과 관련된 설명으로 옳은 것은?

> • 사람을 함부로 죽이지 말고 가축을 잡아먹지 말라.
> • 충효를 다하여 세상을 구하고, 백성을 편안케 하라.
> • 일본 오랑캐를 몰아내고 나라의 정치를 바로 잡는다.
> • 군사를 모아 서울로 쳐들어가 권귀들을 모두 없앤다.

① 봉건제의 유지를 주장하는 한편, 입헌군주제를 주장하였다.
② 개혁의 필요성이 대두되면서 자주적인 개혁의 의지를 위하여 개혁기구를 설치하였다.
③ 민중으로부터 많은 지지를 얻지 못하여 3일 만에 실패하였다.
④ 황토현 전투에서 관군에게 크게 패하였다.
⑤ 집강소를 설치하여 폐정개혁안의 실천에 착수하였다.

> **정답** ⑤ 〈보기〉는 동학농민군의 4대 명의이다. 동학농민군은 폐단이 많은 정치에 대한 개혁안으로 12개조를 제안하였으며 이에 대한 실천을 위해 집강소를 설치하였다.
> ① 반봉건을 주장하였다.
> ② 갑오개혁 당시 개혁의 필요성이 대두되면서 교정청 등 개혁기구를 설치하였다.
> ③ 갑신정변은 민중으로부터 지지를 얻지 못하여 3일 만에 실패하였다.
> ④ 공주 우금치 전투에서는 관군과 일본군에게 패하였고, 황토현 전투에서는 대승을 거두었다.

2. 다음 지문과 관련 있는 사람은?

> 경계란(庚癸亂) 이후 국가의 공경대부는 전부 천예(賤隷)에서 나왔다. 장상이라고 어찌 처음부터 씨가 다를까 보냐. 때가 오면 누구든지 할 수 있는 것이다. 그러므로 우리는 각기 상전을 죽이고 노예문적을 불살라 삼한에 천인을 없애자.

① 만적　　② 망이, 망소이　　③ 최광수　　④ 김사미　　⑤ 김보당

정답 ① 〈보기〉는 최충헌의 사노인 만적이 주장한 내용이다.

3. 일제의 1920년대 식민정책에 대한 설명이 옳은 것은?
① 무단통치에서 문화통치로 전환되면서 문관총독도 임명하였다.
② 경찰관서 및 경찰의 수와 유지면에서 무단통치 때보다 줄게 되었다.
③ 자치론이 대두되면서 우리 민족에게 일부분야에서 실질적인 자치를 허용하였다.
④ 치안유지법을 제정하여 민족운동 및 독립운동을 억압하였다.
⑤ 고등교육기관의 설립을 허가하면서 우리 민족의 교육을 장려하였다.

정답 ④ ①문화통치로 전환되면서 단 한명의 문관총독도 임명되지 않았다. ② 경찰관서 및 경찰의 수와 유지면에서 무단통치 때보다 3배나 늘 게 되었다. ③자치론이 대두되었으나 형식적인 자치를 허용한 것 이다. ④치안유지법은 1925년에 제정되었다. ⑤ 민립대학 설립운동을 방해하였고 우리 민족교육을 억압하여 우민화하였다.

4. 다음 중 김구의 활동과 관련이 없는 것은?
① 5·10 총선거에 불참하였다.　② 좌우합작 운동에 참여하였다.
③ 김규식과 함께 남북협상을 통하여 통일 정부 달성에 노력하였다.
④ 조선건국준비위원회를 조직하였다.
⑤ 모스크바 3상회의에서 결의된 신탁통치안에 반대운동을 전개하였다.

정답 ④ 1945년 8월 초 일본의 패배가 확실해지자 조선총독 아베 노부유키는 한국에 있는 일본인들의 생명과 재산을 보호해줄 협상 대상자로 한국의 민족지도자를 찾았다. 이때 건국준비를 위한 민족의 대표기관과 정치세력 형성의 필요성을 느끼고 있던 여운형이 그에 동조함으로써 협상이 이루어지게 되었다. 이에 따라 1944년 8월 10일 비밀리에 '건국동맹'이 조직되었고 1945년 8월 15일 광복절날 조선건국준비위원회를 발족하였다. 사무실은 서울 풍문여자중학교에 두었고 위원장에 여운형, 부위원장에 안재홍·허헌, 총무부장에 최근우, 재무부장에 이규갑, 조직부장에 정백, 선전부장에 조동호, 무경부장에 권태석 등으로 진용을 갖추었다.

5. 3·1운동 때 민족대표 33인 중 전라도 출신으로 묶인 것은?

| ㉠ 이승훈 | ㉡ 백용성 | ㉢ 한용운 | ㉣ 양한묵 |

① ㉠, ㉡   ② ㉠, ㉢   ③ ㉡, ㉣   ④ ㉡, ㉢   ⑤ ㉠, ㉣

정답 ③ ㉠이승훈 – 1864년 4월 25일 평안북도 정주에서 출생하였다. ㉡백용성 – 전라북도 장수군 번암면에서 출생하였다. ㉢한용운 – 충청남도 1879년 결성면 성곡리 박철동에서 출생하였다. ㉣양한묵 – 전라남도 해남(海南)에서 출생하였다.

6. 단군신화에 관한 내용이 실리지 않은 책은?

① 삼국사기   ② 삼국유사   ③ 세종실록지리지   ④ 제왕운기   ⑤ 동국여지승람

정답 ① 「삼국사기」는 그야말로 고구려, 백제, 신라의 삼국 역사만 서술하였다.

7. 공민왕의 개혁정치에 대하여 옳지 않은 것은?
① 정동행성을 폐지하고 쌍성총관부를 탈환하였다.
② 전민변정도감을 설치하여 신돈을 기용하고, 토지제도를 개혁하였다.
③ 기철 등의 친원세력을 제거하였다.
④ 정치도감을 설치하여 개혁을 확대하려 하였다.
⑤ 고려전기의 관제를 복구하고 정방을 폐지하였다.

정답 ④ 정치도감은 충목왕 때 설치된 개혁기구로서 권문세족의 농장과 노비혁파를 주장하였다.

8. 다음 저서들 중 그 성격이 다른 하나가 포함되어 있는 것은?
① 조선경국전, 경제육전, 경국대전
② 팔도지리지, 세종실록지리지, 동국여지승람
③ 동사강목, 해동역사, 발해고
④ 농사직설, 사시찬요, 산림경제
⑤ 금양잡록, 향약집성방, 의방유취

정답 ⑤ ①법전 ②지리서 ③조선 후기 자주적 역사서 ④농서 ⑤「금양잡록」은 농서이나 「향약집성방」과 「의방유취」는 의서이다.

9. 영조의 개혁정책으로 옳지 않은 것은?
   ① 「경국대전」의 속전으로서 김재로로 하여금 「속대전」을 편찬하였다.
   ② 초계문신제를 실시하여 당하관 이하의 관리들을 선발하였다.
   ③ 탕평책을 실시하면서 기존의 사림세력을 인정하지 않았다.
   ④ 균역법을 실시하여 2필의 군포를 1필로 감해서 군포의 폐단을 시정하려 하였다.
   ⑤ 이조낭관이 행사하던 낭천권과 천거권을 박탈하였다.

   정답 ② 초계문신제는 정조의 개혁정책이었으며 영조는 60세 이상의 노인을 과거를 통해 등용하는 기로과를 실시하였다.

10. 다음 중 16세기 사림에 대한 설명으로 옳지 않은 것은?
    ① 경학을 무시하고 사장을 중시하여 현실정치에 적극 참여하였다.
    ② 향약 실시를 주장하여 향촌 사림들의 농민에 대한 지배력을 강화시키고자 하였다.
    ③ 예학과 보학을 발전시켜 신분상의 우위를 유지하려 하였다.
    ④ 향촌의 중소지주층으로서 중국 중심의 화이사상을 가지고 있었다.
    ⑤ 향촌의 자치를 주장하면서 서원을 통하여 성리학적 유교질서를 유지하려 하였다.

    정답 ① 사림은 경학을 중시하고 사장을 무시하여 문학이 침체되었다. ①은 15C 집권자인 훈구파에 대한 설명이다.

11. 다음 〈보기〉 중 고려시대의 정치기구를 바르게 짝지은 것은?

㉠ 집사부　　㉡ 어사대　㉢ 중서문하성　　㉣ 정당성

    ① ㉠, ㉡　　② ㉡, ㉣　　③ ㉠, ㉢　　④ ㉡, ㉢　　⑤ ㉠, ㉣

    정답 ④ ㉠집사부 – 신라의 진덕여왕 때 설치된 왕명출납기구였다. ㉣정당성 – 발해의 3성 중 하나로서 최고의 회의기구이기도 하다.

12. 고구려왕들에 대한 설명으로 옳지 않은 것은?
    ① 4세기 초 미천왕에 의해서 낙랑, 대방 등을 축출하고 고조선의 고토를 회복하였다.
    ② 장수왕은 영락이라는 연호를 사용하였으며, 수도를 평양으로 천도하였다.
    ③ 고국천왕은 부자상속제를 확립하였으며 진대법을 실시하여 빈민을 구제하였다.
    ④ 소수림왕은 율령을 반포하였으며, 태학을 설립하여 교육에 힘을 기울였다.
    ⑤ 동천왕 때 위와 국경을 접하게 되어 서안평을 공격하다가 오히려 위장 관구검의 침입으로 국내성이 한 때 함락되었다.

    정답 ② 영락이라는 우리나라 최초의 연호사용은 광개토대왕이다.

13. 남측의 연합 제안과 북측의 낮은 연방제안이 공통점이 있다고 서로 인정하여 합의하게 된 회담은?
    ① 7·4남북공동성명   ② 6·23선언   ③ 한민족공동체 통일방안
    ④ 민족화합 민주통일방안   ⑤ 2000년 6·15남북정상회담

    정답 ⑤ 남과 북은 나라의 통일문제를 그 주인인 우리 민족끼리 서로 힘을 합쳐 자주적으로 해결해 나가기로 하였다.

14. 고려의 토지제도에 대한 설명이 옳지 않은 것은?
    ① 지급된 토지는 소유권을 인정한 것이 아니라 수조권만을 인정한 것이다.
    ② 태조 때의 역분전은 관품에 따라 토지를 차등 지급하였다.
    ③ 전시과의 완성은 문종 때 경정전시과에 와서 이루어졌으며, 문·무관의 차별이 완화되었다.
    ④ 공음전, 외역전, 내장전은 세습이 가능한 영업전이다.
    ⑤ 목종 때의 개정전시과는 문·무, 전·현직에게 지급되었으나 현직과 문신을 우대하였다.

    정답 ② 태조 때의 역분전은 관품이 아니라 충성도나 인품(논공행상)에 따라 지급한 것이고 전시과가 토지를 관품에 따라 차등 지급한 것이다.

15. 신라하대 지방호족에 관한 다음의 설명 중 옳지 않은 것은?

① 자기 세력 안에 있는 촌락에 대해 경제적 지배력을 갖고 있었다.
② 호족 중에는 지방의 촌주 출신이 다수 있었다.
③ 사병의 지도자였으므로 장군이라고 칭하였다.
④ 성주라 불리었으며 중앙정부의 통치기반이 되었다.
⑤ 해상무역으로 재력을 쌓은 상인 또는 군진세력도 호족에 포함된다.

정답 ④ 신라 하대 지방호족은 스스로 성주 또는 장군이라고 칭하였다. 중앙정부의 지배를 받지 않았다.

16. 다음 밑줄 친 우리에 해당하는 내용을 설명한 것 중 옳지 않은 것은?

> 우리는 등짐을 지고 전국의 장시를 돌아다니면서 물건을 파는 사람인데, 짚신에 감발을 치고 패랭이 쓰고 꽁무니에 짚신 차고 이고 저자를 다니며 나무그릇, 토기 등과 같은 비교적 값싼 물건과 금·은·동제품과 같은 비싼 물건들까지 파는 사람이다.

① 장시를 무대로 활동하며, 전국에 하나의 유통망을 형성하였다.
② 자신들의 이익을 지키고 단결을 위하여 상단을 조직하기도 하였다.
③ 조선 후기 상업활동의 한 축을 담당하던 사상의 일종이었다.
④ 일제강점기 때는 물산장려운동을 주도하였다.
⑤ 황국협회를 조직하고 독립협회를 탄압하여 해산시켰다.

정답 ③ 〈보기〉는 장시를 전전하는 보부상들에 대한 내용이다. 보부상은 관허상인이다.

17. 조선시대 신분제도에 대한 설명으로 옳지 않은 것은?

① 노비는 재산을 가질 수도 있었으며, 독립적인 가계를 구성하여 살기도 하였다.
② 상민의 대부분은 출세에 법적인 제한을 받아서 과거도 볼 수가 없었다.
③ 양인은 양반과 중인 그리고 상민을 말하며, 양반은 문반과 무반을 의미한다.
④ 모든 공노비는 60세가 되면 역(役)이 면제되었다.
⑤ 부모 중 한사람이라도 노비이면 그 자식도 노비가 되었다.

정답 ② 상민의 대부분은 원칙적으로는 출세에 법적인 제한을 받지 않았지만 실질적으로 과거 응시에 제한이 있었다.

18. 고려말 급진개혁파에 대한 설명이 옳지 않은 것은?
    ① 불교를 비판하면서 승려들의 정치참여를 반대하였다.
    ② 주로 향촌의 향리 출신으로 대토지를 소유하고 지방에서 영향력을 행사하였다.
    ③ 공민왕 때 권문세족을 견제하기 위해서 과거를 통해서 주로 등용되었다.
    ④ 성리학을 학문적 기반으로 삼았으며 역성혁명을 통한 새 왕조 건설의 주체가 되었다.
    ⑤ 이성계 등 신흥 무인세력과 결탁하여 정치권력의 장악을 꾀하였다.

    정답 ② 신진사대부는 지방의 중소 지주층이나 자작농 출신으로서 지방에서 영향력을 행사하고 있었다.

19. 다음 중 선종과 관련된 설명으로 옳은 것은?
    ① 진정한 참회를 중심으로 하는 법화신앙에 중점을 주었다.
    ② 지눌에 의해서 조계종이 창시되어 불교계의 정화운동인 수선사의 결사운동을 전개하였다.
    ③ 무신정권의 탄압을 받으면서 성장하였다. ④ 교관겸수와 지관 등을 강조하였다.
    ⑤ 정화운동인 백련사 운동은 요세에 의해서 묘련사에서 변질되었다.

    정답 ② ①③④⑤교종인 천태종에 관한 설명이다.

20. 신라의 불교에 대한 설명으로 옳지 않은 것은?
    ① 신라에서 불교식 왕명을 사용한 시기는 법흥왕 때부터 진덕여왕 때까지이다.
    ② 이차돈의 순교에 의하여 신라에서 불교가 공인되게 되었다.
    ③ 왕이 곧 부처라는 사상을 통하여 왕의 권위를 높여 주는 진종설(鎭鍾說)을 받아들였다.
    ④ 신라에서 불교는 눌지왕 때 고구려의 묵호자에 의해서 전래되었다.
    ⑤ 신라 하대 교종의 형식과 의례에 힘입어 조형미술이 발달하였다.

    정답 ⑤ 신라 하대에는 선종이 발달하여 조형미술이 쇠퇴하였다. ③진종설은 부처와 왕족은 같은 혈족이라는 주장을 말한다.

종합문제 2

1. 순서 배열을 제대로 한 것은?

   > ㉠ 얄타 회담(1945. 2)   ㉡ 포츠담 선언(1945. 7)
   > ㉢ 카이로 회담(1943. 11)   ㉣ 모스크바 삼상 회담(1945. 12)

   ① 최초로 독립을 약속(적당한 시기에)
   ② 독립 재확인   ③ 소련의 대일전(對日戰)참전 결정
   ④ 미·영·소·중 등 4국이 최대 5년 간 신탁 통치 결정
   ⑤ 소련의 미 참가 회의   ⑥ 미·소 공동위원회 설치와 관계

   정답 ①-㉢ ②-㉡ ③-㉠ ④-㉣ ⑤-㉡ ⑥-㉣

2. 해방 후의 대표적 정당과 그 인물의 주장이 바르게 연결된 것은?

   > ㉠ 한국민주당   ㉡ 조선민주당   ㉢ 조선인민당
   > ㉣ 국민당   ㉤ 민족자주연맹   ㉥ 북조선신민당

   ① 건준과 인공을 주도하던 여운형이 자기당의 필요성으로 조직
   ② 평양의 조만식(물산장려운동 주도)이 조직, 신탁통치를 반대하다 해산
   ③ 친일 지주층 중심의 우익의 대표 정당, 김성수, 송진우 등, 인공에 반 대하며 임시정부의 귀환을 기다리자는 '임정봉대론'을 주장하다. 미군정, 이승만 지지
   ④ 김규식이 이끌던 정당의 연합체

⑤ 신간회 활동, 건준에 참여, 신민족주의와 신민주주의를 주장한 안재홍이 조직
⑥ 중국 화북의 조선독립동맹(연안파)를 주도하던 김두봉이 이북에서 조직

정답 ① - ㉢ ② - ㉡ ③ - ㉠ ④ - ㉤ ⑤ - ㉣ ⑥ - ㉥

3. 1941년 11월 대한민국 임시정부가 채택한 '건국강령'의 내용과 다른 것은?
   ① 대생산기관은 물론이고 국가기간 산업과 중소기업도 모두 국유화한다.
   ② 노동자와 농민의 의료비를 면제하고 질병소멸과 건강 보건을 위해 노력한다.
   ③ 초등 교육과 중등 교육을 의무화하고 일체의 비용을 국가가 부담한다.
   ④ 친일파나 민족 반역자가 소유한 모든 토지와 재산은 몰수하여 국유로 한다.

   정답 ① 대생산기관과 토지의 국유화, 중소기업은 제외

4. 미·소 공동위원회에 관한 설명으로 틀린 것은?
   ① 미국, 영국, 소련의 외상이 모스크바에서 내린 결정으로 열렸다.
   ② 신탁통치를 받을 임시 정부의 구성을 위하여 소집되었다.
   ③ 한국주재 미국과 소련의 군정사령관으로 구성되었다.
   ④ 국내의 찬탁과 반탁의 분열 때문에 실패하였다.

   정답 ④ 소련(신탁통치 찬성 단체만 임시 정부 참여), 미국(모든 단체가 참여)의 의견 대립이 실패의 원인

5. 다음 중 틀린 설명은?
   ① 김규식은 중간우파로서 좌우 합작을 주장하여 미국의 동의를 받았다.
   ② 여운형은 중간 좌파로서 좌우 합작을 촉진하였다.
   ③ 김구는 좌우 합작을 주장하여 남북 통일을 추진하였다.
   ④ 민주주의민족전선(민전)은 신탁 통치를 반대하였다.

   정답 ④ 민전(공산주의계)은 신탁통치 찬성

6. 다음 인물의 활동을 바르게 연결하시오.

   ㉠ 김구 ㉡ 안재홍 ㉢ 이승만 ㉣ 김규식 ㉤ 여운형 ㉥ 박헌영

   ① 남한 단독 정부 수립을 반대하여 남북협상을 제의하고 참가한 인물 둘
   ② 1차 미·소 공위가 실패한 후 좌우합작위원회 주도한 인물 셋
   ③ 좌우 합작으로 조직된 건국준비위원회(건준)의 대표 인물 둘
   ④ 신탁통치를 반대하기 위해 조직된 비상국민회의 주도 인물 둘
   ⑤ 미군정이 주도한 '남조선과도정부'의 민정장관으로 선임된 인물
   ⑥ 미군정의 주도로 구성된 '남조선과도입법위원'의 의장에 선임된 인물
   ⑦ 조선인민공화국(인공)의 주석으로 추대되었으나 취임을 거부한 인물

   정답 ① - ㉠㉣ ② - ㉡㉣㉤ ③ - ㉡㉤ ④ - ㉠㉢
        ⑤ - ㉡ ⑥ - ㉣ ⑦ - ㉢

7. 6·25 전쟁 직전에 미국의 극동 방위선에 대만과 한국이 제외된다는 발언을 하여 북한의 남침 야욕을 부채질한 인물은?
   ① 워커   ② 하지   ③ 브라운   ④ 에치슨

   정답 ④ 미 국무장관 에치슨(라인)이 발표

8. 미군정기의 좌우합작에 관한 설명으로 틀린 것은?
   ① 미군정이 지지한 진정한 이유는 박헌영의 조선공산당의 고립이었다.
   ② 여운형, 이승만, 김구 등이 참여하여 좌우합작위원회가 열렸다.
   ③ 좌우의 양극단 세력의 영향력을 약화시키려는 미군정의 의도였다.
   ④ 좌익과 우익의 근본적인 견해차이로 결국 실패하고 말았다.

   정답 ② 여운형, 김규식, 안재홍 중심

9. 대한민국의 성립과정에서 있었던 사실과 다른 것은?
   ① 유엔한국위원단은 남북한에서 동시에 활동하였다.
   ② 김구와 김규식은 남북협상을 시도하였으나 실패하였다.
   ③ 1948년 5월 10일 유엔감시하의 총선거가 실시되었다.
   ④ 한국문제를 미·영·중·소의 4국 외상회의에 회부하려 했으나 실패

   정답 ① 북한은 입북 자체를 거절하였다.

10. 다음 중 공산당이 불법화되는 계기가 되었던 사건은?
    ① 정판사 위조지폐 사건   ② 제주도 4·3사건   ③ 여순 10·19사건   ④ 10·1 대구폭동

    정답 ①

11. 현대사의 비극인 사할린 동포에 대한 설명으로 잘못된 것은?
    ① 1937년 중·일 전쟁을 전후하여 중앙아시아로 강제 이주되었다.
    ② 러·일 전쟁 후에 맺은 포츠머드 조약이 먼 원인 중 하나이다.
    ③ 일제 식민 통치 3기에 탄광 노동자로 강제로 끌려갔다.
    ④ 광복 후 소련은 우리의 귀환을 허락하지 않았다.

    정답 ① 연해주 동포의 설명, 포츠머드 조약으로 사할린 남부를 일본이 차지

12. 1948년 평양에서 열린 남북협상의 4김 회담에 해당하지 않는 인물은?
    ① 김두봉   ② 김구   ③ 김원봉   ④ 김규식

    정답 ③ 참여는 하였으나 4김 회담에는 김일성이 참여

13. 대한민국의 성립 이후의 발췌개헌안(拔萃改憲案)과 관계없는 것은?
    ① 일단 부결되었다가 사사오입의 이론을 내세워서 가결이 재선포 되었다.
    ② 대통령의 직선제의 시행이 그 내용 속에 포함되어 있다.
    ③ 6·25 전쟁 중에 부산에서의 피난 정부 시절에 통과되었다.
    ④ 2대 국회에서는 제헌국회에 참여를 거부했던 남북협상파들이 대거 당선

    정답 ① 1954년, 사사오입 개헌(초대 대통령에 한하여 중임제한폐지)의 설명

14. 다음 중 임기가 2년이었던 것은?
    ① 초대 대통령   ② 제헌국회의원   ③ 2대 대통령   ④ 2대 국회의원

    정답 ② 제헌 국회의원만 2년 기타는 4년

15. 우리 역사상 가장 짧았던 공화정은?
    ① 제 1 공화정   ② 제 2 공화정   ③ 제 3 공화정   ④ 제 4 공화정

    정답 ②

16. 다음 중 북한의 수락으로 최초의 평화 협상의 길이 열린 계기는?
    ① 8·15 선언(1970년)   ② 남북한 적십자회담 제의(1971년)
    ③ 7·4 남북공동성명(1972년)   ④ 6·23 평화 통일 선언(1973년)

    정답 ② ① 남북한의 선의의 경쟁을 제의 ② 남북이산가족 찾기 제안
            ③ 최초의 남북한 정부의 합의문 발표 ④ 유엔동시가입 제안

17. 냉전(冷戰)에서 화해로의 계기가 된 국제적 배경은?
    ① 두르만 독트린   ② 마샬 플랜   ③ 뉴딜 정책   ④ 닉슨 독트린

    정답 ④ 1969년, 곧 이은 중국 방문

18. 의병의 구국 운동이 그 규모와 성격면에서 의병 전쟁으로 발전하게 된 계기는?
    ① 일제의 남한 대토벌 작전　　　　② 을미사변과 단발령
    ③ 고종 황제의 강제 퇴위와 군대 해산　　④ 을사조약의 체결

    정답 ③ ③ 을미사변과 단발령을 계기로 일어난 의병은 고종 황제의 강제 퇴위와 군대해산을 계기로 의병 전쟁으로 발전되어 갔다(1907). 이를 정미의병이라 한다.

19. 5개년 한반도에 신탁 통치를 실시한다는 결정을 내린 회의는?
    ① 카이로 회담　　② 모스크바 3국 외상 회의　　③ 유엔 총회　　④ 미·소 공동 위원회

    정답 ② ② 모스크바 3국 외상 회의 : 국토 분단과 미·소 양군의 통치가 실시되는 가운데 모스크바에서 열린 미·영·소의 3국 외상 회의에서는 5개년간 한반도에 신탁 통치를 실시한다는 결정이 내려졌다.

20. 조선 시대 사림은 향촌에서 확고한 사회적 기반을 가지고 있었다. 이들이 향촌에서 정부가 임명한 지방관보다 더 강한 세력을 행사하게 된 토대는?
    ① 계, 두레　　② 서원, 향약　　③ 사심관, 기인　　④ 경재소, 유향소

    정답 ② ② 서원, 향약 : 지방 사림들은 향약이나 서원, 향청(유향소) 등을 통해 지방 자치를 실현함으로써 중앙에서 파견된 지방관의 세력을 약화시키고, 상대적으로 자신들의 지위와 세력을 강화시켜 갔다.

종합문제 3

1. 다음 중 고조선에 대한 바른 설명만을 모두 골라 묶은 것은?

   ㉠ 요서 지방까지 세력권으로 하였다.
   ㉡ 청동기 시대에 성립되어 철기 시대까지 계속되었다.
   ㉢ 동방 사회의 중심 세력으로 성장하여 중국의 연과 대립하였다.
   ㉣ 지배 계층은 피정복민으로부터 받은 곡식을 부경에 저장하였다.

   ① ㉠, ㉡   ② ㉢, ㉣   ③ ㉠, ㉡, ㉢   ④ ㉡, ㉢, ㉣   ⑤ ㉠, ㉡, ㉢, ㉣

   정답 ③ ㉣ 고구려 지배 계층은 집집마다 부경이라는 작은 창고를 가지고 정복민으로부터 획득한 곡식을 저장하였다.

2. 다음 중 신라 불상 양식을 계승한 고려 시대 제일의 걸작품은?
   ① 서산 마애 삼존 불상
   ② 금동 미륵보살 반가상
   ③ 관촉사 석조 미륵보살 입상
   ④ 연가 7년명 금동여래 입상
   ⑤ 부석사 소조 아미타여래 좌상

   정답 ⑤ 무량수전 내에 있는 고려 시대를 표현하는 가장 우수한 불상으로서, 진흙으로 조각의 원형을 만들었으며 형태미 면에서 신라의 양식을 계승하였다.

3. 고려 후기 문화의 새 경향에 대한 설명으로 틀린 것은?
   ① 불 교 : 교관겸수를 주장하고 지관(止觀)을 중시하는 종파가 성립되었다.
   ② 성리학 : 선종(禪宗) 사상을 유교적 입장에서 받아들인 유교 철학이었다.
   ③ 인쇄술 : 세계 최고(最古)의 금속 활자본을 펴냈다.
   ④ 문 학 : 패관 문학이 발달하였고 자유로운 문장체도 나왔다.
   ⑤ 역 사 : 전통과 대의 명분을 중시하는 성리학적 사관이 받아들여졌다.

   정답 ① 고려 중기에 의천은 이론과 실천의 양면을 강조하는 교관겸수(敎觀兼修)를 제창하고, 지관(止觀)을 내세웠다.(해동 천태종의 창시)

4. 고려 시대에 와서 새로이 발달한 제도는?
   ① 관리를 감찰하는 제도　　　　② 지방 세력을 견제하는 제도
   ③ 유학을 교육하는 중앙 교육 기관　　④ 서경과 간쟁을 하는 제도
   ⑤ 고관들이 모여 합의하는 제도

   정답 ④ 왕권 견제 제도는 고려 이후에 나타났는데, 관리의 임면이나 법제의 개폐가 있을 때에 언관이 동의하거나 간쟁하는 서경, 간쟁 등이 있었다.

5. 다음은 우리 나라 삼국의 성립으로부터 삼국 통일 전까지의 사건을 삼국의 각 왕과 비교한 것이다. 잘못 연결된 사항은?
   ① 고대국가의 기반 확립 – 태조왕, 고이왕, 내물왕
   ② 한강 점유 – 미천왕, 고이왕, 진흥왕
   ③ 불교 공인 – 소수림왕, 침류왕, 법흥왕
   ④ 율령 반포 – 소수림왕, 고이왕, 법흥왕
   ⑤ 영토의 최대 확대 – 문자왕, 근초고왕, 진흥왕

   정답 ② ㉠ 고구려 – 장수왕 때(5세기 후반) 한강 유역을 확보하였다.
   ㉡ 백 제 – 고이왕 때(3세기 중엽) 한강 유역의 대부분을 통합하였다.
   ㉢ 신 라 – 진흥왕 때(6세기 중엽) 한강 유역을 독점하였다.

6. 다음 중 청동기 시대에 해당되는 것은?
    ① 구릉지대나 산간에서 집단 취락을 하게 되었다.
    ② 애니미즘이나 토테미즘이 생기게 되었다.
    ③ 농경 생활을 처음으로 알게 되어 조, 피, 수수 등을 재배했다.
    ④ 씨족마다 생활 구역이 정해졌고 족외혼을 했다.
    ⑤ 빗살무늬 토기를 사용했으며 직조 기술도 알고 있었다.

    정답 ① ②③④⑤는 신석기 시대의 특징

7. 삼국 시대의 분묘에 관한 설명으로 틀린 것은?
    ① 고구려 쌍영총은 굴식 돌방무덤(횡혈식 석실분)으로 고구려의 풍속을 알려주는 벽화가 그려져 있다.
    ② 백제의 고분은 고구려의 영향을 받아 굴식 돌방무덤(횡혈식 석실분)과 중국 남조의 영향을 받은 벽돌무덤(전축분)이 있다.
    ③ 신라의 분묘 중 규모가 큰 것은 돌무지 덧널무덤(적석 목관분)인데, 그 대표적 분묘로서 천마총을 들 수 있다.
    ④ 통일 신라의 분묘는 고구려의 영향을 받은 굴식 돌방무덤(횡혈식 석실분)이며, 봉토 주위에 둘레돌(호석)을 설치하여 12지신상을 조각하기도 하였다.
    ⑤ 발해의 분묘는 신라의 영향을 받아 대부분이 돌무지 덧널무덤(적석 목곽분)이다.

    정답 ⑤ 발해는 고구려와 흡사한 굴식 돌방무덤(횡혈식 석실분)으로, 벽은 다담은 돌로 쌓아 올리고 천장은 모줄임(말각 조정식) 구조를 이루고 있다.

8. 다음은 고대 불교 문화의 발전을 위해 노력한 인물이다. 잘못 설명한 것은?
    ① 원 광 : 새로운 사회 윤리와 국가 정신을 확립하였다.
    ② 원 효 : 화쟁 사상을 주장하여 여러 종파를 융합하려 하였다.
    ③ 원 측 : 당(唐)에서 유식 불교를 깨달아 교리 이해의 우위성을 보여주었다.
    ④ 의 상 : 신라 화엄종을 창설하여 중국과 다른 불교 사상을 발전시켰다.
    ⑤ 혜 초 : 왕오천축국전을 지어 신라 불교의 교단을 조직 정비하였다.

    정답 ⑤ 혜초는 당에서 바닷길로 인도에 들어가 순례하고 기행문인 왕오천축국전을 남겼다. 교단 조직을 정비한 승려는 국통인 혜량이다.

9. 민족주의 사학자들이 내세운 사실과 관련있게 연결되어 있는 것은?
   ① 박은식 – 낭가 사상 – 조선상고사
   ② 문일평 – 혼 – 한미 50년사
   ③ 신채호 – 조선심 – 아시조선
   ④ 정인보 – 얼 – 조선사연구
   ⑤ 최남선 – 조선 정신 – 조선사연구초

   정답 ④ ① 박은식 – 혼 – 한국통사, ② 문일평 – 조선심 – 한미 50년사,
        ③ 신채호– 낭가 사상 – 조선사연구초, ⑤ 최남선 – 불함문화론 – 조선역사

10. 다음 사건들을 시대순으로 옳게 배열한 것은?

    ㉠ 청산리 대첩 ㉡ 광주 학생 운동 ㉢ 윤봉길 의거 ㉣ 간도 협약

    ① ㉠ → ㉡ → ㉢ → ㉣
    ② ㉠ → ㉢ → ㉡ → ㉣
    ③ ㉡ → ㉢ → ㉣ → ㉠
    ④ ㉣ → ㉠ → ㉡ → ㉢
    ⑤ ㉣ → ㉢ → ㉡ → ㉠

    정답 ④ 간도 협약(1909) → 청산리 대첩(1920. 10.) → 광주학생운동(1929. 11. 3) → 윤봉길 의거
         (1932. 4.)

11. 광복 후 행한 농지 개혁에 대한 설명으로 바른 것은?
    ① 신한 공사의 관리하에 있던 적산 농지를 소작인에게 무상 분배하였다.
    ② 지주의 농지를 유상으로 매수하여 소작인에게 유상으로 분배하였다.
    ③ 미 군정 시대에 단행하였다.
    ④ 지주의 이익을 옹호하여 자본주의를 확립하고자 하였다.
    ⑤ 3정보 이하의 자작농의 농지도 매수하여 균등하게 재분배하였다.

    정답 ② 1949년 6월(제1공화국 시기) 농지 개혁법을 공포하여 일본인이 소유했던 농지를 국유화하
         고, 3정보 이상의 농지를 소유하고 있는 부재 지주의 농 토는 국가에서 유상으로 매수하여 지
         주에게 5개년 간에 상환토록 하고 매수한 농토는 소작인들에게 3정보 한도 내에서 유상 분배
         하여 5년간 수확량의 30%씩을 상환토록 하였음

12. 다음은 한국 현대사의 '연대표'이다. 민주당이 집권하여 양원제와 의원 내각제를 실시했던 시기는?

1945	1948	1960	1961	1963	1972	1980	1987
㉠	제1공화국	㉡	군 정	㉢	㉣	㉤	제6공화국

① ㉠   ② ㉡   ③ ㉢   ④ ㉣   ⑤ ㉤

정답 ② ㉠ 미 군정기, ㉡ 제2공화국, ㉢ 제3공화국, ㉣ 제4공화국, ㉤ 제5공화국

13. 한말의 의병 활동이 가장 활발하게 전개된 시기는?
   ① 1890년 ~ 1895년   ② 1895년 ~ 1900년   ③ 1900년 ~ 1905년
   ④ 1905년 ~ 1910년   ⑤ 1910년 ~ 1915년

정답 ④ 을사조약(1905)을 계기로 국가의 존립이 위태로워지자, 다시 봉기한 의병들은 격렬한 무장 항전을 벌였으며, 군대 해산(1907)을 계기로 일어난 의병 활동은 그 규모와 성격면에서 의병 전쟁으로 발전하였다.

14. 다음은 개항 이후 발생한 사건이나 운동에서 제시된 주장의 일부이 다. 동학 운동 때 폐정 개혁안은?
   ① 급히 순사를 두어 도둑을 방지한다.
   ② 의정부, 6조 외의 모든 불필요한 기관을 없앤다.
   ③ 공사채를 물론하고 기왕의 것을 무효로 한다.
   ④ 민법, 형법을 제정하여 인민의 생명과 재산을 보전한다.
   ⑤ 중대 범죄는 공판하되, 피고의 인권을 존중한다.

정답 ③ ①② 갑신정변 때의 14개조 개혁 요강의 일부, ④ 갑오개혁 때 홍범 14 조의 일부, ⑤는 관민 공동회의 헌의 6조의 일부

15. 이용후생 학파의 실학자들이 관심을 많이 가졌던 것은?
    ① 공동 농장 제도의 실시와 자영농의 육성
    ② 농업 기술 혁신을 통한 생산력의 증대
    ③ 고리대와 화폐의 폐단에 대한 비판
    ④ 농민 생활의 안정을 토대로 한 유교적 이상 국가의 수립
    ⑤ 병농 일치의 군사 조직과 사농 일치의 교육 제도 확립

    정답 ② ①③④⑤는 경세치용 학파의 주장이다. 중농(경세치용)학파는 토지의 재분 배를 통한 농업 진흥을 주장하였고, 중상(이용후생)학파는 농업 생산력의 증대에 의한 농업의 활성화를 주장하였다.

16. 다음은 조선 후기 사회 발전 과정에서 나타난 여러 사실을 인과 관계로 짝지은 것이다. 잘못 연결된 것은?
    ① 도조법 – 지주제 발달 – 부농층의 몰락
    ② 균역법 – 군포의 평준화 – 농민의 부담 감소
    ③ 대동법 – 공인 자본 축적 – 수공업의 발달
    ④ 농업 기술의 발전 – 광작 성행 – 농촌 사회 분화
    ⑤ 자유 상업의 발달 – 금난전권 철폐 – 도고의 성장

    정답 ① ① 농업 경영상의 변동은 지주권의 약화와 전호권의 성장을 가져왔다. 도조법으로 소작인은 지주에 대하여 보다 자유로운 관계를 가지게 되었다. (→도조법은 소작인에게 다소 유리하였으며, 지주의 간섭 없이 자유로운 경영이허용되어 부의 축적 가능)

17. 조선 후기 사회 변화에 대한 설명이 틀린 것은?
    ① 농업 생산력이 증가하여 사회 변동의 토대가 마련되었다.
    ② 부의 축적에 의한 신분 상승으로 세습적인 신분제가 변동되었다.
    ③ 사회 모순의 개혁 방향을 제시하는 학문이 연구되었다.
    ④ 정치면에서는 근대 지향적인 움직임을 수용하지 못하였다.
    ⑤ 생산 활동이 중시되어 중인과 상민층이 크게 증가하였다.

    정답 ⑤ 조선 후기에는 양반의 인구가 점차 늘어나고 상민·노비의 인구는 줄어드는 경향을 보였다.

18. 조선 초기의 양인 농민에 대하여 잘못 설명한 것은?

① 법제상으로 과거에 응시할 자격이 있었다.
② 지방의 향교에 입학하여 교생이 되기도 하였다.
③ 낮은 군직이나 특수한 잡직만을 가질 수 있었다
④ 국가에 대하여 조세와 공납 등을 바쳐야 했다.
⑤ 양인 개병의 원칙에 따라 군역의 의무를 졌다.

정답 ③ ③ 중인은 기술관 및 향리, 서리, 토관, 군교, 역리 등의 경외 아전직 과 양반에서 격하된 서얼 등을 지칭한다. 중인은 중간 계층이라는 넓은 의미의 중인 (신분적 개념)과 기술관만을 지칭하는 좁은 의미의 중 인(직업적개념)이 존재하였다.

19. 다음 중에서 신민회와 관련이 있는 사항과 골라 묶은 것은?

| ⊙ 물산 장려 운동 | ⓒ 육영 공원의 설립 | ⓒ 105인 사건 |
| ⓔ 비밀 결사 조직 | ⓜ 국외 독립운동 기지 마련 | |

① ㉠, ㉡, ㉢   ② ㉠, ㉢, ㉣   ③ ㉢, ㉣, ㉤   ④ ㉡, ㉢, ㉣   ⑤ ㉠, ㉢, ㉣

정답 ③ 신민회(1907~1911)
㉠ 조직 : 안창호, 양기탁, 이승훈 등을 지도부로 각계 각층을 망라하여 조직한 비밀 결사였다.
㉡ 목표 : 실력 양성을 통한 국권 회복과 공화 정체(共和政體)의 국민 국가 수립을 궁극의 목표로 삼았다.
㉢ 활동 : 표면적으로는 문화적·경제적 실력 양성을 전개하면서(→ 대성학교 와 오산학교 설립, 자기 회사 운영 등), 내면적으로는 독립군 기지건설에 의 한 군사력 양성을 기도하였다.
㉣ 해체 : 신민회는 일제가 날조한 105인 사건으로 인하여 그 조직이 와해 되고 말았다.
※ 105인 사건(안명근 사건) : 안중근의 사촌 동생 안명근이 1910년 12월 압 록강 철교 준공식에 참석하는 조선 총독 데라우치를 사살하려다 사전에 발각 되어 체포되었다. 일제는 평안도를 중심으로 한 배일 기독교 세력과 신민회의 항일 운동을 탄압할 목적으로 총독 암살 음모를 꾸몄다고 날조하여 윤치호·양 기탁·이승훈 등 600여 명을 투옥하고, 중심인물 105인을 재판에 회부하였는 데, 범죄의 날조 및 악독한 고문으로 유명하였다.

20. 다음의 내용 중 사림파와 관계 깊은 것끼리 묶은 것은?

⊙ 가장(詞章) 중시 ⓒ 향촌 자치제 주장 ⓒ 도덕·의리 숭상
② 왕도 정치 강조 ⓒ 중앙 집군 체제 확립 모색

① ⊙, ⓒ, ⓒ ② ⊙, ⓒ, ② ③ ⊙, ②, ⓒ ④ ⓒ, ⓒ, ② ⑤ ⓒ, ②, ⓒ

정답 ④ 〈해설〉 사림의 학풍
⊙ 경학 치중 : 가장(詞章) 중심의 관학파는 달리 경학(經學)에 치중하고, 인간의 심성을 연구하는 성리학을 학문의 주류로 삼았다.
ⓒ 타 학문·사상 배격 : 성리학 이외의 학문과 사상(훈고학·불교·도교 등)을 이단으로 배격하였다.
ⓒ 향촌 자치(鄕村自治)의 추구 : 중앙 집권 체제보다는 서원·향약·향청 등을 중심으로 한 향촌 자치를 내세웠다.
② 왕도 정치(王道政治)의 추구 : 사림은 도덕과 의리 명분을 숭상하고, 학술 과 언론을 바탕으로 하는 왕도 정치를 추구하였다. 그리하여 세조의 불의와 패도 정치(覇道政治)를 비판하였다.

※ 관학파와 사학파의 비교

관학파(훈구파)	사학파(사림파)
왕조 개창 참여	왕조 개창 참여 거부
중앙 집권, 부국 강병 추구	향촌 자치 추구
군사학, 기술학 중시	의리, 도덕 숭상
역대 사상 조류 수용	이단 배격(척사론)
자주적 민족의식 : 단군 숭상	중국 중심 세계관 : 기자 숭상
15세기 문화 창조의 주역(사장 중심)	16세기 이후 사상계 주도(경학 중심)